위대한
자기혁명

위대한
자기혁명

국가미래전략가_ 장영권 지음

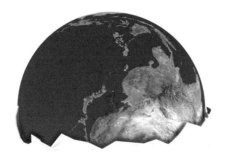

THE GREAT
SELF-REVOLUTION

북그루

자기혁명으로 나를 최강자로 만들어라!

삶은 혁명이다. 21세기는 생존을 위한 자기혁명의 시대다. 자연환경의 악화, 과학기술의 진화, 인간의식의 변화, 국가안위의 심화 등 여러 가지 생존위협이 쓰나미처럼 몰려오고 있다. 이와 같은 상황에서 생존은 중대한 문제가 되고 있다. 보다 가치 있는 삶을 위해서는 어떻게 해야 하는가? '위대한 자기혁명'을 통해 지속 가능한 생존과 더 나은 미래를 창조해 나가야 한다.

위대한 자기혁명은 먼저 철저한 죽음의 인식에서부터 출발해야 한다. 사람은 누구나 다 죽는다. 그러므로 한번뿐인 인생 가장 의미 있고 가치 있게 살아야 한다. 이를 위해서는 영원히 살 것처럼 꿈을 꾸고 내일 죽을 것처럼 오늘을 치열하게 살아야 한다. 내가 이 세상에 태어난 이유를 찾고, 그 목적과 사명을 완수하기 위해서는 반드시 자기혁명을 해야 한다.

자기혁명은 자기 스스로가 자신을 대상으로 혁명을 하는 것이다. 자기혁명은 과거와의 완전한 결별이다. 새로운 자아상을 정립하고 완전히 새로 태어나는 것이다. 제1의 탄생이 부모로부터 태어나는 것이라면, 제2의 탄생은 자기혁명을 통해 나 자신이 스스로 새로운 자아상을 창조하여 다시 태어나는 것이다.

그럼 어떻게 해야 자기혁명에 성공할 수 있을까? 가장 확실한 것은 '나 자신을 먼저 아는 것'이다. 남이 나를 어떻게 부를지 상관하지 말아야 한다. 오직 내가 나 자신을 어떻게 부를지 고민해야 한다. 나 자신이 내가 꿈꾸는 나를 창조하는 순간 바로 새로운 인생이 시작된다. 내 인생은 내가 꿈꾸고 부르는 대로 바뀐다.

자기혁명은 나를 새로 창조하여 '위대한 나'를 만드는 것이다. 이를 위해서는 나 자신에 대해 철저히 분석하고 연구해야 한다. 자기분석을 통해 나 자신의 강점을 발견하고 집중적으로 강화함으로써 나 자신을 가장 위대한 능력자로 만드는 것이다. 나의 소질과 적성에 맞지 않으면 일의 능률이 오르지 않고 결국 실패하게 된다. 그러므로 내가 가장 잘 할 수 있는 일을 선택하여 열정적으로 몰두해야 성공한다.

인간 존재의 특징은 모든 것이 다 정해져 있지 않다는 점이다. 삶과 죽음도, 성공과 실패도 모든 것이 운명처럼 정해져 있는 듯이 보인다. 그러나 인간의 삶은 자유의지의 선택에 따라 무한 팽창한다. 육체적 수준에서 정신적 수준으로, 정신적 수준에서 영혼적 수준으로 허물을 벗고 더 높은 곳으로 비상해야 한다. 이것이 위대한 자기혁명의 완성 과정이다.

나의 특별한 재능을 찾아 나를 최강자로 만들어야 꿈을 실현할 수 있다. 자기혁명은 바로 낡은 자기를 벗어던지고 강한 자기를 찾는 과정이다. 자신의 강점을 찾아 이를 강화하고 활용하여 꿈을 이루는 사람이 위대한 자기혁명가다. 자신이 가장 잘 할 수 있는 일을 찾아 즐겁고 신명나게 일하는 삶은 이미 성공한 사람이고 이 세상에서 가장 행복한 사람이다.

호텔왕 힐튼의 성공 비결은 무엇이었을까? 그것은 자신의 장점을 파악하여 하나의 씨를 뿌리고 엄청난 거목으로 성장시킨 것이다. 이와 같은 유형의 성공자들은 줄을 잇는다. 우리가 삶에서 진정한 성공자기 되기 위해서는 철저한 자기분석을 통해 자기의 장점을 파악하고 이를 무기화하여 세상과 싸워 승리해야 한다.

벤자민 프랭클린은 "활용되지 않고 낭비된 재능은 그늘에 놓인 해시계와 같다"고 말했다. 인생의 비극적 실패는 우리가 천재적인 재능을 갖고 태어나지 못한 데 있는 것이 아니라 강점을 찾아 활용하지 못한 데서 오는 것이다. 자신의 강점, 장점, 뛰어난 점을 찾은 사람은 성공에 근접한 사람이다.

설령 나의 능력이 부족하다면 다른 사람과 '합력'하여 더 큰 공동선을 행할 수도 있다. 즉 나의 특기가 기획력이라면 실행력 강한 사람과 공동으로 협업하여 일을 추진하면 함께 좋은 결과를 만들어 낼 수 있다. 서로 합력하여 선을 이루는 것이다. 그러므로 우리는 어떤 경우에도 성공할 수 있고, 성공해야 한다.

극히 일부의 사람은 천재적 재능이 있다. 그러나 대부분의 사람들은 일반적 재능밖에 없다. 그럼에도 불구하고 가장 뛰어난 분야를 선택하여 갈고 닦아 천재성을 발휘하게 해야 한다. 노력형 인간이 천재형 인간을 이기는 경우도 많지 않은가? 더구나 천재성도 제대로 갈고 다듬지 않는다면 녹슬어 무용지물이 된다.

위대한 자기혁명의 목표는 모두가 최대의 역량을 발휘하여 더 나은 미래를 함께 만드는 것이다. 모두가 다 함께 잘 사는 행복한 공동체를 만들어야 한다. 실적이 낮은 사람이라도 무능한 사람으로 낙인찍어 배척하면 그 사회는 건강하지 못하다. 서로 배려하고 존중하여 모두가 공동체 발전에 기여, 공헌할 수 있어야 한다. 모든 사람을 적재적소에 배치하여 역량을 극대화할 수 있도록 해야 한다.

병법의 대가 손자는 어떤 경우든 "싸우지 않고 이기는 전략을 택하라"라고 강조했다. "상생의 길을 가라, 서로 협력해야 더 멀리 간다"고 말했다. 중요한 것은 모두의 인생 승리다. 나만을 위한 승리는 승리가 아니다. 인류 모두를 위한 승리가 진정한 승리다. 남을 죽이고 나만 사는 승리는 저주의 대상이요 공멸의 지름길이다.

지금 우리 인류는 위기 시대다. 인류의 더 나은 미래를 창조할 진정한 영웅은 누구인가? 바로 인류의 새로운 비전을 제시하고 더 나은 미래를 창조할 위대한 자기혁명가다. 미래는 주어지는 것이 아니라 스스로 창조해 나가는 것이다. 미래가 절망이 되면 인류는 종말뿐이다. 그러나 희망이 되면 새로운 도약이 이루어질 것이다. 아름다운 미래를 창조할 위대한 자기혁명가들이 많이 나와야 한다.

인류의 위대한 역사를 창조하려면 어떻게 해야 할까? 핵심은 '공감 스토리'를 만드는 것이다. 공감 스토리는 그냥 단순한 이야기가 아니다. '온갖 고생 끝에 세상을 아름답게 바꾸는 꿈을 이룬 것'이 핵심이다. 세상은 바로 이러한 사람들에 의해 움직이고 새로운 역사로 기록된다. 그저 그렇고 그러한 삶은 세상에 아무런 파장을 몰고 오지 않는다.

우리 모두는 위대한 자기혁명가가 되어 특별한 이야기의 주인공이 되어야 한다. 이제 남의 역사, 그의 역사가 아닌 나의 역사, 나의 이야기를 만들고 역사로 기록되게 해야 한다. 죽음을 뛰어넘어 영원히 사는 삶을 살아야 한다. 단순한 생존을 넘어 모든 역경을 이기고 감동의 신화를 창조한 위대한 인생이 되도록 해야 한다.

역사를 바꾼 수많은 사람들은 모두가 위대한 스토리를 창조했다. 우리가 생각하는 성인은 물론 모든 위인, 그리고 역사에 기록된 인물들은 모두가 크고 작은 공감과 감동의 스토리를 창조한 사람들이다. 세상에 울림을 울리는, 사람들의 가슴을 뜨겁게 하는 스토리를 창조하여 세상을 아름답게 만들어야 한다. 이것이 자기혁명의 핵심임을 명심해야 한다.

코페르니쿠스는 비록 성직자로 평생을 살았지만, 30년이 넘는 세월 동안 천문학에 모든 열정을 받쳤다. 그 결과 낡은 오류투성이의 우주관을 깨고 지구가 하나의 행성임을 밝힌 위대한 과학자로 평가된다. 코페르니쿠스는 역사를 바꾼 감동의 스토리를 창조했다. 코페르니쿠스는 낡은 과거를 혁파하고 새로운 역사를 창조한 위대한 자기혁명가였다.

꿈과 목표를 가진 사람은 위대하다. 모두가 위대한 자기혁명가가 되어 21세기 인류의 미래를 밝힐 새로운 사상을 창조하여 더 나은 세상을 만들어야 한다. 자기혁명가는 기존의 낡은 프레임을 깨고 새로운 패러다임을 창출하여 혁명적인 변혁을 통해 더 나은 세상이란 새로운 판을 만드는 사람이다. 모두가 자기를 혁명하여 새로운 탄생을 통해 역사를 바꾸는 위대한 자기혁명가가 되어야 한다.

몇 가지 사족을 붙인다. 어떻게 보면 이 책은 나만의 독창적인 생각이라고는 말할 수 없다. 위대한 자기혁명을 통해 새로운 대한민국과 인류가 지향해야 할 철학과 가치, 사상, 생각은 많은 사람들의 것이 동원되어 완성됐다. 《두산백과》, 《인물세계사》, 《한국민족문화대백과》, 《네이버 지식백과》 등을 다수 참고하거나 인용하여 재구성하였다.

신문은 사실과 지식의 보고이고, 미래의 기상도를 안내하는 길잡이다. 이 때문에 신문에 실린 글도 필요한 부분은 적극 인용하였다. 그리고 이 시대의 많은 현자들의 생각과 글을 광범위하게 참고하기도 했다. 또한 좋은 글이지만 필자를 제대로 확인할 수 없어 출처를 밝히지 못한 글도 있다. 연락을 주면 재판 발행시에 최대한 수정 보완하도록 하겠다.

이와 함께 나의 다른 저서 《대한민국 미래성공전략》(2018)을 포함하여 《대한민국 미래지도》(2012년), 《대한민국, 그 미래를 말하다》(2010년), 《지속 가능한 평화론》(2010년), 《상생평화국가와 한국외교강국론》(2008년), 《시민이 세상을 바꾼다》(2003년) 등을 재인용하여 보완하기도 했다. 그러므로 이 책은 대한민국 국민들이 참여하고 공감하는 '집단창작의 재구성물'이라고 할 수 있다.

나는 이 책의 발행을 계기로 우리 모두가 위대한 자기혁명가가 되어 모두가 다 함께 잘 사는 상생공영의 미래를 만들어 나가길 소망한다. 특히 이 책을 읽는 모든 독자들에게 커다란 꿈과 삶의 목표를 이루는 승리의 길잡이가 되길 바란다. 대한민국의 상생공영, 인류의 더 나은 미래, 그리고 하나님의 거룩한 영광을 위해 이 책을 바친다.

　끝으로 사랑하는 나의 아내 고유미님에게 진심으로 감사드린다. 또한 딸 장윤서와 아들 장윤설에게도 사랑의 마음을 전한다. 여러 가지로 부족한 남편, 아빠와 함께 해 주어서 마음 든든하다. 도서출판 북그루의 이창호 대표님과 직원들에게도 심심한 감사를 드린다. 그리고 나와 함께 하는 친구와 선후배, 이웃들에게도 정성을 다해 거목 같이 큰 희망을 주고 싶다.

　이 책이 사랑과 평화, 희망이 넘치는 '위대한 대한민국의 건국'에 작은 기여라도 할 수 있다면 큰 기쁨이 될 것이다. 미래는 주어지는 것이 아니라 창조하는 자의 것이다. 우리 모두가 위대한 자기혁명가가 되어 행복이 넘치는 더 나은 미래의 창조자가 되길 염원한다. 우리 모두의 희망이 무지개처럼 아름답게 피어나길 간구한다.

2019년 7월 1일
세상을 아름답게 바꿀
'위대한 자기혁명가'의 출현을 기다리며

장영권 쓰다

4_ 저자의 말_ 자기혁명으로 나를 최강자로 만들어라!

14_ 프롤로그_ 왜, 위대한 자기혁명을 해야 하는가?

PART 1 자기혁명의 전제 _23
모든 사람은 누구나 다 죽는다!

chapter 1 이젠 '나의 죽음'을 생각하라 _24
이순신 장군의 최후 순간 | 수많은 죽음의 행렬 | 죽음에 이르게 하는 것들

chapter 2 '나의 묘비명'을 미리 써 놓아라 _34
묘비명에 적힌 인생 | 죽은 자들의 공통된 외침 | 유명 인사들의 묘비명

chapter 3 '어떻게 죽을 것인가'를 준비하라 _43
죽음은 종말 혹은 부활 | 슬프지만 아름다운 '생전 장례식'
스티브 잡스가 남긴 마지막 메시지

PART 2 자기혁명의 목적 _55
인생의 가치와 목표를 세워라!

chapter 1 인생의 참된 가치를 발견하라 _56
고갱의 삶과 작품에 투영된 인생 | 장밋빛 인생과 가시밭 인생
소무, 이릉, 그리고 사마천의 선택

chapter 2 사명, 소명, 천명을 깨달아라 _67
역사가 부여한 사명 | 시대가 내리는 소명 | 인류를 구하는 천명

chapter 3 모두가 꿈꾸는 나라를 만들어라 _76

인류의 평화공영을 이끄는 홍익한국 | 꿈을 이루는 기회의 나라
평화계약을 통한 행복 공동체

chapter 4 위대한 나의 꿈을 찾아라 _86

가슴 뛰는 꿈과 인생 대탐험 | 세계를 움직이는 국가 지도자들의 꿈
경제한국을 이끈 기업인들의 꿈과 개척 | 나의 소중한 꿈과 뜨거운 도전

PART 3   자기혁명의 조건 _135
생존해야 더 나은 내일이 있다!

chapter 1 어떻게든 생존하여 승리하라 _136

모든 생명의 꿈 장수 | 생명의 포기, 구조적 슬픔
세계를 감동시킨 기적의 생환

chapter 2 강력한 생존의지를 키워라 _149

생명 탄생의 놀라운 신비 | 상상을 뛰어넘는 동물들의 생존경쟁
생명력을 키우는 힘: 고통과 시련 | 살아남는 자가 진정한 승리자

chapter 3 지속 가능한 생존방법을 터득하라 _162

세계 최고의 전문가 : 축구의 최강자 호날두 | 미래예측과 선제적 대응
선한 생존의지와 끊임없는 혁신

chapter 4 더 나은 내일의 생존을 창조하라 _175

연어의 처절한 모천회귀 이유 | 홍콩 암흑가 영웅들의 목숨 건 싸움
후회 없는 인생의 발견 | 인류의 위대한 발명품 '내일'

PART 4   자기혁명의 전략 _187
나의 꿈을 어떻게 이룰 것인가!

chapter 1 나를 알고 적을 알아 백전백승하라 _188
인류의 출현과 멸종 | 대한국인 1만년 역사의 명과 암
천하를 얻는 특별한 비결 | 자기혁명을 통한 '위대한 나' 재창조

chapter 2 생각과 전략으로 불가능을 극복하라 _225
원하는 것을 얻는 기적의 법칙 | 역사를 바꾸는 위대한 생각
세상을 이기는 최고의 전략

chapter 3 내안에 잠든 '거대한 영웅'을 깨워라 _255
꿈과 목표를 달성하는 비법 | 세상의 두 지배자: 말과 글
모든 문제의 해결사: 창의성 | 성공 스토리와 공감의 힘

chapter 4 비전을 제시하고 주도권을 확보하라 _286
창조적 리더의 조건과 리더십 | 조직의 성패를 좌우하는 역량 극대화
낡은 틀을 깨고 새로운 판짜기 | 미래변화 대비와 미래전략 개발

PART 5 자기혁명의 이후 _321
인생은 즐기고 살만하다!

chapter 1 **최고로 멋진 인생 여행을 떠나라** _322
휴식과 치유, 그리고 재발견 | 희망과 구원의 길 | 인생 여행의 아름다운 동행자

chapter 2 **나누고 베풀고 감사하라** _334
진정한 인생 성공의 요건 | 나눔과 베풂으로 만드는 천국 | 감사로 여는 축복의 문

chapter 3 **또 다른 인생 도전을 시작하라** _342
진정한 인생 승부 '제2의 인생' | 60세 이후에 꿈을 성취한 사람들
죽지 않고 영원히 승리하는 삶

chapter 4 **'위대한 나'를 기록한 책을 남겨라** _351
위인들의 '불멸의 책' | 책 쓰기의 성스런 과정
자기 책을 꼭 남겨야 하는 까닭

361_ 에필로그_ 위대한 자기혁명으로 세상을 주도하라

왜, 위대한 자기혁명을 해야 하는가?

애벌레는 껍질을 깨뜨리고 밖으로 나와야 아름다운 나비로 비상할 수 있다. 사람도 위
대한 자기혁명을 성공시켜야 자기 삶의 완전한 주인으로 살 수 있다.

삶이 꽉 막혔다!

어떻게 이 상황에서 벗어나야 할까? 적당히 해서는 상황 유지나 악화밖
에 되지 않는다. 근본적인 변화와 혁신이 필요하다. 이를 위해서는 오직 '혁
명(革命: revolution)' 밖에 없다. 다시 말하면 나 스스로가 나 자신을 대상으로
혁명을 해야 한다. 이것이 '자기혁명(self-revolution)'이다. 자기혁명은 현재의 암
울한 상황을 타개하고 더 나은 미래를 창조하는 유일한 길이다.

혁명이란 "기존 체제를 급격하게 변혁하는 일이다"

혁명은 17세기에 정치와 사회에 대한 기계론적 접근에서 나온 개념이다.
혁명의 가장 단순한 의미는 "전복시킨다"는 것이다. 즉 피지배세력이 지배세
력을 전복시켜 대체하는 것이다. 영국의 《옥스포드사전》에서는 1660년 영국
의 공화정 전복과 군주제 복귀, 1688년 미국에 대한 영국 권위의 전복, 프랑

스의 군주제의 몰락 등을 혁명의 예로 들고 있다.[1]

혁명은 일반적으로 정치학적 용어로 사용된다. 즉 정치학적 의미에서 "비합법적인 수단으로 국가체제 또는 정치체제를 급격하게 변혁하는 일"을 지칭한다. 역사발전에 따라 피지배계층이 기존 사회체제를 변혁하기 위해 비합법적인 방법으로 급격하게 국가권력을 탈취하여 교체하는 것이다. 이처럼 '권력기구를 급작스럽게 변혁하는 것'을 특히 '정치혁명(political revolution)'이라고 한다.

대표적인 정치혁명은 영국의 청교도혁명(1642년), 미국의 독립혁명(1776년), 프랑스의 시민혁명(1789년), 러시아의 공산주의혁명(1917년) 등이 있다. 이들 혁명의 공통된 원인은 경제 위기와 이로 인한 대중의 불만 증대, 정부의 대책 실패와 특혜조치, 지식인의 비판과 이반, 사회적 갈등과 대립의 격화 등이다.

혁명은 또한 사회학적 용어로도 쓰이고 있다. 사회학적 의미에서 혁명은 "이제까지의 사회체제를 폐기하고 새로운 고도의 사회체제를 세움으로써 사회생활에 근본적인 변화를 가져오게 하는 것"을 뜻한다. 이와 같이 사회체제의 근본적인 변화를 가져오게 하는 것을 '사회혁명(social revolution)'이라고 한다.

그러나 혁명이라는 용어는 이제 정치적, 사회적 사건들 외에 여러 분야에서 다양한 개념으로 확장되어 쓰이고 있다. 즉 산업혁명, 문화혁명, 생활혁명 등과 같이 혁명은 "광범위하고 전면적인 변동"에 대한 동의어로서 널리 사용된다. 모든 혁명은 종착역이 아니라 새로운 혁명을 잉태한다. 그러므로 혁명은 반복되어 나타나게 된다.

---

1) 고영복, 《사회학사전》, (서울: 사회문화연구소, 2000) 참고.

혁명은 사전적으로 "헌법의 범위를 벗어나 국가 기초, 사회 제도, 경제 제도, 조직 따위를 근본적으로 고치는 일"을 말한다. 그러나 이 책에서 사용하는 자기혁명은 "내 자신이 이전에 가지고 있었던 낡은 습관이나 태도, 사고방식 따위를 단번에 깨뜨리고 질적으로 새로운 자아상을 급격하게 세우는 일"을 의미한다.

즉 자기혁명은 바로 "내 스스로가 내 자신의 낡고 구태적인 의식, 생각, 태도, 성격, 행동, 능력, 관계 등 모든 것을 급격하게 바꿔 위대한 자아로 새롭게 창조하는 것"을 말한다. 위대한 자기혁명은 "과거의 나 자신을 완전히 깨뜨리고, 위대한 자아상을 새롭게 세우는 일"을 말한다. 한마디로 '위대한 내 자신의 재창조'다. 이것은 내가 내 스스로를 새로운 모습으로 재탄생시키는 것이다.

위대한 자기혁명과 혁명가의 삶

그렇다면 우리는 왜, 자기혁명을 해야 하는가? 그 대답은 혁명을 통해서 "내가 꿈꾸는 삶을 완성하여 더 나은 미래를 창조"하기 위해서다. 이것이 가장 위대한 자기혁명이다. 사람은 누구나 위대한 자기혁명을 통해서 위대한 인생을 성취해야 한다. 스스로 만들어낸 한계의 벽을 부수고 더 나은 미래를 만들기 위한 '자기 혁명가'로 새로 태어나야 한다.

자기혁명은 "사람은 모두가 다 죽는다"는 사실 확인에서부터 시작해야 한다. 우리가 영원한 존재라면 혁명은 필요 없다. 언제든지 다시 시작하면 되기 때문이다. 그러나 인생은 죽음이 있기 때문에 연습이 없다. 오직 한번 뿐인 인생이므로 어떻게든 성공해야 한다. 그러므로 삶을 대충대충 살 수는 없다. 자기혁명을 통해 삶을 치열하게 성공시켜야 한다.

자기혁명은 "자기 스스로가 자기를 대상으로 변혁하여 자기가 원하는 위대한 새 모습으로 재탄생시키는 것"이다. 우리는 부모의 유전적 요인을 물려받아 특정한 모습으로 태어났다. 자기혁명은 이러한 것 중 정교한 자기분석을 통해 나쁜 요소들을 모두 제거하고 강한 요소들을 극대화시켜 새로운 강점을 채워 넣어 '위대한 나'로 새로 태어나게 만드는 것이다.

따라서 위대한 자기혁명의 과정은 고통 그 자체다. 어머니가 아이를 낳는 고통보다 더 큰 고통의 터널을 지나야 한다. 혁신은 두꺼운 가죽을 벗기고 새롭게 하는 것이다. 고통 없이 아름다운 것은 없다. 혁신보다 더 큰 고통과 역경, 고난을 동반하는 것이 자기혁명이다. 그러므로 자기혁명은 모두가 성공하는 것은 아니다. 아주 특별한 소수만이 자기혁명의 성공이라는 월계관을 쓸 수 있다.

"나는 내 삶의 완전한 주인인가?"

지속적으로 자기혁명을 단행하는 혁명가는 열정으로 목표를 향해 나아가야 한다. 자기혁명의 과정은 좌절과 고뇌로 가득 찬 시행착오의 기록이다. 자기혁명은 자기의 꿈과 목표를 실현하기 위해 구태의 낡은 껍질을 벗겨내는 몸부림이다. 애벌레는 껍질을 깨뜨리고 밖으로 나와야 아름다운 나비로 비상할 수 있다. 사람도 위대한 자기혁명을 성공시켜야 자기 삶의 완전한 주인으로 살 수 있다.

"나는 내 삶의 완전한 주인인가?" 이 물음에 대해 확신에 찬 어조로 "그렇다"고 말할 수 있다면 자기혁명은 완성된 것이다. 그러나 "전혀 아니다"라고 응답한다면 지금부터 자기혁명의 거사를 준비해야 한다. 자기혁명은 "자기가 만든 낡은 틀"을 과감히 깨고 새로운 세상으로 나아가는 것이다.

우리는 흔히 자신이 만든 생각이나 습관의 틀에 스스로를 가두어 놓는다. 성취한 사람이나, 그렇지 못한 사람이나 대부분의 사람들은 자신이 규정한 틀 안에서 살아가려고 한다. 그 이유는 틀 안에 갇혀 있는 것이 편하고 안정적이라고 느끼기 때문이다. 이 때문에 자기혁명은 생가죽을 벗기는 것처럼 매우 힘든 작업일 수밖에 없다.

기업이나 국가도 마찬가지다. 모두 스스로가 만든 틀 속에 자신을 가두고 그 틀을 유지하려고 한다. 이 틀을 깨거나 조금만 바꾸려 해도 저항이 만만치 않다. 기업이나 국가도 역시 변화와 혁신이 쉽지 않다. 그러나 개인과 마찬가지로 기업이나 국가도 혁명적 쇄신을 하지 않으면 도태되거나 붕괴될 수밖에 없다.

지금 우리에게는 개인이나 기업, 국가 모두 위대한 자기혁명이 필요하다. 이것은 단순한 과제가 아니라 반드시 해야 하는 '명령'과 같은 것이다. 지금까지 쌓아온 낡은 벽들을 과감하게 허물고 새로운 것, 새로운 사람, 새로운 가치를 창출해야 한다. 기존의 것을 타파하고 새로운 것을 창조하는 혁신적 행동이 바로 자기혁명이다.

자연의 이치도 같다. 고인 물도 오래되면 썩기 마련이다. 물만 썩는 것이 아니라 물속에 있는 모든 것이 부패하고 생명성을 잃게 된다. 그러므로 건강한 생명성을 유지하지 위해선 생명체나 무생명체 모두 내외부의 변화와 혁신이 필수적이다. 개인과 기업, 국가도 예외일 수 없다. 위대한 자기혁명을 통해서만 더 나은 미래로 나아갈 수 있다.

깨어 행동하는 자기혁명가가 더 나은 미래를 만든다!

기업이나 국가가 발전하기 위해선 위대한 자기혁명가들이 많이 나와야한다. 깨어 행동하는 자기혁명가만이 기업을 발전시키고 국가를 부강하게만든다. 지금 우리에게 절박한 것은 스스로 만들어낸 낡은 틀을 과감히 허무는 것이다. 그러기 위해선 우리는 늘 자기혁명가로 살아야 하고, 이런 자기혁명가의 삶만이 자기와 자기가 속한 기업이나 국가의 주인으로 당당히살아갈 수 있다.

위대한 자기혁명을 성공해야 국가구조나 사회체제를 바꾸는 대혁명의길에 들어설 수 있다. 즉 세상을 바꾸기 위해선 자기혁명의 성공자가 되어야 한다. 이것은 역사 발전의 철칙이다. 진정한 자기혁명가가 되어야 자신의벽과 경계를 허물고 새로운 가치와 비전, 꿈을 창조할 수 있다. 이렇게 기존의 것, 낡은 틀을 스스로 깨는 행동이 바로 자기혁명이다. 그리고 자기혁명의 아름다운 결과는 '모두가 행복한 더 나은 미래'다.

자기혁명의 최대의 적은 무엇인가? 바로 나 자신이다. 자기혁명의 성공과 실패를 좌우하는 것도 나 자신이다. 그러므로 성공적인 삶을 위해서는나 자신을 자기혁명을 통해 바꿔야 한다. 자기혁명은 혁명의 주체도, 그리고대상도 바로 나 자신이다. 나를 바꾸면 모든 것이 길이 되고, 문이 된다. 위대한 자기혁명은 새로운 역사가 된다.

어느 묘비명 "그대 때문에 행복했소. 참 감사하오."

그렇다면 자기혁명의 성공을 통해 삶의 진정한 주인이 되기 위해서는 어떻게 해야 하는가? 먼저 인간의 삶, 즉 인생을 알아야 한다. 인생을 알기 위해서는 최종 종착지인 '죽음'을 먼저 정확히 알아야 한다(제1장). 모든 인간은 죽게 되어 있다. 죽음은 인간이 절대 피할 수 없는 숙명이다. 그리고 이 죽음은 언제 찾아올지 아무도 모른다.

우리는 죽는 그 순간까지 위대한 삶을 살아야 한다. 위대한 삶을 위해서는 인생의 위대한 꿈과 목표를 세워야 한다(제2장). 즉 내 자신이 누구인지 정확하게 알고, 살아 있는 동안 무엇을 해야 할지 구체적으로 정해야 한다. 많은 사람들은 꿈과 목표가 없다. 그저 다람쥐 쳇바퀴 돌리듯 반복적으로 살고 있다. 한번뿐인 인생을 이렇게 살아서는 안 된다. 자신이 진정으로 원하는 꿈, 간절히 원하는 목표를 찾아야 한다. 그리고 이를 실현하기 위해 뜨겁고 치열하게 살아야 한다.

물론 지금 당장 입에 풀칠이라도 하는 것이 중요하다. 생존이 지상 최고의 과제일 수 있다. 그러나 목표 없는 생존은 무의미하다. 생존하데 자기가 진정으로 하고 싶은 일, 꿈꾸는 일을 해야 한다(제3장). 그저 살아 있는 것이 중요한 것이 아니다. 숭고한 목표를 위해 치열하게 살아가는 것이 가장 가치가 있다. 인간의 존엄은 아름다운 삶의 가치 창출에 있음을 명심해야 한다.

그렇다면 아름다운 삶의 가치 창출을 위해서는 어떻게 해야 하는가? 자기혁명의 성공전략을 개발해야 한다(제4장). 자기혁명의 성공을 위해서는 정교하고 다양한 무기를 장착해야 해야 한다. 우리는 자기혁명을 통해 강한 인간으로 새로 태어나야 한다. 이를 위해서는 창의적 문제해결 능력, 말하기 및 글쓰기, 전략적 사고 등을 갖춰야 한다.

끝으로 일만 아는 사람은 자신은 물론 주변을 피곤하게 한다. 자기혁명의 성공은 모두가 행복한 더 나은 미래를 만드는 것이다. 인생은 살만하고 잔잔한 감동이 울려 퍼져야 한다(제5장). 그리하여 자기혁명의 성공 후에는 가족, 동료, 이웃이 나로 하여금 더 행복한 삶을 살 수 있어야 한다. 그래야 위대한 자기혁명이 완성되는 것이다.

이 책을 통해 모두가 위대한 자기혁명의 성공자가 되길 기대한다. 한번뿐인 인생 무의미하게 살아서는 안 된다. 내가 왜 이 땅에 왔는지 삶의 진정한 목표를 찾고 이를 통해서 아름다운 삶의 가치를 창조해 나가야 한다. 그리하여 "그대 때문에 우리가 행복했소, 참 감사하오. 너무 그립소!"라는 묘미명이 후대인들의 새로운 이정표가 되길 소망한다.

THE GREAT
SELF-REVOLUTION

> " 동서고금의 수많은 묘비명이 살아 있는 사람들에게 주는
>
> 공통된 메시지는 무엇일까?
>
> "죽음을 기억하라, 그리고 최선을 다해 살아라!"
>
> 한마디로 규정하면 이렇게 될 것이다. "

PART 1

PART
1

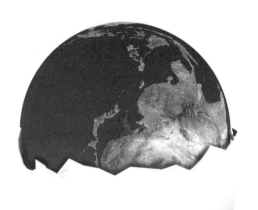

모든 사람은
누구나 다 죽는다!

"싸움이 급하니 나의 죽음을 적에게 알리지 말라!"
조선 구국의 성웅 이순신 장군이 54세의 나이로 전장에서 최후의 죽음을 맞이하며 남긴 유언은
전율을 넘어 숙연함을 준다. 죽음은 어느 누구도 피할 수 없다. 영웅도, 너도, 그리고 나도 피할 수
없는 것이 죽음이다. 그렇다면 우리는 죽음 앞에서 마지막에 무슨 말을 남겨야 할까?

chapter 1

이젠 '나의 죽음'을 생각하라

이순신 장군의 최후 순간

"싸움이 급하니 나의 죽음을 적에게 알리지 말라(戰方急愼勿言我死)!"

조선 구국의 성웅 이순신(李舜臣) 장군이 1598년 12월 16일(음력 11월 19일) 임진왜란 최후의 전투인 '노량해전'에서 왜군의 유탄에 맞아 운명하며 남긴 마지막 말이다. 이순신 장군은 고구려 을지문덕 장군, 고려 강감찬 장군과 함께 우리나라의 3대 명장이다. 그리고 가장 위대한 장군이다. 그가 54세의 나이로 전장에서 최후의 죽음을 맞이하며 남긴 유언은 전율을 넘어 숙연함을 준다.

죽음은 어느 누구도 피할 수 없다. 영웅도, 너도, 그리고 나도 피할 수 없는 것이 죽음이다. 그렇다면 우리는 죽음 앞에서 마지막에 무슨 말을 남겨야 할까? 많은 사람들은 이 질문에 다소 머뭇거릴 것이다. 사실 대부분의 사람들은 죽음을 의식적으로 멀리한다. 그러나 어느 누구도 죽음에서 절대 벗어날 수 없다. 모든 인간은 다 죽을 수밖에는 없는 존재이기 때문이다.

그렇다면 가장 위대한 죽음을 맞이한 인물이 있을까? 아마도 많은 사람들은 이순신 장군을 꼽을 것이다. 그는 '조선구국'이라는 시대적 과제를 해결하기 위해 가장 극적인 삶을 살았기 때문이다. 이순신 장군의 간략한 일대기를 더듬어본다.[1]

그는 1545년 4월 28일(음력 3월 8일) 서울에서 출생했다. 28세에 무인 선발 시험에 처음 도전했다. 그런데 달리던 말에서 떨어져 왼발을 다쳤다. 결국 시험에 낙방했다. 이순신 장군은 다시 4년 동안 실력을 갈고 닦았다. 32세 무과병과에 합격하여 비로소 처음 관직을 얻게 되었다. 그 뒤 높은 사람에게 아부하길 싫어서 진급이 늦어졌다. 그러다가 47세에 '전라좌도 수군절도사'가 되었다. 독자적인 자기의 꿈을 펼칠 수 있는 자리에 오른 것이다. 이순신 장군의 꿈은 "나라를 지키고 백성을 수호하는 것"이었다.

이순신 장군은 먼저 국내외 여러 정황을 파악하였다. 그리고 왜적이 쳐들어 올 것을 미리 감지해 냈다. 이순신 장군은 왜적의 침입에 대비하여 세계 최초의 철갑선인 거북선 등 전함을 만들고 수군을 훈련시켰다. 사람들은 쓸데없는 짓을 한다며 비웃었지만 마침내 1592년 5월 24일(음력 4월 13일) 임진왜란이 발발했다. 이순신 장군은 거북선을 이끌고 왜군과 맞서 싸웠다.

이순신 장군은 1592년 6월 16일(음력 5월 7일) '옥포해전'을 시작으로 무려 7년간 23번 전투하여 23승이란 전승의 대기록을 작성했다. 마지막 전투는 노량해전이었다. 왜군은 임진왜란을 일으킨 도요토미 히데요시(豊臣秀吉)가 1598년 8월 18일 횡사하자 서둘러 철수하려 했다. 이순신 장군은 도망가는

---

1) 이 책에 등장하는 이순신 장군 등 다수의 인물들의 삶과 업적 등은 《두산백과》, 《인물세계사》, 《한국민족문화대백과》, 《위키백과》 등을 참고하거나 인용하여 재구성했다.

왜적을 한 척도 돌려보내지 않겠다며 비장한 각오로 임했다.

이순신 장군은 노량해전 시작 직전인 1598년 12월 15일(음력 11월 18일) 밤 자정 무렵, 대야에 깨끗한 물을 떠와 손을 씻었다. 그리고 나선 혼자 갑판 위로 올라가 무릎을 꿇고 "이 원수 놈들을 무찌른다면 지금 죽어도 여한이 없겠습니다"라고 하늘에 빌었다. 이순신 장군은 굳은 결의를 한 후 이틀 간 밤을 새가며 싸웠다. 이순신 장군은 그 다음날 오전 10시경 왜적의 유탄에 맞아 운명하였다.

이순신 장군이 탄 장군선은 명에 따라 죽음을 극비에 붙이고 변함없이 독전기를 흔들며 지휘하였다. 조선수군은 정오까지 왜적을 크게 무찔렀다. 적선 500여척중 200여 척이 불에 탔다. 적병은 타 죽거나 물에 빠져 죽고, 살아남은 자들도 포로로 잡히거나 목 베어 죽는 등 대부분 전사하였다. 그러나 이순신 장군은 23번째 마지막 전투에서도 승리했지만 죽음을 이기진 못했다.

노량해전에서 이순신 장군이 전사한 후 명나라 장수 진린(陳璘:1543년 ~1607년) 이 위기에 처했다. 이순신 장군의 조카 이완이 장군선을 이끌고 그를 구해주었다. 진린은 이를 이순신 장군이 행한 일인 줄 알고 사례하고자 하였다. 이 때 이순신 장군의 죽음을 전해 듣고 배 바닥에 주저앉아 "어른께서 오셔서 나를 구해준 것으로 알았는데 이 무슨 일이란 말입니까?"라며 크게 통곡했다. 그리고 이순신 장군의 지휘 아래서 엄한 군율 때문에 곤욕을 치렀던 명나라 해군 장졸들도 눈물을 흘렸다.

이순신 장군에 대한 국내외의 인물들이 내린 평가는 다양하다. 이순신 장군과 함께 싸운 진린은 임진왜란이 끝난 후 조선의 왕 선조에게 올린 글

---

2) 보천욕일(補天浴日): 補 : 기울 보. 天 : 하늘 천. 浴 : 목욕할 욕. 日 : 해 일. '하늘을 깁고 해를 목욕시킨다'는 뜻으로, 나라에 대한 위대한 공적이 있음을 비유하는 말이다.

에서 "이순신은 천지를 주무르는 경천위지(經天緯地)의 재주와 나라를 바로 잡은 보천욕일(補天浴日)[2]의 공로가 있는 사람이다(有經天緯地之才補天浴日之功)" 라고 예찬했다.

영국의 해전사 전문가이자 해군중장 출신인 조지 발라드(George Alexander Ballard)는 이순신 장군에 대해 이렇게 서술했다. "이순신의 이름은 서구 역사가들에게 잘 알려지지 않았다. 그러나 그의 공적으로 보아서 위대한 해군 지휘관들 중에서도 능히 맨 앞줄에 설만 하다. 이순신 장군을 낮게 한 것은 분명 신의 섭리였다.

이순신 장군은 광범위하고 정확한 전략판단과 해군전술가로서의 특출한 기술을 갖고 있었다. 또한 탁월한 지휘통솔력과 전쟁의 기본정신인 그칠 줄 모르는 공격정신을 가지고 있었다. 이순신 장군은 그가 지휘한 모든 전투에서 늘 승리를 쟁취하였다.

이순신 장군의 공격은 결코 맹목적이지 않았다. 그는 이러한 점에서 19세기

이순신 장군 영정 〈출처:통영 충렬사〉

세계의 바다를 장악한 영국 해군의 넬슨(Horatio Nelson: 1758년~1805년) 제독과 유사하다. 그러나 이순신 장군이 거북선 등 기계발명에 대한 비상한 재능을 갖고 있었다는 점에서 넬슨 제독보다 더 뛰어나다고 할 것이다."

그런데 이순신 장군에 대한 존경심은 일본에서 더 강하게 나타났다. 1905년 러·일해전에서 승리한 도고 헤이하치로(東鄉平八郎) 일본 제독은 승전 축사를 듣고 나서 이렇게 말했다. 즉 "나를 넬슨 제독에 비교하는 것은

있을 수 있다. 그러나 이순신 장군과 비교하는 것은 감당하기 힘들다"라고 강조했다. 도고 헤이하치로는 러·일전쟁에 출정하기 전 전쟁승리를 기원하는 의미로 이순신 장군에게 제사를 지낸 일화는 유명하다.

분명 이순신 장군은 나라와 백성을 구한 영웅이다. 이순신 장군은 왜적과의 싸움에서 23전 23승 전승으로 불패의 신화를 창조하였다. 그러나 이순신 장군도 죽음을 이기진 못했다. 생자필멸(生者必滅)이다. 살아 있는 모든 것은 반드시 죽게 되어 있다. 예수도, 부처도, 공자도 모두 죽었다. 그러므로 우리 모두도 언젠가는 반드시 죽게 된다. 그렇다면 우리는 과연 어떠한 죽음을 맞이해야 하는가?

수많은 죽음의 행렬

신문이나 방송을 보면 매일 수많은 죽음의 행렬이 줄을 잇는다. 교통사고, 화재, 살인, 재난 등 각종 사건사고로 사람들이 죽는다. 안타까운 죽음도 있고, 실로 어처구니없는 죽음도 있다. 멀쩡하던 사람이 어느 날 갑자기 불귀의 객이 된다. 충격과 당혹감은 이루 말 할 수 없다. 살아 있다는 것 자체가 기적과도 같은 일이다.

사람은 죽으면 어떻게 되는가? 장례절차를 거쳐 매장되거나 화장되어 육신은 사라진다. 장례는 죽은 사람(망자)이나 유족들의 형편에 따라 3일장, 5일장, 7일장 등 다양하다. 보통사람들은 3일장을 치른다. 첫날은 부음(사망소식)을 주변에 알리고 장례 준비를 시작한다. 둘째 날은 염을 하고, 장지 등을 결정한다. 마지막 날은 영결식을 하고 시신은 관에 넣어 땅에 묻거나 화장한다.

옛날에는 주로 매장을 했다. 선영에 묻거나 아니면 공동묘지에 묻었다. 기회가 있으면 반드시 공동묘지에 가 볼 필요가 있다. 무수한 죽음들이 땅속에 묻힌 채 아무 말이 없다. "당신은 왜 죽었습니까? 생전에 무슨 일을 하셨나요?"라고 물으면 모두가 다 다른 대답을 할 것이다.

화장터에 가보면 시신들이 아궁이에서 활활 불타고 있는 것을 목격한다. 1시간 내외면 정강이뼈 등 일부의 뼈 조각과 재만 남게 된다. 이것을 쓰레받기로 쓸어 담아 절구통에 넣고 가루로 분쇄한다. 말 그대로 화장을 하게 되면 한줌 재만 남게 된다. 재가 된 유골을 유골함에 넣어 절이나 납골당에 한동안 안치한다.

죽음의 사유도 가지가지다. 군인이나 병역 활동 중에 사망한 사람들도 많다. 서울 동작구 국립현충원에 가면 무수한 죽음들이 열병식 하듯이 도열해 있다. 대부분 한국전쟁으로 산화했다. 사람들은 보통 질병으로 세상과 이별한다. 질병은 나이를 따지지 않는다. 갓난아이부터 100세가 넘는 고령자도 있다.

또한 돌연사나 사고사도 있다. 시신이 온전한 것도 있고, 형체를 알아보기 힘든 것도 있다. 대부분 죽은 이의 연고자가 있지만 연고자가 없는 경우도 더러 있다. 이 경우는 대학병원 등에 해부용 실험실에 기증되던가 아니면 관련법에 의해 무연고자로 처리된다. 예고된 죽음이 있는가 하면 갑작스런 죽음도 있다.

최근에는 자살이나 고독사가 증가하고 있다. 한국인의 자살률은 세계적이다. 고령화로 인하여 노인들의 고독사가 늘고 있다. 실직으로 생활고를 비관하다 죽는 40~50대의 젊은 고독사도 급증하고 있다. 어둡고 침침한 지하방에서 아무도 없는 가운데 외롭게 죽어야 한다. 그리고 죽은 지 한참 지난 후에 발견되기도 한다. 심지어 백골이 되어 감식해야 신원을 알 수 있는 경우도 있다.

대형병원을 꼭 방문해 보면 좋을 것이다. 장례식장에 가면 죽은 사람들의 사진과 유족들의 이름이 적혀 있다. 성별이나 나이, 지위 등에 순서가 없다. 그냥 죽음만 있을 뿐이다. 그리고 시한부 중환자실이나 호스피스 병동에 가면 병고에 신음하는 사람들이 한 둘이 아니다. 그들은 매일 같이 하루라도 더 살기를 간구한다.

암에 걸린 사람들도 투병에 사력을 다한다. 독한 항암주사로 인하여 머리가 다 빠지는 경우도 있다. 어떻든 살 수만 있다면 무엇이든지 해야 한다. 수많은 사람들이 생과 사의 고비에서 혹독한 고통을 겪고 있다. 어떤 이는 신을 찾기도 하고, 어떤 이는 자포자기를 하기도 한다. 모든 것이 인생이고 죽음이다. 우리가 죽음을 선택할 수는 없다. 그러나 죽음을 대비하는 진지한 태도는 있어야 할 것이다.

죽음에 이르게 하는 것들

모든 생명은 어느 시점에 이르면 죽게 된다. 가장 아름다운 죽음은 무엇일까? 모든 소임을 다하고 천수를 누리다 자연사하는 일일 것이다. 그러나 이순신 장군처럼 현장에서 장엄하게 최후를 마치는 경우도 있다. 그렇다면 가장 불행한 죽음은 무엇일까? 그것은 삶의 아름다운 꽃을 피우지 못하고 시드는 인생일 것이다. 가장 최악의 죽음은 아무 것도 시도하지 않고 허무하게 죽는 것이다.

모든 죽음은 엄밀히 말하면 스스로 선택하는 것이다. 죽고 사는 것은 운명의 문제가 아니라 자기선택의 결과다. 생로병사는 물론 길흉화복 모든 것이 하늘의 뜻이 아니다. 내가 선택하고 뿌린 대로 귀결되는 것이다. 즉 나의 생각과 행동, 모든 것 하나하나가 내 삶에 직접, 간접으로 영향을 주고 이것이 나의 운명으로 나타나는 것이다.

심리학자들은 사람이 스스로 죽음을 선택하는 5단계가 있다고 설명한다. 즉 5단계 과정을 거쳐 죽음에 이르게 된다. 1단계는 부정하는 것이다. 가령 암의 진단을 받은 경우 충격을 받고 이를 전면 부정한다. 이 단계에서 고독, 내적 혼란, 죄의식 및 의미 상실과 같은 복잡한 심리적 상태를 경험한다. 2단계는 분노하는 것이다. 왜 하필 나에게 이런 고통을 주나 하고 격정적으로 분노한다.

3단계는 타협하는 것이다. 얼마의 시간이 흐른 후 체념을 하고 현실을 서서히 받아들이며 타협한다. 4단계는 우울해 하는 것이다. 타인과의 접촉을 끊고 우울증에 빠져 서서히 죽음을 준비한다. 마지막 5단계는 수용하는 것이다. 담담히 죽음을 수용한다. 그런데 여기서 암을 극복하고 반드시 살겠다는 강력한 의지가 있으면 죽음과의 타협이나 수용을 거부하고 생명의 부활 단계로 반전시킬 수 있다.

결국 발병의 원인도 자기가 선택한 것이요, 이의 치료법도 자기가 선택할 수 있다. 그리고 모든 것을 거부하고 죽음을 선택할 수도 있다. 자기 스스로가 모든 것을 선택하는 것이다. 그런 만큼 모든 책임은 자기 자신에게 있다. 그럼에도 불구하고 많은 사람들은 운명을 탓하며 쉽게 좌절하고 절망한다.

개인이나 기업, 국가에게 있어 가장 경계해야 할 것은 '자살'이다. 자살의 가장 핵심적인 원인은 좌절과 절망이다. 삶의 꿈과 목표가 없을 때 사람들은 더 나은 미래를 준비하지 않는다. 오직 오늘만 생각하고 대충대충 적당히 즐기며 살아간다. 뚜렷한 목표기 없으면 도전이 없고 활력이 없다. 이것이 자살의 징조들이다.

단순히 살아 있는 것도 사실상의 자살이다. 청년들이 연애를 못하고 결혼을 하지 않는 것도 자살이다. 개인적으로 살아있다고 말할 수 있겠지만 국가적 차원이나 인류적 차원에서는 인구의 감소를 가져오기 때문에 자살 상태나 자살국면에 있다고 할 수 있다. 국가자살, 인류멸종의 전조 증상이 나타나고 있는 것이다.

한 개인이 자살하는 경우에는 수많은 자살전조가 나타난다. 의욕이 없고, 혼자 있고 싶다고 말하거나 웃음이 사라진 경우다. 좀 더 악화되면 우울증에 걸리거나 죽고 싶다고 말을 하기도 한다. 마침내 자살을 시도한다. 그렇다면 자살을 막으려면 어떻게 해야 할까?

자살하는 사람들은 삶에 절망한 사람들이다. 절망이 죽음에 이르게 하는 병이다. 절망은 국가의 자살, 인류의 멸종을 가져오게 하는 무서운 질병이다. 어찌 보면 대량살상용 무기인 핵폭탄보다 더 무서운 것이 절망이다. 절망의 반대는 희망이다. 자살을 막으려면 사람들이 희망, 꿈, 삶의 목표를 갖도록 해야 한다.

어떻게 사람들이 좌절이나 절망을 하지 않고 강한 생명력으로 멋진 삶의 기쁨을 맛보게 할 수 있을까? 그것은 개인과 기업, 국가가 희망을 찾을 때 가능하다. 모두가 더 나은 미래에 대한 강한 희망이 있어야 한다. 이를 위해선 삶과 죽음을 냉정히 인식하고 매순간 최선을 다하는 자세가 요구된다. 이것이 절망을 극복하고 진취적으로 사는 길이다.

성경에서는 '죄의 대가가 죽음이다'라고 말하고 있다. 그리고 '죽음에 이르는 7가지 죄(The Seven Deadly Sins)'를 열거하고 하고 있다. 즉, 교만, 시기, 분노, 나태, 탐욕, 정욕, 탐식 등 7가지의 죄가 죽음에 이르게 한다는 것이다. 그리고 이 모든 죄의 뿌리가 '교만'이라고 규정하고 교만을 가장 큰 죄악, 대죄로 취급하고 있다.

그러므로 교만하지 않고 겸손하고 겸허한 자세로 살아가야 한다. 하루

하루 범사에 감사하며, 쉬지 말고 기도하고, 항상 기쁘게 살라는 것이 생명의 창조자인 하나님의 '명령'이다. 사실 우리에게 주어진 하루하루의 삶은 어마어마한 선물이요 축복이다. 보물 같은 시간을 나태하고 탐욕으로 허비한다면 생명의 주관자 입장에서 엄히 죄를 물어야 할 것이다. 주어진 삶을 연탄불보다 더 뜨겁게 살아야 한다.

chapter 2

'나의 묘비명'을
미리 써 놓아라

묘비명에 새긴 인생

만약 지금 내가 죽는다면 어떻게 될까? 아마도 시신은 대부분 화장된 후 한줌 재가 될 것이다. 한동안 납골당에 안치되어 있다가 결국엔 흙과 먼지로 돌아갈 것이다. 누군가 시신이나 유해를 묻고 묘비라도 세워준다면 그 죽음은 아주 특별한 것이 된다.

당대에 큰 업적을 세워 명망가가 된 사람은 거창한 묘비가 세워질 것이다. 묘비의 전면에는 망자의 이름과 관직이, 그리고 후면에는 그의 일대기와 공적, 인물에 대한 평가가 새겨진다. 후대 사람들은 그의 묘를 찾아와 묘비를 보고 누구의 묘인지와 그의 삶을 부분적으로 알게 될 것이다.

그러나 대부분의 사람들은 죽음 이후에 이러한 호사를 누리지 못한다. 겨우 이름 석자만 남게 된다. 그래서 그가 어떤 사람인지 전혀 알 수 없다. 그를 아는 사람만 겨우 그를 기억하며 그가 어떤 사람이었는지 추억으로 간직할 뿐이다. 나의 죽음이 전적으로 '타인의 것'이 된다.

그렇다면 죽음 이후에도 나의 삶을 영속시킬 방법이 없을까? 그것은 미리 '묘비명(epitaph, 墓碑銘)'을 써놓고 유언을 남기면 된다. 누군가가 나의 유언을 실행해 준다면 나의 모든 것은 내가 쓴 묘비명과 함께 죽음 이후에도 한동안 존재하게 될 것이다. 그래서 묘비명을 생전에 미리 써 놓는 것은 매우 중요하다.

묘비명은 죽은 사람을 기리기 위해 묘비에 새긴 문구나 시문(詩文)을 말한다. 일반적으로 묘의 비석에 새겨진 글귀를 말한다. 관(棺)이나 기타에 기록된 것도 포함된다. 묘비명은 대체로 살아 있는 사람들이 죽은 사람의 가문, 경력 등을 간략히 기록한다. 그러나 경우에 따라서는 사망 전에 자기 자신이 직접 쓰기도 한다.

묘석 등에 이름과 삶을 새겨서 고인을 기리는 것은 동서고금을 불문하고 세계 각국에서 다양하게 발견된다. 고대 이집트의 묘비명은 관에 시신과 함께 넣어졌다. 이집트인들은 죽은 사람의 연령과 관직, 이름을 묘비에 새겼다. 보다 장대한 묘에도 묘비명과 그 묘에 묻힌 사람의 공적을 함께 새겨 넣었다.

그리스 시대의 묘비명은 초기에는 무척 단순·소박했다. 고인의 이름만을 간략히 기록하거나, 아니면 "누구, 여기에 잠들다"라는 간결한 산문체로 기록된 것이 많다. 그러나 후기에 가면서 시문의 조사나 시적 연상의 비문이 점차 늘어났다. 비명 그 자체가 독백이나 호소의 문장으로 기록되기도 했다.[1]

"여행자여!"라고 독자(묘석 앞에 멈춰 선 사람)에게 이야기하고, 고인의 추억이나 마지막 모습을 고하는 말이 묘비명으로서 새겨진 것도 있다. 이런 묘비명은 부유한 사람만이 아니라 사회의 다양한 계층, 모든 직종의 남녀가 포함되어 있다. 심지어, 창부나 노예의 예도 적지 않으며 말이나 개 등 애완동

1) 한국사전연구사 편집부, 《종교학대사전》(서울: 한국사전연구사, 1998) 참조.

물의 묘비명도 남아 있다.

그리스도교 전파 이전의 그리스 묘비명에서 엿볼 수 있는 점은 사자의 혼은 육체에서 떨어지면 어딘가로 가게 된다는 것이다. 그곳은 천상, 지하, 별세계(극락)의 어느 곳도 될 수 있다. 극단적으로 회의적인 묘비명은 사후에는 아무 것도 존재하지 않는다고 밝힌 것도 있다.

또한 역으로 사후에 사랑하는 사람과의 재회를 이야기하고 있는 낙관적인 묘비명도 있다. 수많은 그리스의 묘비명은 죽음이라는 엄연한 사실에 대해서 고대인이 던진 수많은 '생각의 만화경'이라고 해도 과언이 아니다. 그러나 묘비명 각각의 간결한 말 중에도 대체로 깊은 '인간애'를 반영하고 있는 것이 특징이다.

로마 시대의 묘비명은 그리스와는 달리 단순한 사실만을 새겼다. 로마 묘비명의 두드러진 점의 하나는 지나가는 사람의 주의를 끌려는 말들을 기록한 것이다. 이는 죽은 사람이 살아 있는 사람들의 기억에서 사라지는 것을 안타깝게 여겼기 때문이다. 그래서 묘를 통행인들이 많은 길가에 세웠다. 무척 흥미로운 일이다.

그리스도교도의 묘비명은 고대시대를 계승한 것으로서 13세기까지는 라틴어를 즐겨 사용했다. 로마 시대 이래로 "그대 위에 흙이 가볍기를(sit tibi terra levis)"이라는 상투문구가 널리 쓰였다. 16세기에 들어와 묘비명은 문학으로 취급되어 유명한 비명이 시인들에 의해 지어지기도 했다.

죽은 자들의 공통된 외침

동서고금의 수많은 묘비명이 살아 있는 사람들에게 주는 공통된 메시지는 무엇일까? 그것은 한마디로 규정하면 "죽음을 기억하라, 그리고 최선을 다해 살아라!"가 될 것이다. 많은 사람들은 삶의 문제에 대해 수없이 고뇌하고 스스로에게 물음을 던지지만, 어떻게 죽을 것인가에 대해서는 별로 고민하지 않는다. 살아 있는 동안 가장 두려운 죽음을 피하고 싶기 때문이다.

그러나 우리가 성공적인 삶 또는 가치 있는 삶을 살려면 사고를 전환해야 한다. 즉 이제 우리는 죽음을 고민하고, 살아 있는 동안 어떻게 살 것인가를 진지하게 물어야 한다. '어떻게 죽을 것인가'를 고민하는 것은 '어떻게 잘 살 것인가'를 질문하는 것과 같기 때문이다.

"어떻게 죽을 것인가?", 그리고 "죽은 후에 무엇으로 기억되길 소망하는가?" 등등에 대해 스스로에게 질문해본 적이 있는가? 더 이상 우리는 죽음을 잊고 대충대충 살아가서는 안 된다. 늘 새로움으로 강하게 무장하고, 앞으로 전진해야 한다. 어제보다 더 나은 내일을 꿈꾸며 날마다 새로움을 창조하고 더 높은 고지로 비상하여야 한다.

역사 이래로 우리 보다 앞선 사람들도 삶과 죽음에 대한 문제로 불면의 세월을 보내며 고민하였다. 그들이 치열하게 살다가 죽은 이후에 남긴 묘비명에는 살아 있는 사람들에게 어떻게 살 것인가에 대해 큰 가르침을 준다. 묘비명을 통해서 삶의 고삐를 강하게 당길 필요가 있다. 아름다운 죽음을 맞기 위해서는 아름답게 살아야 한다.

지금 삶과 죽음에 대한 문제를 생각하는 우리보다 먼저 이 같은 고민을 했던 이들이 있었다. 그들이 남긴 짧고 긴 묘비명을 보며 '어떻게 살 것인가?'와 '어떻게 죽을 것인가?'를 깊이 생각해보아야 할 것이다. 죽은 자는 침묵하고 있지만 묘비명은 그 사람의 삶과 고민 등을 압축적으로 전하기 때문이다.

우리도 미리 자신의 가치관과 꿈이 담긴 묘비명을 만들어 놓고 삶에 임하는 것도 좋을 것이다. 비록 인생의 시작은 내 마음대로 정할 수 없지만 마지막 모습은 나의 선택과 행동으로 얼마든지 바꿀 수 있기 때문이다. 우리는 살아가면서 '산 사람들'이 하는 많은 말에 크게 감동하기도 한다.

그러나 가장 본질적이고 핵심적인 것은 '죽은자'의 묘비에 쓰여진 단 한마디의 말임을 명심할 필요가 있다. 묘비명에는 파노라마와 같은 모든 인생의 희로애락이 담겨 있기 때문이다. 특히 사랑은 물론, 행복, 자유, 정의, 명예, 성공. 희망 등 사람들이 추구했던 삶과 가치관이 오롯이 보물처럼 담겨있다. '죽은자'들의 마지막 외침인 묘비명을 통해 '산자'들이 치열하게 삶을 대하며 더 나은 미래를 꿈꾸며 도전해야 할 것이다.

우리 인간은 왜 이 세상에 왔을까? 이 물음에 대한 대답이 삶의 목적이고, 존재의 이유다. 우리는 무엇보다도 삶의 숭고한 목적, 즉 꿈을 찾아야 한다. 꿈을 찾기 위해서는 역설적으로 '유언'이나 '묘비명'을 미리 써 보는 것도 큰 의미가 있다. 사실 한 때 일부에서 '유언장 쓰기'나 '관속 죽음 체험'을 하는 행사를 하기도 했다. 지금은 다소 시들해졌지만 가치 있는 삶을 찾기 위해선 여전히 시도해볼 만하다.

유명 인사들의 묘비명

"우물쭈물하다 내 이럴 줄 알았다.(I knew if I stayed around long enough, something like this would happen.)" 아일랜드 출신의 영국 극작가 겸 소설가, 비평가인 조지 버나드 쇼(George Bernard Shaw: 1856년~1950년)의 묘비에 새겨진 글이다. 버나드 쇼는 극작가답게 죽음마저도 희극화했다. 그러나 그 희극적 표현 속에는 삶의 진지한 자세가 배어 있다.

버나드 쇼는 소설가로서는 실패했다. 그는 자기혁명을 통해 사회주의자, 연설가, 논객, 극작가로 새로운 자아를 찾았다. 버나드 쇼는 허위와 위선으로 가득 찬 빅토리아 시대의 무대를 생동감 있게 변화시키는 희곡을 쓰면서 극작가로 성공했다. 특히 생명철학에 기초한 작품《인간과 초인》으로 세계적인 극작가로 발돋움했으며, 1925년 노벨문학상을 수상했다. 그는 17세기 이후 영국의 중요한 극작가로서 당시 뛰어난 희극작가 이상의 역할을 했다.

그러나 버나드 쇼는 성공의 순간에 만족하지 않았다. 94세까지 살면서 유머와 풍자, 위트를 잊지 않았으며, 사상가로서 자기 위치를 더욱 견고히 했다. 걸작으로 꼽히는《카이사르와 클레오파트라》,《인간과 초인》,《피그말리온》등 다수의 작품이 있다. 이런 위대한 극작가가 남긴 묘비명은 살아있는 우리들에게 '풍자적 유언'을 통해 "죽는 그날까지 열정적으로 살아라"라고 강력한 삶의 가르침을 주고 있다.[2]

"오늘 내가 죽어도 세상은 바뀌지 않는다. 하지만 내가 살아 있는 한 세상은 바뀐다." 누구의 묘비명일까? 자못 거창하다. 고대 그리스의 철학자 아리스토 텔레스(Aristoteles:B.C. 384년~B.C. 322년)의 묘비명이다. 스승인 플라톤과 함께 2천여 년 서양철학사에서 가장 중요한 역할을 한 사상가다. 형이상학, 논리학, 정치철학, 윤리학, 자연철학, 과학, 생물학 등 인간이 할 수 있는 모든 분야에 통달하고 그것들의 기초를 마련한 세계 철학사의 거인이다.

아리스토텔레스는 1998년 저명한 현대철학자들이 벌인 '서구 철학계에서 가장 큰 영향을 끼친 철학자'를 뽑는 투표에서 1위를 차지했다. 스탠퍼드 철학백과에서는 아리스토텔레스를 "모든 시대의 가장 위대한 철학자 중 한 사람"으로, 브리태니커 백과사전에서는 "서구 역사상 가장 위대한 지성인 중 한 사람"으로 소개하고 있다.[3]

"오늘이라는 날은 두 번 다시 오지 않는다는 것을 잊지 말라." 13세기 이탈리아의 시인, 예언자, 신앙인으로서, 전 인류에게 불멸의 서사시《신곡》을

---

2) 박경남, 《묘비명·비문—우물쭈물하다 내 이럴 줄 알았다》(서울: 포럼, 2009) 참조.

남긴 단테(Durante degli Alighieri: 1265년 3월~1321년 9월 14일)의 묘비명이다. 그는 중세의 정신을 종합하여 문예부흥의 선구자가 되어 인류문화가 지향할 목표를 제시하였다. 주요 작품은 《신생》, 《농경시》, 《향연》 등이다.

단테는 피렌체에서 정쟁에 가담했다가 추방되었다. 1303년 38세 때 "인류 구제의 길을 가르치려는 사람은 먼저 지옥에 가서 인간이 범한 죄의 실체와 이에 대한 하느님의 심판을 보아야 한다"고 스스로 결심하고 유랑의 길을 떠났다. 그는 이 과정에서 고난과 시련을 겪으며 인간사회의 모습을 샅샅이 관찰하여 그 가운데서 멸망하는 것과 영생하는 것을 지켜보았다.

단테는 유랑시인이 되어 이탈리아 각지를 떠돌아다니며 《신곡》의 '지옥편'은 1304년~1308년에, '연옥편'은 1308년~1313년에, '천국편'은 그의 생애의 마지막 7년 동안에 완성하였다. 단테는 대작 《신곡》의 완성 후 고향인 피렌체 도시의 시민들이 자신을 계관시인(桂冠詩人)으로 맞이해 줄 것을 희망하였다. 그러나, 1321년 9월 라벤나 도시의 영주 폴렌타의 외교사절로 베네치아에 갔다가 돌아오는 길에 말라리아에 걸려 사망함으로써 그의 꿈이 덧없이 사라지고 말았다.

폴렌타는 단테의 죽음에 대하여 최고의 애도를 표하고, 라벤나의 땅에 묻었다. 피렌체는 내전이 끝나고 단테의 유골을 되찾으려 했지만 라벤나는 번번이 거절했다. 결국 교황의 결정으로 피렌체로 유골을 넘겨줄 것을 명령하였지만 라벤나는 유골을 빼돌리고 넘겨주지 않았다. 은닉되어 있던 유골이 1865년 발견되어 라벤나의 작은 교회에 안치되었다.

살아서 타향을 방랑했던 단테는 죽어서도 오랜 유랑을 했지만 끝내 고향으로 돌아가지 못했다. 오늘날 단테의 무덤은 라벤나에 있지만 무덤을 밝히는 초의 비용은 피렌체가 부담하고 있다고 한다. 유골의 안식처를 두고

---

3) 나무위키(https://namu.wiki). 검색일 2018년 6월 3일.

오랜 기간 다투던 두 도시가 이 정도에서 타협한 셈이다. 단테가 다시 태어나 이것을 알게 된다면 뭐라고 말할까?

"일어나지 못해서 미안하오."《노인과 바다》(1952년)로 퓰리처상, 노벨문학상을 수상한 미국의 소설가 어니스트 헤밍웨이(Ernest Miller Hemingway: 1899년 7월 21일~1961년 7월 2일)의 묘비명이다. 그는 대표작《노인과 바다》를 비롯하여《무기여 잘 있거라》,《누구를 위하여 종은 울리나》 등의 세계적 명작을 남겼다. 문명의 세계를 속임수로 보고, 인간의 비극적인 모습을 간결한 문체로 묘사한 20세기의 대표작가로 평가받고 있다.

1953년 아프리카 여행을 하던 헤밍웨이는 두 번이나 비행기 사고를 당해 중상을 입었다. 이로 인해 헤밍웨이는 쿠바의 수도 아바나에서 7년 간 암보스문도스호텔(Hotel de Ambos Mundos)에 기거하며 집필하였고 저녁이면 엘 플로리디타 바에서 칵테일을 즐기며 현지인들과 담소를 즐겼다. 그러나 쿠바혁명 이후 1960년 미국으로 추방되었다. 그 후 1961년 7월 갑자기 엽총 사고로 죽었다. 자살로 추정된다.

이밖에 많은 사람들이 묘비명을 남겼다. 독일의 낭만주의 문학의 대표적 소설가인 장 파울(Jean Paul : 1763년 3월 21일~1825년 11월 14일)은 "인생은 한 권의 책과 같다. 어리석은 이는 그것을 마구 넘겨 버리지만, 현명한 이는 열심히 읽는다. 인생은 단 한 번만 읽을 수 있다는 것을 알기 때문이다"라는 어록을 남겼다.

미국의 천재 발명가 토마스 에디슨(Thomas Alva Edison: 1847년 2월 11일~1931년 10월 18일)은 "상상력, 큰 희망, 굳은 의지는 우리를 성공으로 이끌 것이다"라는 묘비명을 남겼다. 미국의 낙농산업의 개척자 게일 보든(Gail Bordne: 1801년~1874년)의 묘비명에는 "나는 시도하다 실패했다. 그러나 다시 또 다시 시도해서 성공했다"라고 적혀 있다.

유명한 《명상록》을 남긴 로마 황제 마르쿠스 아우렐리우스(Marcus Aurelius Severus Antoninus: 188년 4월 4일~217년 4월 8일)는 "전력을 다하여 자신에게 충실하고 올바른 길로 나가라. 참으로 내 생각을 채울 수 있는 것은 나 자신뿐이다. 나를 변화시킬 수 있는 건 오로지 나뿐이다"라는 아주 의미심장한 묘비명을 남겼다.

'걸레스님'으로 알려진 한국의 승려화가 중광(重光:1934년~2002년 3월 9일)은 "괜히 왔다 간다"라는 걸작의 묘비명으로 유명하다. 중광은 '미치광이 중'을 자처하며 파격으로 일관하며 살았다. 그리고 한국문단의 마지막 귀인 천상병(千祥炳: 1930년 1월 29일~1993년 4월 28일)은 "나 하늘로 돌아가리라. 아름다운 이 세상 소풍 끝내는 날. 가서 아름다웠더라고 말하리라"라는 시적인 묘비명을 남겼다.

천상병 시인은 간첩단 조작사건으로 끌려가 전기고문을 받는 등 누구보다도 비참하고 불행한 삶을 살았다. 그럼에도 묘비명에서 만큼은 놀라운 관용과 초연함으로 "삶은 아름다웠다"고 표현했다. 더구나 가난과 고독, 고통, 질병으로 얼룩진 삶도 "아름다운 소풍"이라고 노래했다. 삶이 고통이라면 죽음은 해탈인가? 그의 묘비명 어디에도 삶의 고단함이나 죽음의 쓸쓸함 같은 것은 찾아볼 수 없다.

chapter 3

'어떻게 죽을 것인가'를 준비하라

죽음은 종말 혹은 부활

한국사회에서는 죽음을 금기시 한다. 죽음을 뜻하는 '4'자를 거의 본능적으로 송충이보다 더 혐오한다. 건물 엘리베이터 4층은 F층으로 표시하거나 아예 생략하고 5층으로 올라가기도 한다. 아파트 4층은 입주하기를 꺼린다. 입시생, 고시생은 장례식에 가지 않는 게 관행이다. 그렇다고 하여 우리가 죽음을 피할 수 있는 것은 아니다. 이제는 죽음을 이야기하고 어떻게 죽을 것인가를 준비해야 한다.

죽음이란 무엇인가? 사전적으로 '생물의 생명이 없어지는 현상'을 말한다. 사람이 가장 두려워하는 것이 무엇일까? 사람마다 다르겠지만 상당수는 '죽음'이라고 말할 것이다. 이 때문에 인류는 '생각'의 첫머리에서 이 문제와 맞닥뜨렸을 것이다. 종교와 철학 그리고 모든 문명의 시발점과 종착역은 이 문제에 집중되고 있다.

죽음의 극복은 인간의 최대 도전과제가 될 것이다. 그러나 과학적 지식이 극대화되고 의학적 기술이 크게 발전하더라도 적어도 당분간은 죽음에 대해 확실한 결말을 짓지 못할 것이다. 죽음은 분명 누구나 처음이자 마지막으로 반드시 겪어야 하는 피할 수 없는 사실이다. 죽음 자체가 그것으로 모든 것이 끝나는 '최후'이기 때문에 그만큼 인생에서 가장 중대한 문제다.

의사들은 고등동물인 인간의 죽음을 판정하는 데도 어려움을 겪는다. 일반적으로 심장 고동과 호흡 운동의 정지를 "죽었다"고 말한다. 그러나 가사상태(假死狀態)인 경우도 있고, 한 때 멈추었다가 기적적으로 다시 살아나는 경우도 있다. 의학적으로 분명히 사망했는데 환생하는 사건도 종종 발생한다.

우리나라 사람들은 예로부터 오래 사는 것, 장수를 가장 큰 축복으로 삼았다. 천수를 누리며 제명대로 살다가 편안히 죽는 '고종명(考終命)'을 오복의 하나로 꼽았다. 그래서 복을 누리며 오래 살다 죽는 경우를 '호상(好喪)'이라고 하지만 이마저도 거부하기도 한다. 아무리 오래 살다가 죽더라도 그것이 좋은 것일 수 없다는 의미다.

인간과 죽음의 관계는 무엇일까? 혹자는 "인간은 죽음으로 향하는 존재"라 규정하기도 한다. 또 "인생은 무덤을 향하여 한 발자국 한 발자국 다가가는 과정"이라고 말하기도 한다. 어떻든 인간의 삶은 죽음으로 인하여 종말하기도 하고, 새로운 부활을 하기도 한다.

프랑스의 철학자 몽테뉴((Michel de Montaigne: 1533년~1592년)는 1580년에 쓴 유명한 《수상록》(隨想錄)에서 다음과 같이 적고 있다. "어디에서 죽음이 우리들을 기다리고 있는지 모른다. 곳곳에서 기다리고 있지 않겠는가! 죽음을 예측하는 것은 자유를 예측하는 일이다. 죽음을 배운 자는 굴종하지 않는다. 그리고, 죽음의 깨달음은 온갖 예속과 구속에서 우리들을 해방시킨다."

한국인들은 죽음을 특히 두려워한다. 바꾸어 말하면 삶에 대한 강한 애착을 갖고 있다. 그래서 "개똥밭에 굴러도 이승이 좋다"고 한다. 죽음은 엄청난 공포이고 재앙이다. 가장 좋은 인사도 "건강하게 오래오래 사세요"다. 사실 누가 오래 살고 싶지 않겠는가? 살아 있는 모든 것들의 공통된 소망일 것이다.

그러나 누구도 죽음을 피할 수 있는 것이라 생각하지는 않는다. 굳이 외면하고 싶지만 사실은 '저승길이 대문 밖'에 있음을 안다. 죽음은 늘 가까이에 있는 것이다. 어느 날 갑자기 '훅' 가는 것이 우리네 인생이다. 그래서 많은 사람들은 '제명대로 살다가 편안하게 죽는 것'을 소망한다.

하늘에서 받은 수명대로 천수를 누리며 오래 살다가 자식들이 지켜보는 가운데 편안하게 자리에 누워 죽는 것은 사실 큰 축복이 아닐 수 없다. 우스갯소리로 '9988-234'다. 말 그대로 99세까지 88하게 살다가 2, 3일 아프다가 죽는 것이다. 과연 우리가 이렇게 살 수 있을까?

그러나 많은 경우 '비명횡사'하기도 한다. 사실, 이 세상에서 가장 억울한 것은 '제명대로 못 살고 원통하게 죽는 것'이다. 일찍 죽는 요사(夭死), 객지에서 죽는 객사(客死), 갑작스런 불행으로 죽는 횡사(橫死), 원통하게 죽는 원사(寃死), 분하게 죽는 분사(憤死) 등 모두 억울한 죽음이다.

억울하게 죽으면 원귀(寃鬼)가 된다. 이들은 왕신·몽달귀신·손각시·영산·객귀(客鬼)·여귀(厲鬼)가 되어 저승에 가지 못하고 한동안 구천을 떠돌게 된다. 그래서 가끔 '억울함을 풀어달라'고 산 사람들의 꿈에 나타나기도 한다. 무속 신앙에서는 죽음이란 다름 아니라 저승사자를 따라가는 일이다.

우리가 죽으면 어디로 갈까? 기독교와 불교에서는 심판대에 서고 그 결과에 따라 천국이나 지옥에 가게 된다. 민간신앙이나 무속에서는 저승사자가 나타나 망자를 데려 간다. 황천강을 건너간 후 염라대왕 앞에 서서 생전의 잘잘못에 대하여 엄한 문초를 받게 된다. 드물게는 이승으로 환생하는 수도 있다.

불교의 경전《반야심경》에서는 "죽음은 어쩌면 이 '티끌 세상'을 탈출해서 영원한 자유인이 되는 계기가 될 수도 있다"고 말한다. "죽음을 통해 육신이 진정한 '나'가 아니었다는 것을 깨닫게 되고, 살아 움직인 활동 그것이 모두 공(空)이라는 것을 알아차려야 비로소 세속을 벗어난 자유인으로 해방된다"고 말한다. 세속의 티끌이 조금이라도 남아 있으면 지옥으로 가고, 완전히 제거되면 극락으로 가게 된다.

불교에서는 "죽음은 무(無)가 아닌 동시에 두려워할 일도 슬퍼할 일도 아니다"라고 말한다. 매미가 허물을 벗듯이(蟬脫) 훨훨 벗어 던지고 새로운 옷으로 갈아입는 것이다. 낡은 허물을 벗는 것이 죽음이며, 새로운 옷으로 갈아입는 것이 윤회(輪廻)다. 새로운 옷이 무슨 빛깔이 되고 어떤 모습이 될지는 이승에서 쌓은 업(業)에 따라 결정된다는 것이다.

불교의 윤회사상은 알고 보면 사람의 삶은 죽음으로 끝나는 것이 아니라, 자손의 모습으로 영원히 이어져 간다는 것을 암시하고 있다. 유교에서는 조상이 늘 자기와 함께 있다고 생각한다. 그러나 공자는 살아 있는 사람들끼리의 질서, 곧 인과 예, 윤리 도덕에 더 큰 관심을 가졌다. 그리고 "인간은 결국 자연에서 나서 자연으로 돌아간다"고 말했다.

기독교에서는 죽음에 대해 뭐라고 말할까? "한 사람으로 말미암아 죄가 세상에 들어오고 죄로 말미암아 사망이 왔나니 이와 같이 모든 사람이 죄를 지었으므로 사망이 모든 사람에게 이르렀느니라(로마서 5장 12절)." 요컨대, "죽음은 죄에 대한 벌"이라는 것이다. 기독교에서 말하는 죄는 원죄다. 죽음은 이 원죄로 인해 하나님으로부터 받는 벌이다.

기독교에서의 죽음은 육신의 죽음과 영혼의 죽음 두 가지로 나누어 볼 수 있다. 육신의 죽음은 생물학적으로 한 생명체의 모든 기능이 정지되어 다시 원상대로 회복될 수 없는 상태를 말한다. 그리고 영혼의 죽음은 생명의 원천인 영혼이 육체에서 떨어져 나가는 것을 뜻한다.

그러면 육체에서 분리되어 떨어져 나간 영혼은 어디로 가는가? 하나님 앞으로 가서 심판을 받게 된다. 천지만물의 창조자이고 구원자이자 심판자인 하나님 앞에 가서 일생 동안의 일을 심판받게 되는 것이다. 죽음은 말하자면 심판자의 앞으로 나아가는 일이다.

누구나 피할 수도, 면할 수도 없는 필연적인 사항이다. 구원을 받기 위해서는 인류의 죄를 대신해 죽은 예수 그리스도를 영접함으로써 천국에서 부활을 통한 영생을 얻을 수 있다고 한다. 기독교는 예수 그리스도를 구주로 믿고 영접하면 누구나 천국에 갈 수 있다는 것이다. 그래서 죽음은 천국에 가는 것으로 두려울 필요가 없다고 말한다.

슬프지만 아름다운 '생전 장례식'

보통 장례식은 고인의 가족이나 친지가 치르는 것이 일반적이다. 그러나 아주 드문 일로 살아 있는 사람이 죽음을 앞두고 생전(生前)에 자신의 장례식을 직접 행하기도 한다. 일본에서는 '생전 장례식'이 비교적 보편적인 장례문화로 자리 잡고 있지만 한국에서는 아직 낯선 풍경이다. 그래서 한국에서의 생전 장례식은 찬반 등 여러 가지 논란이 제기되고 있다.

말기 암환자로 죽음을 앞둔 85세의 김병국 노인이 2018년 8월 14일 오후 4시 서울 동대문구 시립동부병원에서 자기가 직접 자기의 장례식을 치렀다고 몇몇 언론들이 보도했다.[1] 소위 생전 장례식을 거행한 것이다. 생전 장례식장은 김 노인의 병실이 있는 호스피스 병동 3층 복도 끝 세미나실이었

---

1) 《조선일보》, 2018년 8월 15일. 《동아일보》, 2018년 9월 3일.

말기 암환자인 김병국 노인의 생전 장례식이 진행되고 있다. 〈출처: 라포르시안〉

다. 식장은 형형색색의 풍선과 꽃들로 가득 채워 그럴듯하게 꾸몄다.

김병국 노인은 1년 전에 병원에서 처음 암 판정을 받고 3개월 정도밖에 살 수 없다는 날벼락 같은 통보를 받았다. "더 이상 손을 쓸 수 없는 상황이다"라는 의사의 말에 그는 항암주사 등 연명치료를 하지 않고 담담히 죽음을 맞이할 채비를 하였다. 그는 기자들에게 이렇게 밝혔다.

"내가 살아날 수만 있다면 연병치료를 받아보았겠지만 조만간에 죽는 것이 확실하다고 해서 항암주사를 거부했습니다. 연명치료를 받다보면 고통이 너무 크고 내 모습만 흉하게 일그러질 뿐 결국 완치도 못하고 죽게 됩니다. 사랑하는 사람들에게 내 마지막 모습이 고통스런 얼굴로 기억되고 싶지도 않고요…"

우리 모두는 죽음을 두려워한다. 김병국 노인은 이미 사망 선고를 받은 뒤라 죽음을 보다 담담히 받아들였다. 그리고 그는 생전 장례식을 하게 된 이유를 미소 띤 얼굴로 털어놨다. "태어나는 것도 죽는 것도 우리 마음대로 할 수 있나요. 출생은 삶의 시작이라면 죽음은 한 인생의 마무리입니다.

그래서 죽은 뒤에 누가 왔는지도 모르는 장례식보다는 하루라도 살아 있을 때 사랑하는 사람들 얼굴 보고, 밥 한 끼 함께 먹고 작별하는 것이 훨씬 낫다고 생각합니다. 지금까지 나를 도와준, 돈으로는 따질 수 없는 소중한 분들에게 꼭 감사함을 전하는 일도 필요합니다. 그래서 생전 장례식을 하게 되었습니다."

김병국 노인은 병원측과 상의 후 생전 장례식을 조촐히 준비했다. 우선 직접 부고장을 작성했다. "저 김병국은 85세입니다. 전립선암으로 병원생활을 한 지 일 년이 넘었습니다. 병세가 완화되기 보다는 조금씩 악화되고 있습니다. 전립선암이 몸 곳곳에 전이가 되었습니다. 소변줄을 차고 휠체어에 의지하고 있습니다만 정신은 아직 반듯합니다.

죽지 않고 살아 있을 때 함께하고 싶습니다. 제 장례식에 오세요. 죽어서 장례는 아무 의미가 없습니다. 여러분의 손을 잡고 웃을 수 있을 때 인생의 작별인사를 나누고 싶습니다. 감사의 인사를 전하고 싶습니다. 화해와 용서의 시간을 갖고 싶습니다.

고인이 되어서 치르는 장례가 아닌 임종 전 가족, 지인과 함께 이별 인사를 나누는 살아서 치르는 장례식을 하려고 합니다. 검은 옷 대신 밝고 예쁜 옷 입고 오세요. 같이 춤추고 노래 불러요. 능동적인 마침표를 찍고 싶습니다."

김병국 노인은 부고장이라고 하지 않고 '초청장'이라고 표현했다. 그리고 조문객은 '초청객'이라고 불렀다. 장례식 제목도 '나의 판타스틱한 장례식'이라고 붙였다. 그는 "죽는 게 어둡고 외롭고 쓸쓸한 게 아니다. 이 세상 즐겁게 살다가 이제 당신들과 작별할 때가 왔다. 그동안 날 사랑해줘서 고맙다. 생전 장례식에서 마지막으로 이 말을 꼭 전하고 싶었다"고 밝혔다.

그에게 생전 장례식은 슬프지만 아름다운 축제였다. 죽음은 왔던 곳으로 다시 돌아가는 것이다. 이것은 우리 모두에게 해당한다. 내 차례가 왔을 때 축제로 받아들여야 한다. 그래서 그는 축하하고, 노래 부르고, 즐겁게 장례식을 진행했다. 그는 평소 가장 즐겨 불렀던 노래 '아침이슬'과 '이사 가던 날'을 목청껏 열창했다.

김병국 노인의 장례식에는 의외로 많은 사람들이 참석했다. 그는 당초 30명 정도가 올 것으로 예상했지만 50명이 넘게 왔다. 다수가 친척과 지인이었지만 기자들과 생전 장례식이 어떤 건가 궁금해서 온 사람들도 있었다. 초청객들은 생전 장례식이 익숙하지 않은 분위기 탓에 몇몇은 쭈뼛거렸고, 몇몇은 울먹였다.

그러나 김병국 노인은 참석자 일일이 손을 잡고 웃으며 말했다. "와 줘서 정말 고마워. 우리 그 때 참 좋았지. 건강하고 행복하게 잘 살아." 김병국 노인은 어떻게 보면 '고독사'를 피하고 싶었는지도 모른다. 그는 1933년 평안북도 용천에서 지주의 막내아들로 태어났다. 해방 직후인 1947년 14세 때 북한의 숙청바람을 피해 외삼촌과 둘만 서울에 왔다.

김병국 노인은 학교를 졸업하고 처음에는 홍천군청에 들어갔다. 그런데 너무 월급이 적어 그만두고 대한전선으로 직장을 옮겼다. 월남전 때 파월 기술자로 갔다가 오기도 했다. 이후 건설회사 몇 군데를 다니다가 은퇴했다. 노년에는 노인권익과 복지향상을 위해 활동하는 노동조합인 '노년유니온'에서 위원장으로 활동하기도 했다.

아내와는 사별했고, 자녀들과는 오래전 절연했다. 고시원에서 기초생활수급을 받으며 혼자 살았다. 그는 죽음을 앞두고 초연한 삶을 살고 있다. 김병국 노인은 "그저 평범한 인생이었다"고 자신의 삶을 소개했다. 그리고 "장례식까지 치렀으니 내가 할 일은 다했다. 이제 죽을 일만 남았다. 내가 죽거든 장례식을 치르지 말고 바로 화장해서 뿌려줘"하며 "하하하" 큰 소리를 내며 쾌활하게 웃어보였다.

스티브 잡스가 남긴 마지막 메시지

미국의 세계적인 기업 애플 창업자 스티브 잡스(Steve Jobs: 1955년 2월 24일 ~2011년 10월 5일)는 정보통신(IT)분야의 전설이다. 그는 매킨토시 컴퓨터를 만들어 대성공을 거두었다. 그러나 회사 내부 사정으로 애플을 떠나고 넥스트 사를 세웠다. 애플이 이 회사를 인수하면서 경영 컨설턴트로 복귀했다. 잡스는 애플 최고경영자로 활동하며 아이폰, 아이패드를 잇달아 출시하며 IT 업계에 새로운 바람을 불러일으켰다.

그러나 거목인 잡스는 2011년 10월 56세의 나이에 췌장암으로 쓰러졌다. 세상은 충격에 빠졌고, 숨을 죽인 채 그의 죽음을 애도했다. 잡스가 세상을 떠나기 직전 병상에 누워 자신의 과거를 회상하며 유언처럼 '마지막 메시지'를 남겼다.[2] 우리가 어떻게 살아야 하는지, 삶에서 무엇을 추구해야 하는지 반드시 짚어봐야 할 소중한 메시지다.

"나는 사업 분야에서 성공의 최정점에 도달했다. 다른 사람들 눈에는 내 인생이 성공의 완벽한 모델로 보일 것이다. 그러나

2013년 8월 개봉된 영화 《잡스》 포스터

2) https://www.linkedin.com/pulse/steve-jobs-last-words-peter-sequeira (검색일: 2018년 8월 20일)

나는 일 이외에는 즐거움이라고 곤 거의 없었다. 결국 내게 '부'라는 것은 단지 익숙해진 삶의 일부에 불과할 뿐이다.

지금 병상에 누워 나의 지난 삶을 회상해본다. 내가 그토록 자랑스럽게 여겼던 모든 명성과 막대한 부는 임박한 죽음 앞에서 그 빛이 바래고 아무런 의미도 없다. 나는 어둠 속에서 생명보조장치의 초록색 불빛을 바라보며 기계의 윙윙대는 소리를 듣고 있노라면 죽음의 사자 손길이 점점 가까이 다가오는 것을 느낀다.

내가 이제야 깨닫는 것은 평생 굶지 않을 정도의 부만 축적되면 더 이상 돈 버는 일과 상관없는 다른 일에 관심을 가져야 한다는 사실이다. 그건 돈 버는 일보다 더 중요한 뭔가가 되어야 한다. 그건 인간관계가 될 수도 있고, 예술일 수도 있으며, 어린 시절부터 가졌던 꿈일 수도 있다.

쉬지 않고 돈을 버는 일에만 몰두하다 보면 결과적으로 비뚤어진 인간이 될 수밖에 없다. 바로 나 같이 말이다. 부가 가져다주는 환상과는 달리 하나님은 우리 모두의 마음속에 사랑을 느낄 수 있도록 감성을 넣어주셨다.

내가 평생 번 재산을 가져갈 수 없다. 내가 가져갈 수 있는 것이 있다면 오직 사랑으로 축적된 추억뿐이다. 그것이야말로 나와 동행하며 나아갈 힘과 살아갈 희망을 주는 참된 부이다. 사랑은 아주 멀리까지 전달된다. 사랑에는 한계가 없다. 가고 싶은 곳이 있으면 가고, 오르고 싶은 곳이 있으면 올라가 보아야 한다. 모든 것은 우리의 마음과 결단에 달려 있다.

이 세상에서 가장 비싼 침대는 무엇일까? 그것은 '병상'이다. 우리는 사람을 고용하여 우리 대신 차를 운전하게 할 수도 있고, 직원을 고용하여 돈을 벌게 할 수도 있다. 그러나 나를 대신하여 다른 사람에게 병을 앓게 할 수는 없다. 물건은 잃어버리더라도 다시 찾을 수 있지만 절대 되찾을 수 없는 것이 하나 있다. 그것이 바로 '생명'이다.

누구라도 수술실에 들어가면서 진작 읽지 못해 후회하는 책 한 권이 있다. 이름 하여 '건강한 삶' 지침서다. 우리가 지금 인생의 어느 단계에 있든지 때가 되면 누구나 인생이란 무대의 막이 내리는 날을 맞게 된다. 가족에 대한 사랑, 배우자에 대한 사랑, 친구들에 대한 사랑이 귀하다. 자신을 잘 돌보고, 다른 사람들을 소중하게 여기기 바란다."

울림이 큰 메시지다. 어떻게 살아야 할지, 그리고 삶의 최후 순간을 어떻게 해야 할지 잡스의 마지막 메시지가 웅변으로 말하고 있다. 특히 우리는 누구나 죽음에서 벗어날 수 없다. 그러므로 가장 가치 있는 죽음을 위해서는 잡스의 유언을 깊이 새겨야 할 것이다. 어떻게 죽어야 할 것인가? 그리고 이를 위해서 소중한 하루하루를 어떻게 살아야 할 것인가를 깊이 생각해 보아야 할 것이다.

THE GREAT
SELF-REVOLUTION

“ 한 사람의 운명은 그의 꿈에 의해 결정된다.

크게 꿈을 꾸고, 크게 생각하고, 크게 행동하라.

그리하면 반드시 꿈이 이루어질 질 것이다.

사람은 꿈을 꾸는 대로 그 사람이 되기 때문이다. ”

PART 2

자기혁명의 목적

인생의 가치와
목표를 세워라!

여러분은 인생이 무엇이라고 생각하는가? 그리고 그렇게 살았을 때 어떠한 인생의 의미와 가치가 있다고 생
각하는가? 모든 것은 생각한대로 이루어진다. 인생도 꿈도 생각하고 행동하는 대로 이루어진다.

chapter 1

인생의 참된 가치를 발견하라

고갱의 삶과 작품에 투영된 인생

인생이란 무엇인가? 산다는 것은 무엇을 의미하는가? 생각하는 존재인 인간은 누구나 이 같은 문제에 대한 답을 찾기 위해 늘 고민한다. 그러나 많은 사람들은 "인생, 뭐 있어! 그냥 물 흘러가는 대로 사는 거지!"라고 생각한다. 과연 이렇게 사는 것이 인생인가? 절대 그렇지 않을 것이다.

프랑스 후기인상파 화가 폴 고갱(Paul Gauguin: 1848년 6월 7일~1903년 5월 8일)은 심장마비로 사망하기 6년전인 1897년에 불후의 명작인 〈우리는 어디서 와서 어디로 가는가〉라는 작품을 그렸다. 제목이 다소 철학적이고 길다. 원제는 〈우리는 어디서 왔는가? 우리는 누구인가? 우리는 어디로 갈 것인가?(Where Do We Come From? What Are We? Where Are We Going?)〉이다. 이 작품은 고갱이 가장 힘들었던 시기에 그린 것으로 인간의 존재와 삶에 대한 본질적인 물음을 던지고 있다.

고갱은 이 작품을 그리기 직전 건강 악화와 빈곤, 딸의 죽음으로 자살을 시도하기까지 했다. 이 작품은 한 달 정도의 짧은 기간에 완성하였다. 제

목은 자신이 직접 붙였다. 고갱의 작품 중에서 가장 큰 규모(139×374.7cm)의 작품이다. 고갱은 스스로 이 작품을 "자신이 그린 모든 작품을 능가하는 역작"이라고 강조했다.[1]

고갱은 이 그림에서 인생의 파노라마를 묘사했다. 그림 오른쪽에서 왼쪽으로 이동하며 보면 인간의 삶이 압축적으로 나타난다. 먼저 어린 아기를 통해 "우리는 어디서 왔는가?"를 묻게 되고, 그림 중앙에 서서 익은 과일을 따는 젊은이를 통해 "우리는 누구인가?"라고 현재를 생각하게 한다. 또 그림 왼쪽 아래 웅크리고 귀를 막아 닥쳐올 고통을 괴로워하는 늙은 여인의 모습에서는 "우리는 어디로 갈 것인가?"를 묻고 있다. 즉, 인간의 출생, 성장 그리고 죽음이라는 3단계를 표현한 것이다.

그림 왼쪽 윗부분에는 타히티섬에 전해 내려오는 전설속의 여신 '히나'의 상이 양팔을 벌리고 서 있다. 그리고 여신 곁에는 고갱의 딸 알린이 그려져 있다. 분신처럼 아끼던 딸 알린을 여신의 힘을 빌어 되살리고자 하는 강한 부정이 배어 있는 것이다. 그래서 이 그림에는 고갱의 모든 꿈과 삶, 사랑과 좌절, 고민 등이 표현되어 있다고 할 수 있다.

---

1) 《두산백과》. http://www.doopedia.co.kr

인생이란 무엇인가? 고갱의 파란만장한 삶은 많은 것을 시사한다. 비록 죽은 후에 유명한 화가로 사람들이 기억하지만 살아 있었을 때의 고갱은 고통의 연속, 그 자체였다. 태어난 지 얼마 되지 않아 아버지가 페루로 가는 여객선에서 심장병으로 사망했다. 어머니는 삯바느질로 근근이 생계를 꾸렸다.

17세 때부터 항로를 담당하는 견습 도선사가 되어 국제상선을 탔다. 23세 때 인도에서 선원생활 중 어머니의 사망이란 비보를 듣고 눈물을 흘리기도 했다. 24세가 되던 해 선원생활을 그만두고 파리로 돌아와 증권거래점에서 점원생활을 하였다. 덕분에 경제적으로 다소 윤택해졌다.

25세에 결혼한 고갱은 아이를 잇달아 낳아 다섯 아이의 아빠가 되었다. 28세 때 안락한 삶을 버리고 자기의 꿈인 화가의 길을 본격적으로 걷게 되었다. 고갱은 화가라는 자신의 재능을 발견하였고, 화가로서 성공하는 것도 그리 어렵지 않을 것이라고 자신하였다. 그러나 무명화가로 그림이 팔리지 않아 다시 곤궁한 생활에 빠졌다.

고갱은 생활이 점점 어려워지며 아내와의 사이가 나빠졌다. 한때는 처가가 있는 코펜하겐에 갔으나 결국 처자식과 헤어져 파리로 되돌아왔다. 이후 한동안 가족을 만나지 못했다. 비록 고독하고 힘들었지만 화가의 삶은 열정으로 더욱 불타올랐다. 그런데 고갱은 도시의 삶에서 탈피하여 원시적이고 야생적인 것에 대한 관심이 심화되기 시작하였다.

고갱은 새로운 무대를 찾았다. 그리하여 1891년 9월 타히티섬의 파페에떼를 거쳐 마타이에아 섬에 도착하였다. 고갱이 그 섬에 간 목적은 산업혁명으로 오염된 도시문명에서 벗어나 순수한 자연의 예술을 추구하기 위해서였다. 그는 그 섬에서 원주민의 건강한 인간성과 열대의 밝고 강렬한 색채로 그의 예술을 완성시켰다.

하지만 다시 가난과 빈곤, 고독에 시달려 가기 시작했다. 고갱은 파리로 돌아가 가족들과 재회하기를 갈망했다. 그러나 그가 프랑스로 돌아온 1년 동안 그림은 관심을 끌었지만 상업적으로는 실패했다. 이로 인해 가족들이 냉담하였다. 고갱은 깊은 좌절감만 쌓여갔다. 고갱은 다시 프랑스를 떠나 남태평양 타히티섬으로 돌아갔다.

타히티섬 파페에떼에 돌아온 고갱은 병마에 시달렸다. 더구나 파리에 머무는 동안에 겪었던 처절한 패배감으로 우울증에 빠져 자살까지 기도하였다. 이때 마지막 유언으로 여기며 제작한 그림이 바로 〈우리는 어디서 와서 어디로 가는가〉였다. 그후 매독과 영양실조로 그의 건강은 더욱 나빠져 갔다. 그럼에도 〈부채를 든 여인〉, 〈해변의 말 탄 사람들〉 등의 작품을 남겼다. 1903년 5월 8일 심장마비로 55세의 삶을 마감했다.

고갱의 삶은 결코 평범한 삶이 아니었다. 고갱은 20대 후반에 자기 몸속에 배어 있던 화가로서의 본능적 재능을 발견하고 험난한 화가의 길을 선택했다. 그리고 자기혁명을 통해 기존의 틀을 과감히 깨고 새로운 화풍을 창조했다. 고갱의 작품은 피카소 등 젊은 화가들에게 지대한 영향을 주었다. 그의 상징성과 내면성, 그리고 비(非)자연주의적 경향은 20세기 회화가 출현하는 데 근원적인 역할을 하였다는 평가를 받고 있다.

위대한 자기혁명가인 고갱의 삶을 통해서 우리는 무엇을 깨달아야 하는가? 그것은 어떠한 희생을 치르더라도 자기의 꿈을 향해서 과감히 전진해야 한다는 것이다. 비록 그 속에 질망, 좌절 등 말할 수 고통이 따르더라도 그 길을 천명으로 여기고 나아가야 한다. 이것이 영원히 사는 길이다. 고갱은 바로 위대한 자기혁명을 통해 위대한 인생의 길을 창조한 것이다.

장밋빛 인생과 가시밭 인생

인생이란 무엇일까? 모두가 삶을 살고 있지만 우리가 등에 진 인생의 짐은 결코 가볍지 않다. 어느 누구는 꽃길을 가는 듯이 보여도 그 자신의 삶으로 들어가 보면 말 못할 고통이 있다. 인생이란 사람이 세상을 살아가는 일이다. 출생에서 사망까지의 삶이다. 사람에 따라 인생의 길이가 다 다르다. 태어나자마자 하루도 못 살고 죽기도 하고 100세가 넘도록 천수를 누리는 사람도 있다. 모든 것이 다 인생이다.

인생은 연령에 따라 다양하게 구분하기도 한다. 영유아기, 소년기, 청년기, 장년기, 노년기 등으로 구분하여 삶의 환경과 특성을 분석하기도 한다. 가정생활을 중심으로 인생주기를 출생, 성장, 결혼, 육아, 노후 등 5단계로 나누기도 한다. 이 또한 인생의 각 시기별로 행해야 할 주된 역할이 부여되기도 한다.

과연 인생이란 무엇일까? 다양한 실존적 의미를 살펴본다. 인생은 도화지라는 말이 있다. 새하얀 도화지에 자기가 원하는 대로 그리며 사는 것이다. 그러나 인생은 자기가 원하는 대로 살 수 있는 것이 아니다. 그림이야 장애물이 없기 때문에 마음대로 그릴 수 있다. 그러나 현실의 인생은 마음대로 되는 일이 거의 없다.

많은 사람들은 '인생무상(人生無常)'을 이야기한다. 인생이란 것이 알고 보면 참으로 덧없다는 것이다. 과연 인생이 덧없는 것인가? 아무런 꿈도 꾸지 않고 도전하지 않은 사람이라면 인생을 마칠 무렵 덧없음을 뼈저리게 느낄 것이다. 그러나 삶에서 반드시 이루고 싶은 꿈을 설계한 다음 그것을 실천에 옮기기 위해 최선을 다한다면 결코 이런 말을 하지 않을 것이다. 인생은 결코 덧없는 것이 아니다.

부유인생(蜉蝣人生)이란 말도 있다. 하루살이 같은 인생이라는 의미다. 곧 덧없고 허무한 인생이라는 말이다. 하루살이도 성충은 보통 하루 내지 2~3일 정도 살지만 난태성을 하는 것은 14일간 사는 것도 있다. 하루살이는 비록 짧은 시간밖에 살지 못하지만 이 기간 동안 교미를 하고 알을 낳은 후 최후를 마친다. 종족번식이라는 엄청난 일을 하는 것이다. 그러므로 하루살이 같은 인생이라고 함부로 말해서는 안 된다.

시인 노자영은 1938년에 발표한 시집《백공작》에서 人生(인생)을 이렇게 표현했다. "사람의 한 평생은 기쁠까 슬플까 / 웃음반에 눈물반에 울고 웃고 가는 것을 / 그나마 울고만 가는 사람 불행하다 하더라." 그러나 누군들 웃으며 인생을 살고 싶지 않겠는가? 태어나서 죽을 때까지 울음의 연속인 인생도 있지 않는가?

인생을 수식하여 삶을 규정하는 표현도 있다. 주로 영화나 문학, 예술분야에서 등장한다. 대표적인 것 중의 하나가 '장밋빛 인생'이다. 1994년에 제작된 한국영화 〈장밋빛 인생〉은 민주화를 외치던 혼란한 시국의 1980년대, 한 만화방에 모여든 주인공들의 사연을 그린 사회물이다.

영화 〈장밋빛 인생〉은 영화적 측면에서 혼란한 시대 상황을 잘 묘사했다는 평을 받아 1994년도 '올해의 좋은 영화'로 선정되기도 했다. 그러나 정작 등장인물들의 삶은 결코 장밋빛 인생이 아니었다. 모두가 건강·행복·앞날의 광명 등의 상징을 뜻하는 장밋빛 인생을 꿈꾸었지만 제대로 되는 게하나도 없는 좌절의 인생군상을 표현했다.

영화 〈즐거운 인생〉도 있다. 2007년에 제작된 영화로 자신의 희망과는 다르게 평범한 삶을 살던 40대 남자들의 꿈을 찾는 과정을 그린 이준익 감독의 작품이다. 이 영화는 주인공들의 수난이 계속되지만, 끈기 있게 공연 준비를 하고 마침내 공연에 성공한다는 다소 뻔한 이야기다. 어떻든 꿈을 이루었으니 인생은 즐거울 수가 있을 것이다.

철인이나 현인은 인생을 무엇이라고 생각할까? 영국의 사회사상가 존 러스킨은 "인생은 흘러가는 것이 아니라 채워지는 것이다. 우리는 하루하루를 보내는 것이 아니라 내가 가진 무엇으로 채워가는 것이다"라고 설파했다. 미국의 소설가 마크 트웨인은 "장의사마저도 우리의 죽음을 슬퍼해 줄만큼 훌륭한 삶이 되도록 힘써야 한다"고 역설했다.

여러분은 인생이 무엇이라고 생각하는가? 그리고 그렇게 살았을 때 어떠한 인생의 의미와 가치가 있다고 생각하는가? 모든 것은 생각한대로 이루어진다. 인생도 꿈도 생각하고 행동하는 대로 이루어진다. 다만 아주 특별한 노력이 병행되어야 한다. 장밋빛 인생이든 가시밭 인생이든 원하는 인생을 살기 위해서는 하루하루 최선을 다해 치열한 삶을 살아야 할 것이다.

소무, 이릉, 그리고 사마천의 선택

인생은 매 순간이 선택이다. 그 선택에 따라 인생의 의미와 가치가 달라진다. 어떻게 보면 인생은 사실 한치 앞도 정확히 알 수 없다. 그래서 인생은 오묘하다. 그리고 그 어떤 선택도 쉽게 평가할 수 없다. 중국의 고사성어 '인생조로(人生朝露)'는 '인생은 아침 이슬과 같다'는 뜻이다. 이 유래에 등장하는 인물들의 선택과 이에 따른 인생의 의미와 가치를 생각해 본다.

한나라 왕 무제 때(B.C. 100년) 소무(蘇武: B.C. 140년~B.C. 80년)는 사신으로 포로 교환 차 사절단을 이끌고 흉노의 땅에 들어갔다가 그들의 내분에 휘말려 잡히고 말았다. 흉노의 우두머리인 선우(單于)는 한사코 항복을 거부하는 소무를 "숫양이 새끼를 낳으면 귀국을 허락하겠다"며 북해(바이칼호) 인근으로 추방했다. 소무는 그곳에서 흉노측에서 제공하는 식음을 전폐한 채

가죽을 씹으면서도 지조를 굳게 지키고 있었다.

소무의 친구인 이릉(李陵:?~B.C. 74년) 장군이 소무가 고국을 떠난 그 이듬해 5,000여 명의 보병으로 5만명이 넘는 흉노의 기병과 전투를 벌이다가 중과부적으로 참패한 뒤 부상을 입어 혼절 중에 포로가 되고 말았다. 흉노의 선우는 이릉을 보자 장부다운 모습이나 태도가 마음에 들었다. 그저 죽이기가 아깝다는 생각이 들어 좋은 말로 투항을 설득했다.

"그대는 이미 패전한 몸이라, 돌아가더라도 참형을 면치 못할 것이오. 당신네 황제의 성질이 포악하고 잔인함을 잘 아시지 않소? 이곳 역시 사람이 살 만한 곳이니, 아예 머물러서 우리 사람이 되어 주구려."

그 말을 듣고 이릉은 생각해 보았다. 자기가 고집을 부린다고 해서 방면해 줄 이들도 아니거니와, 선우의 말대로 돌아가 봐야 황제의 노여움만 사서 목이 떨어지기 십상이었다. 그래서 당장 뾰족한 수가 없으니 일단 제의를 받아들이고 뒷일은 나중에 생각하기로 했다.

이릉은 흉노에 항복한 후 선우의 딸을 아내로 맞아들였고, 우교왕(右校王)으로 봉해져 선우의 군사·정치의 고문으로서 활약했다. 한나라 왕 무제는 이 사실을 듣고 크게 노하여 그의 어머니와 처자를 죽이라 명하였다. 이때 사마천(司馬遷)이 이릉을 변호하자 무제는 분노하여 그를 궁형(宮刑:생식기를 거세하는 형벌)에 처했다.

얼마 후 어느 날, 선우가 말했다.

"그대는 참으로 현명하게 처신했으나, 옹고집으로 고생을 사서 하는 사람이 있으니 그대가 한번 찾아가서 잘 설득해 주면 고맙겠소. 소무라고 그대도 알 만한 사람이오."

'아니, 그 사람이!'

이릉은 크게 놀라 소리쳤다. 소무는 연전에 흉노와 포로 교환 문제를 협의하기 위해 떠난 후 소식이 끊어진 충신이었기 때문이다. 이릉은 설득하는 문제는 둘째 치고 살아 있는 소무를 만나는 일이 급하여 그 요청을 받아들였다.

소무를 찾아가 본 이릉은 기가 막혔다. 아주 척박한 곳에서 방목된 양을 치며 들쥐와 풀뿌리로 연명하고 있었다. 그러니 그 몰골이나 차림새가 형편없음은 말할 필요조차 없었다. 이릉은 주연을 베풀어 소무를 위로하고 이렇게 말했다.

"선우는 내가 그대의 친구인 줄 알고 그대를 달래어 데려오라 했소. 그러니 고생 그만하고 나와 함께 가도록 하세. '인생은 아침 이슬과 같다(人生如朝露)'고 하지 않는가!"

그러나 소무는 단호히 거절했다. 죽어도 오랑캐한테 고개를 숙이지는 않겠다는 것이었다. 그래서 이릉은 끝내 소무의 절조를 꺾지 못하고 혼자 돌아갔다. 그러나 소무는 그 후(B.C. 81년) 소제(昭帝:무제의 아들)가 파견한 특사

사마천의 《사기》 《출처: 영남일보》

의 기지로 풀려나 19년 만에 다시 고국 땅을 밟았다.

소무는 사신으로 떠날 당시 40여 세였으나 고국으로 돌아왔을 때는 60세가 거의 되어 있었다. 아내는 일찌감치 재혼했고 식구들도 뿔뿔이 흩어진 뒤였다. 귀국한 그는 소수민족을 담당하던 관직인 전속국에 올랐고, 이후 선제 옹립에 가담하는 공을 세워 관내후가 되었다. 80세에 병으로 죽었다.

사후에 선제가 공신 중 한 사람으로 정하고 그 절개를 표창했다. 소무는 변절자로 호의호식하느니 고통을 받는 충신의 길을 선택했다. 그 결과 애국충절의 대명사로 역사에 길이 남게 되었다. 소무의 고향에는 기념관이 설

립되었다. 소(蘇)씨의 위대한 선조로 그를 추앙하는 참배객이 지금도 끊이지 않고 있다고 한다.

반면 이릉은 소제가 즉위하자 곽광(霍光)이 사신을 보내 불렀지만 돌아가지 않았다. 몽골고원에서 병사하였다고 한다. 사마천의 변호대로 이릉 입장에서도 충분히 할 말이 있었을 것이다. 그러나 한나라 왕 무제는 그것을 결코 받아들이지 않았다. 이릉의 분전, 항복의 비극은 중국인 사이에서 시와 이야기로 전해지고 있다.

그런데 중국 최고의 역사서로 평가받는 《사기(史記)》의 저자 사마천(B.C. 145년?~B.C. 86년)은 앞서 언급한 대로 이릉을 변호하다 수감되어 궁형에 처해졌다. 궁형은 음경(성기)과 음낭(고환)을 가는 실로 묶어 피가 통하지 않게 한 후, 예리한 칼로 생식기를 도려내는 형벌이다. 이 때 요도부분에 새 깃털을 하나 꽂아 놓는다고 한다. 이 깃털을 뽑아낸 후 오줌이 나오면 사는 것이고, 그렇지 않으면 오줌중독으로 죽게 된다.

당시 선비들에게 궁형은 가장 굴욕적이고 치욕적인 형벌이었다. 사마천은 임안에게 보낸 편지에서 "나는 자결해야 마땅하지만 나의 꿈을 완성하기 위해서 굴욕을 참고 목숨을 이어가고 있다"고 썼다. 사마천의 꿈이란 물론 아버지 사마담의 유지인 역사서를 쓰는 것이었다. 사마천은 궁형을 당하고 나서 2년 후 사면을 받고 출옥하였다. 그의 집념은 오로지 역사서의 완성에 기울어 있었고 그리하여 편찬된 것이 그 유명한 《사기》다.

《사기》가 언제 완성되었는지는 명확하지 않다. 다만 임안에게 보낸 서한으로 추정해보면 대략 기원전 91년쯤이라고 한다. 《사기》를 읽어 보면 글 한 자 한 구가 마치 살아 있는 것처럼 생동감이 넘친다. 그 당시의 상황을 마치 손바닥 들여다보듯이 정교하게 서술했다. 그의 독창적인 역사기술 방식은 실로 경탄할 만한 일이 아닐 수 없다. 사마천은 《사기》가 완성된 2년 후에 사망하였다. 중국 역사학의 아버지가 되었다.

　인생조로(人生朝露)라는 고사성어에는 이처럼 여러 사람, 여러 인생이 등장한다. 소무와 이릉의 삶과 선택을 어떻게 평가해야 할까? 그리고 궁형이라는 굴욕적인 형벌을 이겨내고 《사기》를 완성한 사마천의 인생을 어떻게 평가할 수 있을까? 과연 인생이란 것이 '아침이슬'과 같이 짧고 덧없는 것일까? 공교롭게도 이 세 사람은 2천여 년이 지난 지금도 역사 속에서 살아 있다.

chapter 2

사명, 소명, 천명을 깨달아라

우리는 왜 사는가? 살아 있기 때문에 사는 것인가? 아니면 살기 위해서 사는 것인가? 여러 가지 답이 있을 수 있다. 그러나 삶을 가장 가치 있게 살아야 할 의무가 있다. 가장 가치 있는 삶은 무엇인가? 그것은 자기의 위대한 꿈을 실현하는 것이다. 다시 말하면 인생의 참 목적은 '자기의 위대한 꿈을 찾고, 그것을 실현하는 것'이다.

그렇다면 나의 위대한 꿈을 어떻게 찾아야 하는가? 우리는 세 가지 '명(命)'을 생각하며 위대한 꿈을 찾아야 한다. 첫째는 역사적 사명(使命), 둘째는 시대적 소명(召命), 그리고 셋째는 선지적 천명(天命)이다. 이 세 가지가 소위 '인생삼명(人生三命)'이다. 가장 가치 있는 꿈을 찾기 위해선 인생삼명을 놓고 고민해야 한다. 인생삼명을 깨달아 자기의 큰 꿈을 세우고 이를 실천하는 삶이 가장 위대하다 할 것이다. 인생삼명에 대해 보다 구체적으로 생각해 본다.

역사가 부여한 사명

인생삼명의 첫째인 역사적 사명을 찾는 일에서부터 나의 꿈을 고민해야 한다. 역사적 사명이란 '내가 태어난 국가나 공동체의 역사를 계승, 발전시

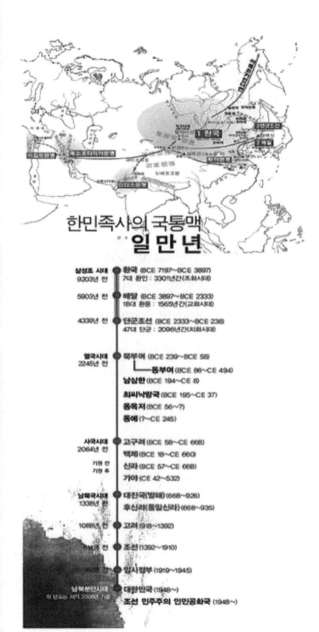

한민족사의 국통맥
일 만 년

삼성조 시대
9203년 전

● **환국** (BCE 7197~BCE 3897)
7대 환인 : 3301년간 (조화시대)

5903년 전

● **배달** (BCE 3897~BCE 2333)
18대 환웅 : 1565년간 (교화시대)

4339년 전

● **단군조선** (BCE 2333~BCE 238)
47대 단군 : 2096년간 (치화시대)

열국시대
2245년 전

● **북부여** (BCE 239~BCE 58)
└─ **동부여** (BCE 86~CE 494)
남삼한 (BCE 194~CE 6)
최씨낙랑국 (BCE 195~CE 37)
동옥저 (BCE 56~?)
동예 (?~CE 245)

사국시대
2064년 전

● **고구려** (BCE 58~CE 668)
● **백제** (BCE 18~CE 660)
기원 전 / 기원 후
● **신라** (BCE 57~CE 668)
● **가야** (CE 42~532)

남북국시대
1338년 전

● **대진국(발해)** (668~926)
● **후신라(통일신라)** (668~935)

1086년 전

● **고려** (918~1392)

● **조선** (1392~1910)

● **임시정부** (1919~1945)

남북분단시대
위 연도는 서기 2008년 기준

● **대한민국** (1948~)
조선 민주주의 인민공화국 (1948~)

이 자료는 대한민국 1만년의 역사다. 수정되어야 할 부분이 있다. 조선은 1392년 건국해서 1897년, 대한제국으로 국명이 바뀌었다. 대한제국은 다시 일제강점기인 1919년 3월 1일 독립선언에 따라 1919년 4월 11일 대한민국 임시정부로 바뀌었다. 대한민국 임시정부는 1919년 4월 11일부터 1948년 8월 15일까지 대한민국 정부가 공식출범할 때까지 유지됐다. 출처: 안병전 역주, 《환단고기》 〈서울: 상생출판, 2012〉

켜야 한다'는 임무, 즉 역사가 부여한 나의 임무를 말한다. 역사적 사명이 무엇인지를 깨닫고 행동하는 것이 역사적 사명을 다하는 일이다. 그러므로 우리는 대한민국의 역사적 요청이 무엇인지 깨닫고 이에 부응하기 위해 노력해야 국가나 공동체가 더욱 발전하게 된다.

나는 단순한 '나'가 아니다. 나는 부모, 부모의 부모, 그리고 그 부모의 부모로터 끊이지 않고 이어져 나에게까지 온 아주 '귀하신 몸'이다. 내가 태어나기까지 엄청난 역사가 흐르고 흘렀다. 그러므로 나는 대한민국이란 땅에 때어난 역사적 사명을 깨닫고 이를 계승 발전시켜야 한다.

우리는 '천손(天孫)'이다. 왜, 우리가 하늘의 아들, 하늘의 딸인가? 뿌리를 찾고 역사적 사명감을 깨달아야 한다. 우리 대한국인은 하늘이 세운 나라, 배달의 후손이다. 세계를 이끌어야 할 웅대한 민족혼을 가지고 있다. 우리는 위대한 대한민국을 건설하고 지구촌의 상생공영을 책임질 '천부적 의무'가 있다. 이는 1만년 역사를 간직한《환단고기(桓檀古記)》역사서가 증명하고 있다.[1]

단군세기 제11세 도해가 B.C. 1835년에 경전《천지인경(天地人經)》을 남겼다. 모두 65자로 되어 있다. 핵심구절은 '일신강충(一神降衷)-성통광명(性通光明)-재세이화(在世理化)-홍익인간(弘益人間)=성통공완(性通功完)'이다. 이는 단군시대의 핵심사상이다. 즉, 진리에 이르는 절차를 풀이하면 다음과 같다.

"일신(하느님)의 영이 내려와 인간의 머리에 임하게 되면(一神降衷), 하늘의 영을 받아 우리의 성품이 하느님의 성품과 통하여 세상의 도리를 환하게 잘 알게 된다(性通光明). 그러면 우리 주위에 존재하는 세상만물을 하늘의 거룩한 속성과 이치에 따라 변화시키게 된다(在世理化).

이로써 모든 이에게 하늘의 은혜와 진리(유익)를 골고루 널리 나누어 주는 홍익인간이 출현하게 된다(弘益人間). 이런 홍익인간의 절차를 구해 하느님의 뜻을 깨달아 올바르게 실천하는 경지인 성통공완(性通功完)의 경지에 이르면 천국에 올라가서 영락(永樂)을 얻게 된다."

환인(桓因: 하느님, 한눌님, 하나님)이 태백(太白)을 내려다보며 '모두 가히 홍익인간(弘益人間)할 곳이로다'고 생각하여 홍익인간의 사상으로써 세상을 바꿀 뜻을 가진 아들 환웅(桓雄)에게 무리 3,000명을 이끌고가 "하늘의 뜻을 열

---

1) 《환단고기》는 인류 창세역사와 한민족 1만년사의 국통맥(나라 계보)을 바로 세우고, 인류원형문화의 실체를 드러낸 역사경전이요 문화경전이다. 편저자 계연수(1864년~1920년)는 평안도 선천에서 태어나 그의 집안과 지인들로부터 구한 한민족의 정통사서 다섯 종을 한권으로 엮어 1911년에 《환단고기》라는 제목으로 30권을 간행했다. 역주자 안경전은 2012년에 30년 동안 지구촌 현지답사와 문헌고증을 거쳐 《환단고기》 출간 100년 만에 완역본을 발간했다. 환국-배달-단군조선-북부여-고구려로 이어지는 뿌리역사를 낱낱이 밝히고자 하였다. 역주자는 《환단고기》 완역본 발간이 한국사와 세계사를 새로 쓰게 하는 역사혁명이자 제2의 르네상스라고 강조한다. 또한 강단사학자들의 일제 식민사학과 중화사관을 송두리째 허물어뜨리며, 그 동안 《환단고기》 위서론 시비에 종지부를 찍을 것이라 말한다.

고 가르침을 세워 세상을 잘 다스려서 만세(萬世)의 자손들에게 큰 모범이 될지어다"라고 명하였다.

환인의 아들, 환웅이 인간세상을 널리 이롭게 하고 제세이화(濟世理化:세상을 다스려 진리가 되게 한다)하기 위해 태백산(지금의 백두산. 일설에는 중국의 태산(泰山))에 내려와 '배달국'을 세웠다. 배달국은 초대 거발환(居發桓)을 시작으로 2대 거불리(居佛理), 3대 우야고(右耶古)를 거쳐 18대 거불단(居弗檀)까지 1,565년간 이어졌다.[2]

그리고 다시 환웅의 아들 단군(檀君)의 역사가 시작되었다. 단군이 세운 조선(朝鮮)은 초대 왕검, 2대 부루, 3대 가륵을 거쳐 무려 47대 고열가까지 2,096년간 웅혼한 역사가 전개됐다. 단군은 신화가 아니다. 47대의 단군통치가 이어진 우리의 살아 있는 역사다.[3]

환인천제 7대 3,301년, 환웅천황 15대 1,565년, 단군 47대 2,096년 등 삼성시대를 거쳐 북부여·옥저·동예 등 열국시대 297년, 고구려 726년, 백제 678년, 신라 992년, 발해 228년, 고려 475년, 조선 505년, 대한제국 13년, 대한민국 임시정부 29년, 대한민국(남한)─조선민주주의인민공화국(북한) 71년 (2019년 7월 현재) 등 지금까지 약 1만년에 가까운 역사를 면면히 이어왔다. 이는 세계사에 보기 드문 장엄함이다.

지금 우리는 남과 북으로 나누어진 세계 유일의 분단국이다. 그러므로

---

2) 배달국 역대 환웅의 제호는 다음과 같다. 1대 거발환(居發桓)─환웅(桓雄), 2대 거불리(居佛理), 3대 우야고(右耶古), 4대 모사라(慕士羅), 5대 태우의(太虞儀), 6대 다의발(多儀發), 7대 거연(居連), 8대 안부련(安夫連), 9대 양운(養雲), 10대 갈고(葛古)─갈태(葛台), 독로한(瀆盧韓), 11대 거야발(居耶發), 12대 주무신(州武愼), 13대 사와라(斯瓦羅), 14대 자오지(慈烏支)─치우(蚩尤), 15대 치액특(蚩額特), 16대 축다리(祝多利), 17대 혁다세(赫多世), 18대 거불단(居弗檀)─단웅(檀雄)

3) 단군 조선의 47대의 순위는 다음과 같다. 1대 왕검, 2대 부루, 3대 가륵, 4대 오사구, 5대 구을, 6대 달문, 7대 한율, 8대 우서한, 9대 아슬, 10대 노을, 11대 도해, 12대 아한, 13대 흘달, 14대 고불, 15대 대음, 16대 위나, 17대 여을, 18대 동엄, 19대 구모소, 20대 고홀, 21대 소태, 22대 색불루, 23대 아홀, 24대 연나, 25대 솔나, 26대 추로, 27대 두밀, 28대 해모, 29대 마휴, 30대 내휴, 31대 등올, 32대 추밀, 33대 감물, 34대 오루문, 35대 사벌, 36대 매륵, 37대 마물, 38대 다물, 39대 두홀, 40대 달음, 41대 음차, 42대 을우지, 43대 물리, 44대 구물, 45대 여루, 46대 보을, 47대 고열가

우리는 반드시 남북평화시대를 열고 '통일대한민국'의 꿈을 실현해야 할 역사적 사명을 깨달아야 한다. 우리는 1만년의 역사에서 통일의 지혜를 터득해야 한다. 강력한 민족통합으로 세계의 새로운 '평화의 한빛'이 되어야 할 것이다.

인류의 가장 위대한 사상과 철학은 바로 우리 민족의 개국이념인 '홍익인간'에 잘 담겨 있다. 혹자는 이를 폄하하거나 배척하려 한다. 우리의 것이 위대한 것인 줄 모르고 자꾸 외국의 사상이나 제도를 끌어들이려 한다. '우리것', '나의것'을 먼저 알고 필요하다면 외국의 좋은 것을 받아들여 21세가 인류 구원의 사상과 비전을 제시해야 할 것이다. 이것이 바로 역사적 사명의 핵심이다.

시대가 내리는 소명

인생삼명의 첫째인 역사적 사명에 이어 둘째인 시대적 소명을 자각하여 나의 꿈의 좌표를 설정해야 한다. 시대적 소명이란 '내가 살고 있는 시대의 당면과제들을 해결해야 한다'는 명령, 즉 시대가 나에게 내리는 명령을 말한다. 우리가 살고 있는 시대에는 무수한 과제들이 놓여 있다. 이를 자각하고 해결하기 위해 행동하는 것이 나의 시대적 소명이다.

나는 역사적 존재이면서 동시에 시대적 존재다. 나는 지금 어디에 살고 있는가? 내가 살고 있는 공동체에서 나는 무엇을 해야 하는가? 시대적 소명은 내가 속한 공동체의 현실을 정확하게 파악하고, 내가 무엇을 해야 할 것인가를 크게 자각하는 것이다.

우리는 지나간 역사를 바꿀 수 없다. 그러나 과거의 역사를 재해석하여 더 위대한 역사를 창조할 수는 있다. 그렇다면 우리가 꿈꾸는 나라는 어떠한 나라여야 하는가? 대한민국 국민들이 소망하는 시대적 가치와 목표들은 정의로운 국가, 공정한 사회, 행복한 국민 등이다. 이것이 대한민국이 시대적 국가목표로 실현해야 할 원칙 또는 가치라고 할 수 있다.

그렇다면 대한민국 공동체에 살고 있는 우리는 어떠한 꿈을 가져야 하는가? 우리 국민들의 꿈도 당연히 정의, 공정, 행복이라는 시대적 가치를 실현하는 것이어야 한다. 특히 국가 지도자가 되고자 한다면 이러한 가치를 실현하여 국민에게 희망을 주고, 더 나은 미래가 되도록 해야 한다.

그런데 지금 우리 대한민국은 어떠한가? 대한민국 국민의 다수는 "이게 나라냐"며 촛불을 들고 절규하기도 했다. 강력하고 지속적으로 적폐를 청산해 나가야 한다. 이를 통해 모두가 다 함께 잘 사는 따뜻한 대한민국을 만들어 나가야 한다. 국가권력의 공공성 회복, 빈부 양극화 해소, 공정과 상생의 경제 구조 혁신, 법 앞에 평등한 정의로운 사법개혁, 한반도 평화체제 구축 등을 적극 추진해 나가야 한다.

그렇다면 우리는 어떠한 꿈을 갖고 대한민국 국민으로서 살아가야 하는가? 《동아일보》가 국가미래연구원과 공동으로 최근 실시한 설문조사에서 전문가들은 '일자리 창출'(41.8%)과 '공동체 회복'(18.4%)을 가장 시급한 국가 과제로 꼽았다. 따라서 개인적 삶과 공동체적 삶의 조화를 중시한다면 우리의 삶의 목표는 좋은 일자리 확보를 통한 삶의 안정과 서로가 힘이 되는 따뜻한 공동체 형성 등에 역점을 두어야 할 것이다.[4]

전문가들은 대한민국의 시대적 국가목표를 해결하기 위한 핵심가치는 공정(47.1%)과 혁신(15.7%), 정의(13.8%), 통합(11.5%) 순으로 지적했다. 빈부, 세대, 이념, 지역 갈등을 해소하는 게 현 시점에서 가장 중요하다. 격차 해소

---

4) 박근혜 대통령의 탄핵으로 2017년 5월 문재인 정부가 등장하였다. 문재인 정부의 적폐청산 정책으로 부분적인 국가 개혁이 이루어졌다. 그러나 아직 본질적인 변화와 혁신은 갈 길이 멀다.

를 포함한 다 함께 잘 사는 신뢰와 배려, 존경의 공동체 구축 방안이 국가 미래전략 개발의 핵심이 되어야 할 것이다.

전문가들은 '누가 시대정신 구현을 가로막고 있느냐?'는 질문에 절반 이상인 54.8%가 '정치인'을 지목했다. 이어 대통령(15.7%), 이익집단(11.1%), 재벌(7.7%) 순이었다. 결국 정치개혁, 정치혁신이 가장 중요한 대목이다. 대한민국 지도자들은 무엇이 국가의제이고 이를 해결하기 위해서는 어떻게 해야 할 지를 자각해야 할 것이다.

대한민국의 가장 큰 국가의제는 '국가소멸론'이다. 저출산·고령화로 대한민국이 소멸되어 가고 있다. 이제 가족이 해체되거나 연대가 무너져 가는 현상을 방관해서는 안 된다. 우리는 배려와 함께 더 강한 공동체적 연대를 통해 가족이 희망인 시대를 열어나가야 한다. 저출산을 극복하고 아이와 부모, 어르신 등 3대가 어울려 사는 신 희망사회를 만들어 나가야 할 것이다.

유럽이나 미국과 같은 선진국들에서 흔하게 찾아볼 수 있는 지도층·상류층의 사회적 배려나 책무가 너무 취약하다. 학교나 사회단체 및 지역사회에 대한 봉사나 기부 문화가 널리 확산되어야 한다. 정치권이나 경제계를 넘어 종교계·학계·언론계 등 정신적 지도층이 솔선수범하여 나눔과 베풂의 역할을 강화해야 한다.

개인들도 스스로 변화의 시대에 맞춰 가치, 도덕성, 기대 수준 등을 재조정해야 한다. 변화된 상황을 인정하되, 패배 의식에 빠지지 않고 떳떳하게 살아갈 수 있는 새로운 가치관의 '학습'이 필요하다. 과열 경쟁이나 과잉 기대가 불신, 불평, 불만사회의 원천이다. 희망을 통해 '모두가 다 함께 잘 사는 평화공영국가'를 건설하기 위한 노력이 개인적, 기업적, 국가적 차원에서 활발히 전개되어야 한다.

더 큰 대한민국을 위해서는 '국가구조 대개조'와 '국민의식 대개혁'이

시급하다. 이를 실행할 주체는 누가 되어야 하는가? 자기혁명을 통해 시대적 소명을 자각하고 국가발전을 위한 꿈을 가진 지도자들이 많이 나와야한다. 개인의 인격적 가치를 높여 국격(國格)을 향상시키는 '위대한 대한민국 건국 운동'이 지금 활발하게 전개되어야 한다. 더 큰 대한민국의 미래를 창조할 원대한 꿈의 소유자들이 많이 나와야 할 것이다.

인류를 구하는 천명

인생삼명의 셋째인 선지적 천명이란 무엇인가? 선지적 천명이란 '미래를 내다보는 선지적 능력으로 지속 가능한 미래를 만들어 인류를 구원하라'는 하늘이 나에게 내린 명령을 말한다. 인류의 미래가 없으면 나의 꿈도 사실상 사라진다. 그러므로 선지적 천명을 각성하는 것은 매우 중요하다.

우리 인간에게 있어서 과거와 현재도 중요하지만 미래를 예측하고 이를 대비하는 것도 중요하다. 더 나은 미래를 준비해야 더 나은 현재가 존재하게 된다. 그러므로 우리가 더 나은 현재를 희망한다면 선지적 천명을 각성하여 인류공영과 세계평화를 실현하여 지속 가능한 인류의 미래를 만들어 나가야 한다.

지금 인류는 대전환기에 있다. 인류 위기시대의 도래라고 해도 과언이 아니다. 항상 깨어 기도하고 묵상하며 끊임없이 선지자가 되어 천명을 찾아야 한다. 이를 위해선 우선 역사와 시대를 뛰어넘는 큰 사상, 가치, 철학을 창조해야 한다. 자기혁명을 통해 우리 인류가 꿈꾸는 미래를 건설하기 위해서는 새로운 가치, 새로운 사상을 다시 수립해야 할 것이다.

선지적 천명을 각성하기 위해서는 우리가 '선지자(先知者, prophet)'가 되어야 한다. 선지자란 앞의 일을 내다보고 정확이 예견하는 사람이다. 기독교에서는 '하나님으로부터 계시를 받아 하나님의 뜻과 섭리를 전하는 대언자'를 말한다. 인류 중에 누군가는 선지자가 되어 선지적 천명을 각성하여 인류의 미래를 밝게 비추어 나가야 한다.

우리 인간은 미래를 정확히 예측할 수 없다. 과학을 동원하여 미래를 예측해도 그 정확성을 담보할 수 없다. 오히려 꿈이나 환상을 통해 하나님의 계시를 전달받아 미래를 예측하고 대응하는 것이 더 나을지도 모른다. 이러한 의미에서 미래에 대한 하늘의 명령을 각성하는 것은 인류의 사활이 달린 문제다.

선지적 천명의 각성은 인류의 멸망을 막고 지속 가능한 미래를 창조해 나가야 하는 가장 핵심적인 우리의 임무다. 인간의 탐욕이나 오판으로 인하여 '잘못된 미래'를 만들 수도 있다. 예를 들면 인공지능(AI)로봇이 처음에는 인간에게 큰 도움이 되겠지만 나중에는 인간을 공격하는 로봇이 될 수도 있다. 이것은 인류의 재앙이다.

우리가 아무리 개인과 기업, 국가를 위해 일하려고 해도 지구의 미래가 없다면 모든 것이 물거품이 된다. 우리 인류는 미래를 정확히 예측하고 인류공영과 세계평화를 실현하여 더 나은 미래를 만들어 나가야 한다. 이를 위해선 선지적 천명을 각성하는 것이 매우 중요하다. 거짓 선지자를 막고, 참된 선지자가 되어 인류의 미래를 더 큰 희망으로 만들어나가야 한다. 누가 이 일을 해야 할 것인가?

chapter 3

모두가 꿈꾸는 나라를 만들어라

인류의 평화공영을 이끄는 홍익한국

'대~한민국! 오, 피스 코리아!'

우리는 지난 2002년 5월 제17차 한·일 월드컵 국제축구대회에서 '4강'에 진출하여 세계를 경악시켰다. 대한민국이 포르투갈, 이탈리아, 스페인 등 유럽강호들을 잇달아 연파하고, 세계 4강에 진출한 것은 역사상 처음이었다. 우리가 4강 신화를 창조한 것은 선수들의 투지, 폭발적으로 거리응원에 참여한 붉은 악마들, 그리고 히딩크 감독의 탁월한 리더십의 합작품으로 이루어진 것이다.

우리는 월드컵 축구대회를 통해서 '우리도 하면 된다'는 강한 자신감을 갖게 되었다. 우리는 이 자신감으로 '인류의 평화공영을 이끄는 세계 4강 홍익한국 건설'을 새로운 국가목표로 세우고 추진해 나갈 필요가 있다. 우리가 축구에서 달성한 이 성적을 모든 영역에서 세계 최고의 수준에 도달한다면 '4강 대한민국'을 실현할 수 있을 것이다.

우리는 20세기를 보내고 새천년을 맞이하면서 각계각층에서 다양하게 '21세기의 대한민국의 국가목표'에 대하여 논의한 바 있다. 21세기 향후 100년 동안 우리가 국가적으로 이루어야 할 목표는 무엇인가? 이것을 장기목표와 단기목표로 나누어 생각해 볼 수 있을 것이다.

위대한 대한민국의 장기목표를 설정하기 위해선 우리 개인들이 꿈꾸는 미래사회를 먼저 그려봐야 한다. 미래사회가 절망이 아닌 희망 또는 기다림이 되려면 '인간의 보편적 자유를 향유할 수 있는 사회'가 되어야 할 것이다. 이와 같은 삶의 지표가 가능한 사회를 뒷받침하는 이념과 가치들은 인권, 생명, 환경, 자유, 평화, 민주, 정의 등이다. 결국 평화공영국가로 귀결된다.

평화공영국가가 우리가 꿈꾸는 위대한 대한민국이 되기 위해선 원칙(정의), 기회, 공동체 등도 중요하다. 우리 대한민국은 모순과 부조리, 극심한 불평등이 판을 치고 있다. 정치를 비롯하여 행정, 사법, 언론, 기업은 물론 심지어 교육, 종교 등에서도 나타나고 있다. 소위 반칙과 편법이 용인되고, 보편화되었다. 약탈적 구조를 개선하지 않고는 우리 대한민국이 진정한 희망의 나라로 나아가기 힘들다.

위대한 대한민국을 만들기 위해서는 사회 전반에 대하여 실질적인 국가구조 대개조, 국민의식 대개혁을 단행해야 한다. 우리가 썩은 환부를 도려내는 대수술을 하지 않으면 대한민국은 결코 선진국에 진입할 수 없다. 우리는 선진국의 문턱에서 헛발질과 아우성을 지르다 말지도 모른다. 우리는 반드시 위대한 대한민국을 창조하여 인류의 평화공영을 이끄는 세계 4강 홍익한국에 진입해야 할 것이다.

이제 우리는 국민의 간절한 염원, 역사의 준엄한 명령을 깨닫고 위대한 대한민국을 만들어 나가야 한다. 우리는 위대한 국가를 창출해온 위대한

국민이다. 우리는 역경을 극복하고 위대한 역사를 일구어 왔다. 또한 세계 2차 대전 이후에 독립된 국가들 중에서 거의 유일하게 산업화와 민주화를 성공시켜 세계를 놀라게 했다.

대한민국은 특히 '원조를 받는 나라'에서 '원조를 하는 나라'로 바뀐 세계 최초, 유일한 국가다. 1997년 금융위기로 'IMF 식민지'가 되었다가 3년 만에 독립한 것도 우리가 최초였다. 우리는 다 함께 힘과 지혜를 모아 정치 개혁을 통해 위대한 대한민국인 행복한국, 통일한국, 공영한국을 만들어 나가야 한다.

장기목표가 국가이념을 실현해 나갈 새로운 대한민국의 국가목표라면 단기목표는 국가 사회의 제도적, 정책적, 구조적 개혁을 통해 실현해야 할 구체적 목표다. 이 목표는 매 4~5년마다 실행 계획을 짜서 수정, 보완하며 지속적으로 강력하게 추진해 나가야 할 것이다.

단기목표는 1단계 통일 준비기, 2단계 통일 실현기, 3단계 통일 완성기 등으로 구분할 수 있을 것이다. 단기목표의 구분 기준을 '통일'로 삼은 것은 위대한 대한민국의 국가비전은 남북 간의 상생공영을 위한 국가통일을 전제로 해야 하기 때문이다. 결국 남북통일이 평화공영의 핵심 전제인 셈이다.

위대한 대한민국의 단기목표를 실현하려면 어떻게 해야 할까? 단기목표의 핵심은 평화공영국가 건설의 기반인 남북통일에 있다. 우리가 통일을 이루고, 그 후유증을 최소화하고, 시너지를 극대화하려면 철저한 준비가 필요하다. 준비 없는 통일은 재앙이 될 수 있다.

위대한 대한민국의 국가목표를 과연 통일과 분리하여 생각할 수 있을까? 세계유일의 분단국인 우리나라가 분단으로 인하여 낭비되는 비용은 상상을 초월한다. 소모적 남북 대립의 비용을 국가발전에 투자한다면 국력은 비약적으로 증대될 것이다. 그러므로 우리는 위대한 대한민국의 국가목표를 남북통일을 통한 평화공영으로 설정하고, 이 목표의 실현을 위해 총력을 다 해야 할 것이다.

꿈을 이루는 기회의 나라

자기혁명가의 인생의 중대한 목표중 하나는 위대한 대한민국을 창조하는 일에 참여하는 것이다. 위대한 대한민국의 미래를 만들기 위해서는 냉정한 현실 분석이 전제되어야 한다. 그리고 이 바탕 위에서 밝은 미래에 대한 구체적 국가목표를 마련해야한다. 즉 치밀한 국가미래전략에 따른 설계도 위에 국가목표를 세워야 한다.

나아가 이를 실현할 수 있는 다양한 인재들을 양성해야 한다. 꿈을 현실로 만드는 능력, 대한민국을 더 나은 미래로 바꿀 수 있는 능력을 가진 이들이 많이 나와야 한다. 위대한 대한민국은 자기혁명가들이 많이 있어야 국가목표를 적극 실현해 나갈 수 있다. 위대한 대한민국의 전략적 국가목표를 몇 가지로 제시해 본다.

첫째는 '코-유라시아 시대'를 여는 평화공영 선도국가가 되어야 한다. 2030년, 새로운 대한민국의 미래비전은 무엇이어야 하는가? 많은 이들은 강하고 풍요로운 대한민국을 기대한다. 2030년에 1인당 국민소득은 5만달러를 달성하고, 경제규모 세계 7위권(G7)에 진입해야 한다. 또한 남북한 평화국가연합을 이뤄 낸 뒤 아시아와 유럽의 공동발전을 이끄는 '코-유라시아 시대'를[1] 열고 인류의 '평화공영'을 선도해야 한다.

대한민국은 국가구조 대개조를 통해 "지식·과학·문화 부문에서는 선

---

1) '코-유라시아'란 코리아(Korea)와 유라시아(Eurasia)의 합성어로 한국이 유라시아지역의 공동발전을 이끄는 중심국가라는 의미이다. 이것은 필자가 2009년 10월 대한민국의 통일 및 외교정책의 하나로 제시하여 명명한 것이다.

진화를 이룩한 소프트 파워 강국으로 도약해야 한다. 과학과 문학, 의학 분야 등에서 노벨상 수상자가 나오고 아시아권의 우수한 인재가 일본 대신 한국 대학을 찾게 해야 한다. 연구개발(R&D) 허브로 한민족이 나아갈 길뿐만 아니라 인류가 나아갈 길을 고민하고 제시하는 홍익국가로 자리 잡아야 한다."

"세계 일류 국가는 랭킹에 집착하지 않고 리더십이 편안하게 느껴지는 국가다. 또한 스스로 선진국이라고 광고하지 않아도 세계가 인정하는 품격 국가, 모든 분야에서 보편적으로 인정받는 매력국가다. 대한민국이 한반도라는 좁은 공간을 넘어 끝없이 도전하고 세계적으로 인정받는 평화공영 홍익국가 브랜드를 만들어 나가야 할 것이다." 누가 이러한 나라를 건국해야 하는가? 바로 자기혁명가들이 해야 할 것이다.

둘째는 모두가 1등인 '다양성의 천국'을 건설해야 한다. 위대한 대한민국은 경제 성장이나 국민소득과 같은 양적 성장뿐 아니라 다양성과 자유·공존·배려·활력과 같은 질적 성장도 병행해야 한다. 산업의 발전으로 생활이 더욱 윤택해지면서도 소외된 이웃을 돕는 나눔과 베풂 문화가 확산되어야 한다. 경제적으로 부유할 뿐만 아니라 약자를 배려하고 문화적으로도 풍요로운 사회가 우리가 희망하는 위대한 대한민국의 모습이다.

특히 우리 대한민국에는 아직 극복해야 할 짙은 그늘이 많다. 급속한 저출산 고령화 속에서 지속적으로 경제성장을 해야 하는 고민은 여전하다. 심각한 빈부 양극화를 해소하고 국론분열을 국민통합으로 바꾸어야 하는 과제도 있다. 남북통일 과정에서 한반도 안팎의 복잡한 정세와 사회 혼란, 경제 활력의 저하를 우려하는 목소리가 작지 않다.

"10%의 부유층과 90%의 서민층, 10%의 수도권대 졸업자와 90%의 지방대 졸업자가 취업을 경쟁하며, 그들은 다시 10%의 일류 직장과 90%의 이류 직장을 순서대로 차지할 수도 있다. 여기는 베이스캠프도 없이 에베레스트 산을 등반해야 하는 곳, 이대로 계속 가면 10년 후에는 1등만 살아남아 있는 나라가 되어 있을 것"이란 지적도 있다.

이 때문에 양적 성장에 걸맞은 질적 성장이 필요하다. 돈이 유일한 가치인 현실을 넘어 배려와 존경이 공존하는 사회, 합리적 지배구조(거버넌스)가 강화되고 시민정신이 커지는 상생공영의 사회로 나아가야 한다. 모두가 행복과 기쁨이 넘치는 풍요의 대한민국으로 진화해 나가야 한다.

사회적 소수자와 약자들에게 더 관용적인 성숙한 사회가 되기 위해 사회집단 간의 진지한 대화, 복지제도 강화 등의 노력이 필요하다. '1등만 아는 더러운 사회'가 아닌 모두가 1등인 '다양성의 천국'을 만들어 나가야 한다. 국민 개개인이 능력과 소질을 계발하여 국가발전에 기여하고 진정한 행복을 누리는 삶이 되도록 해야 한다. 이런 아름다운 나라를 우리 모두가 자기혁명을 통해 건설해 나가야 한다.

셋째는 누구나 꿈을 현실로 만드는 '기회의 국가'를 건설해야 한다. 위대한 대한민국의 미래를 열어나가야 할 위대한 자기혁명가들은 동시대와 호흡하며 더 나은 자신의 모습을 만들어 나가야 한다. 지금은 물론 앞으로도 세계적으로 주목 받고 자신의 분야에서 지속적으로 신대륙을 개척하는 콜럼버스 같은 존재가 되어야 한다. 자신이 알고 있는 모든 것을 후배에게 알려줌으로써 자신의 재능을 다른 이들과 나누는 공공재로 활용해야 한다.

우리의 '성공 방정식'은 새로운 도전을 두려워하지 않는 것이다. 불가능한 것과 약한 자의 말에 귀 기울이고 사랑스럽지 않은 것을 사랑하는 마음을 강화하는 것도 중요하다. 누군가를 수동적으로 따라가기보다는 힘겹더라도 스스로 앞서가려는 의지가 넘치는 시대의 창조자가 되어야 한다.

해야 한다면 불가능해 보여도 도전하고 싶은 마음이 충만해야 한다. 길을 여는 과정에서 부닥칠 어려움을 고통이라기보다는 기쁨으로 받아들여야 한다. 우리는 언제나 우뚝 설 날을 위해 거친 땅을 일구고 씨를 뿌리는 자세로 더 나은 풍요의 미래를 열어나가야 할 것이다.

우리가 만드는 위대한 대한민국의 미래는 10년, 20년이 흐르면 모습과 위상은 확연히 달라질 것이다. 10여년 후인 2030년의 대한민국의 모습은 다른 얼굴들로 채워져야 한다. 이러한 꿈을 생각할 때마다 가슴이 뛰고 열정이 솟구치는 마음을 가지고 대한민국의 당당한 미래를 만들어 나가야 할 것이다.

자기혁명가들은 구국과 건국의 영웅이 되는 꿈을 꾸어야 한다. 영웅은 또 다른 영웅을 만든다. 위대한 대한민국은 모두가 존경하고 존경받는 나라여야 한다. 우리 한국인들은 존경하는 사람이 거의 없다. 몇몇 사람들만이 자랑스럽게 세종대왕, 이순신, 김구 등을 꼽는다. 그러나 새로운 대한민국이 희망이 넘치기 위해선 모든 국민이 가슴속에 진정으로 존경하는 나무 몇 그루씩을 키워야 할 것이다.

여러분은 마음 사무치게 존경하는 사람이 있는가? 대한민국의 대표적 여류소설가 신경숙 작가는 "역경을 극복한 음악가 베토벤(Ludwig van Beethoven)을 가장 존경한다"고 말한다. 그에게 강한 영감을 불어넣은 이는 불우의 악성(樂聖) 베토벤이었던 것이다. 신경숙 작가는 베토벤을 자신의 역할모델(role model)로 삼고 있는 이유를 이렇게 밝혔다.[2]

"베토벤. 나는 그가 고난의 연속인 삶을 뚫고 나갈 때 용기를 느꼈다. 베토벤은 무서운 불굴의 정신으로 고뇌를 극복하고 예술적 경지를 한층 비약시켰다. 음악에 대한 뜨거운 열정에서 감동을 받았다. 자신이 작곡한 곡을 들을 수 없는 고독한 운명에서는 닿을 수 없을 것 같은 사랑을 느꼈다."

---

2) 《동아일보》, 2010년 5월 10일.

자기혁명가들은 역사의 개척자들이다. 이들은 대부분 존경하는 사람을 가슴에 품고, 자신만의 뚜렷한 역할모델을 닮아가려 하고 있다. 이들은 삶의 푯대로 삼을 누군가를 깊이 있게 구체적으로 탐구한다. 왜 존경하고 따르는지에 대한 이유 역시 명확해서 역할모델이 자신의 가치관과 태도에 녹아들어 한 몸이 됐음을 보여준다.

《동아일보》가 얼마 전 선정한 '2020년을 빛 낼 대한민국 100인' 중에서 자신의 역할 모델로 가장 많이 제시한 인물은 애플 최고경영자(CEO)인 잡스(Steve Jobs)였다.[3] 그는 지금은 고인이 되었지만 '생각의 일탈과 창조'를 통해 시대를 앞서가는 거침없는 도전은 커다란 귀감이 되었다.

기업인 상당수는 세계적 기업을 일군 창업자들을 언급했다. 일본 마쓰시타전기를 세운 마쓰시타 고노스케(松下幸之助) 회장은 "가난, 허약, 못 배움이라는 세 가지 은혜를 갖고 태어났다"라고 밝힌 긍정의 철학을 높이 평가받기도 한다. 그러나 극히 일부의 자기혁명가는 전인미답의 길 앞에서 특정한 역할모델을 찾지 않고 스스로 개척하기도 한다.

평화계약을 통한 행복 공동체

위대한 대한민국이 국가목표를 달성하기 위해서는 어떻게 해야 할까? 핵심적 방향은 사회정의 실현과 국민통합을 통해 국력을 극대화하여 남북 통일국가시대를 여는 것이다. 대한민국은 국가공동체의 평화와 행복이라는 '공공선'을 위해서 '국가책임제'를 적극 도입할 필요가 있다.

국가책임제는 국가가 모든 국민이 인단답게 삶을 영위할 수 있도록 책임지고 보장하는 제도다. 국가가 먼저 국민에 대한 책임을 보여야 국민으로

---

3) 《동아일보》, 2010년 5월 10일.

부터 국가에 대한 책임을 요구할 수 있다. 국민도 마찬가지로 국가와 사회에 대한 책임을 다해야 권리를 요구할 수 있다.

국가와 국민은 공공선을 위한 책임과 권리를 규정한 '평화계약'을 체결하고 '평화계약국가'를 만들어 나갈 필요가 있다. 즉 국민(개인)과 국가(공동체)간 새로운 관계와 개인의 권리와 의무에 대한 기본원칙을 합의하고 실천해 나가는 것이다. 여기에서 가장 중요한 것은 국민과 국가는 '책임 없이 권리 없다'는 대원칙을 지켜야 한다는 점이다.[4]

국가는 여전히 평등과 민주주의를 증진하고 개인의 책임 있는 자유를 보장할 의무를 지닌다. 또한 인적자본 투자에 집중함으로써 복지가 갖는 생산적, 분배적 성격을 극대화해야 한다. 소득과 재산의 불평등 해소는 물론 기회 불평등이라는 장벽도 제거해야 한다. 나아가 '좋은 일자리' 제공이 최선의 국가이며, 노동을 통한 공동체의 상생평화 창출이 최고의 국민이다.

국가는 또한 국민의 기본사항을 보장하고 빈곤을 최소화해야 한다. 성장 일변도의 패러다임에서 벗어나 21세기형 인적자본에 대한 투자를 통해 성장과 복지가 선순환하고 자유와 인권이 보장되도록 해야 한다.[5] 국가는 시대를 초월하여 국민을 행복하게 하는 집이어야 한다.

대한민국을 '인류의 평화공영을 이끄는 세계 4강 홍익국가'로 창조하기 위한 국가비전과 국가목표를 달성하기 위한 구체적 과제는 다음과 같다. 첫째, 남북 평화공존을 이뤄 낸 뒤 남북통일의 기반을 조성한다. 혁명적인 국가구조 대개조를 통해 국민의 삶을 획기적으로 개선한다. 국가의 효율성과 국민의 통합성을 높여 국가역량을 극대화한다.

2050년까지 남북한 간 완전한 통일을 이루어 평화공영국가의 기반을

---

4) 신동면, "복지담론의 평가와 발전 방향". http://www.socialdesign.kr (검색일: 2012년 2월 2일)
5) 2011년 1월 민주당은 이를 '창조형 복지국가'라고 표현했다.

구축한다. 이를 토대로 세계 4강 국가(G4)가 되어, 아시아와 유럽의 공동발전을 이끄는 '코-유라시아 시대'를 열어나간다. 홍익인간에 바탕을 둔 인류의 새로운 평화가치를 창출하고 세계평화연합 정부를 세워나간다.

둘째, 기후변화와 환경에 따라 국토를 재디자인하여 미래사회에 대비한다. 자연환경의 악화에 대비하여 지하도시를 시·도 광역별로 확대하고 지상은 특수건물만 유지하도록 한다. 물 부족을 해결하기 위해 빗물 등을 취합, 정수하여 재활용한다. 산림은 단계적으로 수종을 개량하여 종의 다양화와 공생, 공존을 추구한다.

인간 중심에서 벗어나 생명 중심의 국토가 되게 하고 모든 동물과 식물이 함께 조화로운 평화공존으로 지상의 천국을 만들어간다. 살생을 자제하고 필요하면 배양된 고기를 섭취한다. 삶의 온전한 기쁨은 탐욕에 두지 않고 절제와 나눔으로 모두의 행복에 둔다.

셋째, 경쟁·독점·순위 등을 없애고 공생·공유·공존·공영의 '4공주의(四共主意)' 삶을 실천한다. 타인이나 타국에 대해 폭력과 착취, 억압을 금한다. 겸허, 겸손, 온유의 태도로 만물을 대한다. 기계나 기계인간의 등장으로 인간상실을 과감히 저지하며 인간의 선한 의지가 꽃피게 한다.

모두가 합력하여 '행복한 공공선(평화)'을 이루어간다. 공평, 공정, 정의 사회를 구현하고 지속 가능한 인간의 삶을 만들어 나간다. 모든 것은 국가공동체가 최우선이다. 개인과 기업은 국가공동체의 선을 위해 스스로 참여하고 희생할 줄 알아야 한다. 국가공동체가 무너지면 모든 것이 무너지기 때문이다.

chapter 4

위대한 나의 꿈을 찾아라

가슴 뛰는 꿈과 인생 대탐험

꿈(dream)이란 무엇인가? 꿈은 '실현하고 싶은 희망이나 목표, 이상'을 말한다. 꿈은 좁은 의미로 대통령, 사장, 경찰, 가수 등 구체적 직업을 갖는 것을 지칭한다. 넓은 의미로는 세계평화 등과 같이 이루고자 하는 높은 목표나 이상 등을 의미한다. 바람직한 꿈은 직업을 통한 높은 이상의 실현이라고 할 수 있다. 예를 들면 "내 꿈은 유엔 사무총장이 되어 세계평화를 실현하는 것이다"라고 말할 수 있다.

꿈을 갖는 것은 무엇을 의미하는가? 삶의 구체적 목표를 세웠다는 것이다. 꿈이 없다는 것은 삶의 목표가 없다는 것이다. 배는 반드시 목표를 세우고 항구를 떠나 항해해야 존재의 의미가 있다. 인생도 마찬가지다. 반드시 삶의 바다에서 목표를 세우고 출항하여 목적지에 도달해야 한다. 배가 항구에만 정박에 있으면 배가 아니듯 인생 또한 목표를 향하여 전진해야 참 된 삶이다.

꿈은 삶의 방향키이자 나침판이다. 성공적인 인생을 위해서는 뚜렷한 삶의 목표가 있어야 한다. 꿈을 가진 인생은 때로는 거센 폭풍우를 만나기도 하지만 늘 역동적이고 진취적이다. 꿈을 성취하게 되면 개인은 커다란 족적을 남기게 된다. 그리고 자기가 속한 기업이나 국가의 큰 발전을 가져온다. 그러므로 인생을 성공적으로 이끌려면 큰 꿈을 갖고 힘차게 도전해야 한다.

꿈 하면 떠오르는 대표적인 것이 있다. 바로《갈매기의 꿈》이다. 리처드 바크(Richard Bach: 1936년 6월 23일~)는 1970년 우화소설《갈매기의 꿈(Jonathan Livingston Seagull)》을 발표하여 일약 세계적인 유명작가가 되었다.《갈매기의 꿈》은 천천히 읽어도 1시간이 채 걸리지 않는 짧은 분량의 단편소설이다. 처음에는 입소문으로 시작해 지금까지 전 세계에서 4,400만부가 팔린 것으로 집계됐다. 1973년에는 영화로 만들어져 화제가 되기도 했다.

리처드 바크는 1936년 미국 일리노이 주에서 태어났다. 롱비치 주립 대학에서 퇴학당한 뒤 공군에 입대해 비행기 조종사가 되었다. 상업 비행기 조종사로 일하면서 3,000시간 이상 비행을 했다. 그리고, 자유기고가로 활동하며 비행 잡지에 몇 편의 글을 쓰기도 했다. 해변을 거닐다가 공중에서 들려오는 '목소리'에 이끌려 집으로 돌아와 곧바로 쓰기 시작한 작품이 바로《갈매기의 꿈》이다.

리처드 바크가《갈매기 조나단》을 쓰기 시작된 것은 1959년이다. 캘리포니아 롱비치에 살 때다. 바닷가를 산책하는데 뒤에서 목소리가 들렸다. '조나단 리빙스턴 시걸(Jonathan Livingston Seagull)'의 목소리가 리처드 바크의 귀에 속삭인 것이었다. 집으로 돌아오자마자 3,000단어 분량을 미친 듯이 타이핑했다. 마무리는 하지 못했다.

목소리가 다시 들린 것은 9년 후였다. 1968년 초고를 완성했지만 문제는 분량이었다. 소설은 보통 5만 단어 이상이어야 출간할 수 있는데 1만 단어도 안 됐다. 50여 장의 갈매기 사진을 넣었지만 총 93페이지에 불과했다. 이 때문에 출판사들에게 18번이나 거절당했다. 1970년에 다행히 '보는 눈'이 있는 편집자를 만나 뒤늦게 출간됐다. 확신으로 밀어붙인 사람들 덕분에 책이 세상에 나왔다.[1]

《갈매기의 꿈》에서 주인공 조나단 리빙스턴 갈매기는 '가장 높이 날아보자'는 꿈을 가짐으로써 비로소 비상하기 시작했다. 그리고 목표에 도달한 후 '가장 높이 나는 새가 가장 멀리 본다'는 삶의 진리를 깨달았다. 《갈매기의 꿈》은 "기존의 틀(사회적 통념이나 관습, 제도)을 깨고 '진리의 터득'이라는 진정한 삶을 향해 날아가야 한다"는 메시지를 주고 있다.

조나단은 기본적으로 반항적(rebellious)이다. "대부분의 갈매기는 나는 게 아니라 먹는 게 중요하다(For most gulls, it is not flying that matters, but eating.)"라고 말한다. 그러나 조나단에게 중요한 것은 '먹는 것'이 아니라 '나는 것'이었다. 그리고 더 잘 날기 위해 자신의 한계를 시험한다. 갈매기들에게도 올림픽이 있다면, 조나단은 세계 신기록을 수차례 작성하고 금메달을 독식했을 것이다.

그러나 조나단은 오히려 무리로부터 추방당한다. 조나단은 아웃캐스트(outcast)·아웃사이더(outsider)가 됐다. 아웃캐스트는 무리에서 버림받은 존재다. 아웃사이더는 무리의 그 어떤 그룹에도 속하지 않는 존재다. 둘 다 특이종이다. 《갈매기의 꿈》이 예수의 인생에 빗댄 우화, 알레고리(allegory)라는 해석도 있다. 하지만 리처드 바크가 그리는 조나단의 모습은 티베트의 부처와도 통하기도 한다.

사람은 누구나 내면에 위대성을 간직하고 있다. 내면의 위대성을 이끌어내기 위해서는 기존의 단단한 껍질을 깨고 나와야 한다. 결국 '단단한 껍질

---

1) 김환영, "큰 생각을 위한 책들(4) http://jmagazine.joins.com/index.php(검색일: 2018년 6월 26일)

깨기'라는 자기혁명을 통해 더 큰 세계로 나아가야 한다. 《갈매기의 꿈》은 소수의 선택된 자만이 꿈을 이루는 것이 아니라 누구나 '위대한 꿈'을 이룰 수 있다는 자기혁명가의 교훈을 담고 있다.

그렇다면 인생에서 가장 중요한 것은 무엇일까? 내가 진짜 하고 싶은 것, 내가 모든 것을 바쳐 이루고자 하는 꿈을 향해 나아가는 것이다. 그러나 그 꿈은 그냥 이루어지는 것이 아니다. 조나단처럼 기존의 틀을 깨고 자기혁명을 통해 무수한 도전을 통해 '더 높은 존재의 차원(a higher plane of existence)'으로 나아가야 한다. 그래야 '꿈의 완성'이 이루어진다.

우리는 리처드 바크처럼, 그리고 갈매기 조나단처럼 삶의 가장 숭고한 목적을 찾기 위해 끊임없이 도전하고 또 도전해야 한다. 인간에게는 무한한 가능성이 내재되어 있다. 불가능은 없다. 원대한 꿈을 향한 열정과 노력으로 '인간의 위대성'을 자기혁명을 통해 입증해야 할 것이다.

특히 우리 자신 안에 그리고 우리 세계 안에 무엇이 존재하며, 그 너머에는 무엇이 있는지를 생각해 보아야 한다. 또한 현실에 안주하지 않고 자신의 한계를 뛰어넘는 고귀한 '인생 대탐험'에 나서야 한다. 이것이 꿈이 있는 위대한 자기혁명가의 운명임을 명심해야 할 것이다.

세계를 움직이는 국가 지도자들의 꿈

한 나라의 지도자의 큰 꿈은 그 나라뿐만 아니라 세계를 바꾼다. 국가 지도자의 꿈은 다른 누구의 꿈보다 더 중요하다. 그 나라와 세계의 운명을 좌우하기 때문이다. 위대한 지도자가 있게 되면 그 나라는 국가발전을 통해 대도약을 하게 된다. 반면 잔혹한 지도자가 있게 되면 그 나라는 후퇴하고 국민은 고통에 시달리게 된다. 그러므로 위대한 국가가 되려면 위대한 지도자들을 많이 탄생시켜야 한다.

◈ 세계최강 미국 지도자들의 패권주의

세계 최강대국인 미국 국가 지도자들의 국가비전과 목표는 무엇일까? 미국 지도자들의 지구적 차원의 목표를 아는 것은 매우 중요하다. 대한민국은 물론 세계의 모든 국가들이 직간접적인 영향권에 놓여 있기 때문이다. 특히 미국은 대한민국의 생존과 번영에 중대한 변수로 작용하고 있다.

미국 지도자들의 표면적인 국가목표는 '평화·번영·기회·책임의 중심'으로서 미국의 위상을 강화하는 것이다. 미국 지도자들은 이를 위해 지역분쟁 해결 등 평화를 모색하고, 금융위기 극복 등을 통해 번영을 확산하고 기회를 창출한다. 이와 함께 지역별 핵심국가와의 협력 강화를 추진하고 있다.

미국 지도자들의 포괄적인 국가목표는 미국적 가치의 실현과 미국 중심의 세계 질서를 수립하는 것이다. 미국 지도자들은 이를 달성하기 위해 첫째 초강대국으로 유지하는 것, 둘째 유럽과 아시아에서 정치군사적 패권국가의 등장을 방지하는 것, 셋째 제3세계에서 미국의 명확한 국가이익을 보호하는 것 등 3대 국가전략목표로 내세우고 있다.

미국 지도자들의 국가목표의 기본방향은 현상유지에 기반을 둔 균형정책이다. 즉, 미국 지도자들은 자신들의 헤게모니는 유지한 채, 다른 국가가 도전하는 것을 억제한다. 그리고 필요하다면 무력을 통해 제거하기도 한다. 미국 지도자들은 그동안 '팍스 아메리카나(Pax Americana: 미국에 의한 평화)' 정책을 펼쳐왔고, 강력한 군사력과 정치적 영향력을 통해 각 지역의 세력균형을 조절하는 균형자의 역할을 하고 있다.

미국 지도자들은 특히 아시아지역이 핵심이익이 달린 지역이라고 판단하고 '아시아 회귀정책(Pivot to Asia)'을 강화해 왔다. 이 정책의 핵심은 대중국 봉쇄다. 2차 대전 이후 미국의 대소련 정책으로 자리 잡았던 봉쇄정책은 동아시아에서 대중국 봉쇄정책으로 지속되고 있다.

미국 지도자들이 냉전시대에 유럽에서 대소련 봉쇄정책을 펼쳤던 이유나 탈냉전인데도 불구하고 동아시아에서 대중국 견제정책을 펼치는 이유는 본질적으로 유사하다. 미국의 패권질서에 중대한 '위협'이 된다는 것이다. 미국 지도자들은 미국의 패권질서에 도전하는 중국을 사실상 봉쇄하고 있다. 이에 따라 향후 미국과 중국 간의 패권 갈등은 세계평화의 중대한 변수가 될 것이다.

그런데 2017년 1월 공화당 출신 도널드 트럼프(Donald Trump: 1946년 6월 14일~현)가 제45대 대통령으로 취임하고 '미국 우선주의(America First)'를 공식화했다. 트럼프는 2016년 11월 대통령에 당선된 후 승리연설을 통해 '미국을 다시 위대하게(Make America Great Again)' 만들겠다고 미국의 미래 비전을 제시했다. 그리고 대통령 취임식에서 자신의 대선 슬로건인 '미국 우선주의'를 '아메리카니즘'(Americanism)이라고 부르며 '신고립주의'를 천명했다.

미국 트럼프 대통령은 선거기간 동안 "통상도 안보도 미국을 우선에 두고 동맹국들과 재협상함으로써 미국의 이익을 챙기겠다"고 줄곧 강조했다. 또한 "이제는 글로벌리즘(세계주의)이 아니라 미국 우선주의, 즉 아메리카니즘이 우리의 새로운 신조가 될 것"이라며 "세계화와 결별하고 미국 우선 정책을 통해 미국민의 일자리를 되찾고 국가의 권위를 바로 세우겠다"고 밝히기도 했다.

트럼프 정부는 "미국이 제2차 세계대전 이후 '세계의 경찰'을 자임하면서 전 세계 분쟁 등에 개입해 왔지만 결과적으로 실익을 거두지 못하고 엄청난 재정적자로 어려움만 가중됐다"고 판단하고 있다. 이로 인해 트럼프 정부는 대외정책을 대폭 수정하고 있다.

미국 지도자들은 그동안 세계패권을 유지하며 '미국적 가치의 확산'을 핵심이익으로 삼아왔다. 그러나 트럼프 대통령은 미국적 가치의 대명사격이었던 자유무역과 인권에 반기를 들고 있다. 나아가 동맹국들에 '안보 무임승차'라며 메스를 들이대겠다고 공언해 왔다. 트럼프 정부는 미국의 핵심이익을 '가치 확산'이 아닌 '미국 우선'으로 바꾸어 과거와는 다른 대외정책을 보이고 있다.

미국 트럼프 정부는 향후 동맹국 등 주변국들과 '협력'보다는 '갈등'이 확대될 것으로 보인다. 무엇보다도 미국의 동맹국인 대한민국과는 한미FTA 재협상에 이어 주한미군 방위비 분담금 증액, 주둔미군 철수 검토 등을 시사하여 긴장시키고 있다. 트럼프는 후보시절 나토(NATO: 북대서양조약기구) 회원국이 공격을 받아도 무조건 개입하지는 않겠다고 밝히는 등 동맹 경시 입장을 나타내기도 했다.

트럼프 대통령은 대선에서 "나는 여러분의 목소리(I am your voice)"라며 서민의 대변자를 자처하면서 중산층이 붕괴된 미국 사회에 절망한 '백인 노동자(앵그리 화이트)'를 파고들어 당선되었다. 더구나 민주당 힐러리 클린턴(Hillary Clinton) 후보와는 정책대결보다는 상대 후보를 깎아내리는 최악의 네거티브 선거로 접근하여 국민을 분열시켰다. 대부분의 세계인들은 '트럼프의 미국 우선주의'를 심각하게 우려하고 있다.

트럼프 지지자들은 트럼프의 "미국 우선주의"를 연호하며 열광했다. 하지만 국내외 전문가들은 "공화당과 트럼프의 공약은 국제사회에서 미국의 역할에 의문을 갖게 한다"거나 "미국의 미래에 어두운 경고를 던지고 있다"고 평가했다.[2] 미국 민주당 대선 후보였던 클린턴이 2016년 7월 후보 수락 연설에서 "누구도 미국을 홀로 고치거나 이끌 수 없다. 혼자가 아니라 우리 모

---

2) 《서울신문》, 2016년 7월 23일.

두 함께하면 더 강해진다(stronger together)"라고 미국의 연합정신을 강조했지만[3] 국민들은 이를 외면했다.

어떻게 보면 미국은 지금 국내문제가 매우 절박한 상황이다. 과연 '아메리카니즘'을 내세운 트럼프 대통령이 "내가 미국의 문제점을 고칠 수 있는 유일한 사람"이라고 말한 것을 입증할 수 있을까? 미국 백인들은 큰 기대를 하고 있다. 그러나 선거기간 중 사분오열된 미국 사회를 통합하고 미국의 복잡한 국내문제들을 해결할 수 있을지는 미지수다. 세계의 미래는 더 불안하고 더 불확실해 질 것으로 보인다.

우리는 이젠 현실적으로 변화된 세계 환경에 크게 긴장해야 한다. 그러나 "우리가 두려워할 것은 오직 두려움을 갖는 것 그 자체"다. '미국 우선주의'를 외치는 트럼프 정부에 대항해서 더 나은 대안을 만들고 위대한 인류의 꿈인 평화공영의 미래를 함께 만들어 나가야 한다. 우리는 여전히 "함께 고칠 때 더 강해진다"라는 오바마와 클린턴의 말에 큰 희망을 걸어야 할 것이다.

◈ 중국 지도자들이 꿈꾸는 '중국몽'

중국의 공산주의 혁명가 마오쩌둥(毛澤東:1893년 12월 26일~1976년 9월 9일)은 공산주의를 정착시키며 현대 중국의 기틀을 다졌다. 불멸의 혁신가 덩샤오핑(鄧小平:1904년 8월 22일~1997년 2월 19일)은 중국의 개혁개방을 통해 경제 부흥기를 이끌었다. 그리고 현재 시진핑(習近平:1953년 6월 1일~현) 국가주석은 중국의 꿈인 '중국몽(中國夢: China Dream)'을 본격적으로 추진하고 있다.

중국 지도자들의 국가비전과 목표는 무엇인가? 중국 지도자들의 국가비전과 목표, 즉 '중국의 꿈(中國夢·중궈멍)'은 '샤오캉사회(小康社會)'의 건설이

---

3) 《동아일보》, 2016년 7월 30일.

다. 이를 처음 국가비전으로 제시한 사람은 덩샤오핑이다. 덩샤오핑은 1978년 권력을 완전 장악하고 "2020년에 샤오캉사회를 건설하겠다"고 인민들에게 약속했다. 샤오캉사회란 모든 인민이 편안하고 풍족한 생활을 누리는 사회를 의미한다.

시진핑은 지난 2012년 11월 15일에 전국대표대회에서 당 총서기 및 당 중앙군사위 주석에 선출되었다. 그리고 2013년 3월 17일 서열 1위의 국가주석과 국가중앙군사위원회 주석에 오르며 당·정·군 3대 권력을 모두 장악했다. 시진핑은 현재 명실상부한 중국 최고위급 국가 지도자로 중국의 꿈을 재확인하고 보다 구체화했다.

시진핑은 2012년 12월 당 총서기에 취임한 직후 톈안먼 광장 동쪽의 국가박물관에서 '부흥의 길'이라는 전시회를 참관했다. 그는 여기서 "누구나 이상과 목표가 있으며, 스스로의 꿈을 갖고 있다. 현재 모두가 중국의 꿈을 이야기하는데, 나는 '중화민족의 위대한 부흥을 실현하는 것'이 곧 중화민족의 근대 이후 가장 위대한 꿈이라 생각한다"고 말했다.

즉, 시진핑 국가주석은 "중국 공산당 창당 100년이 되는 2021년까지 전면적인 샤오캉사회를 건설하고 중화인민공화국 정부수립 100년이 되는 2049년까지 중국을 과거 부국강병을 자랑했던 '대당제국(大唐帝國)'과 같은 세계 최강국으로 건설하겠다"는 '중국의 꿈'을 역설했다.

시진핑 주석은 새로운 중국시대를 열면서 '중국몽'이란 중국의 꿈과 비전을 제시한 것이다. 중화민족의 위대한 부흥을 의미하는 중국몽은 시진핑 주석의 대표적인 국가목표이자 통치 이념이 되었다. 중국몽에는 국가 부강, 민족 진흥, 인민 행복 세 가지 목표를 실현하겠다는 의미가 담겨 있다.

시진핑 주석이 그리는 중국의 위대한 꿈은 무엇일까? 덩샤오핑의 꿈이 중국의 '경제발전'이었다면, 시진핑의 꿈은 '강한 중화국가 만들기'다. 그리

2013년 중국 교육부에서 '나의 중국몽'을 주제로 전국 소·중·고, 대학교에서 진행한 '중국몽' 교육포스터. 〈출처:www.eol.cn〉

고 그 핵심이 '변화'와 '혁신'이다. 시진핑 주석은 그가 밝힌 중국몽이라는 꿈, 이상을 향하여 앞으로 전진하고 있다. 꿈이 있는 중국은 세계질서의 변화에 커다란 영향력을 행사하며 존재를 과시할 것이다.

시진핑 주석은 중국몽을 실현하기 단기와 장기 두 개의 '100년 목표'를 제시했다. 중국 지도부는 이를 위해서 '대국'으로서 할 일을 하겠다는 것을 선포했다. 이웃국가와 평화롭게 지내는 게 공식 입장이지만 자신들의 국가이익을 해치는 것에 대해서는 절대 용인하지 않겠다는 의미도 담고 있다. '평화굴기(平和崛起)'를 넘어 '대국굴기(大国崛起)'를 선언한 것이다.

단기의 100년 목표는 중국공산당 창당 100주년이 되는 2021년에 전면적인 '샤오캉(小康)사회'를 건설하는 것이다. 고대 중국인들의 이상사회였던 '샤오캉사회'는 현대에서 '의식주 문제가 기본적으로 해결된 사회'라는 의미로 통용된다. 중국공산당의 목표는 2021년까지 14억 중국인의 의식주 문제를 기본적으로 해결하겠다는 선언이다.

장기의 100년 목표는 중화인민공화국 건국 100주년이 되는 2049년에 사회주의 현대화를 완성하는 것이다. 부강, 민주, 문명, 조화가 이루어진 강한 국가를 건설하겠다는 것이다. 시진핑 주석이 제시하고 있는 중국몽의 가장 큰 특징은, 국가 부강과 민족 부흥이 이루어진 다음에 비로소 인민이 행복할 수 있음을 강조하고 있다는 점이다. 이는 개인의 자유와 행복보다는 당과 국가의 안정과 부강을 강조하는 중국식 사회주의의 연속성을 띠고 있다.

시진핑 주석은 2017년 전당대회에서도 중국몽을 32차례나 언급하며 "2050년까지 세계 최강국으로 우뚝 서겠다"는 목표를 거듭 제시했다. 그러나 시진핑 주석은 "중국은 절대로 패권을 추구하거나 팽창정책을 추진하지 않을 것"이라고 했다. 그러나 위대한 중화민족을 내세운 시진핑 주석의 중국과 '미국을 다시 위대하게'를 앞세운 미국과의 패권 경쟁이 더 치열하게 벌어질 것으로 예상된다.

중국의 중단기적 목표는 국내 문제의 안정적 해결이며, 장기적 목표는 최강대국이 되는 것이다. 중국은 자신의 국가 상황에 대한 솔직한 이해에서 출발하여 객관적이고 실현 가능한 목표를 제시해 왔다. 중국은 그 동안 이러한 목표를 대체적으로 충족시켜 왔다는 점에서 중국 주도의 미래가 실현 가능성이 훨씬 높아졌다.

이에 따라 중국의 세계패권을 향한 거대한 비상을 주목할 필요가 있다. 중국이 전 세계에 미치는 영향력은 그 자체로 하나의 메가 트렌드를 형성하고 있다. 지리적으로나 역사적으로나 중국은 대한민국의 정치·경제·문화·환경 등 모든 분야에 걸쳐 막대한 영향을 미쳐왔다. 앞으로도 그럴 것이다. 이에 따라 중국이 지향하는 국가비전과 목표를 정밀하게 파악하고 대응하는 것은 사활적 문제가 되었다.

현재 중국을 이끌고 있는 시진핑 국가주석은 2016년 10월 열린 공산당 제18기 중앙위원회 6차 전체회의에서 '국가 핵심지도자'로 위상이 격상되었다. 시진핑 주석은 군부에 대한 통제권까지 확보하고 자신의 국가지도 핵심 이념인 전면적 종엄치당(從嚴治黨: 엄격한 당 관리)을 강조했다. 시진핑 주석은 군권 통제를 통해 '절대복종'을 요구하며 '중국의 꿈'에 박차를 가하고 있다.

◈ 일본 국가 지도자들의 '야심'

일본 지도자들은 '탈아입구(脫亞入歐: 아시아를 벗어나 유럽이 되자)'란 국가 목표와 '화혼양재(和魂洋才: 일본의 정신으로 서양의 학문과 기술을 더욱 발전시키자)'의 국가전략으로 세계적인 경제대국 건설에 성공했다. 그러나 일본 지도자들은 그동안 '잃어버린 20년'의 늪에 빠져 한 발짝도 앞으로 나아가지 못했다. 이는 새로운 국가 비전과 목표가 분명치 않거나 시대에 맞지 않음에도 그 대안을 마련하지 못한 것이 큰 원인이라고 할 수 있다.

일본 지도자들이 잃어버린 20년을 극복하기 위해 내세운 국가비전과 목표는 전쟁이 가능한 나라인 '보통국가'로 요약된다. 일본 지도자들은 과거사를 반성하지 않으면서 미국으로부터 과거의 범죄에서 면죄부를 받아 군사대국화를 꾀하는 이른바 '보통국가'를 추구하고 있다. '보통국가'는 전쟁이 가능한 강한 군사력을 가진 상태에서 집단자위권을 행사하며 국가이익을 추구하는 국가를 의미한다.

보통국가론은 1990년대 중반 이후 일본의 핵심 국가목표로 자리 잡았다. 일본 지도자들은 미국의 아시아정책에 따라 대중국 견제에 동참하면서 군사력을 대외적으로 팽창시키며 전쟁을 할 수 있는 보통국가를 만들어가고 있다. 일본의 보통국가화를 이끌고 있는 핵심적 국가 지도자인 아베 신조(安倍晋三: 1954년 9월 21일~현) 총리는 평화헌법의 개정을 통해 보통국가의 제도를 정비해 나가려 하고 있다.

아베 총리의 국가목표로 보통국가화 실현의 의도는 크게 세 가지 차원에서 분석될 수 있다. 첫째, 일본의 보통국가화는 바로 군국주의화 또는 군사대국화로 단정할 수는 없으나, 과거 일본의 모습을 기억하는 주변국들에게는 그것이 '우경화', '군국주의의 부활', '핵무장' 등의 우려를 불러올 수 있다.

둘째, 자위대의 군대화 및 집단적 자위권의 추구는 일본 안보전략의 근본적인 전환을 의미한다. 일본의 지역안보에 대한 건설적 역할 확대는 지역평화와 번영에 도움이 될 수도 있다. 그러나 냉전 이후 일본 안보정책의 방향이 미일안보협력의 강화를 통한 방위력의 정비로 향하고 있다는 점에서 이는 지역 내 군비경쟁과 패권경쟁을 초래할 가능성도이 크다.

셋째, 일본의 보통국가화는 한반도와 동북아에 대한 일본의 영향력 증대로 이어질 가능성이 크다. 냉전 종식 이후 '두 개의 한국'을 전제로 한 한반도정책을 본격화했다. 나아가 한반도 유사시에 미·일 안보협력에 근거해 적극적인 후방지원에 나설 태세를 갖추었다. 이런 상황에서 대한민국의 대일 안보전략은 선택폭을 제한하는 요인으로 작용할 수 있다.

우리는 일본 아베 총리의 '본능적 야심'을 경계해야 한다. 아베 정부는 장기집권을 통해 대륙과 해양 진출을 통해 동아시아 패권을 노리고 있다. 아베 정부는 조만간에 평화헌법을 개정할 가능성이 높다. 이와 함께 군사력을 크게 강화해 나갈 것으로 보인다. 특히 일본의 핵무장화는 기정사실로 받아들여야 할 것이다.

일본은 현재 사용후 핵연료를 처리해서 만든 플루토늄 약 48t을 보유하고 있다. 이는 핵무기 약 6,000기를 만들 수 있는 어마어마한 양이다. 이 때문에 일본은 핵무기를 대량 생산할 수 있는 '잠재적 핵보유국'의 지위를 갖춘 국가로 분류된다. 더구나 2016년 9월 프랑스와 고속증식로를 공동으로 연구·개발하기로 하여 대량 생산의 길을 확보했다. 아베의 '핵발톱'이 자라고 있는 것이다.

아베 총리는 중국과의 아시아 패권 경쟁에서 주도권을 확보하기 위해 일·미동맹을 강화하고 있다. 나아가 한국을 비롯하여 인도 등과도 경제적, 정군적 협력을 확대하고 있다. 심지어 아베 총리는 핵보유국인 인도에 원자력 기술까지 수출하여 일본 내에서 논란이 되기도 했다. 거침없는 아베의 행보가 또 다른 파장을 예고하고 있다.

일본 지도자들은 대내적 국가목표로 '아름다운 국가 만들기'를 제시하고 적극 추진하고 있다. 아베 총리는 2006년 9월 취임과 동시에 일본의 국가비전과 목표로 '아름다운 국가 만들기'로 제시했다. 그리고 이를 추진할 국가미래전략기구로 내각부에 '이노베이션(혁신) 전략회의'를 설치하였다. 혁신 전략회의는 2025년까지 단순한 기술혁신뿐만 아니라 국가사회 시스템, 제도를 포함한 총제적인 대혁신을 추진하고 있다.

일본은 21세기를 맞이하여 인구감소시대에 돌입했다. 지구적 차원에서도 환경과 에너지 문제 등이 나타나고 있다. 이 같은 상황에서 일본 지도자들은 지속적인 성장을 통해 풍요롭고 안전한 생활을 누리며 인류의 과제 해결에 공헌하기 위해서는 국가 대혁신이 필요하다고 인식한 것이다.

일본 지도자들은 국가의 지속적인 성장 열쇠가 '미래 지향적 혁신'에 있다고 확신하고 있다. 이에 따라 국가혁신 장기 미래전략을 수립하여 추진 중이다. 과거에 경험하지 못한 변화의 시대에 대응하는 최고의 전략은 새로운 사고에 입각한 혁신으로 보고 범국가적 차원에서 촉진하고 있다.

국가혁신의 기본전략으로서 기술혁신과 사회혁신의 일체화, 일반 국민 및 수요관점, 세계적 관점의 개방형 혁신을 강조하고 있다. 300여 전문가들이 참여한 포괄적 미래사회 예측조사 등을 통해 바람직한 미래사회 모습을 설정하고 과학적 데이터에 기초하여 추진하고 있다.

그러나 일본의 미래는 여전히 우울한 면이 있다. 일본은 65세 이상 인구가 전체의 약 30%를 차지한다. 전 세계적으로 일찍이 경험해 보지 못한 심각한 저출산·고령화 사회다. 인구 감소로 국력은 급속이 약화되고 있고, 사회보장제도는 붕괴 위기다. 설상가상 대지진의 위험에 원전사고까지 더해져 국민들은 불안의 늪에 빠져 있다.

2020년 일본의 예상 인구는 1억2,410만명이다. 2010년과 비교하면 약 396만명이나 감소한 수치다. 당연히 소비인구는 줄어들게 되고 일본 국내 경제규모는 축소된다. 점점 국부를 잃어가는 일본, 국가재정은 악화돼 결국 고령자들에게 지급되는 연금을 줄일 수밖에 없다. 또 재정 파탄도 나타날 우려도 커지고 있다. 과연 '일본침몰'이 현실화 될 것인가?

일본의 미래는 현 아베 정부에 달려 있다. 아베 정부는 25년간 장기 저성장의 늪에서 탈출하기 위해 노력을 기울이고 있다. 제4차 산업혁명기를 맞아 새로운 국가목표를 수립하였다. 아베 정부는 2030년까지 연평균 3.5%의 경제성장을 목표로 제시하고 "기존의 틀을 과감하게 전환하여 경제를 발전시켜야 한다"면서 국가혁신을 주도하고 있다.

아베 정부는 군사대국화의 꿈을 갖고 있다. 그는 '전쟁 포기, 군대 보유 금지'를 명기한 헌법 9조 개정을 통해 일본의 자위대를 정식 군대로 바꾸려 하고 있다. 자위대를 일본군으로 격상시켜 일본을 위협하는 나라의 공격에 대비하겠다는 것이다. 과연 아베의 도전이 성공할 것인가?

일본은 '잃어버린 10년(lost decades)'이 두 번이나 반복되는 동안, 경쟁력이 크게 약화되었다. 일본은 현재 경제가 다소 호전 중이지만 잠재 성장률을 밑도는 수준이다. 생산성 향상은 과거 일본이 자랑해 왔던 첨단 제조업을 포함한 거의 모든 산업에 걸쳐 지속적으로 둔화되고 있는 것으로 나타나고 있다.

그럼에도 일본은 여전히 미국과 중국에 이은 세계 3위의 경제대국이다. 일본 지도자들은 잃어버린 20년이란 장기 불황을 어느 정도 극복하고 있다. 그리고 지금 아베 총리의 리더십을 바탕으로 다시 도약하려 하고 있다. 그래서 '일본침몰은 없다'고 말하기도 한다.

어떻게 보면 일본 지도자들은 일본침몰의 위기에서 서서히 탈출하고 있다. 문제는 일본의 잃어버린 20년을 닮아가는 '대한민국의 침몰'이다. 대한민국은 경제와 정치, 그리고 안정이 되지 않은 산업과 국민들의 삶에서 '미래 불안국가'의 이미지가 그려진다. 대한민국 지도자들은 일본을 통해 대한민국의 재도약의 비결을 찾아야 할 것이다.

경제한국을 이끈 기업인들의 꿈과 개척

기업의 미래는 기업 최고경영자의 꿈에 따라 크게 좌우된다. 어떻게 보면 임직원 수백, 수천 명보다 1명의 최고경영자가 더 중요하다고 해도 과언이 아니다. 우리나라 기업의 역사는 최고경영자들의 꿈과 개척의 역사다. 대한민국의 대표적 기업가인 현대, 삼성, LG그룹의 창업자들은 모두 위대한 꿈과 비전의 소유자들이다. 그들의 꿈에 의해 대한민국의 경제가 세계적 수준으로 도약했다. 꿈이 기업과 국가의 미래를 만들고 있는 것이다.

현대그룹 정주영 창업회장. 〈출처:아산 정주영 기념관〉

◈ 현대 정주영 회장의 "이봐, 해봤어" 정신

"죽을힘을 다하면 못할 일이 없다." 대한민국의 대표적인 기업가로 전
설이 된 현대그룹 창업자 정주영(鄭周永: 1915년 11월 25일~2001년 3월 21일) 회장
은 가슴을 뜨겁게 하는 수많은 명언을 남겼다. 이것은 그중의 하나다. 그는
1991년에 회고록《시련은 있어도 실패는 없다》를 펴냈다. 이 책에서 이 말
에 대한 사연을 소개했다. 정주영 회장은 19세 때 네번째 가출을 해 인천
에서 막노동을 할 때 '벼룩'에게서 충격적 교훈을 배웠다. 그는 벼룩에게서
배운 교훈을 가슴에 새기며 숱한 어려움을 극복했다. 그 내용이 무엇일까?

"언제나 무슨 일에나 최선의 노력을 쏟아 부으면 성공 못할 일이 없다.
내가 이 교훈을 빈대에게서 배웠다면 모두가 과장이라고 생각할 것이다. 그
러나 이것은 사실이다. 인천에서 막노동을 할 때 겪었던 충격적 경험이었다.

빈대의 생존 본능은 참으로 위대했다.

인천 노동자 합숙소는 밤이면 빈대가 들끓어 잠을 잘 수 없을 지경이었다. 몇 사람이 빈대를 피하는 묘수를 연구한 끝에 '밥상 위에서 자는 것'을 생각해냈다. 놀랍게도 빈대는 밥상다리를 타고 기어 올라와 사람들을 물었다. 우리는 다시 머리를 짜내 밥상 네다리에 물을 담은 양재기를 하나씩 고여 놓고 잤다. 그런데 편안한 잠은 하루인가 이틀만에 끝나고 빈대는 여전히 우리를 괴롭혔다. 사다리를 만들어 기어오르다가는 몽땅 양재기물에 빠져 죽었어야 하는 빈대들이었다.

그런 빈대들이 도대체 무슨 방법으로 살아서 우리를 다시 뜯어먹나 불을 켜고 살펴보다가 우리는 다 같이 아연해 질 수밖에 없었다. 밥상다리를 타고 올라가는 것이 불가능해진 빈대들이 벽을 타고 까맣게 천장으로 올라가고 있었다. 그리고는 천장에서 사람 몸을 향해 툭 툭 떨어지고 있는 것이 아닌가. 그때 느꼈던 소름끼치는 놀라움은 지금도 잊을 수가 없다."

정주영 회장은 빈대의 생존 본능을 직접 체험하고 많은 것을 생각했다. 그는 "빈대도 목적을 위해 저토록 머리를 쓰고, 죽을힘을 다해 노력해서 성공하지 않는가. 하물며 나는 빈대가 아닌 사람이다." 정주영 회장은 그래서 "인간도 무슨 일이든 절대 중도 포기하지 않고 죽을힘을 다해 노력한다면 이루지 못할 일이 없다"고 생각하고 '빈대의 도전정신'으로 자기혁명을 통해 그만의 세상을 창조했다.

그렇다면 현대그룹 창업자 정주영 회장은 누구인가? 한마디로 무에서 성공신화를 창조한 인물이다. 소학교(현 초등학교) 학력이 전부인 성주영 회장은 모든 것을 도전하여 불가능을 가능으로 만들었다. 그러나 그도 모든 꿈을 완전히 이룬 것은 아니었다.

정주영 회장의 출생에서부터 소년기는 "가난에서 벗어나자"며 도전한 시기였다. 그는 1915년 강원도 통천군 송전리 아산마을에서 6남 2녀 중 장남으로 태어났다. 호는 고향 마을 이름을 딴 아산(峨山)이다. 1930년 송전소학교 졸업이 그의 최종학력이다. 공부를 더 하고 싶었으나 가난 때문에 상급학교에 진학하지 못했다.

정 회장은 소학교 졸업 이후 농업에 종사했던 아버지를 따라 농사를 지었다. 그러나 지긋지긋한 가난의 굴레를 벗어날 수 없었다. 그는 "가난에서 벗어나자"며 여러 차례 가출을 반복하면서 농업 대신 다른 직업을 찾고자 도전하고 또 도전했다. 자기혁명을 수없이 시도한 것이다.

정 회장은 가출을 반복하며 철도공사장 막노동을 비롯하여 수많은 일을 했다. 이후 네 번째의 가출 끝에 서울에 있는 쌀가게에 취직했다. 누구보다 성실하고 열심히 일했다. 쌀가게 주인은 성실한 정주영에게 반하여 가게 인수를 권했다. 정 회장은 23세인 1937년 9월에 쌀가게를 물려받았다. 고향을 떠나온 지 5년만에 처음으로 '사장'이 되었다. 그러나 일제의 전시 통제경제로 얼마 후 문을 닫아야 했다.

1940년 서울에서 가장 큰 자동차 수리공장인 '아도서비스'를 인수하여 운영했으나 이 역시 1942년 일제의 기업정리령에 따라 폐업하였다. 이후 광산 관련 사업을 하다 해방을 맞이하였다. 정 회장은 1946년 4월 '현대자동차공업사'를 설립하였고, 1947년 5월에는 '현대토건사'를 설립하여 건설업에도 진출하였다. 1950년 1월 두 회사를 합병하여 현대그룹의 모체가 된 '현대건설주식회사'를 설립하였다.

1950년 6월 한국전쟁의 발발로 위기를 맞았다. 그런데 1952년 운현궁 리모델링 사업은 현대건설의 성장에 결정적 계기가 되었다. 전쟁중 미국의 아이젠하워 대통령이 서울을 방문하기로 하자 미군은 운현궁을 숙소로 정하고 정주영에게 숙소 공사를 의뢰했다. 정주영은 보름간의 공기를 열흘로

단축하며 미군 관계자들의 극찬을 받았다. 기회를 잘 포착하여 성공의 발판으로 삼은 것이다. 이후에는 미군 공사를 거의 독점적으로 수주하여 사업 성장의 토대를 다졌다.

1953년 7월 휴전 후에는 한강 인도교, 제1한강교, 인천 제1도크 등의 복구사업을 잇달아 수주하면서 사업 규모를 키워나갔다. 1960년에는 국내 건설업체 중 도급한도액 1위가 되었다. 1965년에는 국내 최초로 태국의 고속도로 건설 사업에 참여하였다. 1967년에는 현대자동차주식회사를 설립하여 자동차 산업에도 뛰어들었다. 정주영 회장은 1971년 현대그룹 회장에 취임했다.

정주영 회장은 1967년 4월 소양강댐을 착공하여 1973년 10월에 완공하였다. 당시 콘크리트댐으로 건설 예정이었던 소양강댐을 사력댐으로 건설하자고 제안했다. 댐에 대한 최고의 기술을 가진 일본 공영토건에서는 정주영을 무시하기 일쑤였다. 그러나 정주영은 굽히지 않고 사력댐으로 강행하였다. 댐 주변에 널려있는 자갈과 모래를 이용하여 공사비를 3분의1이나 절감시켰다. 소양강댐은 정주영의 신념과 현대가 만들어낸 신화였다.

정주영 회장은 1970년대 이후 "이봐! 해봤어?"라며 임직원을 다그치며 불가능을 가능하게 하였다. '해봤어 정신'은 중동 건설 붐을 타고 해외건설 시장을 개척하여 사세를 크게 확장시켰다. 또한 울산 현대조선소 건설, 서산 앞바다 간척사업 등을 성공적으로 추진하면서 대기업으로 성장시키는 핵심 동력이 되었다.

울산 현대조선조 건립은 말 그대로 신화창조였다. 당시 허허벌판의 해변에 모두가 무모한 일이라고 했지만 정주영은 두둑한 배짱으로 영국 선박회사를 움직여 영국의 차관 도입에 성공했다. 그리고 불도저 같은 추진력으로 2년 3개월 만에 조선소 건설을 완공했다. 특히 세계 최초로 땅에서 배를 만드는 육상 건조법을 개발하여 '세계 1위의 대한민국 조선산업'이라는 새로운 역사를 창조했다.

1973년에는 박정희 정부의 중화학공업화 육성 전략에 따라 현대조선중공업주식회사를, 1975년 4월에는 현대미포조선주식회사를 잇달아 설립하였다. 그리고 1983년에는 현대전자산업주식회사를 설립하면서 전자 업종으로도 진출하였다. 현실에 안주하지 않고 새로운 도전을 이어갔다.

특히 정주영 회장은 열악한 상황에도 불구하고 자동차산업을 강행했다. 현대자동차는 기술도 없고 돈도 없었던 상황에서 생산체계를 만들기 위해 노력했다. 그리고 마침내 1975년 대한민국 최초로 '포니자동차'를 개발하여, 그 이듬해 1월 출시했다. 대한민국은 세계에서 16번째로 고유모델의 자동차를 출시한 나라가 되었다. 1986년에는 자동차

소떼를 몰고 방북하는 정주영 회장. 〈출처: 아산 정주영 기념관〉

본고장인 미국까지 진출하면서 현대자동차는 세계 최고의 자동차 브랜드로 성장했다.

정주영 회장은 무에서 현대그룹이란 명실상부하게 대한민국 최대의 재벌집단으로 성장시켰다. 정 회장은 이와 함께 전국경제인연합회 회장(1977~1987년), 서울올림픽 유치위원장(1981년), 대한체육회장(1982~1984년) 등을 역임하면서 사회활동도 활발하게 참여하였다. 1977년에는 아산사회복지재단을 만들었다.

정주영 회장이 꿈꾼 대한민국은 어떤 나라였을까? 1987년 현대그룹 명

예회장이 되면서 경영 일선에서 물러난 그는 정치활동 및 남북협력사업에 치중했다. 1992년 통일국민당을 창당하고, 그해 12월 제14대 대통령선거에 대통령 선거에 출사표를 던졌다. 경제대통령을 표방하며 통일조국을 위한 새로운 정치세력을 만들기 위해 노력했다.

재벌해체와 서민들을 위한 반값 아파트 제공이라는 파격적인 공약을 내놓기도 했다. 그러나 대선에서 참패했다. 1993년 2월 통일국민당 탈당과 함께 국회의원직을 사퇴하면서 모든 정치활동을 정리하였다. 정주영은 이것을 실패라 생각하지 않고 또 하나의 도약이라고 생각했다.

1998년에는 두 차례에 걸쳐 소 1,000여 마리를 몰고 판문점을 통해 방북해 국제적 주목을 끌기도 하였다. 이후 여러 차례 더 방북하며 북한 김정일 국방위원장과 면담을 하는 등 남북 민간교류의 획기적 사건인 '금강산관광'을 성사시켜 1998년 11월 18일 첫 출항하였다. 2000년 5월 명예회장직을 사퇴하였다. 2001년 3월 폐렴으로 인한 급성호흡부전증으로 사망했다. 향년 86세였다.

정주영 회장은 "잘 먹고 잘 살려고 태어난 게 아니야. 좋은 일을 해야지!"라고 말했다. 그의 삶의 목적은 '좋은 일을 하는 것'이었다. 주요 저서에 회고록 《시련은 있어도 실패는 없다》(1991년), 자서전 《이 땅에 태어나서—나의 살아온 이야기》(1998년) 등이 있다.

정주영 회장은 실패도 많이 했다. 그러나 그는 "시련은 있어도 실패는 없다!"라고 자신을 위로하며 또 다시 도전했다. 정주영 회장의 대표적인 어록은 "이봐, 불가능하다구? 해보기는 했어?"이다. 해보지도 않고 "불가능하다"고 말해선 안 된다는 신념이다.

정주영 회장의 삶을 관통하는 말은 "아무라도 신념에 노력을 더하면 뭐든지 해낼 수 있는 거야"라는 말일 것이다. 그는 "운이 없다고 생각하니까 운이 나빠지는 거야"라며 모든 운명을 극복하기 위해 분투노력했다. 나아가 "고정관념이 멍청이를 만드는 거야"라며 모든 장애물을 극복하고 새로운 길을 만들었다. 그것이 역사가 되었고, 신화가 되었다.

◈ 삼성 이병철 회장의 '기업부국' 공헌

"기업을 통해 국가를 부유하게 하고 인류에 공헌한다." 대한민국의 기업인 중 또 하나의 전설은 삼성그룹 창업자 이병철(李秉喆: 1910년 2월 12일~1987년 11월 19일) 회장이다. 그는 20대의 청년시절 "기업으로 잘 사는 나라를 만들자"는 '기업부국(企業富國)'의 원대한 꿈을 가슴에 새기고 삼성을 창업했다. 삼성그룹은 지금 한국경제를 넘어 세계적 초일류 기업으로 성장하여 인류의 더 나은 미래를 이끌고 있다.

이병철 회장은 한국경제를 발전시킨 대표적 인물로 '대한민국 경제 국부(國父)'로도 평가받고 있다. 그는 1910년 2월 12일에 경남 의령에서 2남 2녀 중 막내로 태어났다. 집안은 대대로 의령과 진주 지역 일대의 천석지기 대지주였다. 어려서 할아버지 문산 이홍석이 세운 서당인 문산정(文山亭)에서 천자문, 사서삼경, 논어 등을 배웠다.

1926년 16세에 박팽년의 후손인 박두을과 고향에서 결혼하였다. 결혼 후 학업에 열중하다 중동중학교 4학년 무렵 일본 유학을 결심한다. 이병철 회장은 부모가 자신의 일본 유학에 대해 반대하자 옆 동네에 살던 효성그룹의 창업주인 조홍제 회장을 찾아가 사정했다. 조홍제 회장에게 "일본 유학 경비 500원을 빌려달라"고 하자 흔쾌히 수락하여 그와 함께 일본 유학을 떠났다.

1929년 19세에 와세다대학교 정치경제학과에 입학했다. 대학 시절부터 기업인의 꿈을 꾸게 되었고 한동안 책에 빠졌다가 틈만 나면 곳곳의 공장을 방문해서 일본 공업의 실상을 자주 살펴보았다. 그런데 건강 악화로 쉽게 지치고 조금만 책을 읽어도 피로해지는 증상이 생겼다. 결국 1931년에 자퇴하고 귀국하였다.

이병철 회장은 고향으로 돌아와 요양하면서 건강을 회복했다. 대학 시절 자기 집안의 노예를 해방시켜주었던 톨스토이에게 깊은 감명을 받았던 그는 건강이 회복되자 제일 먼저 집안의 머슴들에게 전별금까지 주어 모두 해방시켜주었다. 이병철 회장은 한동안 농사를 짓기도 했다. 그는 어느 날 논에서 돈 버는 방법을 연구해 냈다.

삼성그룹 이병철 창업회장. (출처: 삼성)

당시 논 1마지기(200평)에서는 농사가 잘되어야 쌀 2가마니가 생산되던 때였다. 이병철 회장은 시험 삼아 논 1마지기에는 벼를 심고, 다른 1마지기에는 미꾸라지 새끼 1,000마리를 사다가 길렀다. 가을에 수확할 때까지 양쪽에 똑같은 비용을 들여서 공을 들였는데 벼를 심은 논에서는 쌀 2가마니가 생산되었으나 미꾸라지 논에서는 커다란 미꾸라지가 약 2,000마리로 늘었다. 그것을 시장에 내다 팔았더니 쌀 4가마니 값이 됐다.

그 이듬해에는 방법을 바꿔서 실험했다. 한쪽 논 200평에는 미꾸라지 새끼 1,000마리를, 다른 논 200평에는 미꾸라지 새끼 1,000마리와 미꾸라지의 천적인 '메기' 20마리를 같이 넣어 길렀다. 그리고 가을에 수확을 해보고 놀라운 사실을 알게 됐다. 미꾸라지만 기른 논에서는 2,000마리의 미꾸라지가 생산됐는데 메기와 미꾸라지를 같이 넣은 논에서는 메기들이 미꾸라지를 잡아먹었는데도, 4,000마리로 늘어났고 메기도 200마리로 늘어난 것이었다.

이병철 회장은 미꾸라지 양식을 통해 놀라운 사실을 깨달았다. "생명체는 어려움과 고통, 위험이 닥쳐오면 긴장해서 더 활발히 움직이고, 생존본능이 강화돼서 더 번식하고, 더 강인해 진다"는 사실이다. 이런 뜻에서 본다면 지금 어렵고 힘이 들면 그때가 발전할 수 있는 기회가 될 수 있다. 이병철 회장은 이런 신념으로 어려운 때일수록 더 힘을 내고 더 노력해 발전의 계기로 삼았던 것이다.

그런데 이병철 회장은 농사를 짓는 일이 수익은 났지만 따분해졌다. 특별히 바쁜 일이 없어 무위도식하며 친구들과 노름판에 빠지기도 했다. 밤새 노름을 한 후 달 그림자를 밟으며 돌아오는 날이 많았다. 그러던 어느 날 평소와 마찬가지로 노름을 하고 집으로 돌아왔다. 평화롭게 잠들어 있는 세 명의 아이들의 모습을 보는 순간 이병철은 악몽에서 깨어나는 듯한 충격을 받았다.

"그야말로 허송세월을 보내고 있구나. 어서 빨리 뜻을 세워야 한다." 이병철 회장은 회한과 두려움에 며칠 밤을 꼬박 새우며 무슨 일을 할 것인가 사업을 구상했다. 그리고 어느 정도 사업의 구상을 마친 후 아버지에게 찾아가 자신의 생각을 말했다. 그러자 아버지는 별말 없이 아들에게 선선히 사업자금을 내주었다. 드디어 세상을 향해 나아가기 시작했다.

1936년 첫 사업을 시작했다. 고향 친구인 정현용(鄭鉉庸), 박정원(朴正源) 등 세 사람이 동업으로 마산에서 도정공장과 협동 정미소를 개업했다. 같은 해 6월 일본인 경영의 히노데자동차회사(日出自動車會社)를 인수했다. 또한 은행융자를 받아 토지에 투자하여 200만평의 대지주로 부상했다. 그러나 예상치 못한 중일전쟁이 일어나 땅값이 폭락했다. 정미소와 자동차회사를 매각하여 은행빚을 갚자 거의 빈털터리가 되었다. 첫 사업은 실패로 끝났지만 몇 가지 교훈을 얻었다.

첫째는 위기에 직면했을 땐 발상을 전환해야 한다는 점이다. 정미소 사업의 초기에는 자본금의 60% 정도가 손실이 발생했다. 비상이 걸렸다. 공동 창업자 3인은 원인을 분석하고 대책을 강구했다. 그들이 내린 결론은 발상을 전환하는 것이었다. 즉 "군중심리에 따라 쌀값이 오른 때에 사고 내릴 때는 팔지 않는다. 거꾸로 시세가 오를 때는 팔고 내릴 때엔 산다." 예상이 적중하고 이후 급성장하기 시작했다.

둘째는 교만하면 반드시 망한다는 점이다. 정미소의 쌀 주문이 쇄도하자 운송수단이 부족해 문제가 생겼다. 그래서 이들은 아예 운송사업

이병철 회장(왼쪽에서 세 번째)이 1983년 삼성반도체 기흥공장 기공식에서 첫 삽을 뜨고 있다.
〈출처: 삼성〉

까지 영역을 넓혔다. 수익이 더욱 늘어나 이 또한 성공을 거두었다. 두 토끼를 잡은 청년들은 이번엔 토지매입에도 관심을 가졌다. 은행융자를 받아 출발한 토지투자사업 역시 순조로웠다. 그러나 1937년 중일전쟁의 발발로 토지 시세가 폭락하여 결국 사업실패의 쓴맛을 보게 되었다.

셋째는 실패를 분석하고 더 이상 실패하지 않는 원칙을 세워야 한다는 점이다. 이병철 회장은 첫 사업에서 성공과 실패를 동시에 맛보고 나서 처음으로 사업에 대한 '철학'을 세웠다. 즉 "국내외 정세 변동을 정확하게 통찰하라, 자신의 능력과 한계를 냉철히 판단해 요행을 바라는 투기를 피하

라, 그리고 제2, 제3선의 대비책을 강구해 두어라"는 3대 유비무환 경영원칙을 수립했다.

이병철 회장은 첫 사업에서 은행융자에 안주한 채 기고만장했던 자신을 반성했다. 그는 "교만한 자 치고 망하지 않은 자 아직 없다. 3리(利)가 있으면 반드시 3해(害)가 있다"며 철저한 기업철학을 정립했다. 첫 사업이 비록 실패로 끝났지만 이병철 회장은 흔들리지 않는 100년 기업 삼성의 꿈을 갖고 사업을 본격화하게 된다.

이병철 회장은 절치부심하며 새로운 사업을 구상한 후 1938년 3월 29세에 3만원의 자본금을 들여 대구 인교동에서 〈삼성상회〉라는 간판을 내걸고 다시 사업을 시작하였다. 삼성그룹의 모체가 된 〈삼성상회〉의 삼성(三星)은 큰 것, 많은 것, 강한 것을 나타내는 '삼(三)'과 영원히 깨끗하게 빛남을 뜻하는 '성(星)'을 합친 이름이다.

그후 1941년 주식회사로 개편하고 청과류와 어물 등을 생산자로부터 공급받아 도매, 소매업 등도 하면서 중국에도 수출하기 시작하였다. 1942년 조선양조를 인수하여 함께 운영하던 중 광복 후 1947년 경성으로 상경하여 다음 해 삼성물산공사를 창설하고 무역업에도 참여하였다.

1950년 초 일본공업시찰단원의 한사람으로 선정되어 일본 내 제조업, 수공업 등 일본의 공업계와 전후 공업시설 복구 현장을 직접 시찰했다. 그러나 그해 6월 25일 서울에서 한국전쟁을 맞았다. 전쟁 직후 피난을 떠났다가 1951년 무렵 부산에서 다시 삼성물산을 세워 무역업에 본격적으로 뛰어들었다.

1953년에는 제일제당과 제일모직을 설립했고, 수출을 통해 제조업을 확장하여 삼성중공업, 삼성물산, 삼성석유화학 등 삼성그룹의 기반을 닦았다. 1964년 5월에 TBC를, 다음해 9월 중앙일보를 창간하여 방송과 언론에도 진출하였다. 그러나 중앙일보는 사돈인 홍진기 일가에게 넘겼다.

　이병철 회장은 1966년에 사카린 밀수사건에 휘말리어 어려움에 봉착해야 했다. 1966년 11월 한국비료의 상무로 있던 차남 창희가 서울교도소에 수감되었다. 그후 이병철 회장은 1968년 2월 다시 경영에 복귀하였다. 1969년 삼성전자와 삼성전기를 설립하여 전자제품의 수출에 성공하며 삼성그룹 육성의 도약대를 만들었다. 또한, 전국경제인연합회의 전신인 전국경제인협회를 창설하여 초대 회장에 취임했으며, 울산공업단지를 조성하는 데 일익을 담당하기도 하였다.

　이병철 회장은 1985년에 폐암 진단을 받았다. 진단을 받은 직후 어느 일본인 저널리스트를 만나 이런 말을 했다. 즉 "인간인 이상 생로병사를 피할 수는 없다. 불치병이라면 받아들여야 하지 않을까?"라며 질병과 죽음에 대해 담담하게 답하였다. 그는 1987년 11월 초 한일경제협회 고문직을 사퇴하고 같은 달 19일에 폐암으로 별세하였다. 향년 78세였다.

　이병철 회장은 타계하기 한 달 전인 1987년 10월 '생로병사(生老病死)'와 하나님(신)의 존재에 관한 24가지 질문을 천주교 고 박희봉 신부에게 던졌다. 답변을 듣고자 했지만 끝내 듣지 못하고 생을 마감하였다. 이병철 회장은 첫 질문으로' "신의 존재를 어떻게 증명할 수 있나? 신은 왜 자신의 존재를 똑똑히 드러내 보이지 않는가?"를 물었다. 그의 종교적 궁금증은 여기에서 그치지 않았다.' "신이 인간을 사랑했다면, 왜 고통과 불행, 죽음을 주었는가? 종교가 없어도, 달라도 착한 사람들은 죽으면 어디로 가는가?"라고 묻기도 했다.

　또한' "성경에 부자가 천국에 가는 길은 낙타가 바늘구멍에 들어가는 것보다 힘들다고 비유했다. 부자는 악인이란 말인가?"라며 항의성 질문을 하기도 하였다. 마지막에는 "과연 지구의 종말은 오는가?"라며 당시 한국사회에 만연했던 종말론에 대해서도 묻기도 했다. 첫 질문은 인간의 시작, 마지막 질문은 인간의 끝에 관한 것이었다.

이병철 회장은 목표를 향한 끊임없는 노력과 실험, 도전, 창의, 철저한 관리, 상황 변화를 읽는 혜안(慧眼) 등 모든 분야에서 특별한 능력의 소유자였다. 이병철 회장은 통찰력과 예측력으로 삼성전자를 비롯한 많은 기업을 일으켰다. 쓸 만한 사람을 뽑아서 철저한 교육 훈련을 통해 적재적소에 배치하는 조직적이고 과학적인 인사와 경영을 통해 세계의 초일류 기업인 삼성의 신화를 창조한 것이다.

이병철 회장은 삼성상회 창업 이후 일제강점기, 한국전쟁, 4·19혁명, 5·16군사정변 등을 거치며 무수한 위기를 거쳤다. 사카린 밀수파동과 부정축재로 세간의 도마 위에 오르기도 했다. 그럼에도 불구하고 적절한 타이밍의 사업 확장과 다각화를 통해 삼성을 세계적인 대기업으로 도약시켰다.

창업 80년이 흐른 지금 이병철 회장의 삼성의 성공 신화는 상상을 초월한다. 삼성은 2017년 기준 삼성전자, 삼성생명 등 62개의 계열사를 거느리고 있다. 자산은 총 363조 2178억원에 임직원수가 무려 약 50만명이 된다. 삼성전자 임직원만 국내 10만명, 국외 20만명 등 30만명에 달한다.[4]

이병철 회장은 기업보국의 정신은 삼성전자 이건희 회장과 이재용 부회장으로 계승 발전하여 더 큰 비상을 하고 있다. 재계에선 삼성이 성공할 수 있었던 비결 중 하나로 이병철 회장의 흔들리지 않는 '경영원칙'을 꼽았다. 첫 사업 실패 때 세운 철학을 바탕으로 사업 확장에 관한 확고한 기준을 마련하고 또 이를 지켰다. 이병철 회장은 "국가적인 필요성이 무엇이냐, 국민의 이해가 어떻게 되느냐, 또한 세계시장에서 경쟁할 수 있느냐" 하는 3대 원칙을 반도체산업 등 새 사업 선택시 언제나 명확한 기준으로 적용하고 지켰다.

---

4) 《매일경제》, 2018년 9월 5일.

"기업을 이끄는 경영자가 국내외 정세에 대한 예리한 상황 판단과 통찰력, 직관력, 미래를 꿰뚫어 볼 수 있는 예측력이 없으면 기업은 살아나기 힘들다." 이병철 회장의 살아 있는 유훈은 삼성을 대한민국을 넘어 '세계적인 초일류 기업'으로 만든 원동력이 되었다.

이병철 회장은 특별히 인재경영을 강조했다. 그는 "모든 일의 시초는 사람이고 그 일의 중심은 인재다. 삼성의 미래는 사람이다"라며 한국 사회 전반에 인재구국의 중요성을 알렸다. "조직이 사람을 움직이는 기업은 망하지만 사람이 조직을 움직이는 기업은 발전한다"는 '인재제일'의 철학은 경영의 핵심원칙으로 시대를 관통하는 묵직한 가르침을 주고 있다.

이병철 회장은 기업보국, 인재제일, 합리추구의 경영철학을 바탕으로 불모의 한국경제가 오늘에 이르기까지 국가경제발전을 선도하였다. 또한 인재육성을 비롯하여 문화, 예술, 언론 등 각 분야의 발전에 많은 업적을 남긴 재계의 거목이었다. 이병철 회장의 묘소는 용인 에버랜드에 있다. 저서로는《우리가 잘사는 길》,《호암자전》이 있다.

◈ LG 구인회 회장의 "한국 최초" 선도

"우리도 한번 해보자!" 대한민국의 기업가중 또 하나의 전설은 LG(럭키금성)그룹 창업자 구인회(具仁會:1907년 8월 27일~1969년 12월 31일) 회장이다. 그는 임직원들에게 "미국과 일본도 만드는 데 왜 우리는 못 만드느냐"며 이같이 강조하고 대한민국 전자산업의 역사를 개척해 왔다. 대한민국의 가전, 전자산업을 세계적 수준으로 이끈 것은 바로 구인회 회장의 불타는 도전정신이었다.

구인회 회장은 1907년 8월 경남 진주군(현 진주시) 지수면 승산리에서 장남으로 태어났다. 호는 연암(蓮庵)이다. 1920년 같은 마을 허만식의 딸 허을

수와 혼인하여 장남 구자경(具滋暻) 등 6남 4녀를 두었다. 유학자인 할아버지 구연호(具然鎬) 밑에서 한학을 익혔다. 그후 고향을 떠나 서울에 있는 중앙고등보통학교에 입학하여 2년 수료하였다.

LG그룹 구인회 회장. 〈출처: LG〉

구인회 회장은 1926년 귀향해 지수협동조합의 이사로 취임하여 협동조합 활동에 참여하였다. 첫 사업은 1931년에 진주에서 포목을 파는 '구인회상점'을 설립하여 시작하였다. 1941년에는 '구인상회'로 이름을 바꿨다. 구 회장은 여러 사업들을 순조롭게 발전시켜 일제강점기 말기인 1943년경에는 만석군이라는 소리를 들을 정도로 대토지 소유자가 되었다. 1944년에는 트럭 30대로 운수업을 하기도 했다. 승승장구했다.

구인회 회장은 비록 기업가였지만 독립운동에도 관심을 가졌다. 1942년 7월 독립운동가인 안희제 선생이 독립운동 자금을 부탁하자 흔쾌히 전 재산이나 다름없는 1만원이란 거액을 내놓았다. 당시에는 일제의 혹독한 감시 속에 독립운동 자금을 제공하는 건 목숨을 거는 일이었다.

그럼에도 불구하고 구인회 회장은 "당할 때는 당하더라도, 나라를 되찾고 겨레를 살리자는 구국의 요청에 힘을 보태야겠다"라며 위험을 무릅쓰고 독립운동 자금을 지원했다. 이로 인해 LG그룹은 훗날 대한민국의 독립운동을 도와준 대한민국 5대 기업 중 하나가 되었다.[5]

"보래이. 가령 100개 가운데 1개만 불량품이 섞여있다면 다른 99개도 모두 불량품이나 마찬가진기라. 아무거나 많이 팔면 장땡이 아니라 1개를 팔더라도 좋은 물건 팔아서 신용 쌓는 일이 더 중요하다는 것을 느그들은 와 모르나."

구인회 회장은 철저한 장인정신을 가졌다. 구 회장의 "최고의 제품을 만들어야 한다"는 장인정신은 LG그룹의 창업정신이자 경영철학의 핵심이 되었다. 이것이 1945년 해방 이후 황무지 같았던 대한민국의 경제를 세계 10위권으로 성장시킨 원동력이 되었다.

구인회 회장은 해방이 되자 "경제로 나라를 부유하게 하자"는 '경제부국'의 꿈을 본격화했다. 고향 진주에 있던 토지를 모두 팔아 부산으로 무대를 옮겼다. 1945년 11월 '조선흥업사'를 창립하고 미 군정청이 발급한 무역업 허가 1호를 취득하여 무역업을 시작하였다. 대한민국 기업이 세계 국가를 상대로 무역업을 한다는 것은 대단한 도전이었다.

더구나 조선흥업사는 이후 현대식 화장품 생산에까지 사업영역을 확대했다. 부산 서대신동 자택 한편에 공장을 만들어 제품을 생산했다. 이 때 생산한 것이 속칭 '동동 구리무(행상이 내는 북소리 동동과 크림의 일본식 발음 구리무의 합성어)'로 잘 알려진 크림로션이었다.[6]

구인회 회장은 화장품을 만들다가 플라스틱에 대한 이해만 높이면 칫솔, 빗 등의 일상 생활용품을 만들 수 있음을 깨달았다. 놀라운 통찰력이었

---

5) 나머지 4개 기업은 '부채표 활명수'로 유명한 동화약품, 유일한 박사가 세운 유한양행, GS그룹, 교보생명 등이다.
6) 당시 풍악을 울리며 크림을 팔았던 러시아 행상은 그 자체가 하나의 진풍경을 이루었다. 어줍잖은 한국말로 너스레를 떨며 크림을 팔았던 러시아 행상인들은 곧 한국인 아류를 탄생시켰다. 북을 두 번 둥 둥 친 후 크림의 일본식 발음인 구리무를 외친다고 해서 동동구리무로 이름이 붙여졌다.

다. 그리하여 좀 더 본격적인 제조업으로 진출하기 위해 1947년 1월 5일 화장품(크림)을 생산하는 낙희(樂喜:Lucky)화학공업사(현 LG화학)를 설립하여 크게 성공했다. 1952년에 대한화장품협회 이사장에 선임되기도 했다.

1952년 동양전기화학공업사를 설립하고 범일동으로 공장을 옮긴 후 빗과 비누갑을 비롯한 플라스틱 가공 제품을 국내 최초로 생산하였다. 나무빗만 쓰던 사람들은 합성수지 빗에 열광했다. 이승만 대통령도 합성수지 빗을 보고 한국에서 이런 제품이 나온 것에 감격했다고 한다.

그리고 1953년에는 낙희산업주식회사를 설립하여 제조업에도 참여했다. 1954년에는 역시 국내 최초로 크림 타입의 럭키치약을 생산하면서 기업을 키워나갔다. 1955년에는 연지동 공장을 준공하여 생산을 확대하였다. 1956년에 창경원에서 열린 산업박람회장에서 럭키치약을 10만개 무료 증정하는 이벤트를 열었다. 결국 출시 3년 만에 당시 시장을 석권한 미국제 콜게이트치약을 물리치고 국내시장을 석권했다.

1950년대 후반에는 국외원조에 의한 전후복구사업에 의해 전기통신이 대부분 복구되었다. 구인회 회장은 이 시기에 민간방송의 출현과 라디오에 관심을 두었다. 라디오의 수요는 늘어나고 있었지만 전부 외제밖에 없었기 때문이다. 구인회 회장은 이러한 흐름을 읽고 또 한번 "우리도 한번 해보자"며 임직원들을 다그쳤다. 새로운 역사를 여는 '특명'이었다.

구인회 회장은 1959년에 한국 최초의 전자공업회사인 '주식회사 금성사'를 설립했다. 그리고 엄청난 시행착오를 거듭하여 마침내 그해 11월 국산라디오 1호 A-501을 출시했다. '라디오 독립선언'이었다. 이어 전화기(1961년), 흑백 텔레비전(1966년) 등 수 많은 전자제품을 대한민국 최초로 잇달아 생산하였다. 실로 무에서 유를 창조한 대단한 쾌거였다.

구인회 회장의 '벤처정신'은 여기에서 멈추지 않았다. 1959년에 낙희유지공업주식회사를 창립했다. 그리고 비누, 합성세제 등을 연이어 한국 최초로 생산하였다. 더구나 금성사에서 세탁기(1969년)를 대한민국 최초로 개발하자 여성들이 "빨래 끝" 탄성을 지르며 해방감을 만끽했다.

1960년 군사정부 출범 이후 군부는 기존 대기업들에게 비료, 정유, 제철, 화학섬유, 시멘트 등의 기간산업에 진출할 것을 요구했다. 이에 구인회 회장은 화학섬유공장을 짓겠다고 신청했다. 하지만 군부는 LG에게 전선공장을 짓도록 했다. 이를 놓고 재계에서는 기업의 로비라는 억측이 무성했다.

어떻든 1962년에 한국케이블공업주식회사와 낙희비니루공업주식회사(동래 공장)를 창립하였다. 1963년 사돈인 삼성 이병철 회장에게서 방송사업 참여에

1961년 구인회 회장(가운데)이 국내 최초 국산화한 자동전화기로 시험통화를 하고 있다. 〈출처: LG〉

대한 제안을 받았다.[7] 방송사업에 참여하면 자사의 TV에 대한 수요가 늘어날 것을 예상하고 제안을 받아들였다. 그렇게 동양방송을 운영하던 중 경영에 대하여 삼성과 LG 간의 의견대립이 있어서 이병철 회장과의 논의 끝에 방송사업에서 철수하기로 결정했다.

1964년 한국 최초의 합성세제인 하이타이를 출시했다. 이는 세탁기의 보급과 함께 우리 의생활에 새로운 문화가 자리잡는 계기가 되었다. 1965년 정부에 정유사업에 진출하고 싶다고 사업신청서를 제출했다. 그러나 정부는

---

7) 구인회 회장의 3남(구자학 아워홈 대표)이 이병철 회장의 2녀(이숙희 씨)와 결혼했다.

반응이 없었다. 하지만 1966년 정부가 제2 정유공장 사업희망자를 모집함에 따라 재계에는 이를 두고 경쟁이 일어났다. LG, 롯데, 한화 등 6개 기업이 신청서를 제출했다. 결국 기술력이 높은 LG가 낙점되었다.

1967년 주방용 액체세제와 두발용 샴푸를 출시했다. 1969년에는 반도체(半導體) 생산회사인 금성전자주식회사를 설립하여 첨단산업분야에도 진출하였다. 이어 호남정유 여수공장을 완공함으로써 정유업에도 참여했다. 구인회 회장의 도전과 성공은 대한민국 경제발전을 중심축이 되었다.

구인회 회장은 화장품을 시작으로 타의 추종을 불허하는 대한민국 최초의 걸작들을 무수히 만들어 냈다. 플라스틱 제품, 치약, 라디오, 선풍기, 텔레비전 등을 잇달아 개발에 성공했다. 대한민국 벤처기업의 대부로 이미 오래전에 신화가 되었다. LG 제품은 대한민국의 변화와 발전을 주도하며 대한민국의 대표 브랜드가 되었다. 모든 것이 구인회 회장의 포기 없는 도전과 열정, 장인정신이 만들어낸 명품들이었다.

구인회 회장은 기업활동 외에 사회활동에도 주력했다. 1964년에는 전국경제인연합회 부회장을 역임하였다. 1968년 회갑 기념으로 고향 진주에 연암 도서관을 세웠다. 1969년에 부산문화TV방송주식회사(현 MBC 부산문화방송)와 경남일보사를 인수하기도 했다. 그리고 1969년 본사를 부산에서 서울로 옮겼다.

1969년 12월 연암문화재단을 설립하여 장학육영·문화·사회복지사업에 기여할 수 있는 기반을 마련하였다. 그러나 한 달도 채 되지 않은 그해 12월 31일 뇌종양으로 세상과 이별해야 했다. 향년 62세였다. 1970년 1월 4일 경기도 용인군 기흥면 하갈리 유택에 안장하였다가 1983년 1월 15일 부산광역시 동래구 온천동 선영으로 이장하였다. 1990년 4월 1일에 묘비를 세웠다.

"남이 미처 안 하는 것을 선택하라. 국민생활에 없어선 안 될 것부터 착수하라"는 구인회 회장의 불굴의 도전정신은 지금의 대한민국 산업과 LG그룹을 세우고 성장하게 했다. 그리고 인화단결, 개척정신, 연구개발 등을 중시한 기업가 정신이 LG그룹의 전통으로 이어지고 있다.

2대 구자경 회장은 고객가치 창조, 인간존중, 정도경영이라는 3원칙으로 대한민국을 넘어 세계적 기업으로 뿌리를 내리게 했다. 3대 구본무 회장은 평소 겸손, 배려, 원칙 경영으로 참기업인의 귀감이 되었다. 2018년 6월 4대 구광모 회장이 취임하여 새로운 도약을 선언했다.

나의 소중한 꿈과 뜨거운 도전

◈ 망치를 든 철학자 니체의 '운명애'

우리는 모두 똑 같이 사람으로 태어났다. 그런데 어떤 사람은 재물과 명예, 권세를 누리며 살고 있다. 반면에 그렇지 않은 사람들도 많다. 왜 이 같은 차이가 발생하는가? 그것은 전적으로 어떤 정신, 생각, 마음 즉 꿈을 갖고 살아가느냐에 달려 있다. 그렇다면 나의 꿈을 이루기 위해서 어떻게 살아가야 할까?

"먼 곳으로 항해하는 배가 풍파를 만나지 않고 조용히만 갈 수는 없다. 풍파는 언제나 전진하는 자의 벗이다." 독일 실존주의 철학의 선구자인 니체(Friedrich Wilhelm Nietzsche: 1844년 10월 15일~1900년 8월 25일)의 말이다. 니체는 이성 철학과의 결별을 선언하고 의지 철학을 추구했다. 니체는 인간의 의지는 권력(힘)에의 의지이기 때문에 인간의 삶은 언제나 충만하게 된다고 주장했다.

니체는 자신의 의지로 하나의 새로운 도덕, 즉 삶의 도덕을 세우고자 했다. 그래서 그는 모든 전통적인 가치와 관습을 망치로 허물어뜨렸다. 이 때문에 니체를 '망치를 든 철학자'라고 하기도 한다. 지금까지의 관념론적·기독교적·행복주의적 도덕을 모두 부정했다. 그리고 그 자리에 새로운 가치, 새로운 삶을 세우려 했다. 니체는 자기혁명을 통해 새로운 실존 철학을 정립하였다.

니체의 삶에서 가장 위대한 단어는 '운명에 대한 사랑', 즉 아모르 파티(amor fati: Love of fate, 運命愛)다. 인간은 자신의 삶에 나타난 모든 과정들을 그저 견디는 데 그칠 것이 아니라, 한 걸음 더 나아가 그것을 사랑해야 한다. 그리고 "바로 이것이, 이것이 삶이었던가? 그렇다, 그렇고 말고!"라고 외칠 수 있어야 한다고 강조했다.

"신은 죽었다. 그러므로 이제 우리는 초인(超人)을 소망해야 한다." 니체의 유명한 말이다. 그렇다면 니체가 말한 초인이란 어떤 존재일까? 천국의 희망을 말하는 자들에게 귀 기울이지 않고, 지금 우리가 살고 있는 이곳, 이 땅에 충실한 자다. 이것이 삶의 실존주의다. 자기 자신이 이 세계의 한 부분임을 잘 알고, 삶의 모순까지 견딜 줄 아는 사람이다.

인간의 삶의 현실은 참혹하고 분명한 한계도 있음을 인정해야 한다. 그러면서도 각자의 삶을 주체적으로 이끌어나갈 수 있는 지극히 창조적인 '힘'을 갖고 인생의 배를 띄우고 저 광활한 대양을 향해 나아가야 한다. 즉 "강한 의지로 운명을 극복하고 삶을 지배하는 주인공이 되어라." 이것이 니체가 강조한 핵심적인 삶의 자세다.

"운명을 사랑하라!" 그렇지 않으면 "운명을 바꿔라!(Change the Destiny!)" 인생은 오직 두 가지의 선택뿐이다. 운명을 사랑하든가 아니면 도전하여 새로운 인생을 창조하는 것이다. 가장 위대한 도전은 운명과 싸우는 것이다. 그리고 가장 위대한 승리는 운명을 바꾸는 것이다. 우리 모두는 자기 인생의 진정한 주인공이 되어야 할 것이다.

◈ 운명을 결정하는 '인생설계도'

"크게 꿈을 꾸고, 크게 생각하고, 크게 행동하라. 그리하면 반드시 꿈이 이루어질 질 것이다." 한 사람의 운명은 그의 꿈에 의해 결정된다. 사람은 꿈을 꾸는 대로 그 사람이 되기 때문이다. 과학자의 꿈을 꾸면 과학자가 되고, 정치인의 꿈을 꾸면 정치인이 된다. 사람은 꿈을 먹고 사는 존재다. 꿈이 없으면 진정한 삶은 존재하지 않는다. 본능에 따라 살아가는 단순한 생명체에 불과하다.

꿈은 구체적이어야 한다. 모호한 꿈은 꿈이 아니다. 모호한 꿈은 잘 이루어지지지 않는다. 위대한 정치인, 백만장자의 거부, 대재벌의 총수 등도 꿈은 꿈이다. 이러한 꿈은 매우 추상적이어서 이루어지기 힘들다. 물론 경우에 따라서는 막연한 꿈도 이루어지기도 한다. 그러나 구체적인 꿈이어야 보다 실현 가능성이 높다.

큰 꿈을 세우고 이를 실현할 구체적 실행계획서를 만들어야 한다. 지나간 과거에 집착하지 말고 더 나은 미래를 찾아 떠나야 한다. 이를 위해서는 꿈과 비전, 목표를 문서화해야 한다. 즉 꿈을 담은 '인생설계도'와 함께 구체적인 실행계획을 세워야 한다.

인생설계도는 일종의 '미래이력서'다. 성공적인 인생을 위해서는 자신의 미래 비전을 수립하고 이를 실행하기 위한 구체적인 추진계획인 미래이력서를 작성해야 한다. 성공한 사람들 중엔 미래이력서를 쓰고 실행한 사람들이 많다. 이원설(1930년~2007년 11월 29일) 전 한남대 총장은 자전소설《50년 후의 약속》에서 다음과 같이 회상했다.

"나의 미래이력서에 의하면, 나는 1960년에 박사학위를 받는 것으로 되어 있었다. 비록 1년이 늦었지만 그 비전은 실제로 성취되었다. 나는 34세에 최연소 문교부 고등교육국장이 되었으며, 39세인 1969년부터 이미 단과대학 학장으로 일하기 시작했다. 그리고 51세에 경희대학교 부총장이 되었고, 54세에는 다른 종합대학의 총장이 되었다. 내가 글로 적은 비전보다 여러 해 앞당겨진 것이다."

이와 같이 자신의 꿈과 비전, 목표와 이를 실행할 계획서를 담은 미래이력서는 실로 막강한 힘을 발휘한다. 그냥 형식적으로 써서는 안 된다. 반드시 꿈을 실현하겠다는 각오를 다지면서 자신의 미래이력서를 작성해야 달성률이 높아진다.

자신의 꿈과 미래 비전의 실현을 문서화하고 시각화하고 마음속에 심상화(心想化)해야 한다. 성공, 존경, 명예, 영광 등 자신이 꿈꾸는 목표를 성취했을 때의 모습을 연상하면서 확고하게 그 꿈을 믿고 나아가야 한다. 우리가 꿈을 꾸면 우주가 움직이기 시작한다. 우리가 행동하면 우주도 그것이 성사되도록 변화하기 시작한다. 놀라운 꿈의 힘이 아닐 수 없다.

모든 일에는 시작과 끝이 있다. 인생도 마찬가지다. 출생, 성장, 쇠퇴, 사멸의 길을 걸어야 한다. 이것은 불변이다. 우리가 할 수 있는 일은 무엇인가? 출생은 우리 마음대로 할 수 없다. 성장과 쇠퇴, 사멸은 우리가 어떻게 선택하고 행동하느냐에 따라 얼마든지 달라질 있다.

특히 성공하기 위해선 시간에 따른 목표를 정해 놓고 행동해야 한다. 소위 마감시간과 목표관리가 성공의 중요한 포인트가 된다. 즉 언제까지 무엇을 하겠다는 목표를 정해 놓는다. 그리고 이를 다시 월별로 세분하여 해야할 활동과 성취해야 할 구체적인 하위목표를 정해 놓는다. 상당한 시간을 앞두고 세부적인 마감일을 정해서 실행하는 것이다.[8]

---

8) 김호, "미래 이력서 한번 작성해 보는 것 어떨까". 《동아일보》, 2018년 7월 2일.

여기서 가장 중요한 것은 첫째로 뚜렷한 목표를 설정하는 것이다. 이를 위해서는 크게 두 가지 방법을 시도해 볼 수 있다. 하나의 방법은 승진을 목표로 세우고 이를 위해 전문성 습득 등을 행하는 것이다. 또 다른 방법은 전문성 습득을 목표로 하고 승진은 그 과정에서 얻게 되는 방향으로 접근하는 것이다.

어떤 방법이 더 효과적일까? 후자의 방법이다. 승진이란 자신의 노력뿐 아니라 여러 변수가 많이 작용하기 때문이다. 부서나 직책을 정해놓고 자신의 목표를 설정하기 보다는 자신이 관심 있어 하는 주제를 정해 놓고, 이를 다양한 기회와 각도에서 경험하면서 자기만의 영역을 구축하여 부수적으로 승진이 따라오게 해야 한다.

처음부터 승진을 목표로 삼게 되면 직장 생활이 매우 피곤해진다. 경쟁자를 이기는 데에만 신경을 쓰다 보면 자신의 전문성을 제대로 구축하기가 힘들어진다. 전문성 강화를 중심으로 노력하다 보면 승진할 가능성도 높아지게 된다. 설령 '최악'의 경우에 승진이 안 되더라도 자신이 쌓은 전문성으로 새로운 기회가 열릴 가능성도 있다.

'전문가 되기'라는 구체적인 하위목표가 생기게 되면 다양한 활동을 해야 한다. 어떤 교육을 받아야 할지 생각도 해 보아야 하며, 인터넷을 검색하여 관심 분야의 자료도 찾아보아야 한다. 또한 관련 동영상 강의를 듣거나 다른 기업이나 산업에 있는 전문가와의 만남도 가지면서 자기만의 전문성을 확고하게 만들어 나가야 한다.

여기서 가장 중요한 것은 인생 전체를 놓고 미래이력서를 작성하여 설계하는 것이다. 즉, 5년 이내, 10년 이내, 20년 이내, 30년 이내, 50년 이내 등 자기 인생의 전체를 생각하고 미래이력서를 작성하며 세부 계획을 만들어 보는 것이다. 그리고 이 계획의 실천을 통해 이루고자 하는 꿈과 목표를 달성해 나가는 것이다.

만일 35세의 직장인이라고 생각해보자. 보통 25세 전후에 직장에 들어와 50세 즈음에 퇴직하는 현실을 생각하면 도약을 준비해야 할 지점에 와 있는 나이다. 45세까지 10년간 자신이 만들고 싶은 전문성 분야를 선정하여, 매해, 매월 자신이 전문성을 위해 경험하거나 배워야 할 것을 착실하게 준비해 나갈 수 있을 것이다.

목표 없이 살게 되면 목표에 도달하지 못한다. 생각하고 살지 않으면 미래에 남아 있는 것이 없게 된다. 아침부터 저녁까지, 회의부터 회식까지 하루하루 정신없는 삶을 사는 직장인에게 중장기적인 목표는 때로는 사치일 수 있다. 지금까지 많은 사람들이 그렇게 살아왔다.

그러나 이제 성공하는 삶을 위해서는 자기혁명을 해야 한다. 은퇴 후나 퇴직이 다가올 때쯤 자신의 삶을 돌아보았을 때 허탈해서는 안 된다. 이를 위해서는, 개인으로서 미래이력서를 작성하고 내가 살고 싶은 삶이 무엇인지 미리 설계하고 살아가야 한다.

미래이력서는 삶을 성공으로 안내하는 '지도'다. 배가 항구를 떠나 대양을 횡단하여 목적지로 가기 위해서 반드시 필요한 것이 지도다. 인생이라는 배가 목적지에 다다르기 위해서도 지도가 필요하다. 그것이 바로 미래이력서, 인생설계도다. 형식과 내용은 다소 다를 수 있지만 성공적인 삶을 안내한다는 점에서는 같은 것이다.

삶의 마디마다 서재에 앉아서 또는 퇴근길 카페에 가서 미래이력서를 작성한 후 거울 보듯이 하루에 한 번씩 갈고 다듬어야 한다. 인생의 겨울이 오기 전에 풍성한 가을을 만들기 위해서는 부지런히 거름을 주고 잡초도 제거해 주어야 한다. 의외로 인생의 겨울이 빨리 온다. 여름이 무덥다고 그냥 불평불만을 하다가는 금방 가을이 오고 겨울이 온다. 가을까지 수확하지 못한 인생의 겨울은 고독하고 쓸쓸하다.

우리는 흔히 취업을 하거나 어떤 직책을 맡기 위해서 이력서를 쓴다. 일종의 과거에 무슨 일을 했는가 하는 자기 소개형 과거이력서다. 이런 과거이력서는 젊은 사람들일수록 몇 줄 되지 않는다. 그것도 별로 내세울 것이 없다면 정말 이력서를 쓰고 싶지 않을 것이다.

그러나 과거이력서에 미래이력서를 첨부한다면 어떨까? 아마도 채용하려는 기관에서는 달리 볼 경우도 생길 것이다. 오히려 지나간 과거보다는 다가올 미래에 대해서 큰 기대를 걸고 훌륭한 인재로 여기고 채용할 수도 있을 것이다. 이러한 의미에서 과거이력서 못지않게 미래이력서를 잘 쓰는 것이 중요하다.

미래이력서는 그 사람의 꿈과 비전, 그리고 이를 실현하고자 하는 열정과 전략 등이 담긴 인생비전서이자 인생성공전략서가 되어야 한다. 단지 먹고 살기 위한 일자리를 구하려 한다면 그 어느 누가 채용하려 하겠는가? 바꿔 생각해보라. 어떤 사람과 일을 하고자 하겠는가? 꿈과 비전을 갖고, 열정적으로 일할 사람을 선호하는 것은 당연한 일이다.

그러나 미래이력서를 쓰기는 쉽지 않다. 왜 그럴까? 많은 사람들이 꿈과 비전이 없기 때문이다. 대부분의 사람들은 그저 막연하게 생각하면서 살아간다. 설령 꿈을 가지고 있다고 해도 구체적으로 표현하지 못한다. 꿈은 반드시 살아 있는 글자, '활자(活字)'로 써야 한다.

활자화 작업이 중요한 것은 꿈을 마음속에서 밖으로 끌어내서 구체화, 시각화해야 하기 때문이다. 눈으로 구체적으로 볼 수 있는 꿈이어야 살아 움직이기 시작한다. 태아가 어머니의 뱃속에서 나와야 완전한 인간이 되듯이 꿈도 밖으로 표출되어야 비로소 꿈이 되는 것이다.

꿈과 비전은 가슴을 뛰게 한다. 그러나 이를 현실화하기 위해선 반드시 구체적인 실행계획이 동반되어야 한다. 꿈은 인생설계도에 활자로 표시된 미래이력서를 통해 구체적으로 현실화해 나가야 한다. 그러므로 인생의 성공을 위해서는 미래이력서를 작성하여, 지속적으로 수정 보완해 나가야 한다. 미래이력서는 꼭 꿈을 이루겠다는 다짐이며 성공의 길잡이가 될 것이다.

그렇다면 미래이력서를 구체적으로 어떻게 작성해야 하는가? 목표를 세웠으면 정교한 추진전략을 만들어야 한다. 예를 들어 인재개발 전문가가 되겠다는 목표로 미래이력서를 작성해 본다. 먼저 목표 연한을 설정한다. 즉 10년 이내에 인재개발 전문가가 되는 것을 목표로 세운다.

목표를 세웠으면 이를 달성하기 위한 구체적인 추진전략을 수립해야 한다. 즉 관련 자격증 3개를 1년에 하나씩 3년 내에 취득한다. 그리고 이를 바탕으로 인사, 교육연수, 전략기획 부서 등을 거쳐 전문가가 된다. 10년 후에는 인재개발 분야 최고 책임자가 된다.

미래이력서는 인생의 설계도이므로 비단 직업뿐만 아니라 미래의 꿈, 능력, 성취 등에도 적용할 수 있다. 물론 개인적이고 가정적인 일들도 포함할 수 있다. 그리고 마치 모든 꿈이 다 이루어진 것처럼 기록하고 상상하고 행동해 보아야 한다. 주변에 자신의 꿈을 선포하고 도움을 청하는 것도 목표 달성에 큰 도움이 된다. 예를 들면 인재개발 전문회사 대표가 되겠다고 선언하고 주변에 그러한 사람으로 불러달라고 하는 식이다.

나아가 미래이력서에 기록한대로 모든 꿈이 반드시 이루어진다고 믿고 행동해야 한다. 미래이력서는 요술램프처럼 막강한 힘을 발휘한다. 자신이 기록했던 일들이 모두 이뤄지는 기적이 일어난다. 성공한 사람들은 바로 미래이력서를 작성하여 책상위에 붙여놓고 매일 다짐을 하며 실천한 사람들이다.

◈ 꿈꾸는 삶을 위한 직업 선택

우리는 누구나 '꿈꾸는 삶'을 살아야 한다. 꿈꾸는 삶이란 "자기가 가장 좋아하고, 가장 잘 할 수 있는 일(직업)을 선택하여 자기의 꿈을 실현해 나가는 삶"이다. 모든 꿈은 자기가 선택한 일을 성공시킴으로써 실현된다. 그러므로 내가 원하는 꿈을 실현하기 위해서는 반드시 내가 가장 좋아하고, 가장 잘 할 수 있는 일을 선택해야 한다.

한 가지 예를 들어보자. 나의 꿈이 "인류의 식량문제를 해결하기 위하여 풍요롭고 건강한 먹거리를 제공하는 것"이라고 가정해 본다. 그렇다면 이 꿈을 위해서 나는 어떠한 일을 선택해야 하는가? 여기서의 핵심단어는 '식량문제 해결'이라는 꿈과 '나의 소질과 적성'과의 최적의 결합이다. 꿈과 일의 결합은 스스로 고민하고 번민하여 찾아야 한다.

그렇다면 구체적으로 어떻게 찾아야 하는가? 여러 가지를 다양한 시각에서 분석, 검토해 보아야 할 것이다. 가장 작은 단위의 일은 농사를 직접 짓는 것이다. 농사에도 벼, 과일, 채소 등 셀 수 없이 많다. 장소도 농촌을 비롯하여 도시, 산, 바다 등 다양하다.

식량문제를 해결하기 위한 접근은 과거, 현재, 미래 방식 등 모든 방식이 동원될 수 있다. 기후조건, 식습관, 토질, 미래환경 등을 종합적으로 검토하고 연구해야할 일도 한두 가지가 아니다. 내가 인류의 식량문제를 해결하기 위해서 선택할 수 있는 일은 실로 무궁무진하다.

단순한 개인농업에서 가족농업, 기업농업도 가능하다. 국내형도 있고, 국제형도 있다. 실제로 농사를 짓는 농부가 될 수도 있고, 농업기업을 경영하는 전문경영인이 될 수도 있다. 그리고 농업전문 정치가 또는 행정가, 세계적 농업혁신가도 도전해볼 수 있다. 이처럼 하나의 꿈을 실현할 수 있는 수단으로써의 일자리는 무수하다.

그러므로 꿈을 먼저 세우는 것이 가장 중요하다. 내가 진실로 가장 간절히 원하는 꿈이 무엇인가 묻고 또 물어 견고한 꿈을 세워야 한다. 꿈을 세웠으면 이를 실현하기 위해 자기의 적성과 조건에 맞는 일자리를 선택하여 그 분야의 최고가 되는 것이다. 이것이 꿈을 이루는 성공적인 삶이 아니겠는가?

이 지구상에는 약 76억명의 사람이 살고 있다. 이들 모두는 소중한 사람들이다. 그러나 어느 누구는 꿈을 갖고 이를 실현하기 위해 도전하는 삶을 살고 있다. 그러나 상당수의 사람들은 꿈이 없고, 그저 그렇게 살고 있다. 어떠한 삶이 의미 있고, 가치가 있겠는가? 당연히 큰 꿈을 갖고 뜨겁게 사는 삶일 것이다.

지구상에 살아 있는 사람 중에서는 극히 일부는 맨 앞에 있다. 각국의 정치지도자, 세계적 기업가나 전문가들, 평가하기 힘든 고귀한 가치를 창조하는 사람들이 바로 그들이다. 그러나 이들이 생각하고 행동하는 모든 일이 인류의 멸망을 재촉할 수도 있고, 그 반대로 더 나은 미래를 만드는 데 기여할 수도 있다.

대부분의 사람들은 국가 혹은 지구 공동체의 운명에 큰 관심을 갖고 있지 않다. 그저 편의주의에 빠져 본능적, 무의적인 행동을 한다. 그러나 이러한 행동이 국가의 사멸, 또는 지구의 멸망을 촉진시키는 일인지 아닌지 자각하지 않는다. 무더운 여름날 시원한 음료를 비닐컵에 담아 빨대로 즐겨 먹고 함부로 버린다. 그 결과 어떻게 되겠는가? 소비자와 생산자, 유통자 모두가 심각한 고민을 하지 않는다.

위대한 삶은 위대한 꿈에서 시작된다. 인류의 역사에는 위대한 인물들이 많다. 그들의 삶을 먼저 살펴보고 꿈을 세우는 것도 중요하다. 내 삶의 살아 있는 스승으로 모시고 흠모하며 그와 닮은 삶을 살게 된다면 반드시 큰 인물이 될 것이다. 자기혁명을 통해 위인들의 삶과 가르침을 깨닫고 실천하는 삶이 중요하다.

세계는 넓고 할 일은 많다. 농업혁명가 외에 사상가, 애국자, 화가, 과학자, 문학가, 체육인, 정치가, 기업가 등 우리가 선택할 수 있는 꿈을 이루는 직업이 별만큼 많다. 없어질 일자리도 있고, 앞으로 새로 생길 일자리도 많다. 과연 내가 목숨 바쳐 이루고 싶은 꿈이 무엇인가? 아름다운 삶은 꿈을 세우고 일을 선택하여 모든 열정을 다해 그 꿈을 실현하는 것이다.

◈ 꿈을 이루기 위한 점검과 질문

꿈과 목표를 세웠다고 하여 저절로 이루어지는 아니다. 매일, 매주, 매월, 매년 꿈을 점검하고 질문을 통해 확인해야 한다. 질문은 방향을 조정하는 핸들과 같다. 그러므로 수시로 적절한 질문을 통해 내가 지금 어디에 있으며, 어디로 가고 있는지 확인해야 한다. 꿈을 이루기 위한 몇 가지 질문을 던져보길 기대한다.

첫째, 오늘 내가 한 일이 내 삶의 목표와 부합했는가? 성공한 사람들은 목표를 설정하는 일이 얼마나 중요한지 잘 이해하고 있다. 장기적인 비전을 단기적인 동기부여와 잘 연결할 수 있어야 한다. 삶의 목표에 집중하는 것이야말로 야망과 영감을 높여줄 수 있으며 계속 유지하도록 돕는다.

둘째, 버려야 할 나쁜 습관은 무엇인가? 사람은 누구나 나쁜 습관을 갖고 있다. 하지만 그런 습관은 신용과 업무에 치명적인 악영향을 미친다. 하루 일과 시간 중에 잠시라도 시간을 쪼개서 자신이 고치지 못하고 있는 나쁜 습관이 무엇인지 자문해 봐야 한다. 하루 5분의 시간이면 충분하다. 오늘도 고치지 못한 습관을 내일은 버릴 수 있도록 노력하겠다는 마음만으로도 나쁜 습관은 몰라보게 줄어든다.

셋째, 오늘 나를 자극한 일은 무엇이었는가? 동기부여는 앞으로 나아 갈 수 있게 하는 힘을 준다. 위대한 자기혁명가들은 자신을 자극하고 동기 부여를 했던 일들과 사람을 절대 잊지 않고 기록해 둔다. 그리고 '동기부여 노트'를 이따금 열어서 확인한다. 때로는 힘들고 낙담할 순간이 있을 것이 다. 하지만 동기부여 노트에 적혀 있는 수많은 '짜릿하고 통찰력 넘치는' 일 들과 고수들을 떠올리면 재충전할 수 있을 것이다.

넷째, 지금의 나는 내가 되고 싶은 그런 사람인가? 사람은 태어난 순간 변하지 않는 '고정된 물건'이 아니다. 사람은 자신이 경험한 일들, 성공, 실패 등을 통해서 변화하고 발전하는 유기체다. 나 자신의 성격과 캐릭터 그리고 생각과 믿음도 변할 수 있고 더욱 발전할 수 있다. 매일 저녁 하루를 마감하 면서 스스로 이런 질문을 해보면 큰 도움이 될 것이다. "지금 나는 정말 내 가 되고 싶었던 그런 사람인가?"

다섯째, 오늘 내가 저지른 실수는 무엇이었고, 그리고 그것을 통해 무엇 을 배웠는가? 사람은 누구나 실수를 하고 실패를 경험한다. 하지만 그런 실 수와 실패에 어떻게 반응하는지는 사람마다 확연히 다르다. 실패를 나 자신 의 무능함과 패배로 생각할 수도 있다. 하지만 쉽게 얻을 수 없는 경험과 교 훈을 얻었다고 생각할 수 있다. 선택은 모두 자신의 몫이다.

여섯째, 오늘 내가 감사하게 생각한 것은 무엇이었는가? 살다보면 좋은 날도, 힘든 날도 있다. 하지만 하루를 보낸 뒤 오늘 무슨 일에 감사했는지 생각해 보는 일은 위에서 언급한 것들 보다 더욱 중요할지도 모른다. 내 자 신이 무슨 일에 감사하게 생각하는지 돌아보면, 삶에서 어떤 부분을 중요하 게 생각하는지 알 수 있기 때문이다. 그런 감사함에 대한 자문이 인생에서 가장 중요한 것들임을 잊지 않도록 돕는다.

위대한 자기혁명가들은 매일 스스로에게 이 같은 질문들을 던져야 한다. 물론 '매일' 질문을 던지는 이유는 한두 번 질문을 던진다고 해서 우리의 인생이 간단히 바뀌지 않기 때문이다. 올바른 질문은 우리 자신을 올바른 행동으로 이끌 것이다. 꿈을 이루게 하는 질문을 매일 스스로에게 던져서 점검한다면 반드시 성취할 것이다.

THE GREAT
SELF-REVOLUTION

" 생존은 그 자체로 위대하다.

지구상에 살아 있는 동물들은 모두 생존경쟁에서 승리한 종족들이다.

강한 것이 살아남는 것이 아니라 살아남아야 강한 것이다. "

PART 3

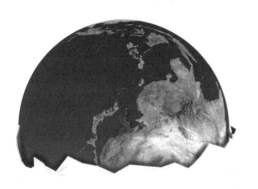

자기혁명의 조건

생존해야 더 나은
내일이 있다!

살아 있는 것은 모두 아름답다.
아무리 극한 상황이라도 반드시 살아 있어야 한다. 지구의 역사는 생명의 역사다. 인류의 역사는 승자의 역사가
아니다. 극한 상황에서도 삶을 포기하지 않고 살아난 사람들의 역사다.

chapter 1

어떻게든 생존하여 승리하라

모든 생명의 꿈 장수

죽지 않고 오래 사는 것은 모든 생명의 꿈이다. 지구상의 척추동물 중 가장 오래 사는 것은 무엇일까? '그린란드상어'가 최근 최장수 척추동물 1위로 등극했다. 율리우스 닐센 덴마크 코펜하겐대 해양생물학과 교수팀은 지난 2016년 8월 그린란드상어가 최소 400년 이상을 살 수 있다는 사실을 밝혀냈기 때문이다.[1]

그동안 1위였던 '북극고래'는 2위로 추락했다. 북극고래는 211년 이상을 살아 가장 수명이 긴 척추동물로 알려졌었다. 그린란드상어는 이보다 2배가량이나 오래 산다. 장수동물 3위는 150년 이상을 사는 것으로 알려진 '코끼리거북'이다. 아프리카 서해안의 세인트헬레나 섬에 사는 '조너선'이란 이름의 코기리거북은 2019년 현재 186세이지만 아직도 매우 건강한 것으로 알려졌다.

---

1) 《동아일보》, 2016년 8월 12일.

반면 가장 오래 사는 무척추동물은 무엇일까? 북미 대서양 연안에 서식하는 '대양백합조개(ocean quahog)'다. 무려 507년을 산 것으로 조사됐다. 또 랍스터는 수명에 관여하는 염색체의 말단 부분인 텔로미어의 손상을 막을 수 있어 '영생동물'로 불린다. 지금까지 가장 오래 산 것으로 밝혀진 랍스터의 나이는 약 140세로 확인됐다.

그렇다면 인간이 살 수 있는 최대 수명은 얼마나 될까? 지금까지 인간의 생물학적 최대 수명기록은 1997년 122세로 사망한 프랑스 할머니 잔 칼망(Jeanne Calment)이었다. 앞으로 인간의 수명은 얼마나 더 연장될 수 있을까? 아마도 머지않아 100세 시대를 넘어 120~150세의 시대가 될 것이다.[2]

그러나 일각에서는 이보다 더 오래 사는 장수시대가 보편화될 것이라고 주장하기도 한다. 즉, 유전자를 잘라 편집하는 '가위'인 크리스퍼(CRISPER: clustered regularly interspaced short palindromic repeats)의 개발로 DNA를 교정·교체하는 획기적인 치료가 가능해졌다. 이에 따라 무려 200세까지 살 수 있는 시대가 곧 온다고 주장하는 학자도 있다.

김창경 한양대학교 과학기술정책학과 교수는 "머지않아 사람의 유전자를 바꾸는 신약이 출현할 것"이라며 "미래에는 유전자 편집을 통하여 평균 수명 200세와 아인슈타인의 지능을 가진 슈퍼 베이비가 등장할 것"이라고 전망하였다. 더구나 "청년과 노인의 경계가 없는 불로불사의 미래사회가 올 것"이라고 밝히고 있다.

문제는 장수가 축복이냐, 재앙이냐 하는 점이다. 장수가 축복이 되기 위해서는 건강과 함께 돈, 가족, 일자리, 종교, 취미 등이 적절히 갖추어져 있어야 한다. 과연 얼마나 많은 사람들이 건강하고 행복한 미래 준비를 하

---

2) 그러나 과학자들은 인간의 최대수명에 대해 한창 논쟁중이다. 일부에서는 최대 150세까지 살 수 있다고 주장한다. 그러나 알베르트 아인슈타인 의과대학 연구팀은 지난 2016년 칼망 할머니가 예외적인 사례라고 지적하며, 인간의 최대 수명은 115세로 이미 한계에 도달해 있다고 밝힌 바 있다.

고 있을까? 준비된 미래는 큰 행복이 될 것이다. 그러나 준비 없는 미래는 큰 재앙이 될 것이다.

일본 정부는 지난 1963년 100세가 넘은 노인 153명에게 순은으로 만든 술잔을 선물로 주었다. 국가차원의 장수축하 행사였다. 그러나 2018년 9월 현재 100세 이상자는 무려 6만9,785명에 달했다. 일본 정부는 예산 등의 부담으로 순은이 아닌 은도금 술잔을 선물했다. 그리고 장수노인들에 대해서 '혜택 축소' 조처를 취하고 있다. 이젠 장수가 축하인 시대는 끝났다.

대한민국은 여러 가지 면에서 일본을 닮았다. 기대수명도 일본은 83.6세, 한국은 81.5세로 비슷하다. 불과 2.1세밖에 차이가 나지 않는다. 대한민국은 2018년에는 고령사회, 10~15년 후에는 초고령 사회에 진입할 것으로 전망된다. 노인들에 대한 의료정책은 개인 부담이 강화되는 방향으로 조정될 것으로 보인다.

그린란드상어

우리 국민은 누구나 '건강 100세'를 소망한다. 그러나 많은 국민들은 혹시 건강에 적신호가 켜지지 않을까 두려워한다. 우리 국민들이 가장 걱정하는 질환 1위는 '암'이다. 암은 다른 질환에 비해 완치가 어렵고 사망 확률이 아주 높은 중증 질환이라는 점이 국민 인식에 크게 영향을 주고 있다.

통계청이 2018년 9월 발표한 '사망원인통계'에 따르면 2017년 사망자 수는 총 28만5,534명으로 집계됐다. 1년 전보다 4,707명(1.7%) 증가했다. 관련 통계 작성이 시작된 1983년 이래 가장 많다. 인구구조가 고령화하면서 고령자의 사망자 수가 늘고 있는 것이다. 실제 80세 이상이 전체 사망자의 44.8%를 차지했다. 2007년과 비교하면 이 비중은 13.5%포인트 늘어났다.[3]

　한국인의 사망 원인으로는 암이 통계 작성 이래 부동의 1위다. 2017년 암 사망자는 사상 최대치인 7만8,863명이다. 전체 사망자의 27.6%다. 이어 심장질환(10.8%), 뇌혈관질환(8%), 폐렴(6.8%), 자살(4.4%)이 뒤를 이었다. 2004년에 사망 원인 순위 10위였던 폐렴은 꾸준히 순위가 올라 2015년부터 4위를 유지하고 있다. 황사, 미세먼지 심화의 여파로 풀이된다.

　건강보험심사평가원이 2016년 4, 5월 국민 406명을 설문 조사한 결과 국민 10명 중 7명(71.4%)은 '현재 자신이 건강하다' 고 답했다.[4] 그러면서도 국민 대다수(78.1%)는 향후 질병에 걸릴까 봐 걱정하고 있었다. 미래에 발병할 것으로 걱정되는 질환은 암(13.6%), 관절염(10.2%), 고혈압(10.0%), 치매(9.9%), 치과질환(9.7%) 순이었다.

　우리 국민들은 건강에 대한 관심이 큰 편이다. 많은 국민들은 질병의 주요 원인으로는 스트레스, 불규칙한 생활습관, 가족력, 식습관, 음주 등의 순으로 생각하고 있다. 특히 질병에 걸리면 가장 큰 걱정이 의료비 부담(36.7%)이다. 이외에 생활불편(25.6%), 삶의 질 저하(21.7%) 등도 우려한다. 장수가 재앙이 되지 않도록 하기 위해서는 국가나 개인 모두 철저한 준비가 요구된다.

생명의 포기, 구조적 슬픔

◈ 대한민국의 국가자살

대한민국은 2003년 이후 2018년 현재 OECD 회원국 중 자살률 최상

---

3) 《중앙일보》, 2018년 9월 20일.
4) 《동아일보》, 2016 년 11월2일.

위라는 오명을 벗어나지 못하고 있다. 대한민국은 2016년 연간 1만3,092명, 40분에 한 명꼴, 하루 36명이 스스로 목숨을 끊는다. 10만명 당 자살률이 25.6명으로 경제협력개발기구(OECD) 평균인 1.21명의 무려 2.4배에 이른다.

2017년 자살한 한국인은 1만2,463명으로 2016년보다 629명(4.8%) 줄었다. 인구 10만명당 자살자 수는 24.3명으로 2016년보다 1.3명(5.0%) 감소했다. OECD 표준인구 10만명당 자살자 수는 23.0명(2017년)이었다. 시점의 차이를 무시하고 가장 최근 자료를 기준으로 비교하면 OECD 회원국 중 리투아니아(26.7명 2016년)에 이어 두 번째로 높았다.

더구나 대한민국의 자살률은 노인자살률도 높은 상태에서 10~30대 청년들의 자살률도 급증하고 있는 점이다. 10대 사망 원인 중 자살 비중은 2017년 기준 30.9%로 다음 순위인 운수사고(17.7%)보다 크게 앞섰다. 20대는 사망 원인 중 자살 비중이 44.8%에 육박했다. 30대에서도 자살 비중이 36.9%로 2위인 암(20.7%)보다 높았다. 성별로는 남자의 자살률이 34.9명으로 여자(13.8명)보다 2.5배가량 높았다.

대한민국의 자살률이 높다는 것을 무엇을 의미하는가? 이는 대한민국이란 국가가 자살하고 있음을 나타내고 있는 것이다. 즉 대한민국은 '국가자살' 중인 나라다. 특히 10~30대의 자살률이 급증하고 있는 것은 한국병이 구조적으로 중증이라는 것을 반영한다. 대한민국의 미래가 사라지고 있는 것이다. 어떤 경우든 자살이 정당화되어서는 안 될 것이다.

사회를 이루는 기본단위인 개인이 끊임없이 자살을 선택한다는 것은 대한민국이 그만큼 병들어 있다는 의미다. 대한민국은 OECD 회원국 중 8위의 경제 대국이다. 그러나 사회통합 순위는 최하위권인 29위다. 놀라운 경쟁과 국가의 성장을 위해 달려가는 사이 개인은 작아졌고, 절망감과 불안감은 더욱 커지고 있다.

◈ 어느 자살 사건 2제

　몇 해 전 폭염이 내리쬐는 여름날 하루 2건의 자살사건이 언론에 보도되었다. 두 자살 사건은 많은 생각을 하게 했다. 먼저 경기도 용인의 한 전원주택 공사현장에서 석재 납품대금 1억3000만원 받지 못한 50대 하청업체 대표 최 모씨가 분신해 자살했다는 사건이 보도되었다.[5]

　하청업체 대표 최 씨는 이날 오전 6시경 현장에 도착해 쌓아놓은 목재 팔레트 위에 올라가 스스로 몸을 쇠사슬로 묶고 휘발유를 뿌린 뒤 현장소장에게 전화를 걸어 "대금을 주지 않으면 자살하겠다"고 말했다. 연락을 받은 소장이 도착하자 밀린 납품대금을 달라며 대화를 나누던 중 갑자기 불을 붙였다. 소장이 소화기로 가까스로 진화했지만 최 씨는 끝내 숨지고 말았다.

　현장에서는 최 씨가 아내와 자식들, 시행사 대표에게 쓴 A4용지 4장짜리 유서가 발견됐다. 최 씨가 시행사 대표에게 쓴 유서에는 "아무리 어려워도 직원들 월급은 꼭 챙겼습니다. 사장님도 그렇게 살았으면 좋겠습니다"라는 내용이 적혀 있었다. 아내와 아이들에게는 "아빠노릇 하기 힘들다. 미안하다. 같이 살아줘서 고맙다"는 등의 내용도 적혀 있었다.

　최 씨의 아내는 경찰에서 "남편이 최근에 돈 때문에 전화로 시달리긴 했지만 책임감이 아주 강한 사람이다. 죽을 사람이 절대 아니다"고 진술했다. 그러나 경찰은 최 씨가 자재대금과 직원 임금이 체불되면서 심리적인 압박감을 느끼다 자살을 선택한 것으로 보았다.

　또 다른 자살사건이 보도되었다. 살인적 무더위가 강타한 여름날 오후 1시 16분쯤. 경찰관들이 전북 남원시 동충동에 있는 길가의 한 주택에 딸린 별채의 현관문을 강제로 열고 들어서자 코를 찌르는 악취에 당황했다.[6]

---

5) 《동아일보》, 2018년 7월 4일.
6) 《노컷뉴스》, 2018년 7월 4일.

한 달 전쯤 숨진 것으로 추정되는 아버지(71)와 아들(37)의 부패가 상당히 진행된 상태였다.

경찰이 현장을 수습하던 중 TV선반 위에 놓인 봉투 하나를 발견했다. 봉투 안에는 "주인 할머님 정말 죄송합니다"라고 집주인에게 전하는 짧은 한 마디와 함께 현금 121만원이 들어 있었다. 한 달 기초생활수급비 85만원으로 살아가던 부자가 아껴 모은 전 재산이었을 것으로 보인다. '죄송하다'는 짧은 글귀 외에 부자가 남긴 말은 없었다. 그동안 집주인에게 가졌을 미안함과 감사함을 봉투에 담았을 것이다.

아들이 남긴 돈봉투. "주인할머님 정말 죄송합니다"라고 적혀 있다.
〈출처: 노컷뉴스〉

"아버지나 아들이 모두 참 착했어요. 햇수로 16년째 살면서도 생전 큰 소리 한 번 안 나고, 어쩌다 화장실 오가는 기척만 있었어요."

집주인은 "지난 십 수 년 동안 함께 살았는데 이렇게 떠나버렸다"며 한탄했다. 그러나 얼마 전부터 아무런 기척이 들리지 않았다. 기초생활수급비가 입금된 지난 20일에도 아들은 나타나지 않았다. 미심쩍게 생각하던 집주인은 담당 사회복지공무원을 불러 경찰에 신고했다. 별채 안에서 번개탄을 피운 흔적이 발견됐다.

수년 전 대장암 수술을 받고 투병중인 아버지와 이를 돌보던 아들의 마지막이었다. 아들은 아버지를 지켰다. 지난 2013년에는 남원시청에서 자활근로를 하며 얼마 정도 돈을 벌며 가장 노릇을 했다. 그러나 아버지를 간병하기 위해 6개월 만에 일을 그만둬야 했다.

주민들은 거동이 불편한 아버지를 번번이 병원에 데려가는 아들을 '둘도 없는 효자'로 기억했다. 한 마을주민은 "아들 자신도 폐질환으로 고생하면서도 걸음걸이가 어색한 아버지를 직접 병원에 모시는 걸 자주 봤다"며 "집 밖으로도 나오지 않던 아들이 유일하게 외출하는 순간이기도 했다"고 말했다.

집주인은 아들의 따뜻한 마음 씀씀이를 치켜세웠다. 그는 "방세를 가져올 때마다 아들은 '전기요금이다, 수도요금이다' 하면서 꼭 얼마씩 더 내밀었다"며 "이만큼 안 나왔으니 가져가라고 해도 '두 명이서 사니까 죄송해서 그런다'고 물러서지 않았다"고 했다.

2인 가구 기준 월 최대 85만원의 기초생활수급비로 어렵사리 살아가면서도 나보다 남을 먼저 배려한 것이다. 경찰은 현장에서 봉투와 현금 121만원이 발견된 것으로 미뤄 이들이 생활고를 비관해 스스로 목숨을 끊은 것으로 추정했다. 또 다른 안타까운 소식이었다.

◈ 병든 공동체가 만든 사회적 타살

자살은 개인의 문제를 넘어 엄청난 국가적, 사회적 손실이다. 자살로 인한 연간 기대소득 손실이 6조5,000억원에 달하는 것으로 추정된다. 유가족은 일반적 사망과는 다른 심리적·사회적 고통을 경험하게 되며 국가 이미지에도 부정적인 영향을 미친다.

사람들이 왜 자살을 할까? 여러 가지 원인이 있지만 가장 큰 원인은 삶에 대한 의욕의 상실이다. 희망이 없고 비관하며 우울증에 걸려 극단적 선택을 하게 된다. 자살을 방지하기 위해선 여러 경로를 통해 자살 위험군에 속해 있는 사람들을 파악하여 이들을 상대로 상담 치료와 약물 치료를 병행해야 한다.

그러나 보다 근원적인 예방 및 치료책은 어떠한 경우에도 희망을 갖게 하는 것이다. 절망은 곧 죽음이다. 희망이 조금이라고 있어야 생의 의지를 불태운다. 이것은 국가와 사회적 관심과 노력도 중요하지만 최종적인 것은 개인 스스로가 자기의 위대성을 발견해야 한다.

물론 자살이 개인의 잘못이 아니라 '사회적 타살'이라는 지적도 있다. 사실 대한민국이 자살률 1위라는 불명예는 사회 구조적 요인에 의한 측면이 크다. 이는 대한민국 공동체가 행복하지 못하다는 의미다. 즉 서로 배려하고 나누지 못하는 병든 공동체가 무수한 개인들을 자살로 몰아가고 있는 것이다.

50대 하청업체 대표처럼 한 개인이 꿈을 갖고 아무리 노력하여도 절망에 빠질 때가 있다. 이 경우 건강한 사회라면 함께 해결할 수 있도록 힘을 줄 것이다. 그러나 대한민국에는 어디에도 국민들의 안전장치가 없다. 법적으로 하소연해도 쉽게 해결되지 않는다. 결국 한 개인은 발버둥 치다가 극단적인 선택을 할 수밖에 없는 경우도 많다. 이것이 대한민국 국민을 우울하게 만든다.

세계를 감동시킨 기적의 생환

살아 있는 것은 모두 아름답다. 아무리 극한 상황이라도 반드시 살아 있어야 한다. 지구의 역사는 생명의 역사다. 인류의 역사는 승자의 역사가 아니다. 극한 상황에서도 삶을 포기하지 않고 살아난 사람들의 역사다. 2018년 7월 태국 유소년 축구단 소년들의 생환은 대표적인 사례의 하나로 기록될 것이다.

태국 축구단 소년들과 코치가 산악 동굴 속에 무려 17일간 갇혀 있다가 모두 기적적으로 구출되었다는 국내외 보도는 세계인들에게 잔잔한 감동을 주었다. 이들은 태국의 유소년 '무 빠(멧돼지)' 축구단에 소속된 11세부터 16세에 이르는 12명의 소년들과 25세의 엑까뽄 찬따웡 코치였다. 이들은 2018년 6월 23일 한 시간만 동굴을 둘러보고 나올 생각으로 태국 치앙라이 탐루엉 산악 동굴에 들어갔다.

그런데 갑작스레 내린 폭우로 동굴 내 통로에 물이 빠르게 불어나면서 나갈 길이 막혀 고립되었다. 축구단 소년들은 실종 열흘째인 7월 2일 영국 잠수전문가들에 의해 생존이 확인됐다. 그리고 전 세계에 긴급뉴스로 타전되었다. 세계인이 한 형제가 되어 이들의 사투를 숨죽여 지켜보았다. 태국당국은 긴밀하게 대응했다. 외국 동굴탐사 및 구조 전문가들을 초청해 7월 8일부터 10일까지 사흘간 동굴 안에 있던 13명 전원을 안전하게 구출했다.

동굴의 길이는 10km가 됐지만, 폭우로 인해 출입구가 막히면서 구조작업에 난항이 이어졌다. 축구단 소년들은 무려 열흘간이나 실종 상태에 있다가 극적으로 구조되었다. 과연 이들이 모두 살아난 비결은 무엇일까? 그것은 끝까지 생명의 희망을 잃지 않았기 때문이다. 그들은 땅을 파 탈출구를 찾으려 하는 등 모든 노력을 다하였다. 강한 생존의 의지가 놀라운 기적을 만들어 낸 것이다.

이들이 동굴 안에 들어갔을 때 음식은 전혀 없었다. 열흘 가까이 종유석에서 떨어지는 물로만 배를 채웠다. 그리고 아무것도 먹지 못하는 상황에서도 어떻게든 살아야 한다며 매일 순서를 정해 땅을 팠다. 가장 깊은 구덩이는 깊이가 5m나 됐다. 소년들이 땅굴을 판 것에 대해 엑까뽄 코치는 "탈출구를 찾으려는 행동이었지만, 무언가 할 일이 필요하다는 생각에서 그랬다"고 밝혔다.

이 덕분에 이들은 고립된 지 열흘 만에 영국 잠수전문가들에게 발견됐다. 아둔 삼온이라는 소년은 "영국에서 온 사람이 우리를 구하러 왔다니 믿을 수가 없었다. 기적 같았다"고 말했다. 그리고 엑까뽄 코치는 "첫 구조 작전 때 모두가 건강한 편이었다. 먼저 나가고 싶은 사람이 있으면 말하라고 했으나 아무도 손들지 않았다"고 답했다.

동굴 소년들은 위기 상황에도 순수함과 긍정적인 생각, 강인한 의지를 유지했다. 특히 엑까뽄 코치의 자기희생과 지도력은 대단했다. 그는 동굴에서 아이들을 잘 돌보았다. 아이들도 코치의 지시를 잘 따랐다. 그는 "진정한 희생정신과 위기를 지배할 수 있는 사람"이었다.

무 빠 축구단 소년들은 자신들을 구하기 위해 많은 사람이 헌신하고 희생했다는 것을 잘 안다. 소년들은 퇴원한 후 기자회견을 갖고 자신들을 구하려다 사망한 태국 전직 네이비실 잠수부

다이버 출신 의사 리차드 해리스. 그는 태국 동굴에 갇힌 소년들 구조에 핵심역할을 했다. 〈출처: 포크포크〉

사만 쿠난(Saman Kunan)에 대해 눈물을 흘리며 깊은 애도를 표했다. 38세의 전직 태국 해군 특수부대 대원 출신인 쿠난은 고립된 지역으로 산소탱크를 옮기는 작업 중 수중에서 정신을 잃었고, 다음날 끝내 숨졌다.

소년들은 그의 고귀한 희생에 감사하는 뜻에서 일정 기간 승려로 지냈다. 불교 국가인 태국에서는 자발적으로 단기간 승려 생활을 경험하는 사람들이 많다. 또한 장래희망을 묻자 축구팀 멤버들답게 여럿이 "훌륭한 프로

축구선수가 되고 싶다"고 말했다. 그러나 일부 소년들은 "네이비실 대원이 되겠다"는 새로운 꿈을 밝히기도 했다.

특히 소년들의 동굴 실종소식이 전해지자 이들을 구조하기 위해 세계 각지에서 모여들었다. 영국 잠수부 릭과 존은 90분을 수영하여 아이들을 최초로 발견했다. 또한 휴가 중에 바로 달려온 호주 출신의 다이버 겸 의사인 리차드 해리스(Richard Harris)도 가담했다. 그는 30년 경력의 동굴잠수 능력을 발휘해 동굴에 갇힌 아이들을 만났다. 그리고 동굴에서 3일 동안 함께 지내며 건강상태를 체크해 구조의 우선순위를 정했다.

"태국과 국제 구조대는 강하고 굳건하며 축구단 소년들을 모두 집으로 데려올 것이다!" 아이들의 생환까지 국제구조단은 수많은 고비를 넘겼다. 날씨, 동굴 내 수위, 부족한 산소 등 악조건의 연속이었다. 6월 말 시작된 폭우는 그쳤다 내렸다를 반복하며 구조대의 마음을 애태웠다. 동굴 안에 물이 차오르는 만큼 산소는 희박해져갔다. 전직 해군 출신 잠수사 사만 쿠난이 동굴 내 산소 탱크 설치 작업을 마치고 귀환하다 산소 부족으로 사망하기까지 했다.

소년들이 동굴 밖으로 나오기 위해서는 5~6㎞를 걷거나 잠수를 해야 했다. 더구나 잠수의 최장거리는 무려 800여m나 되기도 했다. 이 때문에 '가장 빠르지만 가장 위험하다'는 방법을 선택하고 신중하면서도 과감한 작전을 폈다. 즉, 구조대원이 아이들을 인도해 잠수 및 도보로 동굴을 나오는 구조 방식을 택했다.

특히 큰비가 예고되면서 작업 연기에 대한 우려도 나왔지만 쉬지 않고 펌프로 물을 빼고 산소를 공급해 구조환경을 안정적으로 유지했다. 드디어 구조작업이 시작되자 소년들은 오직 작은 손전등 하나에 의존해야 하는 극도로 위험한 환경에서 잠수를 했다. 영국 BBC방송은 "놀랍도록 강했다"고 보도했다.

"13명 전원 무사귀환!"이라는 극적인 구조 작업이 모두 종료되었을 때, 가족들과 태국 국민은 물론 전 세계가 환호로 가득 찼다. 세계인들은 구조대원 모두의 이름과 국적을 언급하며 자랑스러워했다. 그리고, 구조 과정에서 사망한 사만 쿠난의 희생도 잊지 않았다. 생명을 구하기 위한 그의 영웅적이고 헌신적인 모습은 영원히 기억될 것이다.

트위터 등 사회관계망서비스(SNS)에도 축하의 트윗이 쉴 새 없이 올라왔다. 도널드 트럼프 미국 대통령은 트위터에 "아름다운 순간이었다. 미국을 대표해 성공적 구출을 축하한다"고 썼다. 테리사 메이 영국 총리, 앙겔라 메르켈 독일 총리 등도 축하 메시지를 전했다.

"생명을 반드시 구하라!" 이 숭고한 하나의 목표를 위해 전 세계가 보여준 환상의 인류애는 영원히 기억되어야 할 것이다. 우리는 우리 인류를 구할 진정한 영웅들을 갈망한다. 영웅은 작은 생명도 소중히 하는 사람이다. 이 영웅은 그대와 나, 우리 모두가 되어야 할 것이다.

chapter 2

강력한 생존의지를 키워라

생명 탄생의 놀라운 신비

하나의 생명은 그냥 쉽게 태어나지 않는다. 엄청난 경쟁을 거치고 이겨내야 하나의 생명이 태어난다. 생명이 온전하기 위해서는 생존 본능이 강하게 작용해야 한다. 주변 환경도 중요하지만 부모 등 가족의 따뜻한 사랑이 필수적이다. 특히 생명체 자신이 강력한 생존의지가 최대 관건이다. 생명의 기적은 생명체의 생존의지에서 시작된다. 서울아산병원이 언론에 공개한 하나의 소중한 생명 사례를 살펴본다.1)

"잘 이겨내고 있어. 알았지? 엄마, 아빠가 많이 기도할게 사랑한다." 임신 6개월이 된 302g의 초미숙아가 태어난다면 살아날 수 있을까? 의사들은 이 아이(이름: 이사랑)가 생존할 확률은 1% 미만으로 예상했다. 그러나 사랑이는 169일간의 신생아 집중 치료를 마치고 건강하게 퇴원했다. 생존확률 1%의 벽을 깨고 정상적인 아이로 세상에서 활보할 수 있게 된 것이다. 이처럼 하나의 생명력은 끈질기다.

사랑이 엄마는 인공수정을 통해 임신에 어렵게 성공했지만 임신중독증

---

1) 《국민일보》, 2018년 7월 12일.

이 생겨 24주5일에 제왕절개로 사랑이를 출산해야 했다. 당시 사랑이의 체중은 302g, 키는 어른 손바닥 한뼘 크기인 21.5cm에 불과했다. 사랑이는 보통 신생아보다 4개월이나 일찍 세상 밖으로 나왔지만 단 한 번의 수술도 받지 않고 모든 장기가 정상적으로 성장했다. 마흔 넘는 나이에 인공수정으로 어렵게 임신했던 부모로서는 사랑이의 생존기적을 체험한 것이다.

사랑이처럼 생존의 한계인 400g 이하 초극소 저체중의 미숙아가 생존한 사례는 전 세계적으로도 드물다. 사랑이는 대한민국에서 보고된 초미숙아 생존 사례 중 가장 작은 아기로 기록됐다. 미국 아이오와 대학교에서 운영하는 초미숙아 등록 사이트에는 현재 201명이 등록돼 있는데 사랑이는 전 세계에서 26번째로 가장 작은 아기로 등재되었다.

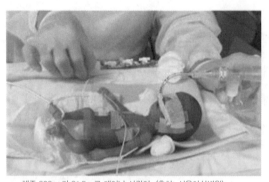

체중 302g, 키 21.5cm로 태어난 사랑이. 〈출처: 서울아산병원〉

일반적으로 1kg 미만의 몸무게로 태어나는 미숙아들은 호흡기계, 신경계, 위장관계, 면역계 등 신체 모든 장기가 미성숙한 상태다. 출생한 직후부터 신생아 호흡곤란증후군, 태변 장폐색증 및 괴사성 장염, 패혈증, 미숙아 망막증 등의 미숙아 합병증을 앓게 되며, 재태기간과 출생 체중이 작을수록 이들 질환의 빈도는 높아지고 중증도 또한 높아진다.

하지만 치료를 위해 아무리 작은 주사 바늘을 사용한다 하더라도 그 길이가 아기의 팔뚝 길이와 비슷해 삽입 자체가 쉽지 않다. 또 단 몇 방울의 채혈만으로도 바로 빈혈이 발생하기 때문에 채혈조차 쉽지 않다. 수술이 불가피한 상황에서도 너무 작기 때문에 수술조차 할 수 없어 치료시기를 놓치게 되는 경우도 많다.

"처음 봤을 때는 일주일을 넘기기 어려울 거 같았습니다. 그리고 기적이 생겼으면 좋겠다고 생각하며 생명 구하기를 시작했습니다."

병원 주치의를 비롯한 신생아팀은 사랑이의 생존을 위한 '1%의 기적'에 도전했다. 사랑이의 엄마와 아빠도 아낌없는 사랑을 쏟았다. 미숙아 괴사성 장염을 예방할 수 있는 유일한 방법이 모유 수유라는 말에 사랑이 엄마는 단 하루도 거르지 않고 모유를 유축했다. 강력한 부모의 사랑이 생명의 힘이 된 것이다. 더구나 사랑이 자신도 끊임없이 팔과 다리를 내 저으며 살겠다는 강한 본능적 생존의지로 화답했다.

그 결과 사랑이는 기적처럼 미숙아 괴사성 장염이 발병하지 않았고, 600g 정도까지 자랐을 무렵 인공호흡기를 떼고 적은 양의 산소만으로도 자발적인 호흡이 가능해졌다. 많은 한계적 위기 상황을 극복해내며 정상아 수준인 3kg으로 건강하게 성장하여 퇴원할 수 있었다. 생존의 기적이 일어난 것이다. 이 기적은 방송과 신문에 크게 보도 되어 많은 사람들이 축하했다.

상상을 뛰어넘는 동물들의 생존경쟁

생존은 그 자체로 위대하다. 지구상에 살아 있는 동물들은 모두 생존경쟁에서 승리한 종족들이다. 동물들에 따라서는 인간의 상상력을 뛰어넘는 현명한 생존전략을 구사한다. 냉혈한보다 잔인하고 스파이보다 치밀한 계략으로 생존을 이어간다. 생존은 그냥 주어지는 것이 아니다. 약육강식, 각자도생의 야생에서는 생존만이 '정의'이다.

독일의 저널리스트인 마르쿠스 베네만의 저서《지능적이고 매혹적인 동물들의 생존 게임》을 보면 온갖 군상의 동물들이 등장하여 놀랍고 치열한 생존경쟁을 벌인다.[2] 우리가 흔히 인간과 동물의 차이점을 이야기할 때 동물은 본능에 의해서 행동하고 생존한다고들 한다. 그러나 과연 그럴까?

베네만은 "동물들이 서로 먹고 먹히는 과정을 가만 들여다보면 매우 지능적이고 치밀한 전략이 숨어 있다"고 말한다. 단순히 본능에 의한 행동이라고 보기에는 그 전략들이 놀랍도록 복잡하고 계획적이어서 연신 탄성을 내지르게 된다는 것이다. 그는 "동물들의 치열한 생존 경쟁을 지켜보면 단지 강한 동물이 약한 동물을 먹고 살아남는 것이 아니라, 좀 더 현명한 동물이 승리한다"고 강조한다.

몇 가지 예를 들어본다. 군대개미(army ant)는 몸길이가 8~12mm이며, 검은색을 띠며 털이 많이 나 있다. 낫 모양의 큰 턱을 가지고 있으며, 언제나 공격 자세를 취하고 있다. 군대

공격 자세를 취한 군대개미. 〈출처: 구글〉

개미들은 대규모의 협공으로 걸리는 대로 잡아먹는다. 자신보다 몸집이 몇 배나 크고 무시무시한 전갈, 독거미, 바퀴벌레 등을 싹쓸이 한다. 심지어 인간의 생명을 위험에 빠트릴 정도로 위협적이기도 한다.

그러나 군대개미는 영리한 침팬지에게는 '개미 막대사탕'이 되어 잡아먹힌다. 침팬지는 군대개미가 아주 별미이지만 매우 위험한 무리라는 것을 알고 있다. 이 때문에 다치지 않고도 사냥하는 법을 고안해낸다. 눈이 어두운 군대개미들이 집 안에 들어온 모든 것을 물고 늘어진다는 특성을 이용해 풀줄기를 개미집에 넣었다가 빼기만 해도 맛있는 개미 막대사탕을 먹게

2) 마르쿠스 베네만, 《지능적이고 매혹적인 동물들의 생존 게임》, (서울: 웅진지식하우스, 2010) 참조.

되는 것이다. 뛰는 놈 위에 나는 놈이 있는 것이다.

북방족제비는 더 엽기적이고, 충격적이다. 족제비가 토끼를 잡을 때는 미친 듯이 춤을 추기 때문이다. 동물이 어떻게 '미친 척'을 하고 심지어 '춤'까지 춘단 말인가? 족제비는 빠른 동물이지만 야생토끼만큼 빠르진 않다. 이 때문에 토끼는 자기보다 더 느린 족제비를 아주 우습게 여긴다. 족제비가 조금 다가가면 깡충깡충 겨우 몇 발작 뛰어 가버려 애간장을 태운다.

그러면 족제비는 비상수단을 가동한다. 토끼 앞에서 미친 듯이 춤을 추기 시작하는 것이다. 발을 구르고, 공중으로 소용돌이를 치며 마치 광대처럼 정신없이 뛰고, 돌고, 도약하며 춤을 춘다. 토끼들은 족제비의 멋진 쇼 공연을 넋을 놓고 바라본다. 바로 이 때 족제비는 토기의 목덜미를 물어 맛있는 식사를 즐긴다. 토끼에겐 목숨과 바꾼 최후의 공연관람이 된 셈이다. 지상 최고의 미친 몸 개그, 동물 세계에서 가장 황당한 교란 작전인 것이다.

한국·일본·중국 등지에서 서식하는 딱정벌레과의 곤충인 폭탄먼지벌레는 일종의 고성능 생화학무기를 장착하고 있다. 적으로부터 위협을 느낀 순간 독가스인 벤조퀴논과 뜨거운 수증기를 항문을 통해 폭발음을 내면서 발사한다. 수증기의 순간 온도는 107℃도까지 올라간다. 이 때문에 한번 뜨거운 독가스 맛을 본 적들은 다시는 폭탄먼지벌레를 건드리지 못한다.[3] 독가스가 사람 피부에 닿으면 살이 부어오르고 몹시 아프다.

사람들은 독가스를 뿜어내어 폭탄먼지벌레에 '방귀벌레'라는 별명을 붙였다. 방귀를 초당 300~1,000번까지 연달아 발사할 수 있다. 이런 강력한 방어체제 덕분에 포식자인 새를 비롯해 개구리까지 쫓아낼 수 있다. 폭탄먼지벌레는 가스를 분출하는 꽁무니 부분이 단단한 키틴질로 이루어져 있기 때문에 폭탄을 연달아 쏘아도 자신에게는 별다른 영향을 받지는 않는다.

---

3) 《동아일보》, 2018년 8월 15일.

더구나 폭탄먼지벌레는 두꺼비에 잡아먹힌 경우에도 뜨거운 방귀로 살아 돌아오기까지 한다. 두꺼비는 폭탄먼지벌레를 발견하면 순식간에 혀를 내밀어 삼킨다. 깜짝 놀란 폭탄먼지벌레는 두꺼비의 뱃속에서 잇달아 독가스 방귀를 발사한다. 그러면 두꺼비는 따가움과 뜨거움을 이기지 못하고 입 밖으로 토해낸다. 두꺼비가 폭탄먼지벌레를 삼킨 뒤 뱉기까지는 측정결과 12~107분이 걸렸다. 폭탄먼지벌레가 죽다 살아날 확률은 43% 정도였다.

모든 생명은 늘 '어떻게 살아가고, 어떻게 생존하느냐' 하는 고민과 선택의 연속이다. 생존의 문제에 있어서 인간과 동물은 큰 차이가 없다. 내가 살아남기 위해 누군가를 밟고 올라서야 하고, 누군가를 밟고 올라섰을 때 내 등 뒤에서 나에게 비수를 꽂는 또 다른 존재가 있다. 모든 생명은 공격을 막아내고 생존하기 위해 자신만의 치밀한 생존전략을 발휘해야 한다.

폭탄먼지벌레 〈출처: 칠복이의 생물탐구〉

베네만은 단지 진화의 원칙만으로 놀라운 생존게임이 만들어졌을 리 없다고 단언한다. 지구상에 살아 있는 모든 생명들은 독특한 생존방식을 터득해 왔다. 그러나 수 천, 수 만 년에 걸쳐 터득한 생존기술도 새로운 환경에 맞게 변화시키지 않으면 더 이상 생존하기 힘들다. 이미 지상의 수많은 종들이 사라졌거나 사라질 위기에 있기 때문이다.

동물들의 '죽이기'가 본능에 가까운 것이기는 하지만 분명한 것은 생존을 위한 몸부림이라는 사실이다. 동물들이 적을 공격하고, 방어하고, 포획하고, 때론 속이고, 기만하고, 상처를 입히는 면면이 인간의 생존투쟁과 그리 멀리 떨어져 있지 않다. 동물이나 인간은 어떻게든 생존해야 한다. 이것은 매우 중요한 생존의 법칙이다. "강한 것이 살아남는 것이 아니라 살아남아야 강한 것이다."

생명력을 키우는 힘: 고통과 시련

생명력을 강하게 하는 것은 무엇일까? 역설적으로 고통과 시련, 역경이다. 모든 생명은 역경을 이겨내야 더 강한 생명력을 갖게 된다. 그러므로 현재의 상황이 아무리 고통스럽거나 어렵더라도 반드시 극복해내야 한다. 하늘이 무너져도 솟아날 구멍이 있다. 절망을 이기고 강한 희망의 끈으로 삶을 이어나가야 한다. 연단은 분명 더 큰 일을 할 수 있는 기회가 된다.

젊은 어부가 바다에서 고기를 잡고 있었다. 그런데 해초가 많아 고기 잡는데 방해가 되었다.

"독한 약을 풀어서라도 해초를 다 없애 버려야겠다."

그러자 늙은 어부가 말했다.

"해초가 없어지면 물고기의 먹이가 없어지고, 먹이가 없어지면 물고기도 없어진다네."

우리는 장애물이 없어지면 모든 것이 행복해질 것으로 생각한다. 그러나 장애물이 없어지면 장애를 극복하려던 의욕도 함께 없어지게 된다. 새끼오리는 스스로가 알의 껍질을 깨는 고통의 과정을 겪어야만 살아갈 힘을 얻는다. 누군가 알의 껍질을 깨는 것을 도와주면 그 오리는 얼마 못 가서 죽는다. 우리의 삶도 그렇다. 시련이 있어야 윤기가 나고 생동감이 있게 된다.

남태평양 사모아 섬은 바다거북들의 산란 장소로 유명하다. 봄이면 바다거북들이 해변으로 올라와 모래 구덩이를 파고 알을 낳고 깨어난 새끼들이 바다를 향해 새까맣게 기어가는 모습은 장관을 이룬다. 한번은 해양학자들이 산란기 어미 바다거북에게 진통제를 주사해 보았다.

어미 바다거북은 고통 없이 알을 낳았다. 그런데 놀라운 일이 벌어졌다. 어미 바다거북이 자기가 낳은 알을 모조리 먹어 치워 버리는 것이었다. 과학자들은 고통 없이 낳은 알이라, 모성 본능이 일어나지 않았을 것으로 추측했다.

우리가 사는 세상이 만약 밝은 대낮만 계속 된다면 사람들은 며칠 못 가서 다 쓰러지고 말 것이다. 누구나 어둠을 싫어하지만 어둠이 있기에 우리는 살아갈 수 있다. 낮도 밤도 모두 삶의 일부인 것이다. 어둠이 있어야 빛이 더욱 빛나듯 시련과 역경이 있어야 삶은 더욱 풍요로워진다.

살아가는 동안 부닥치는 수많은 시련 중에 우리가 이겨내지 못할 것은 아무 것도 없다. 고통과 시련은 생명을 더욱 강하게 만든다. 어떠한 경우라도 고통을 이겨내고 반드시 승리하여 축복의 삶을 만들어야 한다. 절대로 삶을 포기해서는 안 된다. 절망에 빠질 때에라도 절대로 포기하지 말아야 한다. 10m만 더 가면 산장이 있는데 5m 밖에서 얼어 죽을 수는 없지 않는가?

어떤 상황이 와도 담대해야 한다. 거북은 초조함을 모른다. 소나기가 쏟아지면, 머리를 몸 안으로 집어넣는다. 햇볕이 따가우면 그늘에서 잠시 쉬어간다. 이것이 거북의 장수 비결이다. 유연하게 상황에 적응하며 현명한 행동을 해야 살아남는다. 흥분하거나 감정적으로 대처하면 미래가 없다.

동물의 세계나 사람들의 세계도 화내면 성공하기 힘들다. 더구나 실패하고 단명하기도 한다. 화를 잘 내고 성급한 사람들 중 장수하는 사람은 거의 없다. 평정심을 잃지 않아야 한다. 생명을 짧게 하는 것은 시련이나 역경이 아니다. 환경 변화에 대한 두려움이나 분노, 좌절, 절망이다.

이러한 사례는 수없이 많다. 한번은 독일의 한 탄광에서 갱도가 무너져 광부들이 갱내에 갇히는 사건이 벌어졌다. 외부와 연락이 차단된 상태에서 1주일만에 대부분 구조되었다. 그런데 단 한명의 사망자가 발생했다. 시계를 찬 광부였다. 불안과 초조가 그를 숨지게 한 것이다.

겨울은 반드시 봄이 오면 물러나기 마련이다. 아무리 혹독한 겨울이라도 새봄이 온다고 굳게 믿으면서 겨울을 이겨내야 한다. 사람의 삶에 어찌 좋은 일만 있겠는가? 낙관적이고 희망적인 삶의 의지를 가지고 살아야 한다. 비관과 절망이 죽음에 이르는 병이다. 절대 두려워하지 말아야 한다. 어떤 상황이던 능동적으로 대처하며 삶의 위기를 극복해 나가야 한다. 우리 모두는 해낼 수 있고 또한 반드시 해내야 한다.

살아남는 자가 진정한 승리자

◆ 사자와 풀, 그리고 밥

"내일 생존하기 위해서는 지금 당장 변화해야 한다. 그렇지 않으면 내일도 오늘도 없다." 인생을 살다보면 좌절하고 절망할 때가 있다. 전후좌우를 살펴보아도 조그마한 탈출구조차 보이지 않는다. 이러한 경우에 흔히 직면하게 되는 경우가 당장 삶을 그만두고 싶은 생각이 들 때가 있다. 이때마다 좀 나아지겠지 하며 이를 악물고 참는다.

그런데 어떻게 보면 '생존하는 것'이야말로 가장 힘들고도 고귀한 일인지도 모른다. 이것은 생명의 본질이며, 본능이다. 끝까지 생존하는 것, 끝까지 생명을 이어가는 것은 모든 생명에게 있어서 가장 위대한 모습이다. 생존해야 희망이 있고, 더 나은 미래가 있기 때문이다.

생존하기 위해서는 독종이 되어야 한다. 독하지 못하면 생존하기조차 힘들다. 이것은 자연의 법칙이기도 하다.[4] 사자도 사냥에 성공해야 살아남는다. 실패하면 굶어죽는다. 풀은 독종이다. 바위틈에서도 생명을 키운다. 심지어 열사의 땅 사막에서도 풀은 자란다. 비가 오지 않는 동안은 숨죽이고 있다. 비가 일순간 쏟아지면 모두가 싹을 틔우고 생명을 노래한다. 장관이다. 찬미다.

삶은 무엇인가? 밥이다. 동물이든 식물이든 밥이 있어야 산다. 특히 사람의 삶도 '밥'에서 출발함을 명심해야 한다. 소설《칼의 노래》로 필명을 날린 김훈 작가는 '아들에게 보내는 편지'에서 이렇게 적었다. "아들아, 사내의 삶은 쉽지 않다. 돈과 밥의 두려움을 마땅히 알라! 돈과 밥 앞에서 주접떨지 마라!"

"사내의 삶이란 돈을 벌어오는 것이다. 알겠느냐? 혼동해서는 안 된다. 밥이 목구멍을 넘어갈 때 느껴지는 그 매끄러운 촉감, 이것이 바로 삶인 것이다. 이것이 인륜의 기초이며 사유의 토대다. 돈과 밥의 지엄함을 알라. 그러니 돈을 벌어라!"[5] 이 편지의 핵심은 무엇인가? 먹고사는 문제, 즉 생존의 문제를 절대 얕보지 말라는 경고다.

우리는 어떻게든 생존해야 한다. 길이 없다면 길을 찾아야 한다. 길이 없으면 길을 만들어야 한다. 위기는 분명 또 다른 기회다. 고통과 시련은 더 나은 나의 미래를 위한 연단이다. 그러므로 절대긍정으로 살아남아야 한다. 결코 포기하지 말아야 한다. 포기하지 않으면 반드시 새로운 기회가 온다.

---

4) 서광원, 《사자도 굶어 죽는다》, (서울: 위즈덤하우스, 2008), 12쪽.
5) 김훈의 편지글을 필자의 어투로 다소 수정했다. 원문은 김훈, 《너는 어느 쪽이냐고 묻는 말들에 대하여》, (서울: 생각의 나무, 2002) 참고.

◈ 바퀴벌레 같은 생존력

기업도 마찬가지다. 일단 창업했으면 어떻게든 생명력을 유지해야 한다. 악으로 깡으로 버티며 기업의 설립목적을 향해 나아가야 한다. 기업도 어떻게든 생존해야 보다 원대한 미래를 설계할 수 있다. 강력한 생존의 힘으로 원대한 꿈을 실현해 나가는 대표적인 기업이 있다. 바로 전 세계 숙박공유 사이트인 '에어비앤비(Airbnb)' 다.

에어비앤비는 조 게비아, 브라이언 체스키, 네이선 블레차르지크라는 용감한 형제들 3명이 2008년 8월 공동창업하여 신화를 창조한 기업이다. 창립한 지 10년 정도 되었지만 지금까지 누적 이용객수는 무려 8,000만명에 이른다. 기업 가치는 아직 상장도 안 됐지만 300억달러가 넘는다. 차량공유 업체 '우버(Uber)'와 더불어 가장 주목받는 스타트업으로 꼽힌다.

에어비엔비 창업자 3명중 중 게비아와 체스키 등 2명은 로드아일랜드 디자인스쿨 출신의 디자이너다. 두 사람은 동창생으로 당시 샌프란시스코에서 같이 살고 있었는데 집세가 부족했다. 그래서 이들은 마침 집 인근에서 열리는 컨퍼런스 참가자를 겨냥하여 'air bed(공기를 주입한 비닐침대)와 breakfast(아침 식사)'를 제공하는 조건으로 3명의 게스트를 모집한 것이 사업의 동기가 되었다. 에어비엔비의 이름은 바로 여기에서 유래되었다.

처음 두 디자이너는 코딩이 안 되어서 과거 룸메이트였던 블레차르지크를 영입하여 세 사람이 공동창업하게 되었다. 그런데 투자자들은 창업자중 2명이 기술적 배경이 없다는 점을 우려했다. 하지만 약점으로 보였던 그들의 디자인적 자질은 시간이 흐른 뒤 가장 큰 자산으로 작용했다. 그들에게 디자인이란 그저 물건이나 웹사이트를 번지르르하게 만드는 작업이 아니라 행동을 설계하는 방법이었다.

브라이언 체스키가 보통 사람들과 달랐던 것은 미숙한 아이디어를 가지고 과감히 동굴 밖으로 나간 데 있다. 수많은 도전과 시련이 닥쳐왔지만 그는 소명의 불씨를 꺼뜨리지 않고 맞서 싸웠다. 그를 가슴 뛰게 한 말이 있다. 조지 버나드 쇼가 한 말이다. "이성적인 사람은 자신을 환경에 적응시킨다. 비이성적인 사람은 환경을 자신에게 적응시킨다. 그러므로 모든 진보는 비이성적인 사람들에게 달려 있다."

하지만 이들 공동창업자들에게 초기에는 생존 자체가 엄청난 과제였다. 처음 잘 사용하지 않는 빈 공간을 빌려주는 사업을 준비하고 있다고 했을 때 주변에선 모두가 멍청한 생각이라고 비웃었기 때문이다. 그러나 이들은 모든 문제를 해결했고, 마침내 세계의 주목을 받는 거대 기업으로 우뚝 세웠다. 에어비앤비 공동창업자들은 무수한 '거절'을 극복하면서 성공의 신화를 쓴 것이다.

에어비앤비 공동창업자들이 성공한 비결은 무엇이었을까? 그것은 바로 '바퀴벌레보다 강한 생존력'이었다. 이들이 어려울 때 도와주고 자금을 지원하여 도약할 수 있도록 결정적인 역할을 해 준 기업이 있다. 세계적인 스타트업 육성회사인 '와이–콤비네이터(Y-Combinator)'였다. 이 회사가 에어비앤비의 강한 생명력을 발견하고 지원을 결정했기 때문이다. 당시 면접자인 폴 그레이엄 대표는 이렇게 소리쳤다. "와우! 당신들은 정말 바퀴벌레 같군요. 절대 죽지 않을 겁니다!"

에어비앤비 공동창업자들이 성공할 수 있었던 또 하나 남다른 점은 살아남기 위한 절박한 몸부림, 즉 '열정적 실행력'이었다. 그들은 지하철역 앞에서 자신들의 아이디어를 홍보했고, 사용자들 가가호호를 방문해 어려움을 직접 해결해 주었다. 단 세 번의 클릭만으로 예약이 가능하도록 하는 등 '디테일'을 구축했다. 특히 끊임없는 시행착오를 지속적으로 개선하여 만족도를 극대화했다.

결국 개인이나 기업의 생존은 "반드시 살아야 한다"는 절박감과 강한 생존의지에 달려 있는 것이다. 살아남아야 진정한 승리자가 되고 더 나은 미래가 있다. 어떤 경우든 절대 포기하지 말고 끝까지 살아남아서 뜻을 이루어야 한다. 이것이 모든 생명을 창조한 신의 강력한 명령일 것이다.

어떠한 위기가 닥치더라도 극복할 수 있는 길이 있다. 생명에게 불가능은 없다. 도전하고 또 도전하여 생명의 고귀성을 입증해야 할 것이다. 강한자가 살아남는 게 아니라 살아남아야 강한 것이 된다. 지구상에 살아 있는모든 종족들은 세상과 싸워 이긴 강자들이다. 살아야 이기는 것이 삶의 본질이다.

chapter 3

지속 가능한 생존방법을
터득하라

생명의 본질적인 사명은 무엇일까? 그것은 지속 가능한 생명을 이어가
는 것이다. 하루, 한 세대에서 끝나는 것이 아니다. 대를 이어 가며 생존을
영속하는 것이다. 그러나 지속 가능한 생존은 예나 지금이나 그리고 앞으
로도 매우 중요한 과제다. 그렇다면 어떻게 해야 지속 가능한 생존을 이어
갈 수 있을까?

미래에도 내가 살아 있을까? 내가 미래의 어느 시점까지 생존해 있기를
희망한다면 그렇게 되도록 만들어야 한다. 그것이 불가능할 수도 있고, 아
니면 가능할 수도 있다. 미래를 예측하는 가장 좋은 방법은 자기 스스로가
미래를 창조하면 된다. 불가능은 없다. 생각하고 준비하면 모든 것이 가능
해질 수 있다. 지속 가능한 생존방법을 찾아본다.

세계 최고의 전문가 : 축구의 최강자 호날두

지속 가능한 생존을 위해서는 첫째로 프로(professional) 즉, 전문가 그것

도 세계 최고의 1인자가 되어야 한다. 프로는 어떤 일을 전문으로 하거나 그런 지식이나 기술을 가진 사람, 전문가를 말한다. 어떤 분야든 인정받는 프로가 되면 그의 삶은 달라진다. 물론 프로라 하더라도 실력의 수준에 따라 몸값은 천양지차가 된다. 그러므로 자기의 최대장점을 살려 세계 최고의 전문가가 되어야 강한 생명력을 확보할 수 있다.

전문가인 프로는 오직 실력이다. 일반적으로 가장 인기가 있는 프로 분야는 스포츠 선수들이다. 프로스포츠는 축구, 야구, 골프, 농구, 배구 등 종목이 매우 다양하다. 프로 선수들에게 '몸값'은 곧 '검증된 실력'을 뜻한다. 연봉이 높을수록 스타로 인정받는다. 그 해의 농사 결과에 따라 연봉이 크게 달라진다. 프로는 오직 '실력'으로만 평가받는다.

프로세계에서 자기혁명의 성공자들이 많다. 축구의 최강자 크리스티아누 호날두(Cristiano Ronaldo: 1985년 2월 5일~현)도 대표적인 자기혁명가다. 포르투갈 출신의 호날두는 모든 역경을 극복하고 축구의 최정상에 오른 인물이다. 그가 어떻게 세계축구의 최정상에 올랐을까? 신화를 창조한 호날두의 잘 알려진 자전적 이야기를 소개한다.

호날두는 1985년 2월 포르투갈의 가장 가난한 작은 섬마을 '산투안토니우'에서 2남 2녀 중 막내아들로 태어났다. 빈곤층이었던 호날두의 가족은 시에서 가장 싼값에 빌려주는 아파트에 살았다. 당시 호날두는 두 명의 누나와 한 명의 형과 같은 방을 썼다. 겨울에는 매우 추웠고, 여름에는 천장에서 비가 새기도 했다. 호날두는 그래서 어릴 적부터 가난이 너무 싫어 도망치고 싶었다. 그러나 가난의 굴레를 벗어날 수 없었다.

호날두의 아버지는 알코올 중독자였다. 호날두는 아버지가 술은 마시면 너무나 두려웠다. 형은 마약 중독자였다. 형은 늘 약에 취해 삶에 의욕도 없었다. 호날두 가족의 생계를 책임졌던 것은 청소부였던 어머니였다. 호날두는 어린 시절에는 제대로 먹지 못해 '말라깽이'라는 별명을 가지고 있었다.

호날두와 아들 호날두 주니어 〈출처: 인스타그램〉

어느 날 빈민가 놀이터에서 혼자 흙장난을 하다가 저 멀리서 축구를 하는 동네 친구들을 보았다. 호날두는 가난하다는 이유로 동네 친구들이 축구에 껴주지도 않았다. 그는 우연히 날아온 축구공을 발로 힘껏 찼다. 순간 그는 난생 처음으로 희열이란 것을 느꼈다.

"어머니, 저도 축구를 하고 싶어요. 축구팀에 보내주세요."

철없는 아들의 요구에 어머니는 당황했다. 집안 형편으로는 비싼 축구 활동비를 감당하는 것은 매우 어려운 일이었다. 그렇지만 어머니는 아들의 간절한 청을 무시할 수 없었다. 어머니는 호날두와 함께 이곳저곳 팀을 알아봐 주셨다.

다행히 저렴한 가격에 겨우 팀에 들어 갈 수 있었다. 그러나 호날두는 또 가난하다는 이유로 패스 한번 제대로 받지 못했다. 운동장 조명이 꺼지고 모두가 돌아간 뒤에는 혼자 남아 축구공을 닦아야 했다. 그렇게 왕따, 외톨이 신세로 한동안 지냈다.

그러던 어느 날 호날두는 하늘이 무너지는 소리를 듣게 되었다. 축구를 하다가 몸이 안 좋아 병원에 갔다. 의사는 '심장질환'이 있어 앞으로 축구를 절대 해서는 안 된다고 말했다. 호날두는 어릴 적부터 정상인 보다 두 배는 빠르게 심장이 뛰는 질환이 있었다. 다행이 수술을 하고 재활치료를 하면 정상인만큼은 아니지만 그래도 많이 호전 될 수 있다고 들었다.

하지만 호날두의 집은 여전히 가난했다. 값비싼 수술비를 지불할 수 없었다. 호날두의 소식을 들은 아버지와 형은 수술비를 마련하기 위해 취직을 하였다. 마침내 1년 후 온 가족이 모은 돈으로 호날두는 심장수술을 할 수 있게 되었다. 수술은 성공적이었다.

호날두는 재활을 마친 후 더욱 더 훈련에 강도를 높였다. 비록 동료들에게 패스를 받지 못 하면 어떤가. 축구를 할 수 있다는 것이 행복했다. 시간이 흘러 꿈에 그리던 그라운드에 데뷔하였다. 수많은 관중들, 서포터스, 스포츠 기자들, 그리고 유명 축구팀의 스카우터들의 시선이 운동장에 집중했다.

호날두는 마침내 자신이 바라고 꿈꾸었던 축구장에서 골문을 향해 공을 치고 나갔다. "심장이 터져도 좋다." 호날두는 새로운 무대에서 죽을 각오로 뛰고 또 뛰었다. 그렇게 그의 영국무대 데뷔전이 끝났다.

얼마나 시간이 지났을까. 호날두는 전화 한 통을 받았다. 그는 다른 리그 축구팀 감독이라고 소개했다. 그리고 스카우트하고 싶다고 했다. 호날두는 그의 말을 듣고 몸에 소름이 돋음을 느꼈다. 아니 전율이었다. 그 팀은 세계 최고의 명문구단 중 하나인 '맨체스터 유나이티드'였다. 호날두에게 직접 전화를 건 사람은 최고의 축구감독이라 평가 받는 퍼거슨 감독이었다.

전화가 끝난 후 호날두는 바로 어머니에게 전화를 걸었다. 눈물이 나고 말도 잘 나오지 않았다. 흐느끼며 어머니에게 이렇게 말했다.

"어머니 더 이상 청소부 일을 하지 않으셔도 되요."

호날두의 어머니는 아무 말 없이 수화기를 잡고 울고 있었다. 구멍 난 축구화에 외톨이, 심장병을 가진 소년이었던 호날두는 세계적 축구선수로 '대

변신'하는 날이었다. 그동안 모든 악조건을 극복하고 피와 땀, 눈물로 일군 결실이었다.

그러나 호날두는 여기에 만족하지 않았다. 세계 최정상을 유지하기 위해 지속적으로 몸을 특별관리 했다. 호날두는 나이를 먹어갈수록 자신의 능력을 가다듬으며 진화시켰다. 2019년 현재 34세가 되었다. 어느 덧 은퇴할 나이에 이르렀다. 그러나 그는 10년이 어린 23세의 몸을 유지하고 있다.[1]

호날두는 10대 시절 너무 말랐다. 주변에서 타박까지 들었다. 그는 어느 날 스스로 자기혁명을 선언하고 '몸'을 만들기로 결심했다. 그리고 밤마다 기숙사를 나와 웨이트로 땀을 흘렸다. 10년 넘게 팀훈련 외에 하루에 3~4시간, 일주일에 최소 5번씩 민첩성, 지구력, 스피드, 힘, 유연성 훈련 등을 꾸준히 했다. 그 결과 몸이 커졌고, 운동장에서는 더욱 빨라졌다.

호날두는 '늘 110%로 뛸 수 있는 몸을 만든다'는 철학을 갖고 지독하게 자기관리를 한다. 영국의 맨체스터 유나이티드 시절 호날두와 한솥밥을 먹었던 파트리스 에브라가 "호날두가 훈련 뒤 점심에 초대한다면 거절해야 한다"고 조언까지 했다. 그는 "호날두의 초대로 집에 가보니 식탁에 샐러드랑 닭가슴살만 있었다. 뒤에 고기가 나올 줄 알고 일단 먹었는데 그게 끝이었다"고 털어놨다.

호날두는 늘 세계 최고를 꿈꾼다. 그는 꿈의 실현을 위해서 자기혁명을 통해 철저한 자기관리를 하고 있다. 술은 입에 대지 않는 것으로 알려졌다. 식단 영양관리에도 엄격하다. 그의 탁월한 축구실력과 근육질 몸은 혹독한 자기혁명의 선물이다. 호날두는 "41세까지는 현역으로 뛰겠다"며 새로운 도전을 하고 있다.

프로의 세계에서 지속 가능한 승자가 되려면 어떻게 해야 할까? 프로

---

1) 《동아일보》, 2018년 6월 22일.

진출만으로도 사실상 성공자이다. 그런데 프로의 무대에서 지속 가능한 승자가 되려면 철저한 자기관리가 필요하다. 지키려는 자와 빼앗으려 자가 매일매일 충돌하기 때문이다. 조금만 빈틈이 생기면 한없이 추락한다. 축구의 호날두처럼 롱런하기 위해서는 결국 자기의 한계를 극복해야 한다. 즉 위대한 자기혁명을 완성해야 한다.

"열심히 일하는 것보다는 성과를 내는 것이 중요하다." 프로는 자기의 가치를 스스로 증명하지 못하면 엄청난 비난을 받는다. 화려하게 재기하기도 하고, 일순간에 추락하기도 한다. 팀이 필요한 순간, 결정적인 한방으로 통쾌하게 해결할 때 프로의 가치를 빛난다. 진정한 프로는 노력의 결정체, 자기혁명의 월계관이다.

"나는 누구인가?" 프로인가 아니면 아마추어인가? 지속 가능한 생존과 성공적 삶을 위해서는 최고의 프로가 되어야 한다. 철저한 자기분석을 통해 가장 잘 할 수 있는 분야를 택하여 끊임없이 갈고닦아야 한다. 사람들은 최고의 프로에게 환호하고 열광한다. 삶의 승리자가 되기 위해서는 자기가 가장 잘 할 수 있는 분야를 선택하여 프로의식을 갖고 그 분야의 최고 전문가가 되어야 한다.

미래예측과 선제적 대응

지속 가능한 생존을 위해서는 둘째로 미래예측과 선제적 대응을 통해 미래를 이끌어 나가야 한다. 미래는 미지의 세계다. 아무도 가보지 않았다. 불확실성, 그 자체다. 이러한 미래에도 지속 가능한 생존을 하기 위해서는 어떻게 해야 할까? 가장 중요한 것은 미래를 예측하고 선제적으로 대응하는 것이다. 개인은 물론 기업이나 국가가 미래를 예측하고 대비를 하지 않아 '최후'를 맞이한 된 사례가 수없이 많다.

미래예측(future forecast)이란 미래의 어느 시점에 개인이나 기업 또는 국가에 있어서 무엇이 일어날지 미리 헤아려 짐작하는 것을 말한다. 역사적인 성패는 대부분 미래예측에서 비롯된다. 미래예측은 개인의 삶은 물론 기업경영 또는 국가정책에 있어서나 매우 중요하다. 단순한 성패를 넘어 사활의 중대한 변수가 되기 때문이다.

개인은 미래예측을 통해 불행이나 재앙을 막고 더 나은 미래의 삶을 이어갈 수 있다. 직업의 선택은 물론 부의 미래, 심지어 권력의 부침에도 미래를 정확히 예측하고 대응해야 한다. 성공하는 사람들의 특징은 미래를 정확하게 예측하고 선제적으로 행동한다. 그러므로 미래의 성공을 위해서는 미래예측을 통해 준비하고 대응해 나가야 할 것이다.

기업도 시장, 수요, 기술발전, 경영환경 등에 대해 과학적인 예측을 한다면 시장을 선점할 수 있고 경쟁력을 높일 수 있다. 미래예측 전문가인 피터 슈워츠(Peter Schwartz)는 그 누구도 예상하지 못했던 소련의 몰락을 정확히 예측하여 러시아의 자원개발권을 확보함으로써 일거에 업계를 장악했던 일은 유명하다.[2]

반대로 기업이 미래예측에 실패하면 경쟁에서 도태될 수 있다. 한때 세계 최고의 통신회사이었던 웨스턴 유니언은 그레이엄 벨(Alexander Graham Bell)이 발명한 전화를 외면해 몰락하고 말았다. 벨은 자신이 발명한 음성전화 기술특허를 갖고 웨스턴 유니언을 찾아가 10만달러(현 가치로는 약 170만달러)에 살 것을 제안했다.

하지만 당시 웨스턴 유니언의 사장 윌리엄 오톤은 "그 전자 장난감을 가지고 우리가 할 수 있는 게 도대체 뭐요?"라며 단호히 거절했다. 웨스턴

---

2) 최연구, 《미래를 예측하는 힘》, (서울: 살림출판사, 2009), http://www.sallimbooks.com

유니언으로부터 거절당한 벨은 1877년에 투자자인 가디너 허버드(Gardiner Hubbard), 토머스 샌더스(Thomas Sanders)와 공동으로 벨 전화회사(Bell Telephone Company)를 직접 설립하였다.

이 회사는 전화사업의 주도권을 잡은 후 1885년 장거리전화 설비를 위한 자회사로 AT&T를 설립하면서 급성장했다. 그리고 1910년에는 주식매입을 통해 웨스턴 유니언의 경영권을 확보하기까지 했다. 웨스턴 유니언이 10만달러에도 사지 않았던 기술로 AT&T라는 초대형 기업을 일구어 냈던 것이다. AT&T는 현재 미국 최대 규모의 통신회사로서 자리를 굳히고 있다.

웨스턴 유니언은 기술예측과 수요전망에 실패한 대표적인 사례다. 이는 기술예측에 기반을 둔 미래예측이 기업의 성패에 결정적인 요인이 될 수 있음을 보여 준다. 기업이 탁월한 분석에 따른 미래예측을 통해 미래전략을 수립하고 이를 실행하는 일은 기업의 존망을 좌우한다.

미래예측과 대응은 국가 운명에 있어서도 결정적 요인이 된다. 일본 정부는 1·2차 석유파동을 거치면서 에너지 문제에 관련된 미래예측에 대한 관심을 갖고 전략적인 대응을 해 왔다. 일본 정부는 석유파동에 대비하기 위해 뉴선샤인계획(1993년), 신국가에너지전략(2006년) 등을 잇달아 수립했다. 이러한 노력의 결과 일본은 고유가파동에도 불구하고 극심한 경제위기를 피할 수 있었다.

사막의 기적을 이룬 두바이 역시 미래예측과 미래전략을 통해 위기를 기회로 만든 성공 사례로 꼽을 수 있다. 아랍에미리트연합(United Arab Emirates)의 토후국 중 하나인 두바이는 세계 최고층 빌딩 부르즈 두바이, 창의력 가득한 인공 섬, 열사 한가운데 있는 스키장 등을 건립하여 세계가 주목하는 그야말로 꿈의 도시가 되었다.

두바이는 지난 1966년에 2020년경 석유고갈로 위기를 맞을 것을 미리 예측하고 2011년까지 석유의존 경제구조에서 벗어난다는 중장기적인 국가미래전략 계획을 수립하고 추진해 왔다. 즉, 원유 대신 부동산·관광·무역·금융 산업을 경제를 부흥시킬 중장기 전략산업으로 선정하고 실행하였다. 그 결과 두바이는 현재 세계적인 관광지이자 중동 경제의 중심으로 부상했다. 두바이의 기적에도 미래예측과 국가미래전략이 중요한 역할을 했다.

세계 최강대국 미국은 그동안 본토가 침공을 당하는 일은 한 번도 없었다. 하지만 9·11테러는 미국의 모든 것을 바꿔 놓았다. 2001년 9월 11일 오전 9시부터 오후 5시 20분 사이에 발생한 항공기 납치 동시 다발 자살테러로 인해 뉴욕의 110층짜리 세계무역센터 쌍둥이 빌딩은 맥없이 무너져 내렸고, 세계패권의 상징이던 워싱턴의 국방부 청사(펜타곤)도 공격을 받았다.

세계 패권국 미국은 일순간에 아수라장으로 변했고, 세계 경제의 중심부 뉴욕은 공포의 도가니가 되었다. 전대미문의 테러로 90여 개국 2,800~3,500여명의 무고한 사람이 생명을 잃었다. 더구나 미국의 자존심도 한순간에 벽돌처럼 무너져 내렸다.

경제적인 피해는 천문학적인 액수다. 세계무역센터 건물 11억달러를 비롯해 테러 응징을 위한 긴급지출 400억달러, 재난극복 연방 원조액 111억달러가 날아갔다. 만약 미국이 도처에서 감지된 대형 테러의 징후를 감지해 미리 철저히 대비했더라면 엄청난 인적·물적 피해를 막을 수 있었을 것이다.

우리나라가 1997년 겪은 국제금융위기도 수많은 징후와 실물경제 인프라의 취약함을 사전에 감지하지 못했고 위기를 제대로 예측하지 못했기 때문에 맞은 국가부도 사태였다. 내로라하는 경제학자와 금융전문가, 정책결정자들이 있었지만 이들 중 누구도 금융위기를 예측했던 사람은 없었다. 이는 우리 사회가 위기를 감지하고 미래를 예측하는 기능을 전혀 갖추지 못했음을 보여 주는 사례이다.

미래예측과 선제적 대응은 개인과 기업, 국가에 있어서 지속 가능한 생존의 필수조건이다. 과거와 현재는 인간의 힘으로는 절대 바꿀 수 없다. 그러나 미래는 얼마든지 바꿀 수 있다. 그렇기 때문에 더 나은 미래를 위해서는 미래예측에 대해 적극적인 관심을 가져야 한다. 다가올 미래를 어떻게 준비하고 대응하느냐에 따라 개인과 기업, 국가의 미래가 달라진다.

선한 생존의지와 끊임없는 혁신

지속 가능한 생존을 위해서는 셋째로 선한 생존의지를 갖고 끊임없는 혁신을 해나가야 한다. 생존에서 가장 중요한 것은 강한 의지다. 의지는 길을 만들고 기적을 만든다. 모든 힘은 의지에서 분출된다. 그러나 의지만 갖고 생존을 이어갈 수는 없다. 끊임없이 혁신을 하여 추격자를 따돌려야 한다. 혁신을 멈추는 순간 붕괴가 시작된다. 모든 생명은 선한 생존의지를 갖고 지속적으로 혁신을 추진해야 지속 가능한 생존을 이어갈 수 있다.

하나의 생명은 생물학적으로 자기 복제하는 세포분자로부터 시작되었다. 그리고 수 십 억년을 거치면서 진화나 돌연변이를 통해 지금의 생물계에 이르게 되었다. 생명은 단순한 세포분자에 머무르지 않고 생존율을 더 높이기 위해 다양하게 분화, 발전의 과정을 선택해 왔다. 생명이 현재에도 계속되는 것은 순수하게 자연선택의 과정을 통해 살아남았음을 의미한다.

다시 말하면 지구상에 살아 있는 모든 생명들은 강한 생명의지를 갖고 지금까지 생명을 이어왔다. 만약 생명의지가 약하거나 없었다면 멸종했을 것이다. 나아가 생명의지가 있더라도 환경에 적응하지 못했다면 이 또한 멸종했을 것이다. 생명의지는 의외로 강하다. 이것 또한 자연선택의 결과이다. 수억 년 전의 씨앗이 환경적 조건이 맞으면 싹을 틔우는 놀라운 광경을 보

PART 3 생존해야 더 나은 내일이 있다!

171

게 된다. 이것이 바로 생명의지다.

그렇다면 생명이 죽는 까닭은 무엇인가? 역설적으로 대를 이어 종을 번식, 유지하기 위해서다. 생명은 강력한 생존의지를 갖고 자기 자신을 유지하는 데 필요한 에너지를 빼돌려 자식을 만드는 데 사용한다. 이것이 개체를 떠나 종을 유지하는 데에 더 효과적이다. 그리하여 생명은 자신을 계속 보수하여 유지하는 것보다 자손을 남기는 방안을 선택했고, 이를 통해 생물 종 자체가 반영구적으로 지속 가능한 생존을 이어가는 것이다.

생명의 진화는 환경에 적응하며 지속 가능한 생존을 이어가기 위해 무작위적으로 이루어진다. 생명체의 최고걸작인 인간 이성은 그 속에서 나온 부산물이다. 사실 개체를 떠나 종의 번성에 있어 이성은 그다지 큰 영향을 미치지 않는 조건이다. 사고할 수 있는 능력, 즉 이성이란 것은 진화의 끝에서 필연적으로 나타나야 하는 그런 요소가 아니다. 곤충의 더듬이나 나무의 잎과 같이 환경에 적응하다보니 우연히 취득된 하나의 생존 양식이다.

그러므로 인간은 생물의 진화론적 관점에서 봤을 때 어떤 목적을 갖고 태어난 것이 아니다. 자연히 발생한 생명활동의 결과물 중 하나인 것이다. 그러므로 인간이 태어난 이유와 살아가야 할 이유는 인간 스스로가 찾아야 한다. 인간의 삶의 목적은 결코 인간 외부에서 주어진 것이 아니다. 무수한 도전과 깨달음을 통해 '삶의 진정한 의미-길'을 찾아 그 위대성을 스스로 입증해야 하는 것이다.

인간이 존재해야 할 이유를 찾지 못한다면 그것은 매우 불행한 일이다. 그것은 인간만이 이성을 지닌 존재, 생각하는 존재이기 때문이다. 이성과 생각을 통해 존재 이유를 찾을 때 인간의 위대성이 나타난다. 사실 많은 사람들은 존재의 이유를 찾지 못하고 그저 단순한 삶을 반복하다가 죽음에 이르게 된다. 이것 또한 인간 의지의 선택의 결과다. 즉 모든 생명, 모든 인간의 삶은 선택의 결과인 것이다.

생물학적 진화를 넘어 종교의 세계에서는 인간의 '선한 의지의 선택'을 중시한다. 기독교에서 하나님은 인간에게 자유의지의 선택권을 부여했다. 그 선택에 따라 천국에 갈 수도 있고, 지옥불에 떨어질 수도 있다. 하나님은 이미 모든 것을 결정해 놓은 것이 아니라, 사람이 '선한 의지(사랑)'로 선택을 하고 기도하면 그가 선택한 삶이 이루어지도록 돕는다.

인간과 하나님(신)과의 관계는 전적으로 '선택적 관계'다. 하나님은 선택하고 믿는 사람에게는 존재하지만 그렇지 않은 사람에게는 존재하지 않는다. 하나님은 인간이 존재의 이유를 모를 때 위대한 존재 이유를 성경을 통해 자세히 안내하고 있다. 그리고 삶이 힘들고, 지칠 때 위로하고 힘과 용기를 준다. 그래서 험난한 인생길에 자유의지를 갖고 살아가는 것도 좋지만 하나님과 동행하면 더 든든할 수 있는 것이다.

그렇다면 인간을 비롯한 모든 생명체가 생존하기 위한 조건, 즉 지속 가능한 '생존 조건(survival conditions)'은 무엇인가? 그것은 선한 자유의지의 실행에 있다. 다른 말로 말하면 '사랑의 실천'인 것이다. 이것은 모성애일수도 있고, 애국심일수도 있다. 역사상 위대한 사람들은 모두가 위대한 사랑의 실천가였다. 이러한 사랑의 실천가에 의해 개인이나 기업, 국가의 지속 가능한 생존이 이어지는 것이다.

지속 가능한 생존을 위해서는 늘 파괴적인 혁신을 해야 한다. 파괴적인 혁신이 곧 생존의 조건이다. 이것은 개인은 물론 기업과 국가도 해당된다. 모든 것의 지속 가능한 생존 조건은 엄혹하다. 혁신을 성공하기 위해서는 근본적으로 철학과 우선순위, 작동방식이 달라지지 않으면 변화가 없다는 처절한 반성에서 출발해야 한다.

성공한 이후에는 어떻게 해야 하는가? 사람들은 성공하면 대개 자만하거나 오만에 빠진다. 그러면 그 성공은 오래 유지되지 못한다. 지속적인 성공을 유지하기 위해선 어떻게 해야 하는가? 그것은 '끊임없는 혁신' 뿐이다. 정지된 것은 아무 것도 없다. 세상은 매순간 변화하고 있다. 사람들도 마찬가지다. 그러므로 어제의 낡은 것을 오늘의 새로운 것으로 혁신 또 혁신해야 생존을 이어갈 수 있다.

여자라면 누구나 한 개쯤은 갖고 싶어 하는 명품, 일본 주부 3명중 1명이 갖고 있다는 세계적인 가방 브랜드가 '루이비통(LOUIS VUITTON)'이다. 루이비통은 1854년 루이 비통(Louis Vuitton: 1821년 8월 4일~1892년 2월 27일)이 창업한 프랑스의 세계 최고 명품 브랜드 업체다.

여행 가방을 비롯하여 핸드백, 가죽 소품, 액세서리, 신발 등의 제품을 제작하여 전 세계 74개국의 465개 유명 백화점 명품 매장에서 판매하고 있다. 루이비통의 창업자 루이 비통은 그의 성공 비결에 대해 "고객의 마음을 사로잡기 위해서는 끊임없이 혁신해야 한다. 그렇지 않으면 존재가치가 없어진다"고 말했다. 이것이 루이비통이 160여년의 빛나는 전통을 이어온 핵심 비결이다. 그러므로 지속 가능한 생존을 위해선 선한 생명의지를 갖고 끊임없이 혁신해 나가야 한다.

chapter 4

더 나은 내일의 생존을
창조하라

연어의 처절한 모천회귀 이유

뱀 중에는 '살모사(殺母蛇)'가 있다. 글자 그대로 어미를 죽이는 뱀이라는 뜻이다. 그러나 이는 잘못 알려져 있다. 왜 그런 오해가 생겼을까? 살모사는 다른 뱀들과 달리 난태생이다. 새끼가 배 속에서 부화한 다음 산란을한다. 이 때문에 새끼를 낳으면서 어미가 지쳐 쓰러져 있는 모습이 마치 새끼가 태어나면서 어미를 죽이는 것 같이 보여 어미를 죽이는 뱀, 즉 살모사이라는 이름을 얻었다.

살모사는 비록 어미가 죽지 않더라도 어미의 커다란 희생이 있어야 새끼를 낳게 된다. 사실 모든 생명의 어미는 새끼 즉, 자식의 생존과 '더 나은미래'를 위해 목숨까지 아낌없이 바친다. 이것은 모든 어미의 숙명이다. 식물은 말할 것도 없고 동물들도 마찬가지다. 어미는 생명의 대를 잇고, 이들의 더 나은 미래를 위해 고귀한 최후를 맞이하기도 한다.

대표적인 것이 연어(鰱魚: salmon)다. 연어는 산란기가 다가오면 자신이 태

연어의 점프는 종속번식을 위한 처절한 몸부림이다.

어난 강으로 거슬러 올라간다. 이때부터 암컷과 수컷은 모두 몸 색깔이 변하여 몸 표면에 독특한 빛깔인 '혼인색'을 띠며 먹이를 먹지 않는다. 특히 번식기의 수컷은 턱이 길어져서 구부러지고, 이빨이 강해지며 등이 볼록하게 솟는다.

연어는 산란 장소로 수심이 3m 이내이고 유속이 20cm/s 정도인 강 상류의 물이 맑고 자갈이 깔려 있는 곳을 찾는다. 암컷과 수컷은 이곳에 크기 1m, 깊이 40cm 정도의 웅덩이를 파서 알을 낳는다. 암컷은 2~3회에 걸쳐 700~7,000개의 알을 낳으며, 동시에 수컷이 알을 수정시킨다. 알 낳기를 마친 암컷은 꼬리를 이용해 모래로 알을 덮는다.

짝짓기를 마친 암컷과 수컷은 또 다른 상대를 만나 짝을 짓기도 하며, 짝짓기가 완전히 끝나면 죽게 된다. 수정된 알은 8~10℃에서 약 60일이 지나면 부화하며 이듬해 봄이 오면 바다로 내려가 생활한다. 보통 3~5년이 지나면 성숙하여 짝짓기를 할 수 있으며 최대 6년까지 사는 것으로 보고되어 있다.

연어가 새끼를 낳기 위해 자기가 태어난 모천으로 회귀하는 과정은 실로 장엄하고 처연하다. 연어는 자기가 태어난 출생장소를 산란장소 선택하여 또 다시 생명을 낳고 새로운 생명을 이어가게 한다. 연어는 산란기가 되면 모천으로 회귀하기 위해 북태평양 등 먼 바다에서 출발한다. 우리나라 연어는 약 70%가 매년 10월경 강원도 양양군 남대천으로 모천회귀(母川回歸)한다. 장장 수백 km를 치열하게 바다를 헤엄치다 다시 출생지인 양양 등으로 돌아온다.

바다에서 하천으로 오는 과정도 결코 쉽지 않다. 상어 등 강한 포식자의 위협을 극복해야 한다. 그러나 여기서 끝나지 않는다. 하천에 다다르면 더욱 무서운 적인 사람들을 피해야 한다. 사람들이 곳곳에서 연어를 잡기 위해 눈에 쌍심지를 켜고 지켜보고 있다. 어느 지역에선 독수리나 곰도 연어를 노린다.

연어가 겨우 적들을 피하면 이번엔 사람들이 조성한 댐이나 턱을 넘어야 한다. 경우에 따라서는 30㎝~1m의 높은 장애물도 뛰어 올라가야 한다. 연어의 점프는 '종족번식'이란 처절한 몸짓이 담겨 있다. 연어는 거센 물결을 뚫고 수없이 점프하여 장애물을 넘고 또 넘어야 한다. 최악의 경우에는 가뭄으로 물이 없을 수도 있다. 돌아갈 수도 앞으로 나아갈 수도 없다. 어떻게 해야 하는가?

극히 일부의 연어만 무수한 생과 사의 고비를 넘기고 마침내 자신이 태어난 곳에 다다른다. 이들 연어조차도 그곳에서 지친 몸으로 온 힘을 다해 산란을 하고 서서히 죽어 간다. 모든 것을 온전히 다 바쳐야만 연어의 새 생명이 탄생한다. 갓 태어난 연어의 새 생명들은 어미, 아비의 죽은 몸에서 생긴 영양분을 섭취한다. 새끼들은 어미, 아비의 고귀한 희생으로 힘을 얻어 하류를 지나 먼 바다로 '거대한 꿈'을 꾸며 나아간다.

비단 연어만이 아니다. 어떻게 보면 시차가 있지만 모든 생명은 새끼를 낳고 후손들의 더 나은 미래를 위해 희생하다가 결국 최후를 마친다. 하나의 생명체가 영원히 살지 않고 신생–성장–쇠퇴–사멸의 과정을 거치며 종속을 번식하고 더 나은 미래가 되도록 하는 것이다. 생명의 신비가 아닐 수 없다. 우리 인류도 마찬가지다. 우리 후손들이 너 나은 미래의 삶을 살도록 하는 것이 생명의 숭고한 의무다.

홍콩 암흑가 영웅들의 목숨 건 싸움

〈영웅본색(英雄本色)〉. 1986년 오우삼이 감독하고 서극이 제작한 홍콩의 갱스터 액션영화 제목이다. 이 영화는 홍콩이 10년 후인 1997년 1월 1일 중국에 반환된다는 발표 이후 커졌던 홍콩인들의 불안감을 필름누아르(film noir: 암흑영화)식 액션과 전통 무협 영웅 서사를 통해 표현했다. 〈영웅본색〉은 폭발적으로 성공하여 홍콩누아르 장르의 시발점이 됐다. 그리고, 이를 모방하여 1980~1990년대 암흑가를 다룬 소위 '홍콩영화'가 대거 제작되기 시작했다.

〈영웅본색〉은 단순히 범죄 액션물이 아닌 필름누아르의 계보로 분류하는 것은 무엇보다 영화 고유의 스타일과 도시에 대한 어두운 비전 등이 유사하기 때문이다. 필름누아르는 1930~1940년대 미국인들의 냉소와 절망을 암흑가의 배신과 파멸의 서사 안에 담아냈고, '검다(noir)'란 이름처럼 어두운 밤, 강한 대비의 조명, 사선 및 수직 구도 등으로 도

영화 〈영웅본색〉 포스터

시의 불안과 무력함을 효과적으로 표현해 낸 것이 특징이다.

그런데 〈영웅본색〉을 단순하게 암흑가의 폭력영화로 보아서는 안 된다. 〈영웅본색〉은 중국 반환을 앞두고 불안해진 도시 홍콩을 무대로 암흑가 인물들을 통해 홍콩의 현실과 미래에 대한 비전을 제시한다는 데 특별히 주목해야 한다. 주윤발 등 등장인물들은 중국반환이라는 불안한 홍콩의 현실 속에서도 '더 나은 미래'를 찾기 위해 원칙을 지키며 몸부림친다.

한탕주의와 배신이 만연한 홍콩의 암흑가에서 우정, 가족, 의리와 같은 '낡은 가치'를 지키기 위해 목숨을 던지는 일을 어떻게 평가해야 할까? 〈영웅본색〉의 주인공들은 이러한 가치를 지키기 위해 가장 소중한 목숨마저 기꺼이 던진다. 〈영웅본색〉의 뜻은 무엇인가? 그 뜻은 "영웅의 참 모습"이다. 이 영화의 영어제목은 〈A Better Tomorrow〉처럼 영웅들은 '더 나은 미래'를 위해 목숨을 바쳐야 하는 것이 참 모습이다.

하지만 〈영웅본색〉에서 영웅들은 더 나은 미래를 위해 숭고한 가치들을 죽음을 통해 지켜냈다 하더라도, 법 질서 밖에서 총을 들고 불법적으로 행한 만큼 폭력을 사용한 대가를 치러야 한다. 낭만적이지만 죽음이라는 큰 희생과 결과와 상관없이 법의 심판 아래 있는 영웅들의 싸움은 결국 짙은 무력감과 허무감을 안게 된다.

따라서 어떠한 경우에도 정의와 평화의 가치를 지키며 더 나은 미래를 위해 모든 것을 바치는 참된 영웅이 필요하다. 위대한 자기혁명의 완성은 선한 영웅이 되어 더 나은 미래를 창조하는 사람이다. 21세기는 문제폭발의 시대다. 지금 대한민국과 인류는 엄청난 문제들에 직면해 있다. 우리 모두가 참 된 영웅 본색을 드러내어 더 나은 인류의 미래를 함께 만들어 나가야 할 것이다.

후회 없는 인생의 발견

"어떻게 죽을 것인가?"

인생은 단 한번뿐이다. "나는 어떻게 죽을 것인가?"를 끊임없이 자신에게 묻고 또 물어야 한다. 공자는 《논어(論語)》 이인편(里仁篇)에서 "朝聞道(조문도)면 夕死(석사)라도 可矣(가의)니라"고 했다. 즉 "아침에 도를 깨달으면 저녁에 죽어도 좋다"라고 말했다. 이는 인생의 참 가치, 진리를 깨닫는 삶이 매우 중요하다는 것을 역설적으로 강조한 말이다.

우리는 매일매일 수많은 죽음의 행렬을 보고 무엇인가를 깨달아야 한다. 그러나 많은 사람들은 덤덤하다. 그저 때가 되면 죽는 것이 인생이기 때문에 죽음에 대해 초연한 듯 살고 있다. 죽음이 우리 자신과 전혀 무관한 것처럼 살고 있는 것이다. 우리는 죽음을 통해 참 된 가치의 삶을 깨달아야 한다.

무수한 죽음을 통해서 산 사람들이 깨달아야 할 최고의 덕목은 무엇일까? 그것은 가장 가치 있는 삶이 무엇인지 발견하는 것이다. 나는 저렇게 살아서는 안 된다, 혹은 나는 저 같은 삶을 살아야 한다 등등 위대한 자기혁명의 새로운 동기를 찾아야 한다. 즉, 죽음이 중요한 것은 산 사람들이 자기혁명을 통해 가장 가치 있는 삶을 창조하게 하는 것이다.

사람은 누구에게나 자기가 하고 싶은 일, 그리고 가장 잘 할 수 있는 일이 있다. 바로 이 일을 해야 성공할 가능성이 높다. 그러므로 반드시 이 일은 스스로 찾아야 한다. 한번뿐인 인생을 절대 허무하게 마쳐서는 안 된다. 자기가 하고 싶은 일을 찾아서 행해야 행복해진다. 그리고 일의 성과도 내고 많은 사람들에게 큰 기쁨을 줄 수 있다. 이것이 자기혁명의 핵심적 선택 기준이다.

SBS의 장수 인기프로 중엔 〈순간포착–세상에 이런 일이〉가 있다. 2018년 6월 21일(목) 밤에 방영된 제990회 프로 제2화에선 "샤프펜슬 화가"가 방영되었다. 오직 샤프로만 그림을 그린다는 박종윤(48)씨가 주인공으로 소개되었다. 샤프로만 그리기 때문에 그의 작품은 흑백이지만 마치 살아 움직이는 것 같은 리얼함이 돋보였다.

박종윤씨는 모든 방법을 홀로 터득했다. 그가 어떻게 샤프로 그림을 그리게 되었을까? 어렸을 때부터 그림에 재능을 보였지만, 넉넉하지 못한 집안 사정으로 한 동안 그림을 잊고 살았다. 그런데 2년 전 생일에 아내가 우연히 스케치북과 연필을 선물한 이후로 그림을 다시 그리기 시작했다. 그는 고작 27개월만에 깜짝 놀랄 최정상급 화가가 되었다.

박종윤씨는 다양한 종류의 샤프심을

샤프펜슬 화가 박종윤 씨. 〈출처: SBS 캡처〉

사용했고, 수채화에 쓰이는 붓까지 활용했다. 게다가 세밀한 표현을 위해 얇은 샤프심을 더 얇게 갈기까지 했다. 박종윤씨가 이때까지 그린 그림은 200여 점이 되었다. 그는 남들에게 그림을 보여주고 싶어 개인적으로 길거리 전시까지 열었다. 이 그림을 본 일반 시민들은 하나같이 "정말 대단하다"며 감탄을 연발했다.

SBS의 〈세상에 이런 일이〉에는 가끔 박종윤씨 같은 사람들이 주인공으로 등장한다. 이들은 대부분 생활형편 때문에 자기가 하고 싶었던 일을 중간에 포기한다. 그리고 우연한 기회에 다시 도전하게 되고, 자기 안에 잠재된 '위대한 능력'을 이끌어낸다. 누가 시킨 것도 아니고 누구로부터 배운 것도 아니다. 스스로 자기혁명을 통해 도전 또 도전하여 자기가 꿈꾸던 길을 찾은 것이다.

그러므로 인생에서 가장 중요한 것은 '자기가 꿈꾸는 삶'을 찾아 행하는 일이다. 이것이 후회 없이 사는 길이다. 후회 없는 인생이 되기 위해서는 '무소의 뿔'처럼 당당히 앞으로 나아가야 한다. 인생의 성공자들은 모두 자기가 가고자 하는 길을 정진했다. 그 길이 꽃길일 수도 있지만 대부분 가시밭길이다. 모든 어려움을 이겨내고 꿈을 이루어야 가장 가치 있는 삶이다.

위대한 역사는 어떻게 만들어질까? 바로 돌연변이 같은 위대한 자기혁명가들에 의해 창조된다. 자기혁명가들은 자기가 하고 싶어서 열정적으로 도전한다. 자기의 생각과 태도도 과거와 완전히 결별하고 새로운 삶을 시작한다. 마음이 이끄는 대로 갈뿐 거침이 없다. 밤을 새워 일해도 즐거울 뿐이다. 묘한 성취감을 짜릿하게 맛본다. 이처럼 자기혁명의 세계는 전대미문을 길을 가는 것이다.

인류의 위대한 발명품 '내일'

인간이 위협받고 있다. 인공지능(AI)로봇의 등장으로 인간의 정체성이 흔들리고 있다. 이제 인간의 본질을 재확인할 필요가 있다. 인간의 본질은 관점에 따라 다양하게 인식된다. 생물학자가 보는 인간, 철학자가 보는 인간, 전자공학자나 개발자(프로그래머)가 보는 인간, 경제학자나 사회학자가 보는 인간은 같은 듯싶지만 전혀 다르다.[1]

그렇다면, 생물학자가 보는 인간은 어떤 존재일까? '종의 진화'라는 생

---

1) 김상순, "더 나은 내일", https://www.huffingtonpost.kr (검색일: 2018년 7월 22일)

물학적 관점에서 보았을 때 인간은 그저 '진화된 원숭이류'에 불과하다. 사람의 형상을 한 인공지능로봇을 '복제(replicant)'가 아닌 원숭이 또는 인간의 '진화(evolution)'라고 볼 수 있을까? 진화론의 창시자인 다윈이 이를 본다면 무엇이라고 설명할까?

프랑스의 진화생물학자 밀로(Daniel S. Milo: 1953년~현)는 그의 저서 《미래중독자(The Invention of tomorrow)》(2017년)에서 "인류는 멸종직전에 가장 위험하고 위대한 일인 '내일'을 발명했다"고 강조했다.[2] 밀로는 "오래 전 멸종 위기에 처했으나 5만여 년에 걸쳐 결국 지구라는 생태계의 정점에 서게 된 호모 사피엔스라는 우리 선조들이 도구나 불, 언어보다 훨씬 혁명적인 것을 발명했다"는 대담한 주장을 한다. 그가 제시하는 가장 위대한 인류의 발명품이란 바로 '내일(Tomorrow)'이라는 것이다.

철학자이고 역사학자이기도 한 밀로는 "호모 에렉투스는 호모 사피엔스보다 150만년이나 앞서서 탈 아프리카 작전을 감행했다. 왜, 어째서 광대하고 풍부한 자원을 간직한 대륙 아프리카를 떠나 유럽과 아메리카로 이주하였는가?"라고 의문을 던지며 무수한 근거들을 추적한다. 그가 찾은 해답은 인간은 동물과 달리 "내일 보자!"라는 간결하지만 위험하고 위대한 문장을 발명했다는 것이다.

즉, 인간은 '더 나은 내일'을 위하여 아프리카를 떠나 새로운 미지의 땅을 찾아 나섰다. 인간은 이 험난한 대이동의 여정에서 수많은 죽을 고비를 넘겼다. 인간은 끝없는 도전 속에서 단련되었고 더욱 강해졌다. 그 결과 오늘날과 같은 대문명의 바벨탑을 건설했다. 이 모든 비밀의 문을 여는 열쇠가 바로 '내일'이다.

우리 인간에게 있어서 '내일'은 무엇을 의미하는가? "내일 보자"라는 말

---

2) https://book.naver.com/bookdb/book_detail.nhn?bid=12528448 (검색일: 2018년 7월 22일)

에서 '내일'은 근거 없는 약속일 수 있다. 어제, 그리고 오늘 해가 떴다고 해서 내일 반드시 해가 뜰 것이라는 근거는 없다. 다만 우리는 믿고 기대하고 기다릴 뿐이다. 내일이라는 믿음 안에 인류를 이끈 위대한 힘과 사피엔스를 인간으로 만든 위험한 특성이 숨어 있다.

우리 인간에게 내일은 확실히 다가오는 것으로 기대되는 근미래다. 그러나 우리는 많은 경우 '내일'이 없는 경우를 목격하거나 경험한다. 갑자기 지인이 죽거나 사고로 인하여 내일이 없는 경우를 겪게 되는 것이다. 인간에게 내일, 그리고 내일 다음인 미래가 없다면 그것은 혼란을 넘어 공포이자 공황이 된다. 그래서 철학자 스피노자는 "내일 지구의 종말이 온다고 할지라도 한 그루의 사과나무를 심겠다"고 말했다.

동물들은 오직 '오늘'에 집중한다. 그러나 인간은 오늘을 포기해서라도 더 나은 '내일'을 준비한다. 아직 존재하지 않는 내일을 위해 이미 존재하는 오늘을 포기하는 존재는 인간이 유일하다. 인간이 지구의 최강자가 된 것은 더 나은 내일을 찾아 나섰기 때문이다. 인간 중에도 오늘에 갇혀 있는 사람은 더 성장하지 못한다. 늘 더 나은 미래를 향하여 준비하고 도전하는 사람만이 더 나은 삶이 있다.

인간의 숙명적 사명은 무엇인가? 더 나은 미래를 찾아 도전하는 것이다. 성경에 나오는 아담과 이브가 왜 금단의 열매인 선악과를 따 먹었을까? 그리고 모세가 왜 이집트를 떠나 사막에서 떠돌아야 했을까? 그것은 모두 젖과 꿀이 흐른다는 '가나안'이 있다고 생각했기 때문이다. 인간은 자유의지를 가지고 더 나은 미래를 찾아 나서야 하는 것이 숙명적 사명이다.

인간에게는 왜 종교가 있을까? 그것은 천국이나 구원의 삶이 있다고 믿기 때문이다. 인간은 그동안 더 나은 미래를 만들기 위해 많은 것을 창조해 왔다. 과학과 기술을 발전시키고 문화와 문명을 일구어 왔다. 심지어 종교를 통해 행복한 미래 세계를 보장받고자 한다. 가슴속에 더 나은 미래의 꿈이 없는 사람은 인간의 길을 포기한 사람이다.

그런데 최근 우리 인간에게 중대한 위협이 다가오고 있다. 그것은 내일에 대한 기대를 포기한 사람들이 점점 많아지고 있다는 점이다. 어떻게 보면 지금 인류는 멸종의 문 입구에 서 있는지도 모른다. 인간들은 미래에 대한 아름다운 희망을 갖는 것이 아니라 두려움과 공포의 대상으로 여기기 시작했다. 소위 '불안한 미래'의 그림자가 다가오고 있는 것이다.

요즘 젊은이 중에서는 미래를 두려워하여 결혼은 물론 출산까지 포기하는 사람들이 늘고 있다. 오직 오늘에만 충실하자며 '미래가 없는 삶'을 전염병처럼 옮기고 있다. 미래 공포의 중독자가 늘어나고 있는 것이다. 인간의 멸망이 시작되는 임계점에 다다르고 있다. 인간멸종에서 탈출할 새로운 발명이 요구된다. 이것이 바로 '자기혁명'이다. 우리는 위대한 자기혁명을 통해 인류의 더 나은 미래를 만들어 나가야 한다.

인류위기 시대에 진정한 영웅은 누구인가? 단순하게 미래를 예측하는 사람이 아니다. 인류의 새로운 비전을 제시하고 더 나은 미래를 창조하는 사람이다. 미래는 주어지는 것이 아니라 스스로 창조해 나가는 것이다. 미래가 절망이 되면 인류는 종말뿐이다. 그러나 희망이 되면 새로운 도약이 이루어질 것이다. 아름다운 미래를 창조할 위대한 자기혁명가들이 폭포수처럼 쏟아져 나와야 할 것이다.

THE GREAT
SELF-REVOLUTION

" 나를 성취자로 만들기 위해서는

나를 분석하고 해부하여 강한 나를 만들어야 한다.

나를 알고 나를 최강자로 만들어야 천하를 얻을 수 있다. "

PART 4

PART
4

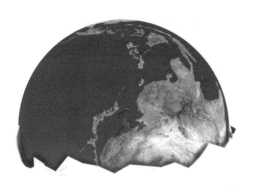

나의 꿈을
어떻게 이룰 것인가!

인간 존재의 특징은 모든 것이 정해져 있지 않다는 점이다.
삶과 죽음도, 성공과 실패도 모든 것이 운명처럼 다 정해져 있는 듯이 보인다. 그러나 인간의 삶은 자유의지
의 선택에 따라 무한 팽창한다. 육체적 수준에서 정신적 수준으로, 정신적 수준에서 영혼적 수준으로 허물을
벗고 더 높은 곳으로 비상해야 한다.
이것이 위대한 자기혁명의 완성 과정이다.

chapter 1

나를 알고 적을 알아
백전백승하라

인류의 출현과 멸종

◈ 인간의 기원: 진화 혹은 창조

위대한 자기혁명의 성공을 위해서는 먼저 나 자신을 철저히 알아야 한다. 나를 잘 알아야 나의 한계를 극복하고 내가 꿈꾸는 세상을 창조할 수 있다. 나는 인간이며 동시에 대한국인이다. 먼저 인간인 나의 특성을 잘 알아야 한다. 인간인 나는 과연 어디에서 왔으며, 현재 어디에 있으며, 앞으로 어디로 갈 것인가? 이 질문은 인간의 기원, 현재, 그리고 미래에 관한 본질적 문제를 제기한 것이다.

인간의 기원에 관한 문제는 매우 오래 되었다. 철학적인 문제이자 생물학적, 과학적인 문제, 나아가 종교적인 문제이기도 하다. 어떻게 생각하고 행동하느냐에 따라 인생관, 세계관, 즉 모든 삶이 달라질 수 있다. 그러므로 인간의 기원을 정확히 아는 것은 대단히 중요하다. 그렇다면 인간은 언제, 어디서 처음 나타났을까? 대표적인 인간의 기원설은 우주의 빅뱅론(진화론)

과 하나님의 창조론이 있다.

지구의 역사는 약 46억년으로 추정된다. 지구의 생명체 탄생을 알기 위해서는 지구 탄생 최초의 순간을 알아야 한다. 하지만 현대 물리학이 아무리 발전했다고 해도 우주 진화 과정과 생명 탄생 초기의 사건을 정확히 알 수 없다. 생명 탄생 초기의 비밀은 앞으로도 긴 시간 동안 미지의 상태로 남아 있을 수밖에 없다.

그러나 진화론자들은 지금으로부터 4, 5백만년 전, 에너지 폭발에 의해 원시 인류가 나타났다고 말한다. 그 후 인류의 조상인 오스트랄로피테쿠스(Australopithecus)가 등장하였고, 250만 년 전쯤에는 뇌가 점점 커지고 도구를 사용할 줄 아는 호모 하빌리스(Homo habilis: 재간꾼)가 등장했다.

160만년 전에는 걸어 다니는 호모 에렉투스(Homo erectus: 곧선 사람)가 나타나서 아시아, 아프리카, 유럽, 중국까지 퍼져 나갔다. 50만년 전에는 베이징 원인이 나타났고, 10만년 전에는 인류의 사촌이라고 할 수 있는 네안데르탈(Neanderthal: 호모 에렉투스의 후예)인이 유럽과 중동에 등장하였다.

4만~5만년 전부터 인류는 호모 사피엔스(Homo sapiens: 지혜로운 사람)라는 현대적인 인간으로 변모해 갔다. 유럽에서는 후기 구석기 시대인 4만년 전에 크로마뇽(Cro-Magnon)인이 나타나 네안데르탈인과 장기간 공존하였다. 그리고 약 4만년 전부터 인류의 직계 조상이라고 할 수 있는 호모 사피엔스 사피엔스(Homo sapiens sapiens: 아주 현명한 사람)가 나타나기 시작하였다.

이와 같은 인간의 출현과 변모는 진화론자들의 주장이다. 진화론의 창시자인 다윈(Charles Robert Darwin: 1809년 2월 12일~1882년 4월 19일)을 중심으로 한 고전적 진화론자들은 인간이 '유인원'으로부터 진화했다고 믿는다. 그들은 인간과 동물을 비교한 결과 유사성을 발견하고 "인간은 동물에 비하여 보다 복잡한 신체 구조와 기능을 가졌다는 것 이상의 그 무엇을 보여 주지는 못했다"고 말한다. 모든 정신적인 것은 자연적인 것이고 물질적인 것으로부터 진화한 것이라는 것이다.

다윈은 1859년 《종의 기원》이란 책을 세상에 내놓았다. 이 책은 하나님의 인간 창조설을 당연하게 믿었던 서구 문화에 엄청난 반향을 일으켰다. 그리고 시간이 흐르면서 전 세계에 매우 오랫동안 강력하게 영향을 미쳐왔다. 다윈은 《종의 기원》을 집필하고 마지막 문장을 이렇게 적었다.

"원래 극소수 또는 하나의 형상에 몇 가지 능력과 함께 숨결이 불어 넣어졌다. 그리고 그 뒤에 이 행성이 정해진 중력 법칙에 따라 계속 도는 동안에 맨 처음 그토록 단순했던 것에서 가장 아름답고 가장 경이로운 무수한 형상들로 진화해 왔고, 지금도 진화하고 있다. 이런 생명관에는 장엄함이 있다."

다윈과 진화론자들은 한 종이 어떤 과정을 거쳐 더 강해지거나 더 빨라지거나 하는 지를 감동적으로 설명했다. 하지만 새로운 종이 어떻게 생겨나는 지에 대해서는 명확하게 설명하지는 못했다. 즉, 진화가 왜 일어나는지 그리고 어떻게 전개되는지를 확실하게 설명하지 못하고 있다. 이 때문에 창조론과 진화론의 불화와 갈등 역시 아직도 완전하게 봉합되지 않았다.

반면 인간은 유인원에서 진화한 것이 아니라 '하나님이 창조했다'는 창조론(創造論: doctrine of creation)이 있다. 하나님의 창조론은 우주 만물이 하나님의 섭리와 계획에 의해 만들어졌다고 하는 주장이다. 기독교와 유대교의 창세기 경전과 이슬람교의 경전 코란(Koran)에서는 세상의 기원에 대해 묘사하면서 유일신이 세상을 창조했다고 적고 있다.

창조론자들은 창세기 등 주로 성경의 기록을 바탕으로 창조론 또한 증거가 있으며 과학적으로 입증 가능한 이론으로 본다. 생명의 창조론을 과학으로 증명하려는 노력 역시 기독교계와 이슬람교계 등 아브라함계 종교권에서 이뤄지고 있는데 이를 '창조과학'이라고 부른다. 모든 인간은 하나의 조상만을 갖고 있다. 모든 인류는 뿌리가 하나인 형제자매다.

이탈리아의 신학자인 토마스 아퀴나스(Thomas Aquinas: 1225년~1274년 3월 7일)에 따르면 '인간(人間:person)'은 창조자의 피조물 가운데에서 이성을 부여받은 존재자로서 피조물의 질서 영역에서 최상위에 위치하고 있다. 인간이 창조자로부터 받은 특질 중의 하나는 자유의지다. 인간은 이 자유의지에 의해 선을 행하기도 하지만 악도 범하기도 한다.

또한 인간은 창조자인 신과 비교할 때 불완전한 피조물에 불과하지만, 이 우주에서 인간의 존재는 가장 가치 있는 것 중의 하나다. 창조자는 인간을 그 자신의 형상을 본떠 창조했기 때문에 인간은 본래적으로 선할 수밖에 없다. 만약 이 세상에 존재하는 악의 원인을 찾으려고 한다면 우리는 그것이 다만 선의 결핍이라는 정의밖에 발견할 수 없다는 것이다.

◈ 인간의 본성: 선 혹은 악

그렇다면 '인간의 본성(human nature)'은 어떠한가? 인간의 본성이란 자연적 종으로서의 인간존재에 관련된 특성을 말한다. 사회학자들은 동물과 다른 인간본성의 독특한 특성은 그 '적응성'에 있다고 지적한다. 즉, "인간은 특별한 본능이나 자질을 갖고 태어나기 보다는 성장해 감에 따라 환경에 적응해 가며 형성된다". 인간 존재의 '행동'은 그 사회 '문화'와 사회화에 의해 크게 영향을 받는다는 것이다.

따라서 인간 존재가 자연적으로 탐욕스럽거나 공격적이라는 표현은 소유나 전쟁이 없는 사회의 경우에 정면 반격당할 수 있다. 무엇보다도 인간 존재는 과거에 대한 '반성'의 능력을 발전시켜 왔다. 이것은 '합리적 행위'와 '사회적 발전'의 가능성을 촉진시켜 왔다.

인간본성이 무엇이고 인간본성을 어떻게 조정할 수 있는지는 서양철학에서 가장 오래되고 가장 중요한 질문이다. 이 질문에서 윤리학, 정치학, 신학 등 모든 것이 파생되었다. 인간의 본성에 대한 다양한 탐구가 진행되면서 여러 가지 주장이 제기되었다. 크게 성선설, 성악설, 환경설, 운명설 등으로 구분할 수 있다.

첫째, 성선설은 인간의 본성이 선(善)하다고 보는 학설이다. 맹자(孟子)는 대표적인 성선설론자다. 맹자와 같은 정통 유가(儒家)들은 "욕망과 이익을 좇는 것은 외부의 사물로부터 자극받아 형성된 인간본성을 흐트러뜨린 행동"으로 여긴다. 그러므로, 인간의 선(善)한 본성을 유지하기 위해서는 욕망과 이익을 통제하고 억압하는 것이 마땅하다고 생각했다.

맹자는 인간을 궁극적으로 도덕적인 완성을 이루어 성인의 경지에 도달해야 하는 존재로 이해하였다. 맹자는 인간이 선한 도덕적 본성을 가지고 있는 존재라고 함으로써 인간과 세상의 개선 가능성을 확보하려 했다. 따라서, 맹자의 성선설은 왕도정치를 이상으로 삼았던 동양의 사상가들에 의해서 올바른 인간 이해의 정형으로 받아들여졌다.

'모든 인간은 부처의 선한 본성을 가지고 있다'는 불교의 가르침은 모두 성선설의 원류로 여겨지고 있다. 성선설의 주장은 동양에서는 적어도 2,200년 전부터 제기되었다. 그리고 비교적 최근에 이르기까지 성악설과 함께 인간의 윤리적 본성을 이해하는 주된 관점으로 받아들여졌다.

둘째, 성악설은 인간의 본성이 악하다고 보는 학설이다. 순자(荀子)는 인간본성이 악(惡)하다고 보는 대표적인 성악론자다. 순자는 욕망과 이익을 좇는 행동이 외부로부터 자극받아 형성된 것이 아니라 인간이 본래부터 지니고 있는 것이라고 주장한다. 이 때문에 순자는 정통 유가들로부터 이단으로 배척받고 있다. 그러나, 그가 예(禮)의 교육과 실천을 통해 인간의 욕망과 이익을 좇는 마음을 통제·교화하고자 했다는 점에서는 유가의 입장과 같다고 할 수 있다.

즉, 순자는 맹자의 성선설에 반대하고 나섰으나 그 목적은 맹자와 마찬가지로 사람들에게 수양을 권하여 도덕적 완성을 이루고자 하는 것이었다. 이러한 순자의 사상은 전국시대의 혼란한 사회상에 바탕을 두었다. 성악설은 사람이 태어나면서부터 가지고 있는 감성적인 욕망에 주목하고, 그것을 방임해 두면 사회적인 혼란이 일어나기 때문에 악이라는 것이다.

따라서 순자는 수양은 사람에게 잠재해 있는 것을 기르는 것이 아니라 외부의 가르침이나 예의에 의하여 후천적으로 쌓아올려야 한다고 하였다. 순자의 성악설 사상은 백성을 정치적 권력에 의하여 일방적으로 규제하려고 한 이사(李斯)·한비자(韓非子) 등 법가에 계승되었다. 그러나 유가의 정통 사상으로서는 성선설(性善說)에 압도되었다.

셋째, 환경설은 인간의 본성이 선하거나 악한 것이 아니라 환경에 따라 결정된다는 학설이다. 가령 인간의 발달은 유전적 요인에 의한 것이 아니라 그 사람이 처한 환경에 의해 결정된다는 것이다. 인간발달에 대해 연구하는 생물학자들은 유전론과 환경론에 대해 종종 다음과 같이 비유한다.

"발달(development)은 높은 산에서 굴러 떨어지는 눈덩어리와 같다. 유전은 중력과 같은 역할을 해서 눈덩어리가 산 위에서 아래로 굴러가게 한다. 즉 유전은 발달의 방향을 정하는 역할을 한다. 그러나 눈덩어리가 내려가는 중간에 무엇(바위, 물, 나무 등등)을 만나 크기와 모양이 달라지는가 하는 것은 환경의 영향이다."

미국의 행동주의 심리학자 왓슨(John Broadus Watson: 1878년~1958년)은 환경설을 신봉하여 "학습을 통해 인간의 행동이 성립된다"고 생각했다. 다음은 그의 유명한 발언 내용이다. "나에게 사지육신이 멀쩡한 건강한 아기 열두

명과 내가 바라는 육아 환경만 만들어 달라. 그러면 나는 어떤 아이든 훈련을 통해 의사·법률가·예술가·대사업가로 만들 수 있다. 아이의 재능·취향·경향·능력·적성·민족과 상관없이 말이다." 과연 이것이 가능할까?

끝으로 운명설은 인간이 선하고 악한 것은 모두 개별적 운명이 정해져 있다는 학설이다. 유전적 요인에 의해 결정된다는 유전설과 맥을 같이 한다. 인간은 그의 유전자(타고난 운명)에 의해 조종되는 단순한 자동인형에 지나지 않는다는 것이다. 친절이나 협력, 이타주의 등은 모두 유전자 탓이며 살아남기 위한 유전자의 발버둥일 뿐이다. 이에 따라 유전자가 곧 그의 운명이 된다는 것이다.

운명론자들은 흔히 '사주'가 그것을 결정한다고 말하기도 한다. 그러나 사주가 같다고 하여 모두 운명이 똑 같은 것은 아니다. 대한민국에서 동일 사주로 태어나는 사람이 대체로 200명 정도라고 한다. 하지만 이들의 삶은 제각각이다. 왜 그럴까? 이것은 자신에게 주어진 환경 속에서 만들어진 성격이나 성향으로 인해 동일사주라도 서로 다른 선택과 다른 삶을 살아가게 되기 때문이다.

따라서 인간의 본성을 선과 악 등 어느 하나로 규정하기에는 무리가 있다. 타고난 성품, 삶의 환경, 자기의 자유의지와 노력 등의 복합적인 결과물로 보는 것이 타당할 것이다. 즉, 인간의 본성은 자유의지에 따른 선택의 결과물로 보아야 할 것이다. 사람의 인생은 유전적 요인과 환경적 요인 등의 복잡계 속에서 자신의 자유의지에 따라 다양하게 바뀔 수가 있는 것이다.

◈ 인간의 구성: 육체·정신 그리고 영혼

그렇다면 인간은 무엇으로 구성되어 있는가? 인간은 다른 동물과 마찬가지로 몸 덩어리인 육체를 가지고 있다. 또한 생각하고 판단하고 행동하게 하는 정신이 있다. 이와 함께 과학적으로 입증하기 힘든 초자연적, 초현실적인 특수한 생명원리인 영혼이 있다. 즉 인간은 육체와 정신(생각, 마음), 그리고 영혼 등으로 구성되어 있다.

첫째, 인간은 육체적 존재다. 인간에게 있어서 육체는 본능에 따라 작용하게 한다. 인간의 육체는 다른 생명체와 마찬가지로 신생, 성장, 쇠퇴, 사멸 등 4단계의 과정을 거친다. 인간이 아무리 많은 지식을 쌓고 몸을 강하게 단련하여도 유한한 존재다. 이 때문에 한시적인 행복이야 찾을 수 있겠지만 지속적인 행복과 평화는 찾을 수 없다.

인간은 제한된 몸을 가진 일시적인 생명체. 그러므로 절대적인 자유나 신성함, 전체성, 완전함이 없다. 자신을 둘러싸고 있는 환경에 의존해야만 존재할 수 있는 임시적, 상대적인 존재다. 이 때문에 인간 자체로는 속박이고 욕망에 휘둘리는 속물일 수 있다. 육체적 본능을 잘 통제하고 관리하는 능력에 따라 그 사람의 성품이 좌우된다.

둘째, 인간은 정신적 존재다. 신은 몸이 없다. 몸이 없다는 의미는 무한한 몸이라는 의미다. 형상이 없는 무한한 존재가 신이다. 인간이 자의식이라는 부분적인 의식을 가진 존재라면 신은 전체의식의 존재다. 몸이 있다면 신은 제한된 존재가 된다. 그러면 전지전능할 수 없다.

신은 스스로 존재한다. 아무것도 의존하지 않는다. 시공간을 초월하는 무시간, 무공간의 무조건적인 존재이며 완전하고 자유롭고 평화롭다. 인간이 신이 될 수 있을까? 과학이 아무리 진화해도 인간이 신이 되기는 어려울 것이다. 그러나 인간은 과학기술을 발전시켜 신의 영역에 도전할 것이다.

셋째, 인간은 영혼적 존재다. 인간은 영육으로 이루어졌다. 영혼은 인간의 지혜로 파악하기 힘든 초월적 존재다. 인간은 영혼이 내제되어 있어 인간의 신성화와 신격 존재성을 지니게 된다. 그러나 인간은 아직 육체적, 정신적 수준에 머물러 있다. 극도의 특수수련을 통해서만 영혼적 존재의 세계에 도달할 수 있을 것이다.

스위스의 정신의학자 융(Carl Gustav Jung: 1875년 7월 26일~1961년 6월 6일)은 영혼을 인간의 외부에서 내부로 들어와 생명의 원리로 작용하는 실체로 보았다. 이는 육체는 물론 정신을 떠나 자유롭게 활동하는 독자적인 존재인 것이다. 그에 따르면 영혼은 스스로 자발적인 활동을 하며 이미지를 자율적으로 조절하며 산출할 수 있다.

따라서 영혼은 인간의 창조물이 아니다. 오히려 인간은 영혼의 활동을 통하여 창조적인 능력을 부여받는다. 인간 자신이 영혼적 존재인 신이라는 것을 알면 곧 사라질 몸이 있든 없든 상관없다. 영원한 자유, 영원한 생명을 얻는 것이다. 애초부터 인간은 신과 하나였는데 신과 분리되었다는 착각을 끝내니 자유를 되찾은 것이다.

인간 존재의 특징은 모든 것이 정해져 있지 않다는 점이다. 삶과 죽음도, 성공과 실패도 모든 것이 운명처럼 다 정해져 있는 듯이 보인다. 그러나 인간의 삶은 자유의지의 선택에 따라 무한 팽창한다. 육체적 수준에서 정신적 수준으로, 정신적 수준에서 영혼적 수준으로 허물을 벗고 더 높은 곳으로 비상해야 한다. 이것이 위대한 자기혁명의 완성 과정이다.

◈ 인간의 행위: 능력과 발명

인간은 다른 동물과 구별되는 특별한 능력이 있고, 이를 통해 다양한 발명을 해왔다. 인간은 말을 하고, 글자를 발명했다. 손과 머리를 활용하여 도구를 만들고 이를 창조적으로 진보시켜 왔다. 인간은 또한 문화를 형성하고 이를 계승 발전시켰다. 특히 다양한 교육을 통해 발전의 속도를 극대화시켰다. 먼저 인간의 존재론적 능력에 대해 좀 더 자세히 살펴본다.

첫째, 인간은 언어적 존재다. 인간만이 언어를 갖고 소통한다. 인간에게 있어서 말은 특별한 능력을 부여한다. 인간의 말은 단순히 사상과 감정을 전달하는 소통수단이 아니다. 인간의 말은 생명의 근원이고, 만물이 존재하는 집이다. 말하는 대로 이루어지는 특별한 능력이 내재되어 있다.

둘째, 인간은 창의적 존재다. 신이 무에서 유를 창조한다면 인간은 유에서 또 다른 유를 창조한다. 인간의 창조물은 호기심, 상상력, 발상의 전환의 결과다. 인간이 지구상에서 만든 모든 것들은 신이 창조한 것을 비교, 분석, 융합하여 새로운 무엇을 만들어 낸 것들이다.

셋째, 인간은 문화적 존재다. 인간은 손을 이용하여 무수한 도구를 만들었다. 그리고 이 도구를 이용하여 다양한 문화를 창조하고 발전시켜 왔다. 문화는 과거의 축적이며 미래로 도약하기 위한 토대다. 또한 문화는 인간이 그동안 축적해온 육체적, 정신적, 영혼적 활동의 총체적 결과물이기도 하다. 문화는 인간의 삶을 행복하게 하는 활력소다.

넷째, 인간은 교육적 존재다. 인간은 교육을 통해서 인간으로 완성된다. 인간은 교육을 통해 문화를 전수하고 계승, 발전시킴으로써 더 나은 문화를 창조한다. 교육은 육체를 건강하게 하고, 정신적 활동을 왕성하게 하며, 잠든 영혼을 흔들어 깨워야 한다. 특히 교육은 모든 인간의 문제를 해결할 수 있는 인재양성에 주력해야 한다.

끝으로 인간은 정치적 존재다. 인간은 정치를 통해 국가와 사회질서를 유지하며 더 나은 미래를 창조해 왔다. 진정한 정치는 지배와 통치가 아니다. 배분적 정의와 공평한 기회를 확대하여 모두가 다 함께 잘 사는 평화공영의 세상을 만드는 힘이다. 권력의 독점이 아니라 분산과 균형을 통해 지속 가능한 평화가 이루어지도록 해야 한다.

나아가 인간은 동물과 다른 특별한 능력으로 많은 것들을 발명해 왔다.

인간들은 지구라는 별에 살며 많은 것들을 발명하고 인간의 삶을 윤택하게 했다. 필요는 발명의 어머니다. 인간이 다양한 존재론적 능력을 통해 발명한 대표적인 몇 가지 사례들을 열거해 본다.

첫째, 인간은 권력을 안정화시키기 위해 '국가'를 발명했다. 권력은 끝없이 분열과 통합을 반복한다. 작은 권력은 분열하려 하고, 큰 권력은 통합하려 한다. 권력의 분열과 통합은 국가의 역사라고 할 수 있다. 권력이 점차 국가에서 시장, 시장에서 시민사회, 그리고 개인으로 전이되고 있다.

둘째, 인간은 물질을 효율적으로 분배하기 위해 '화폐'를 만들었다. 인간은 화폐를 발명하고 모든 것을 평가하기 시작했다. 인간의 노동력은 물론 심지어 정신적 활동까지도 화폐로 교환하고 있다. 인간이 물질에 대한 탐욕은 곧 화폐, 돈에 대한 탐욕으로 연결된다. 인간은 이제 블록체인에 기반을 둔 전자화폐까지 유통하고 있다.

셋째, 폭력을 정당화하며 '전쟁'을 제도화했다. 인간의 역사는 폭력에 기반을 둔 전쟁의 역사다. 인류는 전쟁으로 시작했고, 전쟁으로 종말을 맞을 것이다. 인간은 육체적 욕망을 충족하기 위해 끝없이 폭력을 행사해 왔다. 이 폭력을 이성으로 규제한 것이 법치다. 그 궁극적 목적은 정의와 평화다. 인간의 순수이성은 평화이며 이를 유지하기 위해 폭력이 없는 평화공동체를 구축해야 한다.

넷째, 정신적 활동을 통해 '지식'을 탄생시켰다. 인간의 지식은 철학(개념, 진리, 오류, 경험, 관념, 회의)을 심화, 발전시켰다. 나아가 과학(가설과 이론)과 기술을 진화시켜 왔다. 그 속도와 폭이 기하급수적으로 확대되고 있다. 머지 않아 인공지능(AI) 로봇의 등장으로 인류사회는 또 다른 빅뱅을 맞이할 것이다.

다섯째, 인간은 영성으로 '종교'를 만들었다. 기독교를 비롯하여 불교,

이슬람교, 유교 등 다양한 종교가 발생했다. 인간의 종교는 인간의 영적 활동과 더불어 확대되었다. 그러나 과학기술의 진화로 인간의 종교적 활동은 위축되고 있다. 인간의 궁극적 지향점은 무엇인가? 그것은 자유와 해탈이다. 즉, 자기 구원, 자기 구제다. 종교 없는 인간의 삶은 풀이 없는 사막과 같다.

◈ 인류의 미래: 4대 도전과 위기

인류는 지금 엄청난 도전에 직면해 있다. 지구온난화 등 자연환경의 악화로 커다란 위험에 노출되어 있다. 과학기술의 진화로 인간과 비인간의 경계가 모호해 지고 있다. 이로 인해 인간의식이 변화하여 인간의 미래가 불투명하다. 더구나 국가안위의 심화로 국가의 존립도 어려워지고 있다. 이러한 인류의 4대 도전은 인류의 지속 가능한 미래에 중대한 변수가 될 것이다. 보다 구체적으로 살펴본다.

첫째는 자연환경의 악화로 인한 생태평화의 도전이 나타나고 있다. 1995년 노벨화학상 수상자인 폴 크루첸 박사는 '인간세(Anthropocene)'라는 개념을 처음 도입했다. 크루첸 박사는 지구가 산업혁명 이래로 '인간세'의 지질학적 시간대에 들어섰다고 주장했다. 자연에 대한 인간의 영향력이 자연적·지질학적 강제력에 맞먹을 정도로 커져서 이제 인간은 문화적·생물학적 행위자인 동시에 지질학적 행위자라는 것이다.

기후변화, 지진, 가뭄 등 자연환경의 악화가 지구 역사상 여섯 번째 대멸종을 초래할 수 있을 만큼 매우 심각한 상황이다. 이것은 기본적으로 생명의 대전제가 되는 생태평화의 심대한 도전이다. 앞으로 지구 기후가 악화되어 인류의 중대한 도전이 될 것이다. 자연환경의 악화를 막기 위한 특단의 생태평화 대책이 강구되어야 할 것이다.

둘째는 과학기술의 진화로 인한 경제평화의 도전이 나타나고 있다. 인류의 과학기술의 진화가 경제평화를 위협하고 있다. 즉 개인간, 국가간 빈부 격차가 커지면서 양극화가 심화되고 있다. 개인 간에는 총소득의 차이가 확대되면서 계층간 대립이 증가되고 있다. 국가 간에는 무역 불균형이 확대되고 국가간 갈등이 더욱 커지고 있다.

세계 최강대국들인 미국과 중국이 무역전쟁을 벌이고 있다. 이로 인해 지구촌 경제가 흔들리고 있다. 특히 제4차 산업혁명이 진전됨에 따라 각국의 국가경쟁은 더욱 치열해지고 있다. 과학기술의 고삐 없는 국가간 경쟁은 인간의 미래를 파괴하는 괴물을 만들 수 있다. 인간의 풍요와 행복에 대한 기여라는 과학기술의 대원칙은 흔들리지 않아야 한다. 이것이 경제평화의 핵심이다.

셋째는 인간의식의 변화로 인한 문화평화의 도전이 나타나고 있다. 인간이 인간에 대한 본질적 의식이 약화되고 있다. 이로 인해 결혼을 않거나 결혼을 하더라도 아이를 낳지 않으려는 사람들이 늘고 있다. 저출산 문화가 확산되면서 국가의 소멸, 인류의 멸종화가 진행되고 있다. 인구의 과잉도 문제이지만 인구의 과소는 다양한 문제를 일으킨다.

더구나 인공지능(AI) 로봇 등의 발달로 인간의 일자리가 축소되거나 사라지면서 인간 고유의 문화가 해체되거나 위축되고 있다. 이러한 문화평화에 대한 중대한 도전은 전통적 인간의식의 변화로 발생되는 것이다. 인간의식의 변화는 인간의 본질적 속성이 약화되어 인간과 동물, 비인간의 경계를 허무는 것이다. 인간의 삶을 풍요롭게 하는 문화평화가 정착되어야 한다.

넷째는 국가안위의 심화로 인한 정군평화의 도전이 나타나고 있다. 국제사회가 가치와 이념주의에서 경제적 국가이익으로 전환되면서 전통적 국제질서가 재편되고 있다. 이러한 요인은 미국의 트럼프 대통령이 집권하면서 더욱 격화되고 있다. 트럼프 대통령은 한미동맹뿐만 아니라 유럽의 나토조차도 경제적 관점에서 접근하고 있다. 이로 인해 정군평화의 도전이 확대되면서 국가안위의 위협이 격화되고 있다.

인류는 이들 4대 도전의 극복 여부에 따라 그 미래가 결정될 것이다. 문제는 지금의 인류와 전혀 다른 신인류가 등장한다는 점이다. 신인류가 등장하게 되면 구인류가 소중하게 여겼던 가치와 문화가 전혀 달라지게 된다. 무엇이 소중한지, 무엇을 지켜야 하는지, 무엇을 추구해야 하는지 대혼란을 가져올 것이다. 더 나은 인류의 미래를 위해서는 휴머니즘 강한 위대한 자기혁명가들이 대거 출현해야 할 것이다.

대한국인 1만년 역사의 명과 암

◆ 국민적 행복감과 자존감의 결여

나는 인간이자 대한국인이다. 나를 알기 위해서는 인간에 이어 대한국인의 특성을 정확히 알아야 한다. 우리가 아는 또는 우리가 모르는 대한국인의 특성은 무엇일까? 많은 사람들이 저서나 연구 논문을 통해 여러 가지 특성을 분석하여 서술하였다. 모든 분석과 평가가 다 옳은 것은 아니다. 중요한 것은 도약과 발전을 위한 국민적 에너지로 만드는 일이다.

대한민국은 대륙의 '반도'라는 지리적 위치로 인하여 수많은 외침을 받아왔다. 그러나 고비마다 특유의 끈기와 지혜를 발휘하여 잘 극복해냈다. 자원이 빈약하고 가난한 농경국가였지만 '동방의 빛'이 되길 갈망하고 있다. "우리도 한번 잘 살아보세"를 외치며 새마을운동을 벌였다. 빨리 빨리 문화가 태동되어 반세기만에 세계가 감탄하는 경제발전을 이룩하였다.

그러나 우리 대한국인의 특성을 냉정히 분석해 보자. 배고픔은 해소되었지만 정신문화가 아직 성숙되지 않았다. 남을 존경하고 배려하는 자세가 약하다. 공중도덕이나 사회질서를 잘 지키지 않는다. 더구나 끊임없이 상대방을 비난하고 험담한다. 다분히 감정적이고 공격적이다. "바쁘다", "피곤하다", "죽겠다" 등의 말을 스스럼없이 한다. 이로 인해 국민적 행복감과 자존감이 약하다. 깊은 마음의 상처를 갖고 사는 사람들이 많다.

모든 인간의 기질적 특성은 양면성이 있다. 그것을 어떻게 활용하느냐에 따라 장점이 되기도 하고, 단점이 되기도 한다. 장점은 더욱 확대하고 단점은 개선해야 한다. 이 모든 것이 대한국인의 위대한 자기혁명의 성공을 위해 필요하다. 모든 것을 스펀지처럼 흡수하고 소화시켜 성장의 디딤돌로 만들어야 할 것이다.

대한국인은 최대 문제점은 심각한 자존감의 결여다. 자존감은 자신을 존귀하게 여기는 생각이다. 자기의 존재를 중시하며 당당하게 살아가는 적극적 태도다. 한국인의 자존감 결여 태도는 가정과 학교, 그리고 전 사회적으로 뿌리 깊게 박혀 있다. 속담도 "모난 돌이 정 맞는다"며 침묵을 강요한다. 질문하고 따지는 것보다 말 잘 듣고 얌전하라고 윽박지른다.

자존감의 결여는 권위적, 지배적, 폐쇄적 문화에서 잉태되었다. 주입식 교육은 이를 확대 재생산한다. 살아 있는 질문과 열려있는 답변이 없다. 교사는 기계적으로 말하고 학생들은 진리인양 받아 적기에 바쁘다. 직장에서 상관은 순종을 강요한다. 묻거나 따지면 눈을 부릅뜨며 "이게 어디다 대드느냐"고 협박한다. 문제 해결력이 없다. 집단지성의 치열한 토론이 죽어 있기 때문이다.

대한국인의 자존감은 '기득권 세력'이 짓밟아 왔다. 기득권 세력은 출세 지향적 사대주의가 강하고 부정부패로 자신들의 입지를 견고하게 만들어 왔다. 이들은 자존감을 버리고 자발적 노예주의를 택하여 부귀영화만을 추구했다. 이런 점은 대한민국 근현대사나 조선, 고려, 신라, 삼국시대 이전까지 거슬러 올라간다.

대한국인의 자존감 결여는 강한 지역주의나 패거리주의로 나타난다. 대한국인들은 흔히 처음 만나면 먼저 고향을 묻는다. 그리고 고향이 같으면 "형님", "동생"하며 금방 가까워진다. 타향살이하며 외로움을 느낄 때 고향 사람을 만나 정겨운 인사를 나누는 것은 인지상정이다. 그러나 이것이 정도가 심하여 칸막이를 치고 편가르기를 하여 역기능으로 작용하는 경우가 많다.

지역주의의 원형 또는 변형은 무엇일까? 가족주의, 분열주의, 파벌주의, 분리주의, 정파주의 등이 있다. 내용과 성격이 다소 차이가 있지만 통합과 미래로 가는 최대 장벽임에는 틀림없다. 대한민국은 정치, 경제, 사회, 문화 등 모든 영역에서 갈등과 대립을 일으키는 지역주의가 뿌리 깊다. 국가발전을 막는 암적 요소다.

대한민국의 지역주의적 분열주의는 역시 기득권층이 주범이다. 이들은 자기들의 기득권을 유지, 강화하기 위해 끊임없이 세포분열을 일으켜 왔다. 대표적인 것이 조선시대의 사색당파다. 소위 진보진영이나 운동권진영으로 언급되는 계층에서도 정파주의에 매몰되어 비생산적 계파싸움으로 역사의 진보를 좌절시켜 왔다.

심지어 포용과 사랑을 내세우고 있는 종교계에서도 수많은 분열이 일어나고 있다. 불교의 갈래도 현기증이 날 정도이다. 기독교의 교파도 그 수를 헤아리기 힘들다. 다양성과 창의성이라는 측면에서 긍정적인 면도 있다. 그러나 오히려 부정적으로 작용하는 경우가 많다.

대한민국의 기득권층의 핵심을 이루고 있는 지도층은 입신양명의 출세주의를 지상 최고로 여긴다. 지식인 등 지도층은 애국심과 정의감이 없고, 부정직하고 비겁하다는 비판을 받는다. 왜 지도층이 그런 평가를 받아야 하는가? 그것은 공부의 목적이 오직 개인이나 집안을 위한 출세였기 때문이다. 지긋지긋한 가난에서 벗어나기 위한 유일한 방법이 출세였다.

더구나 지도층이 나라와 민족을 배신한 사례가 비일비재하다. 고조선, 고구려, 신라, 고려, 조선도 지도층 다수가 침략하는 외세와 결탁하여 나라를 망하게 했다. 대한민국 지도층은 상당수가 부정과 비리에 연루되어 있다. 설령 그렇지 않더라도 이에 대해 용기 있게 비판하지 못한다. 이들은 지식을 출세나 부의 축적 수단으로 여긴다.

가난하지만 양심적인 삶보다는 부자로서 비양심적인 삶을 더 선호한다. 가난에 대한 인격적 무시가 사회적으로 크기 때문이다. 한국의 지도층은 사회갈등을 중재하고 해결하는 데 별 관심이 없다. 오히려 갑의 위치에서 서서 착취구조의 편익을 누리려 한다. 한국사회는 지금 빈부, 차별, 남녀, 세대, 지역, 노사, 남북 등 분열과 갈등이 더욱 극심해졌다. 이런 문제를 지식인 중심의 지도층이 나서서 해결해야 한다.

대한국인의 기득권층이나 지도층은 사회공헌에 약하다. 건강한 사회는 중산층이 두텁고, 이들이 사회의 빛과 소금의 역할에 적극적이다. 그런데 대한민국의 기득권층은 사회공헌에 관심이 없다. 오직 가족이나 개인적인 일에만 시간을 보낸다. 공익성이 약하고 이기적이어서 자기 치부와 자기 명예만 구한다. 시민적 참여와 용기가 심각하게 부족하다.

대한민국의 기득권층은 개혁이나 혁명을 막는 유일한 나라다. 이 때문에 수천 년간 쌓아온 적폐가 쉽게 해결되지 않는다. 기득권층이 1만년 동안 억압시켜온 노예정신으로 국민 스스로도 비굴하고 천박해졌다. 물론 역사의 마디마다 저항과 항거를 통해 기득권층과 맞서 싸웠지만 성공한 일은 드물다. 이제 진정한 자기혁명이 필요한 시대다.

혹자는 대한민국은 "지리적으로 중국과 일본, 두 나라 사이에 위치하여 역사적으로 자주 이들의 침략을 당했고 그 영향이 적지 않았다. 사대주의, 국수주의, 당파싸움 등 분열이 그런 영향 때문이다"라고 변명하기도 한다. 그러나 그 결정은 누가했는가? 모든 것은 결정하고 행동한 사람이 책임을 져야 한다. 책임을 회피하고 이를 정당화하면 역사는 절대 전진하지 못한다.

기득권층은 소나무의 껍질처럼 견고하다. 이를 벗겨내는 것은 생가죽을 벗기는 것처럼 엄청난 고통이 따른다. 기득권층의 탐욕주의는 공정하고 정의로운 사회로 가는 최대 장애물이다. 반드시 극복되어야 할 국가적 과제다. 기득권층 스스로가 자기혁명에 나서야 한다. 기득권층이 자기혁명의 성공을 통해 국민적 자존감을 회복시켜야 한다.

◈ 대한국인의 장단점 분석

모든 것에는 양면성, 다면성이 있다. 대한국인의 특성도 그러하다. 보는 관점에 따라 다양한 분석과 평가를 할 수 있을 것이다. 문제는 그 목적이 무엇이냐 하는 점이다. 우리의 궁극적인 목적은 우리 자신을 냉정하게 분석하여 장점을 살리고 단점을 보완하여 위대한 대한민국을 건설하기 위한 국민적 역량을 극대화하는 일이다. 우리 대한국인들이 생각하는 다양한 특성들을 살펴본다.

대한국인의 최대 장점 중 하나는 역동성이다. 일처리가 빠르고 부지런하다. 빨리빨리 외치다 지금의 정보통신(IT) 강국이 되었다. 다른 선진 국가들은 150년 이상의 진통을 겪고 나서야 민주주의를 쟁취했다. 그러나 대한국인들은 불과 50년만에 민주주의를 성취했다. 역동성으로 인하여 빠른 민주화 과정을 밟아 왔다.

또한 정이 많다. '나'보다는 '우리'를 내세운다. 소속감, 연대감이 강하다. 외국인과 한국인 모두에게 친절하다. 지나친 친절을 베풀기도 한다. 병이 옮아도 어머니는 환자 곁을 떠나지 못한다. 흥이 있는 민족이다. 음주, 가무를 좋아한다. 즐길 때는 즐길 줄을 안다.

그러나 대한국인은 우유부단하다. '좋다' 아니면 '싫다'를 잘 못한다. 하나를 선택하면 다른 하나를 포기해야 하는데, 그것을 인정하지 못하는 것이다. 그래서 한국에서는 짬뽕과 짜장면을 합친 '짬짜면'이 나오고 '이왕이면 다홍치마'라는 말도 생겼다.

남의 눈치를 잘 보는 측면도 있다. 남들과 어긋나는 자기의견을 표명하지 못한다. 남의 생각에 신경을 쓴다. 우회적으로 자기생각을 표시한다. 형식주의적 사고방식을 지닌다. 실리보다 명분에 집착한다. 체면을 잃을까봐 자신의 결점이나 약점을 인정하지 못한다. 일을 안 해도 월급을 주는 경우가 많다. 장애인이나 환자가 집에 있으면 수치로 여긴다.

남에게 의지하는 의존심이 크다. 잘못하면 '한번 봐 달라'고 말한다. 자기가 결정하고 그 결정에 책임질 줄 모른다. 자녀를 과보호한다. 혼자 하는 일이 없고, 가정이나 단체가 후원해 주어야 한다. 신세지고 나서 고마워할 줄 모른다. 일이 잘못되면 일 근처에 있던 사람의 잘못으로 돌린다.

상하를 엄격히 구분한다. 자기 공을 상관이나 부모에게 돌리는 겸양지덕을 보인다. 상대를 상놈으로 보면, 갑자기 윽박지르는 말투를 쓴다. 상사를 능가하는 것을 꺼린다. 추리력과 창의성이 결여되어 있다. 사고의 융통성이 없다. 암기위주의 학습방법을 쓴다. 아이를 집에 붙잡아 두고 공부만 시킨다.

감정과 의욕을 잘 억제한다. 정서적으로 내향적이며 상당히 불안하다. 받은 복이나 당한 원한을 오래 마음에 간직한다. 달콤하고 감상적인 작품을 좋아한다. 여자는 부끄러움을 잘 탄다. 가혹한 벌이나 고난 등을 끈질기게 잘 참는다. 아이에게 지나치게 일찍 이성적이고 어른스러운 행동을 강요한다.

각자도생의 사회다. 믿을 놈이 한 놈도 없는 불신사회다. 동업이나 협업이 거의 불가능하다. 신뢰와 협력이 깨진 '나홀로' 사회다. 약속도 잘 지키지 않는다. 사기도 많다. 법과 질서를 어겨 걸리면 '재수 없어 걸렸다'고 말한다. 모든 곳이 경쟁의 전쟁터다. 폐쇄적이고 이기적이다. 도움 받을 수도 없고, 도와주지도 않는다. 완전히 고립무원의 무인도 사회다.[1]

더구나 남을 배려하지도 않는다. 사생활을 쉽게 침범한다. 손님의 기호를 묻지 않고 또는 무시하고 음식을 내온다. 혼자 있고 싶어 하는 심정을 이해하지 못한다. 비합리적인 사고를 한다. 점괘에 따라 계획을 변경시키기도 한다. 장기적 계획이 없다. 감시하지 않으면 법을 안 지킨다. 종교심이 강하다. 사치를 좋아한다. 입는 것에 관심이 높고 화려한 것을 입는다.

◈ 외국인이 말하는 대한국인

그렇다면 외국인이 보는 대한국인의 특성은 어떨까? 남한과 북한 담당 특파원으로 15년간 기자생활을 한 영국의 마이클 브린(Michael Breen)은 1999년 대한민국을 잘 모르는 영국인들을 위해 《한국인을 말한다》를 펴냈다. 그는 이 책에서 한국인은 부패, 조급성, 당파성 등 문제가 많다고 질타하면서도 오히려 훌륭한 점이 더 많다고 소개했다.[2] 그가 지적한 한국인의 장점 중 몇 가지를 열거해 본다.

대한민국은 △평균 IQ가 105를 넘는 두뇌의 나라 △일 하는 시간이 세계 2위, 노는 시간 세계 3위인 잠 없는 나라 △문맹률 1% 미만인 유일한 나라 △미국과 전쟁이 발발했을 때 3일 이상 버틸 수 있는 8개국 중 하나인 나

---

1) 이와 관련해 중앙일보는 구체적 수치를 이용해 설명하고 있다. 《중앙일보》, 2018년 9월 1일.
2) 마이클 브린 저, 《한국인을 말한다》, (서울: 홍익출판사, 1999).

라 △노약자 보호석이 있는 5개국 중 하나인 나라 △세계 경제대국 일본을 발톱사이 때만큼도 안 여기는 나라다.

또한 △여성부가 존재하는 유일한 나라 △음악 수준이 가장 빠르게 발전한 나라 △지하철 평가 세계 1위로 청결함과 편리함이 최고인 나라 △세계 자원봉사국 순위 4위인 나라 △UN이 문자 없는 나라들에게 한글을 제공한 나라(현재 세계 3개 국가가 국어로 삼고 있음) △가장 단기간에 IMF를 극복해서 세계를 경악시킨 나라 △유럽 통계 세계 여자 미모 순위 1위인 나라다.

그리고 △미국 여자 프로골프 상위 100명중 30명이나 들어간 나라 △인터넷 TV 초고속 통신망이 세계에서 가장 발전한 나라 △세계에서 가장 많은 발음을 표기할 수 있는 문자를 가진 나라(한글 24개 문자로 1만1,000개의 소리를 표현, 일본은 300개, 중국은 400개에 불과)라고 소개했다.

마이클 브린의 대한민국 소개는 여기에서 그치지 않았다. 그는 특히 한국인을 '세계 4대 강국을 우습게 아는 배짱 있는 나라'라고 지적했다. 즉 한국인은 강한 사람에게 꼭 '놈'자를 붙인다는 것이다. 미국놈, 왜(일본)놈, 떼(중국)놈, 러시아놈 등 무의식적으로 '놈'자를 붙여 깔보는 게 습관이 됐다고 한다. 그러나 약소국에겐 아프리카 사람, 인도네시아 사람, 베트남 사람처럼 '놈'자를 붙이지 않는다고 했다.

그는 이어 "한국인은 세계에서 가장 기가 강한 민족"이라고 표현했다. 한국의 독립운동사만 봐도 알 수 있다고 한다. 중국은 광활한 대륙, 끝없는 사막, 넓은 고원을 언급하며 스스로를 대인이라고 부르지만 천만의 말씀이라는 것이다. 얼핏 대륙에서 태어난 중국인이 마음도 넓고 강할 것 같지만 결정적으로 한국인보다 기가 약하다고 강조했다.

사실 1932년 일본이 중국에 만주국을 건설하고 1945년 패망하기까지 13년 동안, 난징대학살을 포함하여 일본에 의해 죽은 사람은 무려 3,200만명에 육박했다. 그러나 중국인이 일본 고위층을 암살한 경우는 거의 전무했다. 그에 비해 한국은 일제 강점기 만 35년 동안 3만2,000명이 희생되어 중국 피학살자의 1,000분의 1에 불과했지만 일본 고위층 암살 시도와 성공 횟수는 세계가 감탄할 정도였다.

안중근 의사는 1909년 하얼빈역에서 일본총리 이토 히로부미(伊藤博文)를 살해했다. 나석주 의사는 1926년 민족경제파탄의 주범인 식산은행, 동양척식주식회사에 폭탄을 투척하고, 조선철도회사에서 일본인을 저격한 뒤 자살했다. 이봉창 의사는 1932년 도쿄에서 일왕에게 폭탄을 던졌다. 같은 해 윤봉길 의사는 상해에서 폭탄을 던져 일제 고위 장성 10여명을 살상했다.

목숨을 건 대한국인들의 독립투쟁은 일제의 간담을 서늘하게 했다. 현재 대한민국은 중국에게 역전될까봐 두려워하고 있다. 그러나 절대 겁낼 필요가 없다. 180년 주기로 대한민국의 기운은 상승하는데, 지금이 바로 그 시기다. 어느 정도의 난관이 있을지는 모르지만 틀림없이 이를 극복하고 도약할 것이다.

최근 수년간 대한민국의 객관적 지표들이 현저히 나빠지고 있다. 보다 큰 역경의 전주곡들도 여기저기서 들려오고 있는 듯하다. 하지만, 한국인은 무수한 역경을 극복한 연단의 민족이다. 절대 여기에서 멈추거나 좌절하지 않을 것이다. 머지않아 반전의 기회를 만들고, 청룡이 되어 힘차게 승천할 것이다.

천하를 얻는 특별한 비결

◈ '나만의 특별한 장점' 찾기

위대한 자기혁명가가 되려면 인간과 대한국인에 이어 특히 자기 자신에 대해 철저히 분석하고 연구해야 한다. 분석은 사건과 사물을 쪼개고 날카

PART 4 나의 꿈을 어떻게 이룰 것인가!

209

롭게 해부하여 그 본질을 파악하는 것이다. 나를 성취자로 만들기 위해서는 나를 분석하고 해부하여 강한 나를 만들어야 한다. 나를 알고 나를 최강자로 만들어야 천하를 얻을 수 있다.

성공하는 삶을 위해서는 어떻게 해야 할까? 내가 남보다 뛰어난 재능을 찾아 이를 집중적으로 활용하여 일을 하면 된다. 그렇다면 나의 특별한 재능 또는 내가 가장 잘 할 수 있는 재능인 나의 최대 장점을 어떻게 찾아야 할까? 이를 위해서는 자기분석을 통해 나의 장단점을 찾아 단점을 최소화하고 장점을 극대화해야 한다. 이것이 바로 성공하는 삶의 비결이다.

자기혁명은 나 자신의 강점을 찾아 집중적으로 활용함으로써 나 자신을 위대한 능력자로 만드는 것이다. 나의 소질과 적성에 맞지 않으면 일의 능률이 오르지 않고 결국 실패하게 된다. 그러므로 내가 어떠한 일을 하려 한다면 반드시 내가 가장 잘 할 수 있는 분야를 선택하여 열정적으로 해야 한다. 즉 내가 가장 잘 할 수 있는 일을 열정적으로 몰두해야 성공 가능성이 높다.

신은 인간에게 세상을 빛낼 각자의 아름다운 탤런트를 주었다. 그 아름다운 천부적 재능을 찾아야 참된 나의 가치를 실현할 수 있다. 나 자신에게 과연 어떤 아름다운 재능들이 내재되어 있을까? 그 가치와 재능을 찾아 나와 주변을 모두 행복하게 만들어야 한다. 이것이 우리의 중요한 미션이다.

그렇다면 '나만의 특별한 강점'인 재능을 어떻게 찾아야 할까? 역시 철저한 자기분석을 해야 한다. 나는 이과형인가 문과형인가, 아니면 이 둘을 합친 융합형인가? 이과형 중에서도 자연과학, 응용과학 등 다양한 분야가 있다. 문과형 중에서도 순수문학, 응용문학 등 여러 분야가 있다. 어떤 분야에 소질이 있는가를 분석해 보아야 한다.

사람마다 소질과 능력, 끼가 다르다. 일반적 성격이 있고, 특수한 성격이 있다. 학문분야가 있는 반면 스포츠, 연예, 예술 등의 분야도 있다. 또한 학문이나 스포츠, 연예 등도 천차만별하다. 10인 10색, 100인 100색일 정도로 사람마다 타고난 탤런트가 다르다. 내가 성공적인 삶을 살기 위해서는 어떻게 해서든지 하늘이 부여한 천부적 재능을 찾아야 한다.

나의 장점을 찾는 것은 내가 위대한 인물이 되는 핵심적 요건이다. 그리고 나의 장점을 살릴 수 있는 분야에 모든 것을 집중해야 한다. 내가 목숨을 걸고 미쳐야 기적이 일어난다. 나의 장점이 세계적인 수준이 될 때까지 연마하고 또 반복하여 연마해야 한다. 세계 최고는 어느 날 갑자기 달성되지 않는다. 위대한 성공은 구체적 목표, 뜨거운 열정, 무서운 집중력, 그리고 반복적 연습의 성과물이다.

아무리 노력해 찾아도 나의 장점을 발견할 수 없다면 어떻게 해야 할까? 평범성에도 불구하고 가장 뛰어난 분야를 선택하여 갈고 닦아 능력을 최고도로 끌어올려야 한다. 사람의 능력은 매우 다양한 분야에서 발휘된다. 여러 분야 중 그래도 가장 잘 하는 분야가 누구나 있다. 노력형 인간이 천재형 인간을 이기는 경우도 많지 않은가! 더구나 천재성도 제대로 다듬지 않는다면 녹슬어 무용지물이 된다.

설령 나의 능력이 부족하다면 다른 사람과 '합력(合力)'하여 더 큰 공동선을 행할 수도 있다. 즉 나의 특기가 기획력이라면 실행력 강한 사람과 공동으로 일을 추진하면 함께 좋은 결과를 만들어 낼 수 있다. 그러므로 우리는 어떤 경우에도 성공할 수 있고, 성공해야 하는 것이다.

우리는 누구도 완벽한 재능을 갖고 태어난 사람은 없다. 미국의 정치가이자 과학자인 벤자민 프랭클린(Benjamin Franklin: 1706년 1월 17일~1790년 4월 17일)은 "활용되지 않고 낭비된 재능은 그늘에 놓인 해시계와 같다"고 말했다. 인생의 비극적 실패는 우리가 천재적인 재능을 갖고 태어나지 못한 데 있는 것이 아니라 강점을 찾아 활용하지 못한 데서 오는 것이다. 자신의 강점, 장점,

뛰어난 점을 찾은 사람은 성공의 문에 들어선 사람이다.[3)]

◈ 인재를 모아 중국 한 황제가 된 유방

자기혁명은 바로 낡은 자기를 벗어던지고 강한 자기를 찾는 과정이다. 자신의 강점을 찾아 이를 지속적으로 강화하여 활용하는 사람이 위대한 자기혁명가다. 자신이 가장 잘 할 수 있는 일을 찾아 즐겁고 신명나게 일하는 삶은 이미 성공한 사람이고 이 세상에서 가장 행복한 사람이다. 이의 대표적인 인물 중 한 사람이 중국 한고조 유방이다.

유방(劉邦: B.C. 247년?~B.C. 195년)은 중국 한(漢)나라를 건국하고 초대 황제가 되었다. 진(秦)나라 말기에 농민의 아들로 태어나 하위직 관리였던 그가 어떻게 중국의 천하를 통일하고 황제의 자리에 오를 수 있었을까? 유방이 한의 황제가 될 수 있었던 것은 몇 가지 요인이 있었다. 첫째 큰 꿈을 품었고, 둘째 자신의 장점을 극대화하고 참모를 통해 단점을 보완하여 완전체를 만든 것이었다. 그리고 창조적 리더십을 갖춘 점이었다.

유방의 장점은 의협심이 강했고 우의를 중시했으며 도량이 크고 넓은 것이었다. 이 때문에 주위에 따르는 사람들이 많았다. 30세 무렵에 하위직 사수정장(泗水亭長)을 지냈다. 수도 함양(咸陽)에서 복무할 때 진시황(秦始皇: B.C. 259~B.C. 210년)이 행차하는 것을 보고 감탄하며 이렇게 말했다고 한다. "아! 남아 대장부가 응당 저 정도가 돼야 한다." 이로 미루어 유방은 젊었을 때 원대한 포부를 지녔음을 알 수 있다.

진시황이 죽고 이세황제(二世皇帝) 원년인 기원전 209년 진승과 오광이 진의 폭정에 항거하여 반란을 일으키자 각지에서 군웅이 봉기하였다. 유방도 혼란의 틈을 타 패현의 관리인 소하, 조참 등의 지지를 받아 군사를 일

---

3) 마커스 버킹엄·도널드 클리프턴 지음. 《위대한 나의 발견-강점 혁명》, (서울: 청림출판, 2013) 참고.

으켰다. 진승이 죽은 후 유방과 항우는 반란군의 우두머리가 되어 함께 진 나라 군대를 공격했다.

기원전 206년에 유방이 먼저 함양을 공격하여 입성하고 진 왕조를 멸 망시켰다. 한때 관중 땅을 지배했으나 같은 해에 항우에 의해 한왕(漢王)으로 봉해지고 파(巴), 촉(蜀), 한중(漢中) 일대를 점거했다. 그는 이후 4년간에 걸친 항우와 초한쟁패를 치렀다. 기원전 202년 마침내 해하에서 항우를 격퇴하 고 천하통일의 대업을 달성했다.

초한쟁패에서 극적으로 항우를 격퇴하고 한의 초대 황제가 된 유방은 낙양(洛陽)의 남궁(南宮)에서 성대한 술자리를 열었다. 그는 이 자리에서 공신 들에게 자신이 천하를 얻은 까닭과 항우가 천하를 잃은 까닭을 솔직하게 얘기해보라고 말했다. 그러자 공신들은 유방과 항우의 장단점을 가감 없이 쏟아냈다. 이를 다 듣고 난 유방은 "그대들은 하나만 알고 둘은 모른다"면서 이렇게 자신의 견해를 밝혔다.

"군막 안에서 계책을 짜서 천리 밖 승부를 결정짓는 일이라면 나는 장 량만 못하다. 나라를 안정시키고 백성을 달래고 전방에 식량을 공급하고 양 식 운반로가 끊어지지 않게 하는 일이라면 나는 소하만 못하다. 100만 대 군을 통솔하여 싸웠다 하면 승리하고 공격하였다 하면 틀림없이 손에 넣는 일이라면 나는 한신만 못하다. 이 세 사람은 모두 인걸이고, 내가 이들을 쓸 수 있었다. 이것이 내가 천하를 얻은 까닭이다."

유방은 자신의 능력이 장량, 소하, 한신만 못하다고 솔직하게 평가했다. 이것이 저 유명한 '세 사람만 못하다'는 '삼불여(三不如)'다. 하지만 그는 이 런 인재들을 자신이 기용했기 때문에 승리할 수 있었다고 분석했다. 성패의 관건을 인재로 본 것이다. 이러한 유방의 리더십을 '창조 리더십' 또는 '혁신 리더십'이라고 할 수 있다.

창조 리더십은 위기 시에 문제를 해결하기 위해 창의적이고 혁신적인 대안을 다양하게 강구하는 것이다. 특히 자기 혼자 모든 것을 독점하지 않고 마음을 비우고 문제를 해결할 인재를 찾아 함께 문제를 해결하는 리더십이다. 세상의 인재들은 바로 자기가 제대로 대접을 받을 수 있을 때 큰 공을 세우기 위해 모든 것을 걸고 적극 참여한다.

유방은 천하의 패권을 다투는 극렬한 경쟁 속에서 인재의 중요성을 누구보다 정확하게 인식했던 리더였고, 그래서 성공했다. 게다가 그 인재들 중 상당수가 경쟁자인 항우 밑에 있었던 사람들이었다. 특히 초한쟁투에서 마지막 승리를 이끈 한신은 항우군의 말단장교 출신이었다. 유방은 그를 일부의 극렬한 반대에도 불구하고 대장군에 파격적으로 기용하여 대승을 거두게 한 것은 최고의 백미였다.

◈ 나의 장점이 최고의 성공 무기

모든 사람은 성공을 꿈꾼다. 그럼 어떻게 해야 성공할 수 있을까? 가장 확실한 것은 '나 자신을 먼저 아는 것'이다. 남이 나를 어떻게 부를지 상관하지 말아야 한다. 오직 내가 나 자신을 어떻게 부를지 고민해야 한다. 나 자신이 내가 꿈꾸는 나를 창조하는 순간 바로 새로운 인생이 시작된다. 내 인생은 내가 꿈꾸고 부르는 대로 성장한다.

"성공은 멀리 있는 것이 아니라 이미 닦아 놓은 업적을 잘 활용하는 것이다." 인터넷 웹 브라우저 파이어폭스(Firefox)의 공동개발자인 블레이크 로스(Blake Ross: 1985년 6월 12일~현)가 남긴 명언이다. 즉 나의 장점을 극대화하여 성공의 발판으로 삼는 것이다. 그러므로 나의 장점을 먼저 파악하는 것이 성공의 첫 출발임을 명심해야 한다.

"자기만이 갖고 있는 재능을 찾아내라." 이 말은 호텔왕 힐튼(Conrad Ni-

cholson Hilton: 1887년 12월 25일~1979년 1월 3일)
의 성공 키워드의 하나다. 힐튼은 세계 최
대의 호텔그룹 '힐튼호텔'의 창업자다. 힐
튼은 32세에 유전개발로 꿈의 도시가 된
텍사스에서 처음 호텔업을 시작했다. 4만
달러에 매물로 나온 호텔을 자기돈 5,000
달러와 은행 차입금, 그리고 투자자들로부
터 모은 돈 등을 합하여 인수하였다.

콘래드 힐튼 〈출처:힐튼〉

힐튼의 초기 호텔업은 승승장구하였
다. 2년도 채 되지 않아서 모든 부채를 다
갚을 정도로 사업은 날로 번창했다. 그리고 주변의 호텔을 하나씩 하나씩
매입하여 41세인 1928년에는 8개의 호텔을 운영하는 중견사업가가 되었다.
그러나 1929년 뉴욕 주식시장의 주가 폭락으로 시작된 미 전역의 대공황으
로 직격탄을 맞았다.

힐튼은 1932년 대공황 3년만에 그의 호텔이 모두 채권자 손에 넘어가
게 되었다. 그는 그야말로 아무 것도 없는 무일푼 신세가 되었다. 그러나 힐
튼은 좌절하지 않았다. "아침이 오지 않는 밤은 없다. 반드시 아침은 올 것
이다. 그 아침이 올 때까지 어떻게 해야 할 것인가?" 힐튼은 방법을 찾고, 또
찾았다. 그러면서 그는 기도하고 간구했다. 2년이 채 지나지 않은 어느 날
힐튼에게 '그 아침'이 찾아왔다.

호텔을 인수했던 채권자들이 스스로 찾아와 자신들은 호텔 운영에는
문외한임을 인정하며 전문경영인인 힐튼에게 호텔운영을 위임했다. 또한 천
사 같은 후원자들이 나타나 거금인 3만달러를 모아주며 그의 재기를 북돋
워주었다. 대공황이란 먹구름도 다시 걷혀 찬란한 태양이 떠올랐다.

그랜드 힐튼 서울 호텔. 〈출처: 그랜드 힐튼 서울 호텔 홈페이지〉

힐튼은 1946년 힐튼호텔 주식회사를 설립하여 그가 그동안 보유한 9개의 호텔명칭을 통일시켰다. 그리고 이듬해부터는 미국을 벗어나 국외로 호텔 체인망 사업의 눈길을 돌리기 시작했다. 그 첫 번째는 푸에르토리코의 '카리브 힐튼호텔'이었다. 힐튼은 이후 세계 각지로 체인망을 확장해 나갔다.

1963년 홍콩 힐튼호텔이 처음 들어섰다. 대한민국에는 1983년 서울과 경주에 힐튼호텔이 세워졌다. 창업자 콘래드 힐튼이 죽은 후에도 힐튼 그룹은 그의 창업정신을 계승 발전시켜 현재 전 세계 100개국 주요 도시에 4,600개가 넘는 세계 최대의 호텔그룹을 운영하고 있다.

힐튼호텔은 힐튼의 경영정신과 전략을 매뉴얼화하여 실행하고 있다. 시간 및 동작연구, 직무분석, 직무의 표준화, 안전계획, 철저한 예산관리 등을 실시하고 과학적으로 경영 활동을 분석하고 예측함으로써 효율적인 경영을 도모하고 있다. 비용은 일별, 주별, 월별로 통제했다.

힐튼의 성공비결은 무엇일까? 그것은 자신의 장점을 파악하여 하나의 씨를 뿌리고 엄청난 거목으로 성장시킨 것이다. 이같은 유형의 성공자들은 줄을 잇는다. 우리가 삶에서 진정한 성공자가 되기 위해서는 먼저 철저한 자기분석을 통해 자기의 장점을 파악하고 이를 무기화하여 세상과 싸워 승리해야 한다.

◈ 나 자신을 최강자로 만들기

나의 꿈을 이루기 위해서는 자기혁명을 통해 나를 최강자로 재탄생시켜야 한다. 나의 단점을 극소화하고 장점을 극대화하는 동시에 부족한 요소들을 채워야 한다. 이를 위해서는 먼저 "나는 내 삶의 주인이다"라는 주인의식을 자각해야 한다. 내 인생의 꿈을 이루는 열쇠를 내가 쥐고 있는 것이다. 내가 나의 인생을 가고 싶은 대로 이끌고 갈 수 있다. 북극이든 남극이든 아니면 달나라든 어디든 나의 인생을 내가 원하는 대로 끌고 갈 수 있다.

그렇다면 내가 내 인생을 어디로 끌고 갈 것인가? 나의 꿈을 이루기 위해선 구체적인 비전과 목표를 설정해야 한다. 5년 후, 10년 후, 그리고 30년 후 무엇을 왜, 이루고자 하는지 명확한 비전과 목표를 세워 놓아야 한다. 목표가 분명해야 힘차게 전진할 수 있다.

비전과 목표를 수립한 후에는 거기에 도달할 충분한 에너지를 확보해야 한다. 에너지는 열정, 자신감, 도전 정신 등이다. 생각과 뜻만으로는 나의 꿈을 절대 실현할 수 없다. 앞으로 강력하게 전진하려면 강한 집중력과 추진력이 있어야 한다. 목표를 향하여 집중하는 힘, 강력한 에너지야말로 꿈을 이룰 수 있는 핵심 요소다.

목표를 향하여 나아갈 때 수많은 장애물을 만나기 마련이다. 인생의 장애물은 무엇일까? 그것은 불평, 불만 등 부정적 생각과 태도다. 반드시 긍정적, 낙관적 에너지를 갖고 전진해 나가야 한다. 긍정의 힘은 기적을 만든다. 긍정 에너지로 무장하고 전진해야 어떠한 장애물도 극복할 수 있다.

목적지를 설정해 놓고 혼자가면 쓸쓸하고 재미가 없다. 아름다운 동행자들을 확보하여 함께 가는 것이 더 즐겁다. 나의 삶에 필수적 영향을 주는 사람들을 존경과 배려, 나눔을 통해 함께 어려움을 극복해 나가야 한다. 가족 또는 회사라는 열차에는 여러 사람이 타고 있다. 이들은 나의 동행자들이다. 이들에게 나의 비전과 목표를 이야기하고 함께 실현해 나가야 한다.

늘 꿈이 이루어졌다고 생각하고 감사함을 노래해야 한다. 나에게 좋은 일만 일어날 것이라고 기도하고 주문해야 한다. 기도와 주문은 마법의 힘이 있다. 불가능도 가능하게 하는 놀라운 힘을 준다. 어제보다 오늘이, 오늘보다 내일이 더 나아질 것이라고 믿고 행동해야 한다. 늘 "된다, 된다, 잘 된다"고 스스로에게 자기암시를 해야 한다. "모든 것이 다 이루어졌다"고 선언하고 감사함을 표현해야 한다.

나의 인생길에 '고춧가루'를 뿌리는 사람과는 더 이상 가까이 하지 말아야 한다. 과감하게 결별을 선언하고 앞으로 나아가야 한다. 그들 때문에 소중한 시간을 허비할 이유가 없다. 부정, 비관, 불평 등의 사람들과도 절대 어울리지 말아야 한다. 그들은 내 인생의 방해꾼들이다.

삶의 목적지를 향해 가다보면 암울할 때가 있다. 주변에서는 원망과 불만을 이야기하기도 한다. 여기에서 가장 중요한 것은 확신과 열정이다. 리더는 강한 열정으로 구성원들을 이끌고 나아가야 한다. 강력한 단결과 화합으로 목표를 향해 나아가게 하는 열정의 에너지가 충만해야 한다.

지도자는 사랑과 헌신이 있어야 한다. 구성원들은 사랑하고 헌신해야 따른다. 동지들이 움직여야 내 인생의 꿈도 실현할 수 있다. 사랑과 헌신 없이는 아무 것도 이룰 수 없다. 구성원들의 목소리에 귀를 기울여야 한다. 장점을 찾아 북돋아 주고 성취욕을 불러 일으켜야 한다.

긍정 에너지의 대명사 존 고든은 《에너지 버스》라는 저서를 통해 행복한 인생을 위한 10가지 법칙을 제시했다.[4] 내용을 약간 바꿔 소개한다. △ 내 인생 버스의 운전사는 나 자신이다. △내 인생 버스의 목표를 갖고 운전 하라. △내 인생 버스를 올바른 방향으로 이끄는 것은 열망, 비전, 그리고 집 중이다. △내 인생 버스를 긍정 에너지라는 연료로 가득 채워라.

△내 인생 버스에 사람들을 초대하라, 그리고 내 비전에 동참시켜라. △ 내 인생 버스에 타지 않은 사람들에게 에너지를 낭비하지 마라. △내 인생 버스에 '에너지 뱀파이어 탑승 금지' 표지판을 붙여라. △승객들이 내 인생 버스에 타고 있는 동안, 그들을 매료시킬 열정과 에너지를 뿜어라. △내 인생 버스의 승객들을 사랑하라. △내 인생 버스를 운전하고 있는 동안 즐겨라.

자기혁명을 통한 '위대한 나' 재창조

◈ 나만의 차별화된 무기 개발

모든 문제의 시작과 끝은 나 자신에게 달려 있다. 그러므로 문제가 있으 면 나 자신에게 있다. 또한 문제 해결의 책임도 나 자신에게 있다. 내가 모든 문제에 대해 당당히 대처하려면 어떻게 해야 할까? 결론은 나 자신을 대상 으로 혁명을 일으켜야 한다. 즉 나 자신에 대한 혁명을 통해 나를 재창조해 야 한다. 이것이 세상을 바꾸는 첫 출발이다.

세상은 매우 빠르게 변화하고 있다. 무엇이 변화하고 무엇이 변화하지 않는가? 우리 사회의 변화를 주도하는 있는 것은 '과학기술'이다. 이미 인공 지능(AI) 로봇을 비롯하여 드론, 자율주행차, 가상현실 등 미래물결이 쓰나 미처럼 몰려오고 있다. 이로 인해 인간사회가 급속도로 바뀌고 있다.

---

4) 존 고든, 《에너지 버스》, (서울: 쌤앤 파커스, 2007)의 일부를 참고 및 인용하여 재구성했다. 내용이 간결하고 명쾌하 다. 일독을 적극 추천한다.

인공지능 로봇은 조만간에 거의 모든 영역에서 인간의 현재 일자리를 점령할 것이다. AI로봇이 벌써 교사, 의사, 기자, 요리사, 가정부, 군인 등의 자리를 넘보고 있다. 심지어 배우의 역할뿐만 아니라 남편이나 아내의 자리까지 차지할 것으로 보인다. 이처럼 변화의 물결은 모든 것을 덮쳐버릴 것이다.

그런데 나 자신은 어떠한가? '냄비속의 개구리'처럼 곧 물이 펄펄 끓어 죽을 줄도 모르고 한가하게 시간을 죽이고 있다. 머뭇거리고 망설이는 사이에 변화의 급류에 휩쓸려간다. 이제 더 이상 멍하게 살아가서는 안 된다. 나 자신에게 '비상벨'을 울려야 한다. 나 자신이 누구인가? 이 세상에서 단 하나밖에 없는 아주 귀중한 존재다. 진정한 삶의 의미와 가치를 깨닫고 나의 큰 꿈을 실현하여 최고로 멋지게 살아야 한다.

그렇다면 인간인 내가 단순한 생존을 넘어 더 나은 미래를 꿈꾸며 살아가려면 어떻게 해야 하는가? 결국 길은 '자기혁명'밖에 없다. 내가 AI로봇보다 강하든가 아니면 나만의 차별화된 독특한 무기를 개발해야 한다. 자기혁명은 나태하고 연약한 나 자신을 강력하고 유능한 나로 새로 태어나게 하는 과정이다. 이를 위해서는 나 자신을 정밀 분석하여 하나하나 개조해 나가야 한다.

즉, 내가 태어날 때부터 나를 지배해온 부정적 유전인자(DNA)를 제거하고 어떠한 환경에서도 삶을 주도하는 강력한 인자로 키워 능력자로 바꾸어야 한다. 그리고 나 자신의 강점을 찾아 이를 통해 나만의 비장의 무기로 개발하여 나의 꿈을 실현해 나가야 한다.

◈ 욕심의 절제와 감정의 조절

자기혁명의 최대 장애물은 무엇일까? 그것은 욕심과 감정이다. 사람은 누구나 욕심과 감정의 지배를 받는다. 이것은 일종의 기질이고 성격으로 나타난다. 낙관적이냐 비관적이냐, 혹은 다혈질이냐 냉혈한이냐 하는 것들은 모두 개인의 특성을 규정한다.

사주팔자나 별자리 점도 어떻게 보면 그가 태어난 천시를 기준으로 한다. 자기가 임신한 환경에 따라 그의 성격이나 기질이 결정된다. 이것을 바꾸기란 거의 불가능하다. "세 살 버릇 여든까지 간다"고 말한다. 한번 결정된 성격이 쉽게 바뀌지 않음을 뜻한다. 그래서 자기혁명이 요구되는 것이다.

사람에겐 오욕과 칠정이 있다. 오욕은 사람의 다섯 가지 욕심 곧, 재물욕·색욕·식욕·명예욕·수면욕(睡眠慾)을 말한다. 인간의 이러한 욕심은 자기발전에 도움이 되기도 하지만 지나치면 자기 자신은 물론 모두를 파멸시키기도 한다. 그러므로 모든 욕심을 잘 통제하여 자기성장의 디딤돌로 삼아야 한다.

칠정은 사람의 일곱 가지 감정 즉, 기쁨(喜)·노여움(怒)·슬픔(哀)·즐거움(樂)·사랑(愛)·미움(惡)·욕심(欲), 또는 기쁨·노여움·근심(憂)·생각(思)·슬픔(悲)·놀람(驚)·두려움(恐)을 말한다. 칠정 중 기쁨, 슬픔, 즐거움, 사랑 등 긍정적 감정은 세상을 아름답게 한다. 그러나 노여움, 슬픔, 미움, 욕심 등 부정적 감정은 세상을 어둡게 한다.

사람마다 오욕이나 칠정이 달리 나타난다. 어떤 이는 엄청난 재물욕을 갖고 있다. 어려운 이웃을 보아도 돕지 않고 오히려 그의 것마저 빼앗으려 한다. 또한 상대방을 학대하며 쾌감을 느끼는 사람도 있고, 매사를 부정적으로 보는 사람도 있다. 이 모든 것이 절제되고 통제되지 않으면 갈등과 파괴를 가져온다.

사람은 나아가 누구나 두려움과 공포심을 갖고 있다. 이는 원초적 감정으로 자신을 보호하려는 심리에서 비롯되는 것이다. 익숙하지 않은 낯선 곳에 가거나 공격을 받은 경험이 있다면 본능적 공포 감정이 크게 작동하게 된다. 두려움, 공포를 이겨내기 위해선 주변 환경을 압도하는 강한 마음을 가져야 한다. 모든 것은 마음이 결정한다.

세상을 아름답게 바꾸려면 아름다운 감정의 소유자가 되어야 한다. 감정은 일종의 거울효과의 성질을 가지고 있다. 내가 웃으면 상대방도 따라 웃는다. 그러나 내가 화를 내면 상대방은 더 화를 낸다. 상대방이 화를 내더라도 내가 어떻게 하느냐에 따라 서로 웃을 수도 있고, 아니면 화를 더 키울 수도 있다. 오욕 칠정에 지배받는 사람이 아니라 모든 것을 통제하고 지배하는 사람이 세상을 바꿀 수 있다.

그렇다면 어떻게 해야 욕심과 감정을 지배할 수 있을까? 자기혁명을 통해 '달관의 경지'에 이르면 된다. 즉 내가 먼저 마음을 비우고 "미안하다"고 사과해야 한다. 설령 내가 잘못하지 않았어도 상대방을 역지사지로 이해하면 좋을 것이다. 나아가 상호간 배려하고 존경의 관계를 유지할 수 있도록 노력해야 한다. 내가 하기에 따라서 얼마든지 상대방과 좋은 관계를 만들 수 있다.

가장 좋은 일은 모든 사람을 적극적 지지자로 만드는 것이다. 물론 이 일은 쉽지 않다. 그러나 적이 한 명이라도 있으면 그 때문에 많은 비용을 지불해야 함을 명심해야 한다. 어떻든 "미안합니다, 감사합니다, 사랑합니다, 존경합니다"라는 표현을 습관화하여 모든 인관관계를 삶의 도약대로 만들어야 할 것이다.

◈ 실패해도 다시 일어서는 오뚝이 정신

우리가 목표를 세우고 도전하다보면 실패하는 경우가 많다. 실패에 직면했을 때 우리는 어떠한 선택을 해야 할까? 단순화시켜서 생각한다면 우리는 두 가지 중 하나를 선택해야 한다. 즉 다시 도전하는 일과 그냥 포기하는 일이다. 포기하게 되면 더 이상 새로운 일이 생기지 않는다. 모든 것이 거기서 끝나게 된다. 다시 도전하게 되면 모든 것을 다시 시작하는 것이다.

우리 인생은 결과도 중요하지만 더 가치 있는 삶은 도전의 과정이다. 수많은 실패와 좌절을 딛고 일어서는 삶이 진정한 승리자다. 자기혁명의 과정은 지난하다. 꿈을 이룰 때까지 자기를 바꾸어서 성공할 수 있는 조건으로 자신을 재창조해야 한다. 이를 위해서는 강한 '회복 탄력성'을 갖춰야 한다.

회복 탄력성은 소위 '오뚝이 정신'으로 포기하지 않고 다시 도전하는 것을 말한다. 오뚝이는 아무렇게나 굴려도 오뚝오뚝 일어나게 만든 아이들의 장난감이다. 오뚝이 정신은 쓰러졌다가 다시 일어나는 강한 도전정신을 말한다. 일곱 번 넘어져도 여덟 번 다시 일어나는 칠전팔기 정신이다. 자기혁명가는 실패를 딛고 일어서는 강한 오뚝이 정신이 있어야 한다.

사람이 실패할 때에는 분명한 이유가 있다. 한두 번 실패하는 것은 병가지상사다. 그런데 거듭 실패한다면 문제가 크다. 이 문제를 개선하지 않으면 또 다시 실패한다. 실패를 성공으로 만들기 위해서는 실패요인을 정확히 찾아내어 이를 완벽히 보완해야 한다. 이를 위해서는 자신의 성격, 행동, 태도, 의지, 조건, 환경 등을 총체적으로 분석해야 한다.

우리가 실패하게 되면 여러 가지 어려움에 직면한다. 주위에서 많은 비판이 쏟아진다. 마음의 상처도 크다. 그래서 일부에서는 좌절에 빠지기도 한다. 심한 경우에는 우울증에 걸리거나 자살하기도 한다. 다시 도전하려 해도 방해하는 사람들이 너무 많다. 사람들마다 한두 마디씩 내뱉는다.

그러나 포기하게 되면 모든 것을 다 잃어버리게 된다. 실패를 딛고 다시 일어서기 위해서는 더욱 강한 힘을 비축해야 한다. 더 열심히, 더 치열하게 자기를 단련시켜야 한다. 강한 성취욕을 고취시키고 반드시 성공하겠다는 의지를 확고히 해야 한다. 실패는 성공의 어머니다. 인생을 더욱 감동으로 만드는 힘이다. 실패를 딛고 자신을 더 연단, 단련시켜 인생의 대반전을 이루어야 한다.

하루아침에 성공의 금자탑에 오른 사람은 없다. 자기혁명가는 수많은 실패와 좌절, 어려움을 극복하고 더 나은 나의 삶과 공동체, 인류의 미래를 창조한 사람들이다. 이 같은 위대한 자기혁명가들은 역사에 무수히 등장했다. 백의종군의 모욕을 이긴 이순신 장군은 말할 것도 없고 선거에서 여러 번 낙선 끝에 좌절을 극복하고 대통령에 당선된 링컨도 있다.

아름다운 꽃은 그냥 피는 것이 아니다. 천둥과 번개, 비바람을 맞고도 쓰러지지 않아야 한다. 쓰러지면 모든 것이 끝난다. 자신의 역사적 사명, 시대적 소명, 선지적 천명을 깨닫고 위대한 꿈을 세우고 이를 실현하기 위해 목숨을 걸고 나아가야 한다. 여기에 비로소 위대한 자기혁명이 완성되는 것이다.

chapter 2

생각과 전략으로
불가능을 극복하라

원하는 것을 얻는 기적의 법칙

◆ 목숨을 걸고 행동해야 성공

"뜻을 이루려면 목숨을 걸어야 한다."

역사적으로 꿈을 이룬 사람들의 삶은 단순하지 않았다. 이들에게 하나의 공통점이 있다. 모두가 목숨을 걸고 행동한 것이다. 이순신 장군도, 안중근 의사도 국가를 위해 목숨을 걸었다. 예수와 석가모니도 모든 것을 버리고 '정점'에 도달했다. 삶은 이렇게 간단하지 않다. 자기의 가장 고귀한 것들을 버리고 자기혁명에 성공하여 꿈을 이룬 것이다.

다중지능이론을 창안한 하워드 가드너(Howard Gardner) 박사는 세계적으로 성공한 사람들의 특성을 연구했다. 그리고 그 결과를 한 마디로 이렇게 정리했다. "목숨을 걸었다." 이것이 위대한 자기혁명의 성공 비결이자 생존과 공영의 비밀 통로다. 대충은 없다. '이 정도면 됐다'고 하는 순간 주목받는 삶이 되지 못한다.

이순신 장군은 임진왜란 당시 싸움에 나갈 때마다 목숨을 걸고 왜적과 싸워 승리했다. 대표적인 승전이 '명량(울돌목)해전'이다. 1597년 8월(양력) 원균이 이끈 조선수군은 거제 앞바다에서 싸운 칠천량 해전에서 궤멸되었다. 배설이 겨우 12척을 이끌고 탈출했다. 이순신 장군은 1597년 9월 백의종군에서 다시 삼도수군통제사로 복직했다. 조선 왕 선조는 이순신에게 "수군을 포기하고 육군에 합세하여 육전하라"고 명령했다. 그러나 이순신 장군은 '장계'를 올렸다.

"지금 신에게는 아직 12척의 전선이 있습니다. 죽을힘을 다하여 항거해 싸운다면 오히려 막아낼 수 있습니다.(중략) 전선이 비록 적다고 하나 미천한 소신이 아직 죽지 아니했으니, 적이 감히 우리를 업신여기지 못할 것입니다. 今臣戰船尙有十二(금신전선상유십이). 出死力拒戰(출사력거전), 則猶可爲也(칙유가위야).(중략)戰船雖寡(전선수과), 微臣不死則不敢侮我矣(미신불사즉불감모아의)."

이순신 장군은 이어 조선수군과 전선을 재정비하고 출전의 채비를 갖추었다. 이순신 장군은 드디어 1597년 10월 25일 배

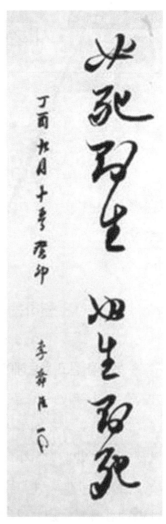

이순신 장군이 명량해전에 나아가기 직전에 쓴 휘호. "必死卽生, 必生卽死"(죽고자 하면 살고, 살고자 하면 죽는다) 〈출처: 충무공이순신〉

설이 이끌고 탈출한 12척과 정비선 1척을 포함하여 총 13척을 이끌고 출전에 임하면서 조선수군에 이렇게 강조했다. "필사즉생(必死卽生), 필생즉사(必生卽死)! 즉, 죽고자 하면 살고 살려고 하면 죽는다!"

명량해전이 시작되자 133척의 일본전함에 조선수군은 사실상 겁을 먹은 상태였다. 이순신 장군은 싸우지 않고 망설이는 장졸들에게는 엄한 군령으로 다스렸다. 이순신 장군은 난중일기에 "대장선이 홀로 적진 속으로 들어가 포탄과 화살을 비바람같이 쏘아대건만 아군의 여러 배들은 관망만 하고 진군을 하지 않았다"고 적었다. 이에 이순신 장군은 "군법에 죽고 싶으냐?"며 적극 나설 것을 엄명하였다.

조선수군은 이순신 장군의 불같은 호령에 따라 두려움을 용기로 바꿔 왜적과 맞섰다. 모두가 죽기를 각오하고 싸웠던 것이다. 조선수군은 불과 13척으로 10배가 넘는 일본함대와 당당하게 대적했다. 그 결과 적선 31척을 격파하고 수천여 명의 적군을 수장시켰다. 반면에 아군 전선은 단 1척도 손상되지 않았고, 피해는 전사 2명에 부상 2명뿐이었다고 한다.

명량해전은 세계해전 사상 3대 해전 중의 하나로 꼽힌다. 이순신 장군의 지도력과 조선수군의 정신력이 만들어낸 쾌거였다. 임진왜란 23번의 전투에서 가장 빛나는 전투로 기록되었다. 이순신 장군이 목숨을 걸고 전장의 선두에 서서 솔선수범의 지도력으로 전투를 승리로 이끈 것이었다.

이순신 장군과 조선수군은 매 전투 때마다 목숨을 걸고 싸웠다. 그리고 연전연승으로 승리했던 것이다. 이순신 장군은 전투가 끝난 후에 명량해전에 대해서 자평하기를 "이긴 것은 참으로 천행이었다"고 털어놨다. 목숨을 걸어야 하늘이 돕고, 땅이 돕고, 온 우주가 돕는다.

인간은 죽음을 불사하면 정신적으로나 육체적으로 '비상상태'에 돌입하게 된다. 그리고 이때 자기도 모르게 초인적인 힘이 나온다. 그러나 두려워서 도망치는 순간에는 육체나 정신이 경직되면서 공황 상태에 빠져 일시에 무력해진다. 이순신 장군은 바로 이점을 우려했기 때문에 강한 군령을 내세워 부하들을 독려하면서 배수의 진을 쳤던 것이다.

사람은 목숨을 걸면 엄청난 능력이 생긴다. 우리 안에는 중동의 설화집 《천일야화》에 나오는 '알라딘과 요술 램프'의 거인 같은 초능력자가 있다. 우리가 목숨을 걸고 부르면 언제든 램프의 거인처럼 밖으로 나온다. 그러나 많은 사람들은 자기 안에 거대한 초능력자가 있는지조차 모르고 살아가고 있다.

인간의 초능력이 일어난 기적의 사례는 무수히 많다. 18세기 독일의 철혈재상 비스마르크의 일화는 매우 유명하다. 다시 한번 상기시켜보기 위해 소개한다. 비스마르크다가 어느 날, 친구와 함께 산으로 사냥을 나가게 되었다. 그런데 친구가 숲 속에서 길을 잃어 헤매다가 그만 늪에 빠져 살려달라고 외쳤다. 이를 본 비스마르크는 자신의 권총을 꺼내어 친구에게 겨누며 이렇게 말했다.

"내가 지금 자네를 구하려다가 나도 죽을 것 같고 또 가만히 놔두자니 자네가 고통스럽게 죽어갈 것 같으니 차라리 내 총으로 자네를 쏘는 편이 나을 것 같네."

그러자 친구는 죽을힘을 다해 늪에서 빠져나왔다. 늪에서 빠져나온 친구에게 비스마르크는 이렇게 말했다.

"여보게 친구, 내가 총으로 겨눈 것은 자네의 머리가 아니라 자네의 생각이었다네."

비스마르크의 일화는 무엇을 시사하는가? 목숨을 걸고 행하면 무엇이든지 극복할 수 있다는 것을 뜻한다. 목숨을 걸면 내 속에 있던 마법의 요술램프가 작동하여 거인이 나와 나를 위해 초능력을 발휘하는 것이다. 이것은 분명한 사실이다. 다만 믿는 사람에만 보이고 갈구하는 사람에게만 나타 난다. 이것이 '램프의 법칙'이다.

우리 인간은 하나님이 창조했다. 이로 인해 때때로 어마어마한 능력이 나타난다. 보통 사람이 태어나서 자신의 능력을 5%도 쓰지 못하고 죽는다 고 한다. 95%의 잠재된 능력을 이끌어내야 한다. 이를 위해서는 목숨을 걸 고 임해야 한다. '나는 기필코 해 낼 수 있다'고 강하게 믿고 담대하게 나아 가야 한다.

목숨을 걸고 꿈을 향해 길을 나서면 반드시 성취할 것이다. 꿈이 있는 사람은 시작부터 달라야 한다. 그리고 살아생전에 반드시 업적을 창조해야 한다. 모든 두려움을 이겨내야 한다. 두려움을 용기로 바꾸는 사람은 역사 를 바꾼다. 이순신 장군은 전선 13척으로 왜적 133척을 맞아 목숨을 걸고 두려움을 용기로 바꿔 조선구국의 새 역사를 창조했다. 이것이 바로 위대 한 자기혁명이다.

◈ 반복적인 자기 암시와 주문

사람에게는 동물과 다른 초능력 같은 영적 능력이 있다. 이중의 하나가 기도하거나 말을 반복적으로 하면 이루어지는 '주문의 법칙'이다. 실제로 아 무리 어려운 처지에 놓여 있더라도 말을 반복하게 되면 그것이 실현되는 사 례를 자주 목격한다. 그래서 누구나 꿈이나 목표가 '이미 다 이루어졌다'라 고 반복해 말을 하면 그대로 현실이 된다.

미국의 동기부여 작가인 지그 지글러(Zig Ziglar: 1926년 11월 6일~2012년 11월 28일)는 "목표에 도달하고 싶으면 이미 그 자리에 도달한 자신의 모습을 상 상해야 한다"고 말했다. 일종의 이미지 강화 트레이닝이다. 이는 자기가 꿈 꾸고 상상하는 것이 현실이 된 것처럼 행동하면 그 꿈이 반드시 현실이 된다는 이야기다.

그는 또 "목표는 반드시 종이에 기록해야 한다. 목표를 기록하지 않으면 당신은 아직 뿌려지지 않은 씨앗만 가지고 있는 셈이다"라고 말했다. 이 말 역시 꿈이나 목표를 현실화하기 위해서는 나의 영적 초능력을 발휘하게 해야 한다. 이를 위해서는 종이에 써서 가지고 다니거나 벽에 붙여놓고 자주 보면서 목표가 이루어진 것처럼 말과 행동을 해야 한다.

지그 지글러는 《시도하지 않으면 아무 것도 할 수 없다》, 《지금 변하지 않으면 더 이상 물러설 곳이 없다》 등을 비롯해 25권의 베스트셀러를 발표한 세계적인 작가다. 그는 "모든 사람들이 자신의 꿈을 실현하여 최대의 성공을 이룰 수 있도록 돕는 것이 자신의 목표중 하나"라고 밝혔다.

"△당신은 시작을 위대하게 할 필요는 없다. 하지만 반드시 시작했다면 위대하게 변해야 한다. △지금 필요한 것은 걱정이 아니라 실행이다. △여러분의 지위는 여러분의 능력이 아니라 여러분의 태도가 결정한다." 지그 지글러의 말이다. 그의 말처럼 자기혁명에서 가장 중요한 것은 삶의 '태도'를 바꾸는 것이다. 태도는 일, 사건, 삶에 대한 해석과 행동을 결정한다.

꿈과 목표를 실현하기 위한 태도변화 혁명, 이것이 바로 자기혁명의 요체다. 대부분의 실패는 그의 잘못된 태도에도 비롯된다. 올바른 태도를 견지하기 위해선 어떻게 해야 할까? 가장 이상적인 자아상을 수립하고 자신을 그러한 사람이 되도록 갈고 다듬어야 한다.

다시 말하면 나는 왜 이 땅에 왔는가를 깨닫고 가장 가치 있는 존재, 자존감 강한 존재로 만들어 나가야 한다. 모든 삶의 최종 목표는 행복과 자존감의 실현에 있다. 늘 위대한 자아상을 정립하고 그러한 모습으로 태도를 바꾸기 위해선 끝없이 자기주문을 외쳐야 한다.

자기태도를 강화하는 대표적인 주문은 "나는 할 수 있다"이다. 자기의 자존감을 높이고 꿈을 실현하는 데 도움이 되는 자기주문을 만들어 사용하는 것이 아주 중요하다. 가령 "△나는 최고다. 난 할 수 있다. △된다, 된다, 잘 된다 등과 같이 자기만의 주문을 만들어 사용해 보면 큰 힘이 될 것이다.

미국 제44대 대통령을 지낸 버락 오바마(Barack Hussein Obama:1961년 8월 4일~현)는 2008년 민주당 대통령 후보 시절 미국의 '새로운 변화(new change)'를 선거 슬로건으로 내세웠다. 그리고 "우리는 할 수 있다!(Yes, We Can!)"라는 희망의 메시지를 반복적으로 외치며 침체에 빠져있던 미국사회를 흔들었다. 그 결과 '흑인(정확하게는 혼혈 흑인)'이었음에도 불구하고 선거에서 압도적으로 승리하여 최초의 흑인 대통령이 되었다. 취임 후 핵무기 감축, 중동평화회담 재개 등에 힘써 2009년 노벨평화상을 수상하였다.

재미 여성기업가인 김태연 회장은 어려움에 부닥칠 때마다 주문을 반복한 것이 있다. 그것은 "그도 할 수 있고, 그녀도 할 수 있는데, 왜 나는 못해? (He can do, She can dot, Why not me?)"라는 주문이다. 그는 힘들 때마다. "이 주문을 외치면서 현재 미국 100대 우량기업인 라이트하우스(Lighthouse) 등 5개 기업을 이끌고 있다. 그의 말대로 "나도 할 수 있다"를 강하게 외치며 내 꿈을 향해 나아가야 한다.

성공신화의 상징인 김태연 회장은 의지와 집념의 한국인이다. 한국에 살던 어린 시절 김태연은 "계집애가 무슨 태권도냐"라는 주위의 만류에도 굴하지 않고 7세 때부터 태권도를 익히기 시작했다. 24세에 미국으로 이민을 가서 한동안 3D 직종을 전전하였다.

재미 여성 기업가 김태연 회장과 그의 저서 표지.

그러다 그녀는 자기의 최대 장점인 태권도를 생각해 내고 무작정 인근 학교를 찾아가 학생들에게 태권도를 가르치겠다고 끈질기게 교장을 설득해 한 달 만에 허락을 받았다. 그 이후 그녀는 태권도를 통해 미국 사회에 적응했고, 마침내 여성으로는 최초로 미국 공인 태권도 8단의 '최고명인(Grand Master)'이라는 위치에까지 오르게 되었다. 'Grand Master'는 낯선 미국 사회에서 성공한 그녀의 집념을 잘 나타낸다.

결국 불타는 집념의 의지가 기적을 만드는 것이다. 꿈을 실현하기 위해는 "나는 할 수 있다"는 강한 주문을 불어넣으며 확고부동한 의지로 나아가야 한다. 어려움에 부닥쳐 피할 수 없으면 즐기거나 "이 또한 지나가리라!(This, too, shall pass away!)"를 외치며 힘써 나아가야 할 것이다.

"나는 할 수 있다! 나는 할 수 있다!"

그렇다면 내공을 강화하기 위해선 어떻게 해야 할까? 자신을 끊임없이 혁신하고 단련시키는 길이 최고의 방책이다. '할 수 있다(I can do it!)'를 반복하며 자신감을 끌어올려야 한다. 자신감은 기적을 낳는 힘이다. 세상사는 쉬운 일이 하나도 없다. 이 세상에 태어나는 일도 사실은 1억 대 1의 치열한 경쟁을 뚫고 기적을 이룬 것이다.

세계적 승자들은 공통점이 있다. 모두가 자기혁명으로 강한 내공, 강한 정신력을 갖고 있다는 점이다. 사람들은 모두 약하다. 그러나 자기혁명으로 내공을 강화시켜 엄청난 강자로 자신을 변화시킨다. 영웅들은 끝없는 연단을 통해서 기적을 만든다. 기적은 간절한 기도와 뜨거운 염원, 강한 정신력의 선물이다.

인간은 누구나 두려움을 갖고 있다. 심지어 불안이나 공포에 억눌리기도 한다. 그러나 두려움과 긴장, 부정적 생각은 일을 실패하게 만든다는 것을 명심해야 한다. 성공하고 싶으면 성공한 모습을 반복해서 상상하며 현실화된 것처럼 행동해야 한다. 그리고 '할 수 있다'는 절대긍정의 힘으로 자신감을 극대화해야 한다. 이것이 자기혁명을 통한 승리의 핵심 전략이다.

꿈은 반드시 이루어진다. 이것이 '꿈의 법칙'이다. 꿈은 시련을 이긴다. 어린 아이에게 가장 필요한 것은 무엇일까? 훌륭한 인격이나 환경, 삶의 조건이 아닌 바로 '꿈'이다. 한 사람의 미래를 결정하는 것은 어떤 가정과 환경에서 성장하느냐가 아니라 어떤 꿈을 가지고 있느냐이다. 꿈은 모든 역경과 어려움을 뛰어넘게 하는 힘이 있다.

역사를 바꾸는 위대한 생각

◆ 놀라운 생각의 힘

이 세상을 바꿀 수 있는 단 하나가 있다면 그것이 무엇일까? 그것은 '생각(thought, idea)'이다. 생각은 모든 것을 바꿀 수 있는 엄청난 힘을 갖고 있다. 생각이 모든 것이다. 인류의 위대한 역사 창조는 모두 위대한 생각의 결과물이다. 그러므로 위대한 자기혁명가가 되려면 위대한 생각을 해야 한다.

생각은 사전적으로 '사물을 헤아리고 판단하는 작용'이라고 정의하고 있다. 생각은 넓은 의미로는 의식 활동과 그 내용 모두를 지칭한다. 느끼고 상상하고 의욕하는 것도 사고의 일종이다. 생각은 마음으로 느껴 목표나 목적을 이루려는 정신작용이다. 목표에 이르는 방법을 찾으려고 하는 모든 의식적 정신 활동을 말한다. 사상(思想), 사유(思惟)라고도 한다.

지각이나 기억의 활동도 생각이다. 그러나 이것만으로는 충분하지 않은 경우에, 어떻게 이해하고 또 행동해야 할 것인가를 헤아리는 활동을 하게 된다. 이 또한 생각의 활동이다. 생각은 일반적으로 언어적 사고나 도형적 의식에 의해서 행해진다. 또 귀납적 사고, 연역적 사고와 같이 논리적 추론의 종류에 의해서 분류하는 경우도 있다.

생각하는 작용으로서의 '사고(思考)'에 대해 생각된 내용을 '사상'이라고 한다. 사상은 그때그때의 사고 활동이 아니라 어떤 정리된 통일적 내용을 뜻한다. 판단 이전의 단순한 직관의 상태에 그치지 않고 논리적 추론에 의한 사고의 결과, 즉 사고 내용을 가리킨다. 예컨대 어떠한 행위를 선(善)이라든가 악(惡)이라고 판단하는 것이 아니라, '선' 또는 '악'이라고 규정하거나 개념화하는 것이 사상이다.

사상은 원리적 통일을 지니는 사고 내용이나 판단 체계를 말한다. 그것은 사회·인간 등 사물이나 현상에 대한 일정한 견해를 의미한다. 그리고 이러한 견해로써 사상을 발표하고, 또한 사회적 행동을 한 사람을 두고 '사상가'라고 부른다. 우리 인간 사회는 사상과 사상가에 의해 규정되고 행동화되는 경향이 있다. 그러므로 위대한 사상과 사상가는 사회변화의 핵심적 동인이 된다.

성경에서는 사람의 마음을 지배하는 생각을 크게 '육의 생각'과 '영의 생각', 둘로 구분한다. '육의 생각'은 부패하고 타락한 인간 본성의 지배를 받아 죄를 짓게 된다(롬 8:5). '영의 생각'은 성령의 인도를 받아 평안을 누리게 한다(롬 8:6). 이는 육의 생각을 버리고 영의 생각을 통해 항상 평안을 누리라는 선포다. 이것이 하나님의 생각(말씀)이고 사상이다. 매우 강력한 행동변화를 촉구하고 있다.

그런데 생각은 경험을 하면서 유연하게 바뀌기도 하지만 한번 정해진 사고틀은 잘 바뀌지 않는 속성이 있다. 더구나 자신이 그런 자신의 '사고틀'을 잘 인식하지도 못한다. 하지만 어떤 자세로 임하느냐에 따라 생각은 달라질 수 있다. 또한 생각은 여러 가지 경험을 토대로 어떻게 상호간의 생각을 잘 연결시키느냐 하는 것도 중요하다.

생각의 위대성을 키우려면 어떻게 해야 할까? 고정관념이나 편견을 극복하는 것이 가장 중요하다. 스펀지처럼 유연하고 흡수력이 뛰어나야 한다. 물 흐르듯이 하고 바다처럼 포용력이 있어야 한다. 생각의 크기와 넓이가 그 사람의 모든 것을 결정한다. 생각을 바꾸면 행동이 바뀌고, 행동이 바뀌면 습관이 바뀐다. 그리고 마침내 그의 운명이 바뀐다. 그러므로 운명을 바꾸고자 한다면 먼저 생각을 바꾸어야 한다.

지혜로운 현자, 문제 해결력이 뛰어난 해결사, 탁월한 지도자, 위기를 극복하는 창조자 등의 특징은 무엇일까? 모두 위대한 생각의 소유자란 점이다. 모든 문제의 출발도, 모든 문제의 해결도 생각에서 시작된다. 생각에서 가장 중요한 것은 '앎'이다. 앎이라는 것은 특징이나 성격 등을 파악하는 것이다. 나 자신의 특징이나 성격을 파악하여 이를 더 좋은 것으로 바꾼다면 모든 것이 달라질 것이다.

생각의 크기가 인물의 크기를 결정한다. 위대한 인물이 되고 싶다면 반드시 위대한 생각을 해야 한다. 생각의 차이가 모든 것의 차이를 만든다. 그러므로 독창적이고 창조적인 생각을 하려면 다르게 생각해야 한다. 성공과 실패, 부자와 빈자 등 모든 것의 배후에는 사고방식, 즉 생각이 작용한다. 그러므로 매사에 치밀하고 정교하게 생각해야 한다.

생각은 뇌에서 이루어진다. 그러므로 뇌를 연구하고 개선하는 의식적 노력은 생각만큼 중요한 일이다. 두뇌활동을 강화하여 생각하는 힘을 키우고 이를 통해 세상을 바꾸어 나가야 할 것이다. 성공하고 실패하는 사람간의 차이는 어디에서 비롯될까? 대부분 생각의 능력에서 비롯된다. 남과 다르게 독창적으로 생각하는 힘을 키워야 한다.

◈ 생각의 힘 키우기: 창조적 질문

'일일삼성(一日三省)'이란 말이 있다. 매일 하루에 세 번씩 자신을 성찰해 본다는 의미다. 성찰의 핵심은 질문을 던지는 것이다. 즉 매일 하루에 세 번씩 나 자신에 대해서 질문을 던지고 이에 대한 대답을 찾기 위해 노력하면 생각의 힘이 커진다. 나는 지금 어디에 있는가? 지금 나의 문제는 무엇인가? 이 문제를 해결하기 위해서는 어떻게 해야 하는가? 왜 내가 그 일을 실패했는가? 등등 무수한 질문과 대답을 통해 생각의 힘을 키워나갈 수 있다.

현명한 질문가인 도로시 리즈는 그의 저서 《질문의 7가지 힘》에서 질문은 "원활한 대화와 창조적 사고를 가능하게 하는 비결"이라고 말했다. 어떻게 보면 질문의 힘이 세상을 바꿀 수도 있다. 자신에게 가족이나 동료 또는 모든 사람들에게 제대로 된 질문을 던질 수 있다면 우리의 삶과 미래가 달라질 수 있다. 훌륭한 질문은 생각을 바꾸고, 행동과 운명을 바꾸게 한다.

"당신의 꿈이 무엇인가요? 그 꿈을 이루기 위해서 어떻게 하고 있나요? 왜 아직도 성공하지 못한 것인가요? 그렇다면 앞으로 성공하기 위해서는 어떻게 해야 한다고 생각하나요? 당신의 가족이 당신의 성공에 도움이 되나요? 당신의 성공을 위해서 가족과 주변의 도움을 얻기 위해서는 어떻게 해야 하나요? 당신의 성공을 위해서 필요한 것이 무엇인가요?"

핵심을 찌르는 질문은 문제를 해결하는 열쇠다. 지시나 명령을 하지 말고 질문을 던지는 것이 더 큰 위력을 갖고 있다. 타인에게 지시하거나 명령을 하면 거부하거나 반발할 수 있다. 심지어 싸울 수도 있다. 질문은 이러한 것을 차단하고 자연스럽게 상대방을 행동하게 한다. 지도자는 지시 또는 명령보다는 질문으로 더 강력한 지도력을 발휘할 수 있다. 소위 '질문 리더십'이 중요하다.

질문의 대상은 나 자신을 포함하여 가족, 직장 동료, 상사 등 모든 관계자다. 심지어 전혀 관계가 없는 사람에게도 질문형 편지나 전화는 상대방을 내 편으로 만들 수 있다. 긍정적 변화를 유도하기 위한 설득력 강한 질문을 개발해야 한다. 내가 아무런 능력이 없다고 해도 질문만 잘 던질 수 있는 능력을 개발한다면 성공할 수 있을 것이다.

어느 환자가 의사 앞에 앉았다. 의사가 말했다. "환자의 병명은 유방암입니다." 환자는 의사의 말에 충격을 받았다. 잠시 진정을 한 뒤 질문을 던졌다. "진단이 정확한 것입니까? 다른 병일 가능성은 없나요?" 의사가 답변했다. "예, 틀림없습니다."

그러나 이 환자는 다른 병원으로 가서 다시 검진을 받았다. 그리고 여러 군데를 더 들렀다. 어느 병원 의사는 이렇게 말했다. "유방암 의심이 가지만 방사선 치료로 고칠 수 있을 것입니다." 이 환자는 이 병원에서 치료를 받기로 했다. 다행히 완치되어 퇴원할 수 있었다. 질문이 정확한 진단을 이끌어냈고, 치료 방법을 바꿔 목숨을 살린 것이다.

우리가 성공하는 삶, 더 행복한 삶을 소망한다면 제대로 된 질문을 던져야 한다. 나는 어떠한 재능을 갖고 있는가? 이것을 살릴 수 있는 길은 무엇인가? 누구를 만나야 도움을 구할 수 있는가? 지속적인 질문을 통해 문제에 대한 생각을 정리하여 답을 찾아내야 한다. 창의적 질문을 통해 문제를 해결하고 더 나은 삶을 만들어갈 수 있다.

도로시 리즈는 질문의 힘을 몇 가지로 정리했다. △질문은 좋은 방향을 제시한다. △질문을 하면 답이 나온다. △질문을 하면 생각을 자극한다. △질문을 하면 정보를 얻는다. △질문을 하면 통제가 된다. △질문은 마음을 열게 한다. △질문은 귀를 기울이게 한다. △질문에 답하면 스스로 설득이 된다. △질문은 조직을 변화시킨다.

질문에서 가장 중요한 것은 질문의 방식이다. 어떻게 질문하느냐에 따라 답은 천차만별로 바뀐다. 긍정이 부정으로, 부정이 긍정으로 바뀔 수도 있다. 원하는 답을 얻기 위한 질문은 잘 설계되어야 한다. 미리 상대방의 입장에서 생각하고 나서 질문을 해야 한다. 또한 여러 가지 가능성을 생각하여 질문을 해야 한다. 어떻게 질문을 하느냐에 따라 그 결과가 전혀 달라질 수 있기 때문이다. 예를 들어보자.

〈가〉 한국이 민주주의에 반대하는 공공연설을 허용해야 한다고 생각하는가?

〈나〉 한국이 민주주의에 반대하는 공공연설을 금지해야 한다고 생각하는가?

위 두 질문에서 다른 점은 한 단어뿐이다. 즉 긍정적 어감의 '허용'이라는 단어와 부정적 어감의 '금지'라는 단어다. 긍정적 질문은 긍정적 답변을 유도하고, 부정적 질문은 부정적 답변을 하게 만든다. 설문조사나 여론조사도 어떤 방식으로 질문을 하느냐에 따라 답은 달라진다. 아주 민감한 부분이다.

또한 비극이나 어려움이 닥친 경우를 생각해 보자. "왜 하필 나에게 이런 일이 생기게 했나요?"라고 아무리 질문을 던져도 답이 없다. 상황을 냉정하게 인정하고 "지금 내가 이 일을 극복하기 위해서는 어떻게 해야 하는가?"라는 식의 대답이 가능한 질문을 해야 한다. 질문시에는 반드시 질문의 목적과 이를 얻기 위한 합당한 질문을 생각해야 한다.

보다 성공하는 질문은 압박형, 폐쇄형 질문보다는 청유형, 개방형으로 하는 것이다. 질문에 대한 답변은 질문 방식, 말투, 사용 단어, 억양 등에 따라 달라진다. 질문을 아무렇게나 해서는 안 된다. 질문도 능숙한 기술이 필요하다. 원하는 답을 얻기 위해서는 늘 상대방의 입장에 서서 질문을 던져야 한다. 백전백승을 위한 질문의 기술을 키워나가야 할 것이다.

세상을 이기는 최고의 전략

◈ 원하는 것을 얻는 전략의 기술

21세기는 전략시대다. 불멸의 명장 이순신 장군을 비롯하여 《손자병법》의 손무, 《삼국지》의 영웅 조조, 중국 통일의 아버지 마오쩌둥, 베트남의 전쟁영웅 보응우엔잡 등은 모두 같은 점이 있다. 바로 세계사적인 승리를 거둔 '전략의 대가들'이라는 점이다. 이들은 모두 다양한 전략을 변화무쌍하게 활용할 수 있었던 멀티 플레이어들이었다.

그렇다면 '전략(戰略: strategy)'이란 무엇인가? 전략이란 기본적으로 군사적 개념이다. 사전적으로는 '전쟁에서 승리하기 위해 여러 전투를 계획·조직·수행하는 책략'으로 정의된다.[1] 즉, 전쟁의 승리를 위해 가용한 모든 전쟁 수단들을 설정된 목표에 집중시키는 방법이나 책략을 의미한다.

전략은 기본적으로 미래 목표를 세우고, 그것을 달성하기 위한 계획을 수립하는 것이다. 그렇다면 일류 전략가들은 어떻게 전략을 세우는가? 먼저 앞을 내다보고 현재를 되짚어 본다. 미래의 특정 시점에 자신이나 기업, 국가가 어떤 위치에 있어야 하는지에 대한 목표를 세우기 위해 '앞을 내다본다.' 그런 뒤 이를 실현하려면 어떤 조처들을 취해야 할지를 파악하기 위해 '현재를 되짚어 본다.'[2]

전략에서 가장 중요한 것은 개인이나 기업, 국가가 어디로 가야하는지

---

1) 두산백과. http://terms.naver.com/entry.nhn?docId=1139480&cid=40942&categoryId=31738 (검색일: 2016년 1월 11일)

2) 데이비드 요피·마이클 쿠스마노 지음, 홍승현 옮김, 《전략의 원칙》, (서울: 흐름출판, 2016), 55~56쪽. 삶의 승패를 좌우하는 것은 전략이다. 이것은 필자의 핵심적 생각이다. 전략에 관한 책을 찾아 읽고 모두가 최고의 전략가가 되길 기대한다. 이 밖에 송병락, 《전략의 신》, (파주: 쌤앤파커스, 2015), 김옥림, 《책사들의 설득력》, (서울:팬덤북스, 2015), 애비너시 디시트·배리 네일버프, 《전략의 탄생》, (파주:쌤앤파커스, 2009), 서광원, 《전략의 급소》, (서울:위즈덤하우스, 2007) 등을 꼭 참고하면 큰 도움이 될 것이다.

를 결정하는 일보다 그곳에 도달하는 '최적의 방법'을 찾아내는 일이 더 중요하다. 따라서 전략가는 앞을 내다보며 미래비전을 제시하고 이를 추진해 나가면서 현재를 되짚어 보고 조정해 나가야 한다.

모든 사람은 꿈이 있고 또한 원하는 것을 얻고자 한다. 그렇다면 원하는 것을 얻기 위한 전략은 무엇인가? 이 물음에 대한 대답은 세계적 협상 전문가인 스튜어트 다이아몬드(Stuart Diamond) 교수가 펴낸 《어떻게 원하는 것을 얻는가》를 참고하면 좋을 듯하다. 다이아몬드 교수는 이 책을 통해 "누구나 원하는 것을 얻을 수 있다"는 매우 희망적인 전략을 제시해 주고 있다.[3]

원하는 것을 얻고자 하는 것, 꿈을 성취하고자 하는 것은 인간의 본능적인 욕망이다. 소망이나 꿈은 대부분 인간관계를 통해서 이루어진다. 사람은 늘 관계 속에서 살아간다. 관계가 없는 삶은 존재하지 않는다. 수많은 관계와 관계 사이에서 개인이 원하는 것을 획득하기 위해서는 뛰어난 전략이 요구된다.

다이아몬드 교수는 그의 저서에서 원하는 것을 얻는 전략을 소개했다. △첫째, 목표 달성에 집중해라. 오직 단 한 가지 얻고자 하는 목표 달성에 집중해야 한다. 다른 부차적인 것에 절대 신경 써서는 안 된다. △둘째, 상대가 생각하는 머릿속 그림을 그려라. 상대의 생각, 감성, 욕구를 파악하고 신뢰를 확보해야 한다. 강압적인 수단을 쓰지 않고 상대방이 자발적으로 손을 내밀도록 만들어야 한다.

△셋째, 상대의 감정을 읽으며 대응하라. 사람들은 늘 이성적이지 않다. 아이러니하게도 사람들은 감정에 따라 비이성적인 태도를 취하는 경우가 많다. 상대의 감정을 공감하면서 이성적 판단을 할 수 있도록 유도해야 한

---

3) 스튜어트 다이아몬드, 《어떻게 원하는 것을 얻는가》, (파주: 8.0, 2012), 4-5쪽. 이 책도 매우 소중한 책이다. 꼭 읽어 보길 강력히 추천한다.

다. △넷째, 점진적으로 접근하여 목표를 달성하라. 한꺼번에 너무 많은 것을 요구하면 실패하기 쉽다. 성급한 말과 행동은 상대방의 마음을 멀어지게 한다. 상대방과의 간격을 천천히 좁혀야 한다.

△다섯째, 서로 주고받으며 공생을 모색하라. 사람들은 저마다 다른 가치 기준을 갖고 있다. 서로 주고받으며 더 많은 기회를 만들어 내야 한다. △여섯째, 상대방을 철저히 분석하여 접근하라. 상대방의 성향, 태도, 가치, 종교 등을 알면 원하는 것을 보다 쉽게 얻을 수 있다. △일곱째, 절대 거짓말을 하지 말라. 거짓말은 상대방이 알게 될 것이고, 결국 이로 인해 장기적으로 큰 손해를 보게 된다.

△여덟째, 의사소통에 만전을 기하라. 대부분의 협상 실패는 부실한 의사소통에서 기인한다. 무조건 상대방의 입장에서 생각하여 숨겨진 걸림돌을 찾아야 한다. 상대방이 왜 그렇게 말하는지 원인을 파악하고 포기하지 말고 집요하게 접근해야 한다. △아홉째, 서로에 대한 차이를 인정하고 접근하라. 차이에 대한 질문을 두려워하지 말아야 한다. 차이를 인정하고 서로 상생할 수 있는 길을 모색해야 한다.

△끝으로 가장 중요한 것은 원하는 것을 얻기 위한 모든 것을 목록으로 만들어 접근하라. 목표에 따른 모든 전략과 도구를 정리한 자신만의 목록을 만들어 구체적인 행동에 돌입해야 한다. 철저한 준비 없이 목표 달성은 쉽지 않다. 성공을 위해서는 그에 상응하는 대가를 반드시 지불해야 한다. 절대 공짜는 없다.

◈ 싸우지 않고 이기는 전략

인류 최고의 병법서는 손자가 쓴 《손자병법》이다. 손자는 전투현장으로 산전, 수전, 택전, 육전 등 4가지를 언급했다. 그리고 전쟁에서 승리하기 위해서는 현장에 몰입해야 한다고 강조했다. 당시에는 없었지만 현재는 '공(중)전'도 중요한 전투현장이 되었다. 각각의 전투현장에서 이기기 위한 전략은 다르다.

그러나 손자는 어떤 경우든 "싸우지 않고 이기는 전략을 택하라"라고 강조했다. "상생의 길을 가라, 서로 협력해야 더 멀리 간다"고 밝혔다. 중요한 것은 인생의 승리다. 나만을 위한 승리는 승리가 아니다. 인류 모두를 위한 승리가 진정한 승리다. 남을 죽이고 나만 사는 승리는 가치가 없다는 것이다.

위대한 자기혁명가는 확고한 신념을 가져야 한다. 그리고 배려할 줄 아는 따뜻한 마음을 가진 인간이 되어야 한다. 때로는 어머니처럼 자식을 위해 희생하고 헌신하는 사람이 되어야 한다. 병사를 먼저 돌보는 덕장의 리더십도 필요하다. 그리고 무엇보다 용기와 책임감을 가져야 한다. 내가 실패하면 모두가 죽을 수 있다. 막중한 책임감이 있어야 한다.

싸우지 않고 이기기 위한 전략은 모두에게 중요하다. 개인은 물론 기업이나 국가가 지속 가능한 발전을 하기 위해서는 어떻게 해야 할까? 맹자는 세 가지의 조건이 충족되어야 한다고 말했다. 즉 싸우지 않고 이기기 위해서는 '3대 필승전략'을 충족해야 한다.

첫째는 천시(天時)다. 하늘이 도와야 한다. 하늘이 돕지 않으면 결코 승리나 성공을 담보하지 못한다. 역사적으로 하늘의 도움으로 승리한 사례가 많다. 제갈량이 적벽대전에서 조조의 대군을 물리친 것도 천시, 즉 기후변화를 활용한 승리였다. 고려의 명장 강감찬 장군이 10만명의 거란족을 물리친 귀주대첩도 '바람의 변화' 덕분이었다.

둘째는 지리(地利)다. 지형지물을 활용할 수 있어야 한다. 전장에서 지형지물은 중대한 변수다. 지형지물을 잘 활용하면 승리할 수 있고, 그렇지 않으면 필패한다. 이 때문에 맹자는 천시보다 중요한 것이 지리라고 강조했다. 천시가 외부적 환경요인이라면 지리는 내부적 역량이다. 내부의 역량을 강화시키면 어떠한 외부적 도전도 극복할 수 있다.

셋째는 인화(人和)다. 즉 구성원 상호간의 관계다. 맹자는 천시나 지리보다 더 중요한 것이 인화라고 말했다. 인화는 가정이나 기업은 물론 국가의 명운을 좌우한다. 개인의 가정불화, 기업의 노사분규, 국가의 국론분열은 패망의 지름길이다. 그러므로 자기혁명의 성공을 위해서는 인화에 가장 힘써야 한다.

결국 사람과 사람의 관계를 중시해야 한다. '오월동주(吳越同舟)'라는 고사성어가 있다. 오나라 사람과 월나라 사람이 한 배를 탔다는 이야기다. 배에 오르기 전에는 서로가 원수처럼 싸웠다. 그러나 같은 배에 함께 타고 가다 서로 싸우면 다 함께 죽게 된다. 그래서 오나라 사람과 월나라 사람은 배에 올라서는 한 형제가 되었다. 성공하고자 하는 사람은 서로 힘을 합쳐 목적지까지 노를 저어 가야 한다.

자신의 운명을 개척한 인류 최고의 인물을 누구일까? 인류역사에는 많은 위인들이 등장한다. 대표적인 인물이 나폴레옹(Napoléon Bonaparte: 1769년 8월 15일~1821년 5월 5일)이다. 그는 프랑스 대혁명 이후 위기에 처한 프랑스에 홀연히 나타나 전 유럽을 정복하고 사병에서 황제가 된 사나이다. 당대에 수많은 명장들이 있었으나, 그 누구도 그를 이길 자가 없었다.

나폴레옹은 이렇게 말했다. "어느 군대든 문제 사병은 없다. 문제 장교만 있을 뿐이다." 현대적 의미의 '작전술'이라는 개념을 최초로 정립한 사람이 바로 나폴레옹이다. 아서 웰즐리는 나폴레옹에 대해 이렇게 말했다. "과거에도, 현재에도, 그리고 미래에도 최고의 전략가는 나폴레옹일 것이다." 그렇다면 나폴레옹이 승승장구할 수 있었던 핵심 비결이 무엇이었을까? 일화 한 토막에서 그 답을 찾을 수 있을 것이다.

자크 루이 다비드의 1802년 작 《생 베르나르 고개를 넘는 나폴레옹》 (왼쪽). 이 그림은 나폴레옹이 뒷발을 딛고 힘차게 일어선 말을 탄 채 알프스 정상을 가리키고 있다. 그림 속 바위에는 과거 알프스를 넘은 뛰어난 장군들의 이름이 새겨져 있는데, 거기에 나폴레옹의 이름도 새겨져 있다. 그러나 나폴레옹은 실제로는 노새를 타고 알프스를 넘었다. 상당히 미화된 작품이다. 반면 들라로슈는 1850년 《알프스 산맥을 건너는 보나파르트》 (오른쪽)라는 제목으로 나폴레옹이 노새를 타고 알프스를 넘는 모습을 사실적으로 표현했다. 1802년은 나폴레옹이 제1통령이었을 때였고, 1850년은 죽은 지 30년 가까이 흐른 때였다. 권력의 격세지감이 묻어난다. 〈출처: projectresearch.co.kr〉

나폴레옹의 한 부관이 나폴레옹의 재능을 찬미하며 말했다. "폐하께서는 항상 적은 병력으로 큰 적을 물리치셨지요!" 그러자 나폴레옹은 알 수 없는 듯한 미소를 지으며 대답했다. "아닐세. 난 항상 많은 병력으로 적은 적을 물리쳤을 뿐이네."

나폴레옹은 실제로 거의 평생 동안을 전 유럽을 상대로 전쟁을 했기 때문에 동맹군이 전무한 상황에서 항상 주변국보다 압도적인 수적 열세에 있었다. 이것이 나폴레옹의 부관이 지적한 부분이다.

그러나 나폴레옹은 전체 병력현황과 상관없이 프랑스 군대의 우수한 기동력을 십분 활용하여 중요 전장에 전력을 집중시켜 적의 대군을 여러 개의 소규모 부대로 쪼개어 각개 격파하는 식의 전술을 귀신같이 펼쳐냈다. 이러한 배경이 있었기에 그가 웃으며 대답할 수 있었던 것이었다.

요한 볼프강 폰 괴테는 나폴레옹을 이렇게 평했다. "나폴레옹은 항상 명석했고, 결단력이 있었으며 또한 어떤 일이 필연적이라고 인정되면 그것을 즉각 실천에 옮기는 선천적인 정력을 언제나 충분히 갖고 있었다. 그의 일생은 전투에서 전투로, 승리에서 승리로 이어지는 인생이었다. 그 사람은 정말 위대한 인물이었다."

오스트리아의 명외상인 메테로니히도 이렇게 예찬했다. "이 비범한 인간을 판단하려면 우리는 그가 태어난 대극장으로 그를 따라 들어가야 한다. 운명의 여신은 의심의 여지없이 나폴레옹에게 많은 것을 베풀었다. 그는 성격적인 힘과 정신의 활동력과 명석함으로, 그리고 군사과학을 놀랍게 짜 맞추는 천재성으로 운명의 여신이 그를 위해 예비해 둔 위치에 올라선 것이다. 오로지 한 가지 열정, 최종 목표인 권력을 향하여 질주할 뿐, 불필요한 대상에 시각이나 수단을 절대 낭비하지 않았다. 자신의 지배자인 그는 곧 역사적 사건들의 지배자가 되었다. 어느 시대에 태어났어도 그는 탁월한 역할을 해냈을 것이다." 이처럼 나폴레옹이 승승장구했던 비결은 늘 '승리전략'을 만들어 놓고 싸웠던 것이다.

◈ 미리 이겨놓고 싸우는 필승 전략

세상은 전쟁터다. 선과 악, 정의와 부정, 가짜와 진짜, 평화와 폭력, 공존과 독존 등 끊임없이 전쟁이 계속되고 있다. 이 싸움의 세상에서 반드시 이기기 위한 필승 전략이 있을까? 손자는 그의 저서 《손자병법》 군형편(軍形篇)에서 "승병선승이후구전(勝兵先勝而後求戰)" 전략을 제시했다. 이는 "싸움에서 승리하는 군대는 미리 이길 수 있는 완벽한 조건을 만들어 놓은 이후에 싸워 승리를 취한다"는 뜻이다.

그렇다면 손자가 말한 '선승구전' 전략, 즉 이길 수 있는 완벽한 조건을 갖춘다는 것은 무슨 의미일까? 이는 "싸우기 전에 아군과 적군의 전력을 모두 비교한 뒤에 미리 적을 이길 수 있는 만반의 태세를 갖춘 다음에 전투에 임하여 승리하라"는 것이다. 즉 미리 이기기 위한 조건으로 주도면밀한 계략 수립, 병력·식량 등 완벽한 전쟁 준비, 적을 반드시 이길 수 있는 상황 조성 등 3대 필승조건을 갖춰야 한다.

손자는 필승군대의 5가지 유형을 제시하였다. 첫째, 상하가 같은 꿈을 꾸고 있는 조직은 승리한다. 둘째, 준비된 자가 준비 안 된 상대와 싸우면 승리한다. 셋째, 싸울만한 상대가 아닌지를 미리 판단할 수 있는 조직은 승리한다. 넷째, 인원의 규모를 자유자재로 운용할 줄 아는 조직은 승리한다. 다섯째, 장수가 능력이 있고 군주가 간섭을 안 하면 승리한다. 이에 따라 손자는 선승구전의 토대를 구축하여 싸워야 승리할 수 있다고 강조했다.

물론 손자가 말한 필승군대의 5가지 유형은 현대와 맞지 않는 부분이 있다. 다만 "싸우기 전에 먼저 승리의 조건을 만들어 놓은 후에 싸워 승리를 취하라"는 전략은 불변의 진리다. 예나 이제나 개인은 물론 기업과 국가 경영에 있어서 승리하기 위해서는 반드시 '먼저 이겨놓고 싸우는' 필승의 조건을 만들어 놓고 싸워야 한다.

세계적 명장들은 모두가 선승구전의 전략으로 필승을 거두었다. 몽골의 칭기즈칸, 프랑스의 나폴레옹, 조선의 이순신은 선승구전의 전략을 통해 필승을 이끈 명장들이다. 특히 이순신 장군은 어떠한 경우에도 반드시 이길 수 있는 조건을 만들어 놓고 싸워 승리했다. 23전23승으로 세계 해전사에서 최고의 전적을 올렸다. 조선 왕 선조의 지엄한 명령에도 이길 수 있는 조건이 되지 않으면 싸우지 않았다.

성경에 나오는 양치기 소년 다윗과 거인장수 골리앗의 싸움에서 다윗이 승리했다. 절대 이길 수 없을 것 같은 싸움에서 다윗이 어떻게 이길 수 있었을까? 다윗은 이길 수 있는 승리조건을 만들어 놓고 싸워 이긴 것이다. 다윗은 기존의 틀을 깼다. 그리고 자기가 승리할 수 있는 새로운 싸움의 규칙을 만들고 승부했다.

즉, 다윗은 거인 골리앗의 특기인 칼과 방패로 싸우지 않았다. 자기의 최대 강점인 물매로 싸웠다. 또한 힘이 아닌 속도로 싸웠다. 나아가 거인과의 근접 싸움을 피했다. 물매에 차돌을 장전하여 맞힐 수 있는 승리의 거리를 확보하고 싸웠다. 다윗은 거인장수 골리앗을 단 한방에 쓰러뜨림으로써 승리했다.

싸움에서 승리하기 위해서는 어떻게 해야 할까? 이순신 장군이나 다윗처럼 먼저 이기는 조건을 만들어 놓고 싸워야 한다. 즉, 싸움에서 가장 중요한 것은 먼저 이기는 승리조건을 만들어 놓고 싸우는 것이다. 대칭전에서 이길 수 없다면 비대칭전을 구사해야 한다. 결국 실력보다는 '이기는 필승전략'이 승리의 핵심이 되는 것이다.

◈ 미래사회를 주도하는 플랫폼 전략가

급변하는 현대는 물론 예측 불가능한 미래에서도 승리하기 위해서는 어떻게 해야 할까? 역시 선승구전의 전략을 활용해야 한다. 다시 말하면 싸움을 내가 이길 수 있는 방향으로 이끌어 주도적으로 승리하는 것이다. 이의 대표적인 것이 '플랫폼 전략'이다. 즉 내가 세상을 움직일 수 있는 플랫폼을 구축하여 이를 주도해 나가는 것이다.[4]

플랫폼 전략(platform strategy)은 다수의 개인(소비자)과 기업(생산자)을 하나

---

4) 히라노 아쓰시 칼, 안드레이 학주, 《플랫폼 전략》, (서울: 더숲, 2011) 등을 참고하고 인용하여 재작성했다. 이 책은 "21세기의 부는 플랫폼에서 나온다"고 강조한다. 장(場)을 구축한 자가 미래의 부를 지배한다는 것이다. 꼭 읽어보기를 적극 추천한다. 이외에도 조 화이트헤드, 《전략에 대해 당신이 알아야 할 모든 것》, (서울: 다온북스, 2012), 크리스 주크, 제임스 앨런, 《최고의 전략은 무엇인가》, (서울: 청림출판, 2013) 등도 필독서로 추천한다.

의 네트워크로 연결하여 공동의 이익이나 꿈, 목표를 실현해 나가는 최적의 공익적 생태계를 구축하는 방안을 말한다. 플랫폼은 기차를 타고 다른 곳으로 이동할 있는 출발지, 우주선 등의 발사기지 등을 말한다. 남대문 시장, 백화점 등 판매자와 구매자가 만나는 곳도 플랫폼이다. 아마존, G마켓, 애플, 구글, 페이스북 등은 플랫폼 구축을 통해 시장을 지배하고 있는 기업들이다.

플랫폼 전략은 쉽게 말해 '장(場·마당)'을 만들고 사람과 기업들이 이곳에 모이게 하여 새로운 부가가치를 창출하고 모두가 이익을 얻게 하는 것이다. 물론 가장 큰 이익을 보는 사람은 장을 만든 사람이다. 일종의 '플랫폼 전략가(platform strategist)'라고 할 수 있다.[5] 플랫폼 전략가는 장을 만들어 장에 사람과 기업이 들어오게 한 후 장을 주도적으로 이끌며 자신이 꿈꾸는 여러 가지를 창출할 수 있다.

플랫폼 전략가는 모든 것에 능통한 다재다능할 필요가 없다. 기획력과 추진력만 있으면 된다. 나머지 부족분은 공유와 협업으로 해결하면 된다. 중요한 것은 창의적 아이디어다. 즉 멋진 플랫폼을 설계하고 나머지는 능력자를 발굴하여 적재적소에 배치하면 된다.

플랫폼 전략가는 플랫폼을 구축하고 유지에 특별한 전략을 갖추어야 한다. 이를 위해서는 열린 장을 제공하고 많은 사람과 기업들이 참여할 수 있도록 네트워크 연결을 강화해야 한다. 또한 참여자의 충성도를 높이기 위해 공동의 비전과 가치를 창출하고 비용 감소 등 다양한 이득을 제공해야 한다. 그리고 참여자들의 커뮤니티를 형성하여 플랫폼에 대한 애착과 귀속도를 높여야 한다. 나아가 참여자들의 의견을 수렴하여 지속적인 성장을 이

---

5) 플랫폼을 구축하는 주재자(맞선 클럽 경영자, 신용카드 사업자, 미팅의 총무)를 '플랫포머'라고 하기도 한다. 여기서는 단순한 역할을 하는 플랫포머가 아니라 플랫폼의 구축과 성공을 이끌기 위해 정교한 전략을 수립하는 사람이라는 측면에서 '플랫폼 전략가'라고 표현하였다.

끌어 나가야 한다.

미래사회는 다양한 플랫폼 기업들이 정보기술개발을 통해 서로 시장을 지배하기 위해 경쟁을 벌일 것이다. 이로 인해 개인이나 기업, 국가도 플랫폼 전략을 강화하는 것이 필수적인 요소가 되었다. 보다 많은 사람들과 기업, 조직이 참여하여 공동의 목표 실현에 획기적인 기여를 할 수 있는 플랫폼을 개발하여 이를 통해 더 나은 미래를 창조해 나가야 할 것이다.

그렇다면 미래사회를 주도할 수 있는 강력한 플랫폼을 구축하려면 어떻게 해야 할까? 이를 위해서는 매우 충성도 높은 양질의 개인과 기업 등을 적극 참여시켜 강력한 네트워크로 구축해야 한다. 여기에 특별한 플랫폼 전략 개발이 필수적이다. 즉 플랫폼 전략가는 소비자와 생산자, 광고주 등 참여자 모두를 만족시키는 전략을 개발해야 한다.

플랫폼 전략에서 가장 중요한 것은 공동의 비전, 목표, 가치를 제시하고 공감 스토리를 통해 네트워크 참여자 모두가 큰 기쁨과 즐거움, 이득을 누리게 하는 일이다. 구글이나 페이스북 등 플랫폼 기업의 선두주자들은 이미 세계적 부를 거머쥐었다. 우리는 이들을 대체하는 한국형 플랫폼 기업을 발굴, 육성하여 새로운 미래의 부를 창출해야 할 것이다.

충성도 높은 네트워크 참여자의 수가 미래권력으로 부상하고 있다. 우리는 이를 잘 활용하는 플랫폼 전략가가 되어 새로운 미래 비즈니스를 일으켜 억만장자가 될 수 있는 길을 찾아야 할 것이다. IT분야뿐만 아니라 쇼핑몰, 시민교육, 신문·잡지 등 뉴미디어, 생활체육, 식료잡화, 지역화폐, 웨딩사업 등 무궁무진하다. 스토리가 강하고 참여자들이 재미있고, 모두가 이득을 얻을 수 있으면 성공 가능성이 크다.

최근 플랫폼 기업이 우후죽순으로 생기고 있다. 일부는 지속적으로 성장하고 있지만 다수는 폐업의 길을 걷는다. 왜 그럴까? 히라노 아쓰시 칼 교수와 안드레이 학주 박사는 공저 《플랫폼 전략》에서 성공하는 플랫폼을 만들기 위한 3대 전략을 제시했다. 즉 △스스로 존재가치를 창출해야 한다(매출 확대, 가격 인하 등 이득 제공). △대상이 되는 그룹간의 교류를 자극해야 한다(충성도 강화). 그리고 △규칙과 규범을 만들어 통치해야 한다(품격 유지)는 것이다.[6]

플랫폼 전략을 모델화한 사업이 성공하기 위해서는 반드시 '킬러 콘텐츠'가 있어야 한다. 다시 말하면 다수의 소비자와 생산자 또는 이용자와 제공자가 모두 만족하여 충성도가 높고 지속 가능성이 확보되어야 한다. 사회 변화, 트렌드를 파악하여 참여자 모두의 수익 극대화 모델을 수립하고 항상 이기는 선제적 전략을 강구해 나가야 한다.

플랫폼 전략으로 성공한 기업의 한 사례를 살펴보자. 대표적인 한국형 플랫폼 기업의 하나로 〈카페24〉를 들 수 있다. 2018년 9월 현재 〈카페24〉가 조성한 공유 생태계 안에 등록된 쇼핑몰 계정이 150만개, 이들을 통한 연간 거래대금은 2017년 기준 6조7,000억원에 달한다. 대한민국 전자 상거래를 이끄는 대표적 선두주자가 되었다.[7]

〈카페24〉의 비즈니스 플랫폼 전략 모델을 잘 응용하여 새로운 비즈니스를 창출할 필요가 있다. 〈카페24〉는 처음 웹사이트 호스팅 사업으로 출발했다. 그런데 온라인 쇼핑몰 창업을 원하는 사람들의 문의와 요청이 많아지자 쇼핑몰을 쉽게 구축할 수 있는 시스템을 만들어 제공하는 쪽으로 선회했다.

〈카페24〉는 진입장벽을 없애기 위해 회원에 가입하거나 쇼핑몰 구축 솔루션을 이용할 때 돈을 전혀 받지 않았다. 이로 인해 쇼핑몰 창업자들이 소

---

6) 히라노 아쓰시 칼, 안드레이 학주. 《플랫폼 전략》.(서울: 더숲, 2011), 63-65쪽.
7) 《동아일보》, 2018년 9월 5일.

문을 들고 엄청나게 몰려들었다. 더구나 쇼핑몰 홈페이지의 디자인, 광고와 마케팅 등도 무료로 도와주었다. 또한 재고 관리, 세무나 법무 등 쇼핑몰 운영과 관련해 전 방위적인 무료서비스를 지원하기 시작했다.

〈카페24〉는 '제휴와 연결'을 플랫폼 전략의 핵심으로 삼았다. 신용카드 결제는 물론 대량 발송이 가능한 택배사와 제휴하여 연결해 주었다. 영세 쇼핑몰의 고객 문의나 불만 사항을 응대할 수 있는 고객서비스도 대행해 주었다. 포털이나 오픈마켓을 홍보하고 싶은 쇼핑몰을 위한 광고 마케팅 컨설팅도 제공했다.

〈카페24〉의 최고의 장점은 이 모든 것이 거의 '무료 서비스'란 점이다. 그럼에도 불구하고 어떻게 엄청난 수익을 낼 수 있을까? 여기에 플랫폼 기업의 핵심 전략이 숨어 있다. 즉 〈카페24〉는 쇼핑몰 운영자들이 택배, 광고 등 서비스 제공업체에 내는 비용의 일부를 수수료로 받아 이득을 창출하는 것이다. 예를 들면 〈카페24〉 회원사가 제휴사인 네이버에 광고를 내면 광고 금액에 대한 일정비율의 수수료를 네이버로부터 받는 구조다.

〈카페24〉를 플랫폼으로 참여하는 기업들은 모두가 다 함께 상생공유의 생태계를 구축하여 돈을 버는 것이다. 이는 실제 매출을 해서 소득을 올리는 쇼핑몰 운영자가 돈을 벌어야 〈카페24〉는 물론 여러 제휴사가 함께 성장하는 상생공영의 구조다. 어느 누구도 큰 부담 없이 상생의 생태계에 참여하여 모두의 꿈을 펼칠 수 있다.

따라서 플랫폼 전략가는 거대 모함을 구축하여 공유와 협업을 통해 지속 가능한 상생 모델을 만드는 데 핵심역할을 하는 것이다. 미래사회는 이러한 플랫폼 전략가들이 많이 나와야 다수의 사람들이 상생공유의 생태계에서 보다 좋은 일자리를 갖게 될 것이다. 플랫폼 전략가들이 상생공유의 정신에 기반을 둔 협업적 기업을 더욱 확산시켜 나가야 할 것이다.

◈ 세상을 이기는 유능한 전략가

우리가 세상을 이기기 위해서는 어떻게 해야 하는가? 유능한 전략가가 되어야 한다. 세상을 이기는 유능한 전략가가 되고자 한다면 어떻게 해야 하는가? 우선 전략의 대가들로부터 성공 비법을 터득할 필요가 있다. 모방과 선행 학습은 세상을 이기기 위한 기본 전제가 된다. 여기서 중요한 것은 '전략의 거인'들도 처음부터 뛰어난 사람들이 아니었다라는 점이다.[8]

즉, 세상을 이기기 위한 전략의 비법은 후천적으로 터득한 것임을 명심해야 한다. 전략의 대가들은 지속적인 노력과 인내, 무수한 시행착오를 거쳐 최고의 정상에 올랐다. 그들은 남다른 집중력과 열정을 갖고 뛰어난 실행력을 지닌 조직으로 성장시켰다. 우리의 목표는 이들처럼 세상을 이기는 위대한 전략가가 되어 가정이나 기업, 국가를 더 강한 조직으로 만드는 것이다. 그렇다면 어떻게 해야 하는가?

가장 확실한 대답은 우리 모두가 세상을 이기는 전략가가 되는 것이다. 역사에 등장한 전략의 대가들 중 조직의 리더로서 불완전한 사람들도 많았다. 그런데 이들이 어떻게 최고의 전략가가 되었는가? 전략의 대가들은 모두 자신의 부족한 부분을 다른 사람들로부터 적극적으로 습득했다는 점이다. 즉, 자기를 분석하고 부족한 것을 채워 강력한 융합체로 만든 것이다.

우리도 이젠 이들처럼 행동하여 누구나 뛰어난 전략가가 되어야 한다. 전략의 대가들은 그들의 시대에 역사를 창조했다. 우리나 다음 세대들은 이를 바탕으로 더 나은 미래를 창조해야 한다. 이를 위해서는 늘 새로운 전략을 개발해야 한다. 이것은 숙명이다. 다시 말하면 우리는 전략의 대가들로부터 전략의 비법을 터득해 새로운 미래를 창조하기 위한 전략을 개발해

---

8) 장영권·안종배, 《대한민국 미래성공전략》, (서울: 광문각, 2018) 전면 재인용. 이 책은 필자가 5년여에 걸쳐 심혈을 기울여 쓴 것이다. 개인이나 기업, 국가가 지속 가능한 발전을 이어가려면 반드시 미래전략기구를 설치하여 미래를 예측하고 체계적으로 대비해 나가야 한다. 꼭 읽어야 할 책으로 적극 추천한다.

야 한다.

과거에 성공한 전략이 현재, 그리고 미래에 성공을 가져다준다는 철칙은 없다. 환경은 늘 변화한다. 새로운 장애물도 등장한다. 주력 분야가 맹점 또는 핵심 장벽이 될 수도 있다. 이에 따라 유목민처럼 새로운 것들을 만들어 내거나 새로운 장소로 이동하는 것을 두려워해서는 안 된다. 과거는 그저 과거인 것이다.

이제 우리 모두는 세상을 이기는 뛰어난 전략가가 되어야 한다. 역사와 시대의 변방이 아닌 주류로 참여하여 변화와 혁신을 이끌어야 한다. 이를 통해 불확실한 미래에서 기업과 국가의 더 큰 발전을 창조해야 한다. 뒤에서 원망하거나 불만을 늘어놓는 불평자가 아니라 시대에 앞장서서 역사를 만드는 창조자가 되어야 한다. 이것은 우리 모두의 중대한 '사명'이다.

전략가는 특별히 나무와 숲, 지역과 세계, 내부와 외부, 밝음과 어둠 등 모든 것을 동시에 머릿속에 담고 있어야 한다. 지금은 모든 세계가 하나로 엮어진 초연결 사회다. 그만큼 세상은 급변하고 있고, 세계는 좁아졌다. 우리는 이미 미래와 세계를 손에 쥐고 있다. 모든 개인의 진로 선택, 기업가의 사업 판단, 관료들의 정책 결정은 종합적인 고려와 검토가 있어야 한다. 순간의 선택과 판단, 결정이 우리의 생사존망과 미래를 좌우함을 명심 또 명심해야 한다.

그리고 더 중요한 것은 우리 자신을 전략의 '마지막 정점'으로 만들지 말아야 한다는 점이다. 우리의 후계자들을 널리 육성하여 더 나은 미래를 만들도록 해야 한다. 몽골 대제국을 건설한 칭기즈칸은 어떠했는가? 그는 분명 자신의 시대에 절정을 만들었다. 그러나 그는 유능한 후계자들을 만들지 못했다. 결국 자신도 죽고 몽골도 붕괴되었다.

우리 모두는 진정한 전략의 대가가 되어야 한다. 그리고 기업과 국가의 지속 가능한 발전을 위해 조직의 후계를 미리 준비해야 한다. 이를 통해 조직의 부족한 점을 보완하고 더 큰 발전을 창조하게 해야 한다.[9] 그리고 미래 환경에 더 적합한 새로운 비전을 제시하고 이끌게 해야 한다.

　우리는 아직 상상조차 못한 세계를 꿈꾸며 이에 필요한 능력을 갖춘 사람을 발굴하여 조직을 지속적으로 성장시켜야 할 의무가 있다. 이를 명심해야 한다. 우리의 미래가 더 이상 존재하지 않는 것은 상상하기 어렵다. 그러나 우리 인류의 미래는 반드시 최후가 있을 것이다. 그럼에도 불구하고 우리는 모든 전략을 총동원하여 더 나은 미래 공영을 창조해 나가야 할 것이다.

9) 데이비 요피·마이클 쿠스마노 지음 (2016), 365-376쪽.

chapter 3

내안에 잠든
'거대한 영웅'을 깨워라

꿈과 목표를 달성하는 비법

인간은 어떤 존재인가? 유인원에서 진화한 단순한 동물로 생각한다면 능력이 상당히 제한된다. 그러나 스스로를 하나님이 창조한 영적 존재로 여긴다면 엄청난 능력의 소유자가 된다. 그 엄청난 능력은 모든 개인들에게 내재된 영웅이 있기 때문이다. 즉 내안에 잠든 '거대한 영웅'을 깨워서 이를 통해 더 나은 세상을 창조해야 한다. 그렇다면 내 안에 잠든 '거대한 영웅'을 깨우려면 어떻게 해야 할까?

◆ 위대한 꿈과 목표를 생각하라!

첫째, 위대한 꿈과 목표를 생각하라! 인간은 생각하는 존재다. 생각의 크기가 그 사람의 크기를 결정한다. 위대한 사람이 되고자 한다면 위대한 생각을 해야 한다. 역사상 위대한 일을 한 사람들은 모두 위대한 생각을 하였다. 그러므로 생각을 바꿔라, 생각이 미래를 바꾼다! 위대한 생각만이 세상을 위대하게 만들 수 있다.

미국의 링컨(Abraham Lincoln: 1809년 2월 12일~1865년 4월 15일) 대통령은 노예를 해방시켜 존경받는 인물이 되었다. 무엇이 링컨을 위대한 미국 대통령으로 만들었을까? 그가 어떻게 훌륭한 인물이 되었는지 일화 한 토막을 살펴보자. 어떤 사람이 링컨에게 이렇게 물었다.

"당신은 교육도 제대로 못 받은 농촌출신이면서 어떻게 변호사가 되고 미국 대통령까지 될 수 있었습니까?"

링컨은 이렇게 대답했다.

"내가 생각하고 결심하면 이미 절반은 이루어진 것입니다."

링컨은 결코 환경을 탓하지 않았다. 그는 여러 가지 생각 끝에 변호사가 되기로 마음 먹고, 그리고 변호사가 되기 위해 도전하였다. 마침내 변호사가 되었다. 링컨은 또 대통령이 되겠다고 생각했다. 그리고 결심하고 행동에 옮겼다. 순탄하지 않았다. 낙선과 절망을 극복하고 그 꿈을 이루었다. 남북전쟁까지 하며 마침내 노예를 해방시켰다. 모든 위대한 일은 위대한 생각에서 시작된다.

생각은 씨앗이다. 생명을 낳고 기적의 열매를 맺게 한다. 모든 것이 생각대로 이루어진다. 꿈은 생각으로 구체화되고, 긍정적 생각을 통해 실현되기 시작한다. 위대한 꿈을 꾸고 이를 어떻게 실현할 것인가를 날마다 생각해야 한다. 이것이 목적지에 도달하는 가장 확실한 길이다.

◈ 꿈이 다 이루어졌다고 기도하라!

둘째, 꿈과 목표가 다 이루어졌다고 기도하라! 위대한 자기혁명에서 가장 중요한 것은 '지혜'다. 지혜는 모든 문제를 해결하는 만능열쇠이기 때문이다. 인류 역사상 지혜의 최고 경지에 이른 사람은 누구일까? 예수와 부처, 공자 등 뭇 성인들이라고 할 수 있을 것이다. 이들의 '말씀'은 모두가 지혜 그 자체가 아닐 수 없다.

성경의 여러 곳에서 지혜를 강조하고 있다. "내 아들아 완전한 지혜와 근신을 지키고 이것들로 네 눈앞에서 떠나지 않게 하라(잠 3:21)." 그러면 지혜를 키우려면 어떻게 해야 하는가? "기도하고 묵상하고 생각하라!" 이것이 지혜라는 대어를 낚는 가장 확실한 비법이다.

한 사례를 살펴보자. 한 소년이 역사에 남을 훌륭한 업적을 남기고 싶었다. 그래서 목사님을 찾아가 그 비결을 물었다. "훌륭한 사람이 되려면 어떤 일부터 해야 합니까?" 그 때 목사님은 소년에게 친절히 설명해 주었다.

"하루 24시간 중 한 시간만 내가 가르쳐준 대로 행동할 수 있겠는가?" 소년이 그렇게 하겠다고 하자, 목사님은 소년에게 "하루에 15분씩 기도하고, 15분씩 성경을 읽고 묵상하게! 그리고 15분씩 다른 사람에게 하나님에 대한 이야기를 하고, 15분씩 사랑을 실천하게. 그러면 자네의 인생에 밝은 빛이 보일 걸세!"라고 말했다.

소년은 이때부터 목사님의 말씀을 전적인 행동으로 옮겼다. 그리고 그는 과연 전 세계를 누비는 인물이 되어 훌륭한 업적을 남기게 되었다. 이 사람이 바로 미국 프로야구 선수 출신 세계적인 부흥사인 빌리 선데이(Billy Sunday: 1862년~1935년)다.

선데이는 20세기 초부터 30년 동안 미국에서 가장 인기 있고 가장 열매가 많았던 복음 전도자가 되었다. 1883년부터 미국 프로야구 선수였던 선데이는 1886년에 그리스도를 영접했다. 1891년에 선데이는 전국적인 명성과 연봉 5,000달러를 뒤로 하고 월 75달러의 YMCA 전도사로 목회 전선에 뛰어들었다.

1893년부터 1895년까지 목회를 본격적으로 배운 그는 1896년부터 전국을 누비며 수많은 영혼을 잠에서 깨웠다. 빌리 선데이 부흥이 절정에 달했던 1907년부터 1918년까지 그가 이룩한 결실은 가히 경이적이었다. 필라델피아 집회 3만9,331명, 보스턴 집회 6만3,484명, 뉴욕 집회 9만8,264명, 그리고 시카고 집회 4만9,163명은 그 중의 일부다. 선데이는 1893년부터 1935년까지 무려 90여만명을 그리스도를 만나게 했다.

선데이는 엄청난 군중을 매료시켰으며 수십만의 사람들을 그리스도의 믿음으로 인도했다. 소위 폭발적 전도가 이루어진 것이다. 선데이는 "많은 사람이 재능의 부족보다 결심의 부족으로 실패한다"는 명언을 남겼다. 그는 많은 것을 결심하고 실천하고 행동했다. 그리고 성공의 열매를 거두었다. 이 모든 것이 기도를 통해 지혜를 터득했기 때문에 가능했다.

지혜는 다른 사람들로부터 사랑과 존경, 영광을 받게 해주는 명약이다. 또한 온갖 죄악과 세상 유혹을 피하고 안전한 길로 나아가게 하는 등대다. 특히 우리의 삶 가운데 발생하는 모든 인생의 난관과 문제를 해결하게 하여 성공으로 이끄는 마법사다. 그러므로 기도로 지혜를 터득하는 데 심혈을 기울여야 할 것이다.

◈ 꿈과 목표를 세상에 널리 선포하라!

셋째, 꿈과 목표를 세상에 널리 선포하라! 꿈은 그냥 이루어지지 않는다. 생각하고, 기도하고, 그리고 선포해야 한다. 나의 꿈을 어떻게 이룰 것인가를 끊임없이 생각하고 또 생각해야 한다. 하나님께 기도로써 도움을 청하고 간구해야 한다. 그리고 이것만으로는 부족하다. 꿈을 세상에 공개적으로 선포해야 한다. 즉, 나의 위대한 꿈과 목표를 세상에 널리 선포해야 한다.

생각하고 기도하는 것은 소극적인 행동이다. 이를 적극적인 행동으로 전환하기 위해서는 널리 선포해야 한다. 선포는 생각과 기도가 살아 움직이게 하는 힘을 갖는다. 가족에게 선포하고, 주변 지인들에게 선포해야 한다. 그리고 온 천하에 나의 웅대한 꿈과 비전을 선포해야 한다.

꿈을 선포하는 순간 하늘과 땅, 온 우주가 움직이기 시작한다. 천지만물이 나의 꿈이 실현되도록 작동한다. 선포는 일종의 신고이다. 신고해야 주변이 알아듣고 돕는다. 그러므로 꿈을 세우고 이를 실현하기 위해서는 반드시 널리 선포해야 한다. 선포는 분명히 내안에 잠든 거대한 영웅을 깨우는 놀라운 힘이 있다.

가령 내가 서울대에 가고자 한다면 어떻게 해야 할까? 생각하고 기도하며 선포해야 한다. "나는 반드시 서울대에 합격하겠다"고 선포해야 한다. 또한 내가 억만장자가 되려면 어떻게 해야 할까? 당연히 "나는 50세까지 반드시 100억원을 벌겠다"고 선포해야 한다. 이처럼 나의 꿈과 비전을 구체화한 후 생각하고 기도하며 늘 선포하고 다녀야 한다.

◈ 꿈을 위해 열정적으로 행동하라!

넷째, 꿈과 목표를 위해 열정적으로 행동하라! 교육과 학습의 시대는 끝났다. 과거에는 삶의 모범 답안이 있었다. 성공하기 위해선 "이렇게 해야 한다"는 공자왈식 또는 카네기식 성공교육이 있었다. 그리고 많은 사람들이 성공하기 위해 열심히 학습했다. 이로 인해 몇몇 성공서적이 인기를 끌기도 했다. 그러나 이제는 이러한 교육이나 학습이 더 이상 통하지 않는다.

21세기는 자기혁명의 시대다. 자기 스스로가 하고 싶은 것을 목표로 세우고, 계획하고, 실현시켜 나가야 한다. 이를 위해서는 먼저 자기 자신에게 질문을 던져야 한다. 나는 누구인가, 나는 왜 사는가, 내 꿈은 무엇인가 등등의 삶의 본질적인 질문을 던져보아야 한다.

그리고 이를 어떻게 실현시킬지 방법을 찾아야 한다. 즉 자기 스스로가 먼저 혁명적 변화를 해야 한다. 이것이 자기혁명이다. 자기혁명은 과거와의 완전한 결별이다. 새로운 자아상을 정립하고 완전히 새로 태어나야 한다. 세상을 바꾸기 위한 첫 출발이 자기혁명이다. 자기를 바꿀 수 없다면 가족이나 사회, 국가 그 무엇도 바꿀 수 없다.

자기혁명이 이루어지면 이를 실행화해야 한다. 즉 자기혁명을 통해 삶의 목표와 꿈을 이루기 위한 치밀한 전략을 세워 실행해 나가야 한다. 이것을 자기혁명의 실행화라고 한다. 자기혁명의 실행화는 곧 자기의 꿈을 이루기 위한 구체적인 전략의 수립과 실행을 의미한다.

자기혁명의 실행화는 자기혁명을 통해 새로운 꿈과 목표를 세우고 이를 실현하기 위해 관련된 생각을 모아 전략을 수립하여 주변의 인적, 물적 자원을 총동원해서 실제 행동해 나가는 과정이다. 자기혁명→목표설정→전략 수립→자원조달→실제행동 등의 순으로 행동하는 것이다. 이것이 자기혁명의 5단계 '성공 로드맵'이다.

자기혁명의 실행화에서 가장 중요한 것은 열정이다. 열정은 자기 실행화의 성공무기다. 성공하고 싶으면 열정의 무기로 실행화를 지속적으로 행해야 한다. 열정은 성공의 필수 엔진이다. 엔진이 꺼지면 더 이상 앞으로 나아갈 수 없다. 열정의 엔진을 지속적으로 가동시켜 목표에 도달해야 한다.

◆ 목표를 달성할 때까지 반복하라!

다섯째, 꿈과 목표를 달성할 때까지 반복하라! 성공은 단순한 노력만으로 이루어지지 않는다. 무수한 피와 눈물, 땀을 흘리는 고통이 있어야 한다. 연습 또 연습해야 한다. 이것이 꿈을 이루는 마지막 관문이다. 즉 생각하고, 기도하고, 선포하고, 행동해도 그 꿈이 쉽게 이루어지지 않는다. 꿈이 쉽게 이루어진다면 얼마나 좋을까? 그것은 요행이다.

무엇이든지 목표를 세웠으면 도달할 때까지 모든 열정을 쏟아 반복해야 한다. 세상 이치가 한두 번으로 되는 일은 거의 없다. 대장장이가 명검을 만들기 위해서는 수없이 반복해서 두들겨야 한다. 모든 성공은 반복된 행동의 결과다. 땀을 흘리고, 피를 흘리며 중단 없이 반복해야 성공이라는 금자탑에 오를 수 있다.

많은 사람들이 실패하는 경우는 무엇인가? 성공할 때까지 반복하지 않았기 때문이다. 인디언들이 기우제를 지내면 반드시 비가 온다고 한다. 그것은 비가 내릴 때까지 반복해서 기우제를 지내기 때문이다. 집요함, 끈질김이 성공의 힘이다. 절대 포기하지 않고 반복해서 도전하는 정신이야말로 성공의 원천이다.

미국의 발명왕 에디슨은 "인생에서 실패한 사람들 다수는 성공을 눈앞에 두고도 모른 채 포기한 이들이다"라고 말했다. 사실 성공과 실패는 종이 한 장의 차이다. 성공한 사람은 포기하지 않고 성공할 때까지 도전한 사람이다. 반면 실패한 사람은 아예 도전하지 않았거나 도전했더라도 중도에 포기한 사람이다. 성공을 원한다면 포기하지 말아야 한다. 나의 사전에는 절대 포기가 없어야 한다.

세상의 두 지배자: 말과 글

◈ 존재의 집: 말

세상은 말로 창조되었다. 세상은 말로 움직인다. 그러므로 말의 중요성을 아무리 강조해도 지나치지 않다. 자기혁명의 완성을 위해서도 말을 잘 해야 한다. 말을 잘 하면 천 냥 빚을 갚을 수도 있다. 그만큼 사람들은 말에 따라 죽기도 하고, 말에 따라 살기도 한다. 말을 어떻게 하느냐에 따라 그의 미래 운명이 결정된다.

성경(요한복음 1장1절)에 "태초에 말씀이 계시니라. 이 말씀이 하나님과 함께 계시었으니, 이 말씀이 곧 하나님이시니라"고 적혀 있다. 그리고 하나님은 말씀으로써 천지만물을 창조했다(창세기 1장). 말씀은 '말(logos)', 곧 존재의 집이다. 말이 있으면 존재하는 것이요, 말이 없으면 존재하지 않는 것이다.

"개에 물린 사람은 반나절 만에 치료받고 돌아갔고, 뱀에 물린 사람은 3일 만에 치료를 끝내고 갔습니다. 그러나 말(言)에 물린 사람은 아직도 입원 중입니다." 어느 병원 게시판에 걸려 있다는 글이다. 세치 혀로 무심코 내뱉은 말은 맹독보다 더 치명적이다. 말로 상처를 받게 되면 얼마나 치료를 받아야 하는지 실감나게 해주는 문구다.

공자도 천하를 주유하면서 이런 말을 했다. "삼사일언(三思一言)하고, 삼사일행 (三思一行)하라." 즉 "한마디 말을 하기 전에 세 번을 생각하고, 한 번 행동하기 전에 세 번을 생각하라"는 가르침이다. 그 만큼 말을 신중히 하라는 뜻이다. 말은 한반 내뱉으면 다시 주워 담기 어렵다.

누워서 침을 뱉으면 그 침이 어디에 떨어지는가? 자기 얼굴에 떨어진다는 것을 잘 알면서도 자기 입을 떠난 험담이 어떻게 돌아올지를 생각 못 하는 어리석은 사람이 되어서는 안 될 것이다. "입으로 전하지 말고 가슴으로 말을 전하라"는 말처럼 남에 대한 비난과 험담은 자신과 듣는 사람 모두를 잃게 만든다.

남의 티끌은 잘도 보면서 정작 자기 자신의 티끌은 보지 못해서는 성공할 수 없다. 남을 비방하고, 험담만 하게 된다면 결국에 가서는 자기 인격도 떨어지고 남으로부터 비난과 빈축만 살뿐이다. 혀끝으로 내뱉은 말은 아첨의 말이고, 마음에서 우러나오는 말은 칭찬이라고 했다. 남을 칭찬하고 존중하여 덕을 쌓아야 큰 복을 받는다.

◈ 가슴 뛰게 하는 말하기 방법

자기혁명가들은 모두 말의 고수가 되어야 한다. 그냥 단순한 말, 통제되지 않고 감정적으로 나오는 말을 써서는 안 된다. 매우 훈련되고 절제된 말로 세상을 바꿔야 한다. 그렇다면 어떻게 하여 가슴 뛰게 하는 말하기의 고수가 될까? 이것은 부단한 노력으로 갈고 다듬어야 한다.

인간관계의 기본은 말하는 일이다. 자신의 생각이나 의도를 상대방에게 정확히 전달하지 못하면 성과를 올리기 어렵다. 말하는 방법의 4대 요소는 '재미있을 것', '알기 쉬울 것', '도움이 될 것', '듣기 편안할 것'이어야 한다. 말을 준비할 때는 이 4대 요소가 잘 조화를 이루도록 해야 한다. 이것이 말의 고수가 되는 핵심 비법이다.

재미있는 말을 어떻게 할 것인가? 말을 시작할 때는 관심을 끄는 화두를 던져야 한다. 대화 상대, 청중의 수준과 취향 등에 따라 다르다. 단순한 자리인지 회의석상, 발표회, 행사 등을 사전에 파악하여 대상과 상황에 맞는 말로 첫 포문을 열어야 한다. 첫 인사말이 말의 성패에 크게 영향을 준다.

알기 쉬운 말을 하려면 논리적 구성이 필수적이다. 서론-본론-결론 또는 시간적 순서에 따라 이야기를 전개시켜 나가야 한다. 지나친 논리의 비약은 피한다. 실질적인 사례를 들어 설명하면 좋다. 화이트보드나 통계자료, 사진, 동영상 등을 이용하면 훨씬 효과적이다. 대상에 맞는 어휘나 단어를 사용하여 알기 쉽게 말해야 한다.

말은 무엇보다 유익해야 한다. 청중이 듣고 싶은 정보나 내용을 충분히 파악하여 제공해야 한다. 자기중심의 말보다는 청중중심의 대화를 전개해야 한다. 청중은 당연히 듣고 싶은 말이 있다. 창의적이고 새로운 시각으로 주제를 논리적으로 구성하여 전달해야 한다.

그리고 무엇보다도 청중이 듣기가 편안해야 한다. 이를 위해서는 목소리, 복장 등도 신경을 써야 한다. 좋은 목소리를 위해서는 복식호흡을 통해 목소리를 갈고 다듬어야 한다. 복장도 분위기와 잘 어울려야 한다. 지나치게 화려하거나 튀는 옷차림은 좋은 느낌을 주지 않는다.

말의 최고 고수가 되기 위해서는 연습이 절대로 중요하다. 말의 구성과 소재, 이미지, 목소리, 몸동작 등을 체계적으로 준비해야 한다. 녹음하여 반복해서 듣거나 거울을 보고 점검해야 한다. 특히 위기관리에도 신경을 써야 한다. 돌발 상황을 가정하여 미리 대처하는 방법도 마련해 두어야 한다.

보다 성공적인 말의 고수가 되기 위해서는 무엇보다 실전을 통한 숙달이 필요하다. 유튜브의 강의를 참고하거나 말, 스피치, 연설, 웅변 관련 서적도 탐독해야 한다. 말에서 가장 중요한 것은 이미지다. 사람들은 말의 내용이나 형식보다 이미지를 더 오래 기억한다. 철저한 준비와 연습, 자신감 넘치는 열정적인 태도가 최고의 연사로 기억하게 할 것이다.

말의 고수가 되는 몇 가지 핵심사항을 덧붙인다. 독특한 내용으로 말한다. 유머를 섞어서 이야기를 한다. 연설이나 강연을 할 때는 높낮이, 긴장과 이완, 고저를 적절이 안배한다. 열정을 가지고 감정을 이입하여 이야기한다. 그리고 무엇보다 청중과 공감하며 포인트를 두고 대화를 이끌어야 한다. 어떻든 말의 고수가 되어 더 나은 세상을 창조해 나가야 한다.

◈ 이기는 글쓰기의 방법

말이 음성이라면 글은 문자다. 말은 소리로 사상과 감정을 전달한다면 글은 글자로 표현한다. 상호 보완적이다. 어느 것이 효과적인지는 상황에 따라 다르다. 글도 말 못지않게 사람을 변화시키고, 세상을 바꾸는 데 놀라운 힘이 있다. 말의 고수와 함께 글의 고수가 되어야 한다.

미래사회는 문화전쟁의 시대다. 문화전쟁에서 승리하기 위해서는 첨단 무기가 있어야 한다. 첨단 무기가 바로 글이다. 세상을 이기는 글에는 감동의 스토리가 있어야 한다. 상상력, 창의력, 융합력 등을 총동원하여 사람의 마음을 사로잡을 이야기를 창조해야 한다. 이것이 이기는 글이다. 이기는 글쓰기로 더 나은 미래를 창조해 나가야 한다.

그렇다면 이기는 글을 쓰기 위해서는 어떻게 해야 할까? 우선 글을 쓰는 목적과 대상의 선정, 주제 등에 대해 진지하게 생각해야 한다. 그 다음으로는 글의 분량과 기한, 성격 등을 확인하고 여기에 맞춰서 필요한 자료를 모은다. 모아진 자료는 내용별로 정리하고 집필할 때 곧바로 참고할 수 있도록 한다. 이러한 준비를 하면 언제든 목적에 맞게 효율적으로 글을 쓸 수 있다.

일반적인 글쓰기의 흐름은 크게 준비단계, 작성단계, 제출·발표 단계 등 3단계로 나누어진다. 준비단계는 글을 왜, 어떻게 쓸 것인가에 대한 목표와 전략을 수립하고 자료를 수집하는 단계다. 목적과 전략수립 단계에서는 글을 쓰는 목적, 대상, 주제 등을 확실히 하고 이를 어떻게 하여 극대화시킬 것인가 하는 전략을 세운다.

이기는 글은 이야기를 풍부하게 할 자료에 달려 있다고 해도 과언이 아니다. 자료의 수집과 분석, 효율적 배치는 글의 성패를 좌우한다. 자료를 수집하기 위해서는 전문서, 신문, 연감, 백서 등을 조사한다. 전문기관이나 전문가의 도움을 청하기도 한다. 데이터 베이스를 만들어 활용한다. 이렇게 모은 자료를 소주제에 따라 취사선택하여 배치한다.

작성단계에서는 글의 주제에 따른 개요 작성, 집필, 정리와 교정의 과정을 거친다. 글의 개요는 제목 선정과 서론-본론-결론, 기-승-전-결 등의 구성방식을 정하고 각각 어떤 내용을 쓸 것인가 하는 논리적 틀을 작성한다. 많은 사람들이 글을 쓸 때 무조건 집필부터 하는데 이것은 논리적 글쓰기가 아니다. 글을 논리적으로 쓰기 위해서는 글의 논리적 구성에 따른 개요를 작성하고 집필에 들어가야 한다.

집필단계는 실제로 글을 쓰기 시작하는 과정이다. 한편의 글은 몇 개의 문단으로 구성된다. 각각의 문단은 주제문과 이를 뒷받침하는 보조문장으로 짜여진다. 주제문이 문단의 맨 앞, 맨 뒤, 중간 등에 위치할 수 있다. 가능하면 맨 앞쪽에 배치하는 두괄식이 전달력이 크다. 문장은 가능하면 단문이 좋다. 길면 주술관계가 복잡해지고 의미가 모호해진다.

집필과정에서 글을 돋보이게 하려면 이야기 자료의 효율적 인용과 배치가 중요하다. 학자의 통계자료, 의사의 임상, 고전, 저서, 문학작품 등 특이하고 독창적인 자료가 글을 맛있게 한다. 재미있는 예화나 사례는 큰 감동을 주고 글의 설득력을 높여준다. 때로는 비유와 상징, 반복 등 수사학을 동원하여 글에 박진감을 주는 것도 필요하다. 특히 위대한 사상을 담는 그릇이 될 수 있도록 자기만의 사상과 생각을 갖고 이를 잘 드러나게 해야 한다.

특히 이기는 글을 쓰기 위해서는 사람을 주인공으로 하여 가슴 뭉클한 스토리를 만들어야 한다. 완벽한 글의 구성과 설계도를 통해 새로운 가치와 인간애를 품은 신인류를 창조해야 한다. 독자들은 주인공의 말과 행동, 능력에 따라 열광하기도 분노하기도 한다. 가슴 따뜻한 인물을 창조함으로써 인간사회를 풍요롭게 해야 할 것이다. 어떻든 '이기는 글'을 강력한 무기로 삼아 꿈을 성취하고 더 나은 미래를 창조해 나가야 한다.

끝으로 제출과 발표를 앞두고 정리와 교정 등을 해야 한다. 자료의 출처를 명확히 했는가, 주제가 효율적으로 잘 나타났는가, 주어와 서술어가 올바르게 대응하고 있는가, 오자나 탈자는 없는가, 정해진 양식이나 규정은 잘 지켰는가 등등을 잘 살펴봐야 한다. 글의 완성은 마지막 퇴고과정에 있다. 읽고 또 읽어 글이 광채가 나도록 갈고 다듬어야 한다.

모든 문제의 해결사: 창의성

◈ 신의 특별한 선물 창의성

사람이 동물과 다른 점은 여러 가지가 있다. 이 중 가장 대표적인 것 중의 하나가 창의성이다. 창의성은 무에서 유를 만드는 것이 아니다. 유에서 또 다른 유를 만들어 내는 능력이다. 세상을 바꾼 사람들은 모두 창의성이 뛰어났다. 과거를 답습하면 과거의 반복일 뿐이다. 과거보다 너 나은 미래를 만들려면 창의적인 사고와 새로운 접근이 필수적이다.[1]

창의성은 비교와 분석, 그리고 다양성, 개방성, 융합성의 결과다. 애플은 인문학과 공학기술의 융합으로부터 아이디어를 얻었다. 그래서 애플의 스티브 잡스는 '창의성은 융합의 경계에서 나온다'라고 말했다. 나를 알고 너를 알고, 세상을 알면 이를 위해서 무엇을 해야 할 지 삶의 목표가 생긴다. 창의성은 삶의 목표와 모든 문제를 해결하는 만능열쇠다.

창의성은 도전, 집념, 끈기, 집중의 결과다. 나아가 창의성은 과거와 다른 새로운 접근이다. 즉 '어떤 일에 미치지 않고서는 어떠한 결과가 나올 수 없다'는 것을 우리는 많은 사례에서 볼 수 있다. 소위 '불광불급(不狂不及)'이다. 미친 듯이 일을 몰두해야 뜻을 이룬다. 창의성도 마찬가지다. 창의성은 피나는 노력의 과정에서 얻어지는 특별한 선물이다.

이탈리아 화가 미켈란젤로(Michelangelo Buonarroti: 1475년 3월 6일~1564년 2월 18일)는 불후의 명작 '천지창조'와 '최후의 심판'을 남겼다. 천지창조는 5년, 최후의 심판은 무려 9년이 걸렸다고 한다. 스케치도 심지어 2,000번 이상

---

1) 창의성과 상상력, 사고, 생각 등은 성공의 필수품들이다. 성공하기 위해서는 반드시 이에 관한 능력을 극대화해야 한다. 이에 도움 되는 책들이 많다. 김효준, 《생각의 창의성》, (수원:지혜, 2006), 리처드 니스벳, 《생각의 지도》, (서울: 김영사, 2008) 등을 적극 추천한다.

을 했다. 제자들이 보기에 너무 안 되서 "선생님 좀 쉬면서 하세요"라고 말했다. 그가 이 말을 듣고 "죽으면 영원히 쉰다. 내가 살아 있는 동안에 열심히 일을 해야 한다"라고 대답했다.

이탈리아 화가 레오날도 다 빈치(Leonardo da Vinci:1452년 4월 15일~1519년 5월 2일)도 마찬가지다. '최후의 만찬'을 그렸을 때 10년이 걸렸다고 한다. 이처럼 집념, 끈기, 집중이야말로 바로 세계적 대작을 창조하는 하는 큰 힘이 된다. 그러므로 뜻을 세우고 성공하려면 반드시 강력한 도전, 집념, 끈기, 집중을 통해 새로움을 창조해 내야 한다. 강력한 집중력은 뜻을 이루어내는 창의적 무기가 된다.

◈ 창의력 키우기 방법

창의력은 독창적인 문제해결 능력이다. 일의 성공 여부는 얼마나 독특한 발상을 하느냐에 달려 있다. 창의력은 천부적인 것이라고 생각하는 사람도 있지만 훈련만 하면 누구라도 뛰어난 사람이 될 수 있다. 머릿속에 떠오르는 생각의 조각들을 이리저리 변화시켜보면서 잠자고 있는 자신의 뇌세포를 깨워야 한다.

창의력을 키우기 위해서는 어떻게 해야 하는가? 먼저 모든 문제점을 정확하게 파악해야 한다. 그리고 문제를 해결하는 데 필요한 자료를 최대한 많이 수집한다. 브레인 스토밍(brain storming)을 통해 독창적인 아이디어를 확보한다. 복잡한 문제는 미리 논리적으로 생각하고 포인트를 잡아둔다. 언제나 '반대로' 역발상하는 습관을 들인다. 불가능하다고 생각되는 것은 그 원인을 규명한다.

또한 아이디어가 떠오르도록 분위기를 만든다. 무책임, 비상식적이라고도 할 수 있을 정도로 의외의 발상을 한다. 중요한 단어를 조합 또는 유추

해서 발상을 한다. 전례는 따르지 않고, 다른 사람이 아이디어를 냈다면 그와 반대로 생각해 본다. 발상단계에서는 실현이 가능한지의 여부는 생각하지 않는다.

아무리 생각해도 좋은 아이디어가 떠오르지 않는다면 어떻게 해야 할까? 이를 위해서는 잠시 하던 일을 잊고 휴식하거나 전혀 다른 분야를 접촉해 보는 것도 필요하다. 여행을 가거나 영화를 보던가 아니면 다른 분야의 사람들을 만나 이야기하는 것도 도움이 될 것이다.

창의성은 낯선 영역에 들어갈 때 의외로 확대된다. 폐쇄적이고 칸막이로 된 공간보다는 개방적이고 열린 공간에서 기발한 아이디어가 튀어나온다. 높은 천장을 바라보는 것도 창의적 문제해결에 큰 도움이 된다. 실제로 일부 연구소에서는 높은 천장이 있도록 사무실을 건축한 경우도 있다.

사람에게 낯선 공간은 생존을 위한 영역본능이 작용한다. 낯선 공간에 가게 되면 위협을 느끼고 본능적으로 생존을 위한 영역의식이 작동한다. 이로 인해 창발성이 극대화되기도 한다. 낯선 곳에 가서 음식, 영화, 음악, 교류 등 새로운 문화 체험과 신선한 충격은 더 나은 세상을 창조하는 데 필요한 영감을 받는다. 서로 다른 장르의 융합, 이종교배, 퓨전, 융·복합은 파격적인 창의를 만들어 낼 수도 있다.

사람이 낯선 공간에 가면 어떤 현상이 벌어질까? 자기가 기존에 갖고 있던 생각, 느낌, 문화, 습관 등 모든 것이 재조정된다. 새로운 경험과 만나면서 생존본능이 작용하여 최적화된 적응력을 만들어낸다. 폐쇄적인 공간에 가게 되면 두려움과 공포감이 생긴다. 반면 개방적인 공간에 들어서면 새로운 능력이 나타나기도 한다.

억압과 폐쇄, 익숙함은 상상력과 창조력의 최대 적이다. 창조적 사고를 키우기 위해서는 분석·분해하고, 뒤집어보고, 연결하고, 합쳐보아야 한다.[2] 하늘 아래 인간이 만든 모든 것들은 이렇게 해서 만들어진 성과물들이다. 자기혁명가들은 기발한 창의성으로 세상을 바꾸고 새로운 세상을 창조해 왔다.

창조능력은 어떻게 보면 하나님이 준 고귀한 선물일 수 있다. 모든 생명은 가장 중요한 것이 생존과 종족 발전이다. 실제로 살아남은 생명체들은 신비한 능력으로 생존을 통해 종족 번식을 이어가고 있다. 인간도 예외가 아니다. 모든 생명체의 발전은 생존과 번식을 하려는 본능적 경쟁 의식에서 촉발된다.

생존과 번식을 극대화하기 위해 나타나는 것이 바로 창조성, 즉 '사랑'의 표출이다. 그래서 사랑을 하면 모두가 몸에 윤기가 흐르고 시인이 되는 등 창의성이 극대화된다. 모든 생명의 탄생도 창의적 사랑, 창조의 결과물이다. 사람이 최고의 걸작을 만드는 나이는 대체로 20대 중반 전후인 이유는 무엇인가? 그것은 왕성한 사랑을 해야 하는 연령대이기 때문이다.

과학자도 기혼자보다 미혼자가 더 뛰어난 발명을 많이 하고 있다. 한 조사에 의하면 독신과학자의 50%가 눈길끄는 업적을 이룬 반면 기혼과학자는 4.2%만이 의미 있는 업적을 이루었다. 이것은 무엇을 의미하는가? 과학자의 창의적 발명의 근원적인 배경에는 생존과 종족 번식을 위한 '사랑하기'가 작용하고 있음을 의미한다.

창의성은 특히 남녀간 사랑의 과정에서 폭발적으로 분출되기도 한다. 세계 유명 음악이나 미술 등 예술작품은 많은 경우 뜨거운 사랑을 하거나 실연했을 때 탄생했다. 단테의 장편 서사시 《신곡》(1321년), 피카소의 그림 《아비뇽의 처녀들》(1907년) 등 세계적 걸작들의 배경에는 모두 사랑이 연결되

---

2) 김용학, 《경계를 넘나드는 크로스 씽킹–생각, 엮고 허물고 뒤집어라》, (파주:21세기북스, 2011) 참고. 이 책도 창의력 강화에 큰 도움이 된다. 일독을 추천한다.

어 있다. 이것은 사랑이 생존과 종족 번식의 가장 강력한 힘이라는 것을 의미한다.

창의성은 생존과 번식, 즉 서로 사랑할 때 크게 활성화된다. 그러므로 위대한 일을 하려면 반드시 뜨거운 사랑을 해야 한다. 중세시대 하나님에 대한 절대적 사랑은 회화, 조각, 음악 등에 큰 영향을 미쳐 역사적 작품이 되게 했다. 모든 창조와 발전은 생존과 번식을 위한 본능적 사랑 속에서 이루어지는 것이다. 위대한 자기혁명가는 위대한 사랑의 실천가이다. 사랑을 실천하는 사람만이 위대한 사람이 될 수 있다.

인간의 두뇌는 생존과 번식을 위한 절박한 '구애(求愛)'라는 강한 자극이나 각성이 있어야 활성화된다. 똑 같은 일을 반복하게 되면 두뇌는 사랑을 위한 활동을 거의 정지한다. 그러므로 별로 능률이 오르지 않는다. 창의적 아이디어가 특별히 요구되는 일을 하고자 한다면 사랑을 자극시켜 두뇌를 활성화해야 한다. 신선하고 다소 충격적인 경험을 하든가 색다른 일을 해보는 것도 유용할 것이다.

창의적 기획을 위해서는 무엇에 역점을 두어야 하는가? 관심(Attention), 흥미(Interest), 욕망(Desire), 기억(Memory), 행동(Action), 신뢰(Convicton) 등 여섯 가지 '구애 요소'를 생각해 볼 수 있다. 각각의 머리글자를 따서 AIDMAC의 구애법칙이라고 한다.[3] 이 구애법칙은 광고기획에서 주로 사용되는 데 교육, 훈련, 영업, 판촉 등에도 다양하게 응용할 수 있다.

즉, 사람들에게 관심을 끌 수 있는가, 얼마나 흥미를 끌어내는가, 욕망이나 욕구를 불러일으킬 수 있는가, 사람들의 기억에 오래 남는가, 구체적인 행동으로 옮기게 할 수 있는가, 신뢰와 확신을 줄 수 있는가 등 구애조

---

3) 코우조우 후다츠스기, 《업무테크닉》, (서울: 더난출판사, 1997). 이 책은 비즈니스맨들의 잡학사전으로 일의 기본능력, 직장의 인간관계학, 정보력, 기획력과 실행력, 자기관리와 자기개발 등에 대해 체계적으로 잘 정리해 놓았다. 직장인들이 꼭 읽어보면 큰 도움이 될 것으로 기대한다. 여기서는 이 책의 일부를 참고하거나 인용하여 재작성했다.

건을 점검했을 때 좋은 평가를 받을 수 있어야 창의적인 발상이라고 할 수 있다. 무엇이든지 잘 인지되고, 태도변화를 일으켜 구체적인 행동이 나타나야 한다.

창의적 사고 능력을 확대하기 위해서는 모든 인적, 물적 자원을 최대한 활용해야 한다. 한 개인은 전지전능한 신이 아니다. 자신이 부족한 분야는 과감하게 여러 사람들의 능력을 활용해야 한다. 이를 위해서는 평소에 다양한 인적네트워크를 확보해둘 필요가 있다. 환경과 시간, 의사결정 구조 등도 충분히 염두에 두어야 한다.

결국 창의력을 키우기 위해서는 창조적 파괴를 해야 한다. 기존의 생각과 가치, 틀을 모두 파괴해야 한다. 뒤집어 보고 거꾸로 보아야 한다. 모든 문제는 반드시 해결책이 있다. 다만 그 방법을 못 찾을 뿐이다. 문제를 해결하는 힘이 곧 창의적 해법인 것이다. 모든 창의적 접근법을 개발하여 문제를 해결해 나가야 할 것이다.

◈ 창의적 시각과 새로운 세상

창의성은 세상의 모든 문제를 해결하는 중요한 열쇠다. 창의성을 강화, 확대하기 위해선 어떻게 해야 할까? 창의적 사고를 통한 창의적 접근이 핵심이다. 그렇다면 창의적 사고를 어떻게 키워야 하는가? 핵심은 창의적 시각으로 발상을 전환하는 것이다. 사물과 현상의 특성은 보는 시각에 따라 다양한 해석이 가능하다. 그러므로 창의적 시각으로 발상을 전환하여 더 나은 세상을 창조해 나가야 한다.

자기혁명가들은 모두가 창의적 시각으로 더 나은 세상을 창조하는 사람들이다. 독창적이고 창의적인 시각과 관점은 새로운 역사를 창조하게 하는 기회의 창을 만든다. 우리가 보는 시각과 관점에 따라 모두 새로운 해석이 얼마든지 가능하다. 관점과 시각의 차이가 모든 운명을 바꾸어 놓는다.

즉, 시각과 관점의 차이는 문제인식과 문제해결의 커다란 차이를 가져온다. 경우에 따라서는 대립과 갈등, 폭력의 원인이 되기도 한다. 그러므로 강한 설득력을 가진 시각과 관점을 형성하기 위해서는 창의적 접근이 중요하다. 창의적 시각으로 사람들의 행동변화를 이끌어야 새로운 세상을 열어나갈 수 있다.

가령 하나의 예를 들어보자. 장님들이 코끼리를 그린다면 어떻게 될까? 보는 시각이 아닌 느끼는 상태에 따라 다양할 것이다. 팔뚝 같은 코만을 그린다든가 아니면 소나무 같은 까칠한 다리만 그릴 수도 있다. 네 다리는 상상하기 힘들 수도 있고 코와 상아를 놓고 대혼돈을 일으킬 수도 있다. 인간의 시각과 접근도 모든 것을 아는 창조주의 입장에서 보면 '장님 코끼리 그리기'의 수준도 되지 않을 것이다.

좀 더 차원이 높은 예를 하나 더 들어본다. "우리집 강아지가 말을 잘 듣는다." 이에 대해 다양한 해석이 가능할 것이다. 강아지의 타고난 '본성'이 순종적이기 때문이라는 답이 있을 수도 있다. 그리고 반복적인 '훈련'을 시켰기 때문이라고 답할 수도 있다. 또 다른 사람은 강아지가 처한 '상황' 때문이라고 말 할 수도 있다. 무엇이 맞는 답일까?

한 사람의 미래는 본성, 훈련, 상황 이 중 무엇이 좌우할까? 모든 것이 조화로워야 한다. 그러나 이 중 하나만을 선택해야 한다면 훈련이다. 강아지의 경우 훈련으로 자기의 본성을 바꿀 수 있고, 어떠한 상황을 타개할 수 있는 힘을 얻을 수 있다. 사람도 마찬가지다. 위대한 자기혁명가들은 엄청난 시간을 들여 훈련을 반복함으로써 본질적 속성을 바꾸어 최고의 자리에 올라 새로운 세상을 창조한다.

따라서 창의적 훈련을 통해 독특한 사고방식과 행동양식을 개발하여 자기의 고유문화를 창조해야 한다. 이러한 한 개인의 문화는 다른 사람이 본받게 되고 이러한 사람들이 많아지게 되면 새로운 문화가 창조되는 것이다. 자기의 고유문화 창조를 통한 최고의 자리에 오르려면 적어도 하루에 10시간 이상 집중 투자하여 3년 이상 노력하여야 한다. 결국 집중적이고 반복적인 연습과 훈련이 '목표 달성'이라는 신화를 창조하게 하는 것이다.

물론 개인의 천재성 또는 똑똑하고 영리한 선천적 재능이 시간을 앞당길 수도 있을 것이다. 그러나 이러한 요소는 큰 영향을 주지 않는다. 서울대 입학생이나 하버드대 입학생 모두가 천재들이 아니다. 지능지수(IQ)도 보통 사람들과 큰 차이가 없다. 다만 차이가 있다면 '속도'와 '방향'이다. 즉 올바른 방향으로 얼마나 속도감 있게 집중적으로 공부했느냐가 대학입시 성적을 크게 좌우한다. 올바른 방향으로 쉼 없이 노력하는 것이 바로 성공의 열쇠라고 할 수 있다.

올바른 방향과 쉼 없는 속도를 결정하는 데에서 가장 중요한 것은 '창의적 시각'이다. 아무리 속도감 있게 달려도 방향이 잘못 되었다면 전혀 다른 곳에 가게 되고 노력은 물거품이 된다. 또한 아무리 올바른 방향으로 가더라도 효율적인 속도를 유지하지 못하면 또한 성공할 수 없다. 그러므로 창의적 시각으로 최적의 방향과 속도를 만들어내야 한다.

성공 스토리와 공감의 힘

◈ 역사를 창조하는 스토리의 힘

역사를 보통 영어로 '히스토리(History)'라고 한다. 어원은 그리스어 historia에서 왔으며 가장 근접한 뜻은 '이야기'다. 즉 역사는 이야기다. 그냥 단순한 이야기가 아니라 기록으로 남길 만한 업적이나 책으로 써도 될 만큼 극적인 사건이나 경험을 말한다. 다시 말하면 역사란 입에서 입으로 전할 만한 특별한 이야기나 이를 기록한 것을 말한다.

역사의 의미를 보다 다양하게 살펴본다. 먼저 기독교에서는 역사, History라는 단어는 his(그의)와 story(스토리)의 합성어로 인식하고 있다. 이에 따라 History는 '그의 이야기'라는 의미를 가진다. 여기서 '그'는 남성이 아니라 하나님(예수님)을 지칭한다. 그러므로 역사란 세상의 주관자인 하나님의 이야기라는 것이다. 우리가 보통 역사에서 사용하는 기원전 또는 기원후(서기)는 예수님의 탄생을 기준으로 구분한다. 아무튼 세상의 주관자인 하나님의 이야기가 역사라는 뜻이라는 것이다.

그러나 History라는 단어의 어원은 B.C. 6세기경 그리스의 이오니아 지방 사람들이 사용한 Historia에서 왔다고 주장하는 사람도 있다. Historia의 뜻은 "과거의 사건을 조사·연구하여 이야기한다"는 말로써 그리스인인 헤로도토스의 저서 《Historia》를 저술한데서 비롯되었다. 이 《Historia》는 페르시아 전쟁의 내용을 기술한 역사서다. 헤로도토스는 《Historia》에서 Historia의 개념을 "역사를 쓰거나 이야기하는 일로서 역사 서술을 의미한다"고 정의했다.

또한 History는 고대 그리스 도시국가에서 나라에 중대한 문제가 발생할 때마다 자문을 구했던 학덕을 갖춘 연장자를 뜻하는 'histor'에서 온 말이라고 한다. 이에 따르면 history는 바로 '현자의 이야기'를 의미하는 historia에서 유래한 말이다. 그러므로 history는 합성어가 아니라 단일어이기 때문에 his+story로 쪼갤 수 없는 단어라는 것이다.

'역사'라는 단어의 유래와 배경은 다소 다르지만 '이야기의 기록'이라는 뜻을 가지고 있다는 점에서는 합의된다. 사실 역사, 이야기 또는 말은 엄청난 힘이 있다. '스토리를 지닌 말'은 세상을 바꿀 수 있다. 역사가 또 다른 역사를 창조하는 것이다. 그래서 역사는 반복된다고 말하기도 한다.

그렇다면 역사를 창조하려면 어떻게 해야 할까? 핵심은 '스토리'를 만드는 것이다. 스토리는 그냥 단순한 이야기가 아니다. '온갖 고생 끝에 꿈을 이룬 것'이 핵심 스토리다. 세상은 바로 이러한 사람들에 의해 움직이고 역사로 기록된다. 그저 그렇고 그러한 삶은 세상에 아무런 파장을 몰고 오지 않는다. 특별한 이야기의 주인공이 되어야 한다. 이제 남의 역사, 그의 역사가 아닌 나의 역사, 나의 이야기를 만들고 기록해야 한다.

역사를 바꾼 수많은 사람들, 이들은 모두가 위대한 스토리의 창조자였다. 우리가 생각하는 성인은 물론 모든 위인, 그리고 역사에 기록된 인물들은 모두가 크고 작은 스토리를 창조한 사람들이다. 세상에 울림을 울리는, 사람들의 가슴을 뜨겁게 하는 스토리를 창조하여 세상을 아름답게 만들어야 할 것이다.

◈ 성공 스토리의 작성 법칙

세상을 바꾸는 스토리에는 '특별한 것'이 있다. 그것이 무엇일까? 남과 다른 특별한 나만의 것을 만드는 것이다. 즉 최고, 최초, 최다, 최소 등의 기록을 창조하는 것이다. 가령 헌혈 00회, 대한민국 최다 기록을 세우는 것이다. 또한 봉사 00시간, 대한민국 최대 기록을 만드는 것이다. 사람들은 이렇게 만든 특별한 스토리의 주인공을 아주 특별한 사람으로 여긴다.

세상을 바꾸는 스토리를 만들기 위해서는 어떻게 해야 할까?[24] 스토리의 힘을 만드는 5가지 작성 법칙이 있다. 첫째는 가치 있는 꿈을 세워야 한다. 꿈은 스토리의 목표이자 방향이다. 나의 꿈이 곧 나의 스토리다. 꿈을 이루는 과정이 스토리이다. 꿈을 이루는 것이 스토리의 완성이다. 그러므로 내가 이루고자 하는 간절한 꿈을 스토리의 목표로 세워야 한다. 스토리의 완성 없이는 꿈의 실현은 불가능하다.

둘째는 두려움을 이겨내야 한다. 목표를 세우고 일관되게 추진하기란 쉽지 않다. 가장 큰 장애물이 무엇일까? 두려움이다. 두려움은 여러 가지 장애물들을 어떻게 극복할 수 있는 것에 대한 걱정이다. 그러나 걱정할 필요가 없다. 도전 또 도전하는 것이다. 두려움을 극복하는 방법은 망설임이 아니라 행동, 도전하는 것이다. 앞으로 나아가면 두려움은 사라지기 마련이다.

셋째는 철저한 자기관리를 해야 한다. 두려움을 극복하고 지속적으로 목표를 향해 나아가기 위해선 철저한 자기관리가 필수적이다. 모든 스토리는 혹독한 고통이 내재되어 있다. 스토리의 진행 과정에서 수많은 장애물이 발생한다. 이 모든 것을 통제하고 지속적으로 행동하기 위해서는 자기관리를 철저히 해야 한다. 자기관리는 건강, 인간관계, 자금, 기본생활 등에 문제가 생기지 않도록 하는 것이다.

넷째는 반복적으로 집중해야 한다. 사람들은 전지전능하지 않다. 그러므로 선택과 집중을 잘 해야 한다. 최우선적인 선택은 자기가 가장 잘 할 수 있는 일, 그리고 반드시 하고 싶은 일을 하는 것이다. 그리고 무슨 일이든 성공하기 위해서는 무수히 반복해야 한다. 반복적인 행동은 스토리를 강화하고 튼튼하게 한다.

끝으로 매일, 매달, 매년 수정·보완하여야 한다. 스토리가 힘을 가지려면 성찰과 평가, 그리고 강화 등이 있어야 한다. 한번 작성했다고 하여 그냥 저절로 이루어지는 것이 아니다. 어떠한 돌발 변수가 생겨도 목표가 반드시 실현될 수 있도록 수시로 강화해 나가야 한다. 스토리는 꿈의 실현이라는 최종 목적지에 도달해야 그 의무를 다 한다. 이미 앞서간 사람들의 성공적

---

4) 짐 로허, 《세상을 지배하는 스토리의 힘》, (서울: 스마트비즈니스, 2012) 등을 부분적으로 참고 및 인용하여 재작성했다. 이 책은 스토리에 관해 체계적으로 잘 정리했다. 보다 감동을 주는 특별한 스토리 작성을 위해서는 일독할 필요가 있다. 독자 여러분에게 적극 추천한다.

스토리를 확인하고 강력히 추진해 나가야 할 것이다.

스토리는 모두를 위한 아름다운 꿈과 비전의 선언이다. 그리고 이행을 전제로 한 약속이고 가슴을 뛰게 하는 행동이다. 사랑의 메시지이고 기쁨과 희열이 솟아나는 샘물이다. 이러한 스토리가 큰 힘을 발휘한다. 이 모든 것은 나의 변화, 자기혁명으로부터 시작되어야 한다. 내가 먼저 내 자신을 바꾸지 않으면 그 무엇도 바꿀 수 없다. 그러므로 스토리는 나 자신의 변화와 성공의 이야기다.

사람들은 누구나 자신의 스토리가 있다. 그리고 이 스토리를 누군가에게 이야기하고 싶어 한다. 더구나 자기의 스토리를 이야기할 때 맞장구를 치거나 관심을 보이는 사람에게는 대단한 사람으로 여긴다. 그러나 냉정히 따져보자. 나 자신의 스토리가 단순히 나에게만 특별한 것인가, 아니면 모두에게 공감을 줄 수 있는 독특한 스토리인가?

세상을 변화시키는 스토리는 나 자신의 희생과 헌신을 전제로 한다. 그리고 열정과 도전, 역경의 극복, 성공 등을 구성요소로 한다. 소위 한편의 드라마요, 감동의 영화가 되어야 한다. 우리가 감동의 스토리를 쓰기 위해선 우선 성공적인 인생 스토리를 작성하고 행동해야 한다. 즉 연극이나 영화를 제작할 때 먼저 대본이나 시나리오가 있어야 하듯이 말이다. 그리고 시나리오가 뛰어나야 불멸의 명작이 탄생한다.

내 인생의 시나리오는 누가 써야 하는가? 바로 나 자신이다. 내가 내 인생의 시나리오를 쓰고, 내 인생의 무대에 올려 연출하고 감독하여 나 자신을 명작으로 만들어야 한다. 내 시나리오, 즉 내 삶의 스토리가 빈약하면 내 인생이 빈약해진다. 그러므로 내 인생의 아름다운 목표를 세우고 이를 스토리화하여 하루하루 의미 있고 가치 있게 살아야 한다.

왕의 목표를 세우고 왕의 스토리를 쓰고 행동하면 어떻게 될까? 실제로

왕이 될 가능성이 높다. 사람은 꿈을 꾸고 행동하면 실제로 이루어질 가능성이 높기 때문이다. 설령 그 꿈이 이루어지지 않더라도 '왕처럼 산 사람'은 될 수 있을 것이다. 이 말도 나쁘지는 않다. '노예처럼 산 왕'도 많기 때문이다. 인생의 왕이 될 것인가 아니면 노예가 될 것인가? 모든 것은 내가 쓰는 나의 스토리에 달려 있다.

◈ 공감력을 강화하는 스토리의 힘

역사를 바꾸는 스토리의 힘은 어디에서 나올까? 그것은 바로 공감력(共感力)의 강화에 있다. 공감이란 "남의 의견·주장·감정 따위에 대하여 나도 그렇다고 느끼거나 또는 그렇게 느끼는 기분"을 말한다. 공감력은 '나는 당신의 상황을 알고, 당신의 기분을 이해한다'처럼 다른 사람의 상황이나 기분을 같이 느낄 수 있는 능력을 말한다.

공감(共感)이라는 개념은 19세기 말 독일어 'Einfühlung'에서 처음으로 나왔다고 한다. ein(안에)과 fühlen(느끼다)이 합쳐진 말로, 미학에서 '들어가서 느끼다'라는 의미로 사용되었다. 영어에서는 독일어 Einfühlung을 처음에는 그리스어 empatheia로 번역했는데, 이것이 나중에는 empathy로 바뀌었다.[5]

empatheia는 안을 뜻하는 en과 고통이나 감정을 뜻하는 pathos의 합성어로, 문자 그대로는 '안에서 느끼는 고통이나 감정'을 의미한다. 결국 공감력이란 '아, 그럴 수 있겠다', '이해가 된다', '이심전심(以心傳心)' 등의 표현에서 나타나는 것처럼 상대방의 느낌, 감정, 사고 등을 정확히 이해하고, 이해된 바를 정확하게 상대방과 소통하는 능력을 말한다.

그런데 정치학에서는 '함께 느끼고, 함께 아파한다'는 의미의 'sympa-

---

5) 최현석, 《인간의 모든 감정》, (서울: 서해문집, 2011).

thy(동정, 공감)'란 말을 중요한 개념으로 사용하고 있다. 타인의 감정(pathos)을 본인이 같이(sym-, together) 느낀다는 의미로 empathy와 사실상 같은 뜻으로 통용된다. 동정은 타인의 감정과 감정을 유발한 원인을 공유(공감)하는 것이라기보다는 타인이 이미 경험한 감정에 대해 공감하고 동정심을 느끼는 것을 말한다.

사람은 다양한 형태의 공감을 경험한다. 분노, 공포, 슬픔, 기쁨 등과 같은 기본 감정들이나 통증과 같은 감각뿐만 아니라 좀 더 복잡한 감정인 죄책감, 당황, 사랑 등도 공감할 수 있다. 그래서 공감은 타인을 해치지 않고 이타적인 행동을 하도록 동기를 부여한다. 공감력이 마비된 사이코패스 연쇄살인범 등은 죄책감을 전혀 느끼지 못한다.

인간은 감정의 동물이면서 동시에 공감의 동물이다. 그러나 사람들 중에는 감정은 있으면서 공감하지 못하는 사람이 있다. 오히려 가학적 쾌감을 즐기는 사람도 있다. 다른 사람을 배려하지 않고 오히려 폭력, 폭행, 약탈, 사기의 대상으로 삼기도 한다. 공감 스토리는 바로 이러한 반인간, 반생명, 반평화, 반정의 등에 저항할 때 가치가 더욱 빛난다.

사람은 더불어 함께 사는 존재다. 무인도에서 고립되어 혼자 산다면 공감은 필요 없다. 그러나 사회 속에서 타인과 더불어 산다면 공감력은 매우 중요한 성공요인이다. 현대 사회에서 대중의 힘을 모을 수 있는 가장 강력한 것이 공감력이기 때문이다. 성공하는 모든 사람들, 즉 정치인, 기업가, 종교인 등 사회적 지도자들의 성패는 공감력에 달려 있다고 해도 과언이 아니다.

현대인들은 고독하다. 누군가가 자기를 이해하고 대변해 주길 기대한다. 자기가 처한 상황에 대해 공감하고 같이 울어주거나 웃어줄 사람이 필요하다. 그래서 추상같은 정의나 따뜻한 인간애, 생명에 대한 숭고함 등 보편적 가치를 추구해야 한다. 세계적인 예술작품이나 위대한 자기혁명가들은 이러한 가치에 기반을 두고 공감을 불러일으켰다.

스토리가 힘을 가지려면 반드시 강력한 공감력이 있어야 한다. 스토리의 힘은 공감력의 힘이라고 할 수 있다. 공감력은 소통과 배려, 존경, 이해 등을 포괄한다. 내 스토리가 아무리 아름답다고 하여도 다른 사람들이 함께 공감해 주지 않으면 어떻게 되겠는가? 내가 스토리를 담은 책을 쓰거나 영화를 제작하였는데 아무도 보지 않는다면 어떻게 되겠는가? 정말 생각만 해도 끔찍한 일이다.

세계적 명작들은 공통적으로 역사와 시대를 초월한 강력한 공감력을 갖고 있다. 나의 스토리가 세상을 바꾸는 강력한 변화의 메시지가 되기 위해선 뛰어난 공감력이 내재되어 있어야 한다. 수많은 사람들이 나의 스토리를 듣거나 보고 열광하고 기뻐할 때 비로소 새로운 시대가 열리는 것이다. 그러므로 힘 있는 스토리를 만들기 위해서는 반드시 특출한 공감력을 갖추어야 한다.

동물들 중 오직 인간만이 타인의 생각과 감정을 공감할 수 있는 능력을 가지고 있다. 한 사람의 뇌에서 만들어지는 다양한 생각이나 감정이 다른 사람의 뇌에 들어간다는 것은 인간의 신비로운 능력이다. 그래서 인간은 단순히 지적인 영역을 넘어 정신적, 영혼적 존재라고 할 수 있다. 아름다운 영혼의 소유자가 공감 스토리를 통해 더 나은 인류의 미래를 창조해 나가는 것이다.

역사 발전의 힘은 공감 스토리에서 나온다. 공감 스토리는 수많은 사람들의 에너지를 하나로 모으는 힘이 있다. 이 힘은 다시 역사의 물줄기를 바꿔 새로운 역사를 창조한다. 영국 혁명, 프랑스 혁명 등 모든 역사적 대사건의 이면에는 공감 스토리가 핵심적인 힘으로 작용했다. 그러므로 자기를 바꾸고 세상을 바꾸기 위해선 공감력 강한 스토리로 무장해야 한다.

◈ 공감 스토리의 성공 사례

스토리의 역할은 새로운 역사를 창조하는 것이다. 역사를 바꾼 스토리의 사례는 수없이 많다. 어떻게 보면 모든 역사적 사건들이 다 성공 스토리라고 할 수 있을 것이다. 역사적 대사건에는 핵심인물, 주인공이 있다. 그리고 이 주인공은 엄청난 공감 스토리로 세상 사람들을 행동하게 한다. 이 힘이 역사를 바꾸고 역사를 새로 쓰게 하는 것이다. 여기서는 우리가 실생활에 적용할 수 있는 소소한 성공 스토리 하나를 사례로 제시해 본다.

일본 계약직 공무원 출신 다카노 조센은 2018년 '슈퍼 공무원의 시골 마을 구하기 대작전'이라는 부제를 붙인 《교황에게 쌀을 먹인 남자》라는 한국판 책을 펴내 화제가 되었다.[6] 우리나라 공무원은 흔히들 '무사안일' '복지부동' '철밥통'이라는 오명에 시달리곤 한다. 일본과 미국 등도 예외는 아닐 것이다. 그런데 이 독특한 공무원 그것도 정규직이 아닌 계약직이 스토리의 힘으로 잔잔한 감동을 일으켰다.

다카노 조센은 지난 2005년 이시카와현 하쿠이시 계약직 공무원으로 채용되었다. 그는 시장으로부터 "고령화와 인구감소로 사라질 위기에 처한 시골 마을을 구하라!"는 특명을 받았다. 그가 맡은 하쿠이 미코하라 지구는 한계취락(인구의 반 이상이 65세 이상 노인으로 공동체로 존재하기 어려운 마을)이 된 곳이었다.

다카노는 기존 공무원들과 전혀 다른 공감 스토리를 썼다. 그가 이 마을을 되살리기 위해 쓴 스토리는 일반 공무원이 일하는 방식과는 정반대였다. 일례로 그는 내부 회의를 전혀 하지 않았다. 기안도 올리지 않았다. 더구나 예산도 크게 달라고 하지 않았다. 상사에게는 모두 사후 보고했다. 기존 결재 방식으로는 시간이 지체되고 예산도 지급되지 않을 게 뻔했기 때문이

6) 《매일경제》, 2018년 8월 18일.

었다. 다만 그는 최저비용인 60만엔(약 600만원)으로 프로젝트를 꾸려나갔다

다카노는 세상을 바꾸는 데 필요한 건 '공감 스토리'와 '행동하는 힘'이라고 믿었다. 그는 우선 자기가 일하는 마을 '미코하라'를 다층적으로 연구하고 조사하여 스토리를 만들었다. 그리고는 저예산으로 가능한 것부터 일단 해보자는 전략으로 접근했다. 그가 목표로 삼은 것이 이 마을 특산품인 '쌀의 브랜드화'였다. 그는 쌀의 브랜드화를 위해 자신이 먼저 쌀 50가마를 팔아 오겠다고 호기롭게 약속했다.

그는 쌀의 인지도를 높이기 위해 일왕부터 미국 대통령, 교황에게까지 연락하며 발로 뛰었다. 마을 이름 미코하라(神子)는 '하늘의 자식'이란 뜻을 가진 양질의 벼농사로 유명한 마을이다. 그래서 그는 먼저 '하늘'하면 일왕. 그러니 일왕은 "꼭 우리 쌀을 먹어야 한다"며 일왕의 업무를 보는 궁내청에 단도직입적으로 연락했다. 하지만 보기 좋게 거절당했다.

다카노는 포기하지 않았다. 미국을 일본어로 표기할 때 쌀 미(米) 자를 쓴다는 것을 연계하여 또다시 별난 스토리를 만들었다. 그는 당시 미국 대통령인 조시 W 부시에게 쌀을 보내기 위해 미 대사관과 협상을 시작했다. 이것마저도 뜻대로 되지 않았다. 그렇다고 여기에서 포기하면 만사가 물거품이 된다.

다카노는 마지막으로 마을이름 미코하라(神子)의 뜻이 '신의 아들'이라는 점에 착안하여 교황을 움직이기로 했다. 즉 마을 이름이 '신의 아들'이라면 '하느님의 아들'의 대행자 즉 교황을 떠올린 것이다. 그는 교황에게 곧바로 편지를 보냈다. "하느님의 아들인 지역에서 생산하는 쌀을 하느님의 아들을 위해 일하는 교황의 밥상에 올리고 싶다"는 터무니없는 내용의 편지였다. 실패하면 어쩌지란 생각은 전혀 하지 않았다. 그는 일이 성사되기도 전에 포스터와 상표 그리고 도안부터 생각하고 있었다.

결과는 대성공이었다. 바티칸으로부터 "이토록 신성한 이름을 가진 쌀은 들어본 적이 없다"는 답변이 왔다. '교황이 먹는 쌀'은 일본 현지 언론에 대서특필됐고, 불티나게 팔려나갔다. 현재 이 미코하라 쌀은 전 일본 항공 국제선 퍼스트 클래스에서 제공하는 식사에 사용되는 최고급 쌀의 대명사가 됐다.

다카노의 성공 분투기의 핵심은 무엇인가? 바로 스토리의 힘에 있었다. 그는 스토리를 만들고 공감력을 강화하여 쌀을 교황에게 판매한 것이다. 이의 성공을 통해 '교황이 먹는 쌀'로 브랜드화하여 성공신화를 만들었다. 포기할 줄 모르는 창의적 스토리의 힘으로 일본 전역에 감동을 일으켰다. 그리고 일본을 넘어 일본의 세계적 상품으로 선보여 잇달아 성공하였다. 이것이 공감 스토리의 힘이다.

보통 공직사회나 기업에서 어떤 일을 하려면 그럴듯한 기획서를 두껍게 만들어야 한다. 기획서가 없으면 사업추진은 사실상 불가능하다. 그러나 수백 쪽에 달하는 멋진 기획서를 만들었다고 하여 세상이 달라지는 것은 없다. 삶의 현장을 바꾸는 것은 기획서가 아니라 상상력과 창의력이 뛰어난 공감 스토리다. 공무원답지 않은 무모함과 엉뚱함이《교황에게 쌀을 먹인 남자》라는 공감 스토리를 만들어낸 것이다.

그는 쌀을 브랜드화여 마을을 알린 뒤 농산물 직판장을 세우고 무농약·무비료 재배를 확산시켜 농가 소득을 올리고 젊은이들을 모이게 했다. 회의하고 보고서를 쓸 뿐 '아무것도 하지 않던' 기존 공무원과 달리 시련과 좌절, 역경을 극복하고 마침내 교황을 설득하여 성공하는 만화 같은 스토리를 완성했다.

다카노의 성공패턴을 다시 한번 살펴보자. 그는 일을 시작하기 전에 변화한 마을의 모습을 상상력을 발휘하여 비전과 목표를 세웠다. 그리고 주변 상황을 조사 연구하여 자원화하고 이를 통해 창조적으로 공감 스토리를 작성했다. 특히 이 스토리로 지역 특성에 맞는 추진 전략을 세웠고, 공감을 통해 주민들의 자발적인 참여를 이끌어냈다. 일의 성공을 통해 브랜드를 만들고 이 브랜드를 통해 세상을 바꾸어 나갔다. 따라서 세상을 바꾸려면 세상을 바꿀 공감 스토리를 먼저 만들어야 한다.

슈퍼맨 버금가는 '슈퍼 공무원'의 활약상은 2015년 일본에서 '나폴레옹의 마을'이라는 드라마로도 제작되었다. 슈퍼 공무원 스토리는 잘 작성된 성공 스토리다. 시트콤을 보는 듯 흥미진진한 스토리 곳곳에서 삶의 지혜가 반짝거린다. 다카노는 이렇게 말했다. "성공과 실패는 종이 한 장 차이일지 몰라도, 시도하는 것과 시도하지 않는 것은 천양지차다." 모든 스토리는 목표와 전략 수립, 행동을 통해 완성된다.

chapter 4

비전을 제시하고
주도권을 확보하라

창조적 리더의 조건과 리더십

◈ 성공하는 리더의 조건

사람들은 꿈과 비전에 목말라 있다. 누군가가 나타나 새로운 희망을 주기를 기대한다. 기업이나 국가를 이끄는 지도자들은 반드시 비전을 제시하고 사람들의 가슴에 열정의 불을 붙여야 한다. 성공하는 리더는 자기혁명을 통해 조직을 변화, 혁신하여 창조적 발전을 이끌어야 한다. 이러한 사람을 '창조적 리더'라고 한다.

창조적 리더에게 필요한 자질은 무엇일까? 가장 중요한 자질은 먼저 철저한 자기혁명을 해야 한다. 다시 말하면 낡은 것을 모두 털어내고 자기 자신을 완전히 새롭게 재탄생시켜 역량을 극대화해야 한다. 이를 토대로 목표력, 전략력, 공감력, 추진력 등을 갖추어야 한다.

창조적 리더는 첫째, 조직의 비전과 목표를 명확하게 제시하는 목표력을 갖춰야 한다. 조직의 비전은 구성원들을 하나로 묶어 통합해 내는 힘이 있다. 명쾌하고 의욕 넘치는 목표를 설정하여 함께 강력하게 실행해 나가야 한다. 기업과 국가는 목표 달성을 위해서 존재한다. 구성원간의 충분한 소통으로 비전과 목표를 공유하고 이를 역할분담을 통해 효율적으로 추진해 나가야 한다.

둘째, 비전과 목표를 효율적으로 달성하기 위한 전략력을 갖춰야 한다. 리더는 목표를 달성하기 위해서 최적화된 전략을 수립하고 이를 실행해 나가야 한다. 목표 달성은 전적으로 전략에 달려 있다. 창조적 리더는 전략가가 되어 목표를 반드시 달성해야 한다. 이를 위해서는 목표를 재구성하고 자원을 최대한 동원하여 주어진 시간 안에 실현해야 한다.

셋째, 목표 달성과 전략 추진에 대한 구성원들의 참여와 협력을 이끌어 낼 공감력을 갖춰야 한다. 공감력은 구성원들을 이해하고 공감하며 비전을 함께 실현해 내는 힘이다. 조직의 목표 달성은 전적으로 구성원들의 참여와 행동에 달려 있다. 그러므로 목표 달성을 위해서는 구성원들과의 공감을 갖춰 조직 역량을 극대화해야 한다.

넷째, 어떤 상황에서도 목표를 강력하게 추진하여 달성하는 추진력을 갖춰야 한다. 추진력은 목표 달성을 위하여 밀고 나가는 힘을 말한다. 추진력이 없으면 결코 목표를 달성하지 못한다. 목표 달성에 실패하는 조직은 미래가 없다. 그러므로 리더는 반드시 강력한 추진력으로 목표를 달성해야 한다. 이를 위해서는 조직 구성원을 잘 활용하고, 자원을 최대한 확보해야 한다.

창조적 리더는 이밖에도 결단력, 설득력, 정보력, 해결력, 도덕력, 협상력 등 다양한 자질을 갖춰야 한다. 미래사회는 불확실, 불투명, 불예측하다. 치밀한 중장기 목표를 세우고 정교한 전략을 수립하여 개인과 조직의 역량을 극대화하여 지속 가능한 발전을 성취해 나가야 한다. 리더의 생각과 행동이 미래의 운명을 결정한다는 것을 명심해야 할 것이다.

◈ 창조적 리더의 자질

자기혁명은 사실상 창조적 리더가 되기 위한 스스로의 의식개혁이라고 할 수 있다. 내 자신이 먼저 변해야 기업과 국가의 미래를 바꿀 수 있다. 나를 바꾸지 않으면 그 무엇도 바꾸기 힘들다. 창조적 리더는 먼저 자기혁명가가 되어 매력이 넘치는 인간이 되어야 한다. 인간적으로 매력이 없으면 절대 리더가 될 수 없다.

그렇다면 인간적인 매력을 갖게 하는 요소는 무엇일까? 여러 가지가 있다. 많은 사람들이 거론하는 것들을 몇 가지 열거해본다. 첫째, 다른 사람에게 친절하고 자신에게는 엄격하다. 둘째, 유머가 있고 밝은 성격으로 인생을 즐길 줄 안다. 셋째, 직감·통찰력이 뛰어나며 열정적이고 희생적이다. 그리고 누구에게나 공평하며 공과 사를 분명히 하고 감정적으로 대하지 않는다.

그러나 창조적 리더에게 무엇보다 중요한 것은 조직의 생존과 번영을 창출해야 한다는 점이다. 기업이나 국가가 쇠퇴하거나 망한다면 어떻게 되겠는가? 어떤 경우든 지속 가능한 생존이 필요하고, 이를 토대로 더 나은 미래 공영을 이끌어내야 한다. 기업이나 국가의 지속 가능한 생존 조건은 시간과 환경에 따라 수시로 변한다. 하늘과 땅도 바뀌고 사람들도 변한다.

창조적 리더는 미래 변화의 흐름을 통찰해 내는 능력이 필요하다. 내일 비가 올지 눈이 올지 정확히 알아야 대비할 수 있다. 조직의 외부 및 내부가 어떤 상황인지 주기적으로 점검하고 대책을 강구해 나가야 한다. 고정관념이나 틀에 박힌 생각으로는 상황변화에 능동적으로 대처하기 힘들다. 유연하고 열린 사고와 창의적 해법으로 문제를 극복해 나가야 한다.

창조적 리더는 나아가 목표를 달성하기 위해 사람들의 의지나 능력, 정보, 예산, 자재 등 필요한 요소를 결합시켜 유효하게 활용할 수 있어야 한다. 이를 위해서는 리더 스스로가 그 목표를 달성하고자 하는 강한 의지를 확고히 가져야 한다. 그리고 구성원들에게 공감과 설득으로 열정을 갖게 하고, 이를 강력히 추진해 나가는 힘이 있어야 한다.

조직의 성패를 좌우하는 역량 극대화

◈ 천하 인재의 채용과 양성

사람들은 누구나 자신이 원하는 것을 어떻게든 하려고 행동한다. 반대로 원하지 않는 것은 절대 하지 않으려고 행동한다. 이것은 금방 태어난 아기든, 이미 다 큰 어른이든 마찬가지다. 정도나 표현의 차이가 있을지언정 사람은 자신이 원하는 것을 얻고, 원하지 않는 것을 피하기 위해 행동하려는 속성이 있다. 이것은 변하지 않는 인간행동의 기본원칙이다.

조직의 목표를 효율적으로 달성하기 위해서는 어떻게 해야 할까? 핵심적인 대답은 리더가 조직을 혁신하여 효율적으로 관리하고 역량을 극대화해야 하다. 이를 위해서는 리더가 조직 구성원 개개인의 능력을 최고화해야 한다. 개개인의 능력이 강화되어야 조직 전체의 역량이 최대화되는 것이다. 결국 조직의 역량은 구성원 개개인 능력의 총합인 것이다.

그러므로 조직의 리더는 개별 구성원들이 스스로가 원해서 자발적으로 행동하게 하는 일이 가장 중요하다.[1] 즉 자발적으로 서로 협력하여 일의 성과를 내게 해야 한다. 이를 위해서는 인간의 행동을 과학적으로 분석하여

---

1) 이시다 준 지음, 윤성규 옮김, 《행동과학 매니지먼트-조직 혁신 전략》, (서울: 지식여행, 2009) 등 참고 및 인용하여 재구성하였다. 특히 이 책은 사람의 행동분석을 통한 강화를 통한 조직혁신 전략을 구체적으로 제시했다. 작심삼일이 왜 실패하는 지 성공하기 위해서는 어떻게 해야 하는지 등에 관한 구체적인 노하우를 제시했다. 필독할 만한 책으로 추천한다.

능력 있는 인재로 육성해야 한다. 좋은 조직이나 기업은 예외 없이 좋은 인간관계가 형성되어 있다. 이것이 최고의 팀워크를 만들어내어 일의 생산성을 극대화한다.

결국 조직은 지속 가능한 발전을 위해서는 천하 인재의 채용 및 양성 시스템을 구축해야 한다. 좋은 결과를 원한다면 좋은 행동을 해야 한다. 결과를 바꾸려면 거기에 따르는 행동을 먼저 바꿔야 한다. 행동이 결과를 결정한다. 실패했다면 그 원인이 무엇인지 정확히 분석하여 되풀이 하지 말아야 한다. 그러나 실패하는 사람은 그 행동을 되풀이 하여 반복적으로 실패한다.

성공한 사람은 성공의 패턴을 알고 있기 때문에 승승장구하는 경향이 있다. 인간은 행동을 강화하게 되면 그 행동을 반복하는 특성이 있다. 좋은 행동을 지속적으로 강화시키려면 칭찬이나 보상을 하면 된다. 사람은 칭찬이나 보상을 받으면 더욱 열심히 한다. 공부, 일, 금연, 다이어트 등 모든 행동변화의 핵심은 지속적인 행동 강화에 있다.

금연이나 다이어트가 작심삼일로 끝나는 이유가 무엇인가? 의지가 약하기 때문이 아니다. 행동을 지속적으로 강화를 하느냐 아니냐가 성패를 좌우한다. 모든 것은 사람이 한다. 보다 정확히 말한다면 사람의 심리, 마음이 행동을 결정한다. 개인역량이나 조직역량은 모두 심리적 강화에 달려 있다. 그러므로 개인관리나 조직관리는 행동강화 시스템을 제도화하여 지속적으로 강화시켜 나가야 한다.

자기혁명의 요체는 자기분석에서 출발한다. 내가 이렇게 행동하는 이유가 무엇일까? 동일한 행동을 반복하면 습관이 된다. 습관이 반복되면 운명이 된다. 그러므로 지금의 행동을 잘 분석해야 한다. 더 나은 미래를 원한다면 좋은 행동이 반복되어야 한다. 잘못된 행동이라면 즉시 바꿔야 한다.

이것이 자기혁명의 시작이다.

자기혁명의 목표는 모두가 최대의 능력을 발휘하여 함께 더 나은 미래를 만드는 것이다. 그러므로 소외되는 사람이 한 사람도 없어야 한다. 모두가 다 함께 잘 사는 행복한 공동체를 창조해 나가야 한다. 실적이 낮은 사람을 무능한 사람으로 낙인찍어 배척하면 그 조직은 건강하지 못하다. 서로 배려하고 존중하여 모두가 조직 발전에 기여, 공헌할 수 있어야 한다. 모든 사람을 적재적소에 배치하여 능력을 극대화할 수 있도록 해야 한다.

◈ 최고 인재로 만드는 칭찬과 격려

사람의 행동 강화를 위해서는 반드시 적절한 '보상'이 있어야 한다. 최고의 보상은 칭찬과 격려다. 칭찬은 고래도 춤추게 한다. 칭찬의 방식은 매우 다양하다. 여러 사람 앞에서 상을 포상할 수도 있다. 승진이나 포상금을 주는 것도 좋다. 아니면 편지를 쓰거나 문자를 해도 좋은 것이다. 어떤 형식이든지 칭찬은 분명히 사람을 움직이게 한다. 사람을 억지로 행동하게 하면 문제만 생긴다. 칭찬을 통해 자발적, 반복적 행동을 하게 해야 한다.[2]

칭찬은 타이밍, 방법, 빈도가 중요하다. 성과가 나타났을 때 즉시 하는 것이 최상이다. 여기서 놓치지 말아야 할 것은 비록 칭찬을 받지 못해도 일의 흥미를 잃지 않도록 해야 한다. 구성원 중 누군가 불평불만을 늘어놓으며 재미없다고 말하면 그 조직은 생산성이 크게 떨어진다. 개인은 물론 기업이나 조직도 큰 손실이다. 리더는 그런 사람을 찾아내어 성취동기를 고취시켜야 한다. 그리하여 모든 구성원들이 즐겁게 일할 수 있도록 해야 한다.

돈이나 물질은 사람의 행동을 그르칠 수 있다. 금전을 통한 보상이나

---

2) 이시다 준 지음, 윤성규 옮김, 《행동과학 매니지먼트-조직 혁신 전략》, (서울: 지식여행, 2009) 등 참고 및 인용하여 재구성하였다.

칭찬은 신중해야 한다. 오히려 트로피, 표창, 휘장 등이 더 효과적일 수 있다. 그리고 칭찬의 효과가 팀 전체에 파급될 수 있도록 팀제로 운영하는 것이 좋다. 조직이 큰 경우는 12명 내외를 기준으로 하여 적절한 팀 운영을 통해 성과를 올려야 한다.

좋은 행동을 반복하는 것은 성공에 이르는 길이다. 개인적으로 성공하려면 좋은 행동을 지속적, 반복적으로 해야 한다. 조직의 경우도 이러한 사람들이 많아져야 한다. 좋은 행동을 중단하지 않고 반복하게 하는 '행동강화'는 사람의 마음에 달려 있다. 그러므로 리더는 반드시 구성원을 탓해서는 안 된다. 모든 것은 리더의 태도에 달려 있다.

우리는 흔히 누군가에 대해 "왜, 그는 내가 바라는 행동을 하지 않을까?"하고 고민한다. 그 이유는 대개 두 가지가 있다. 하나는 바람직한 행동방법을 잘 모르는 경우이다. 다른 하나는 행동방법을 알지만 꾸준히 하지 못하는 경우다. 상대방이 원하는 행동을 하지 않는 경우는 대체로 이 둘 중의 하나다. 해결책은 무엇일까? 의외로 간단하다. 즉 행동을 바꾸면 된다.

인간의 능력은 개인별로 큰 차이가 없다. 사람이 일을 잘 하지 못하는 것은 능력의 문제도 아니고 의욕의 문제도 아니다. 하물며 인격의 문제도 아니다. 일하는 방법을 모르거나, 아니면 꾸준히 하는 방법을 모르기 때문이다. 일을 잘하는 방법을 터득하기 위해서는 일을 잘 하는 사람을 모방하고 더 좋은 방법을 찾아내면 된다.

즉 성공한 사람을 찾아서 따라 하면 된다. 이를 위해서는 먼저 적극적인 '관심'을 갖고 '관찰'하고 분석해야 한다. 그리고 '방법'을 습득하고 체계적으로 공부하여 스스로 '전문성'을 확보해야 한다. 이를 바탕으로 '행동'을 통해 성공하는 습관을 키워야 한다. 중간에 실패하면 그 원인을 분석하여 자기만의 독창적인 비법을 만들어내야 한다. 남의 옷이 자기에게 잘 안 맞을 수도 있기 때문이다.

생각이나 행동은 오랜 습관처럼 잘 바뀌지 않는다. 오직 반복, 반복 그리고 연습, 연습밖에 없다. 성공한 사람도 이미 오래전에 수많은 시행착오를 거치며 자연스럽게 성공하는 행동 요령을 터득했을 것이다. 뒤늦게 이를 배우려 한다면 당연히 더 많은 땀과 눈물이 동원되어야 한다.

모든 일의 성패는 올바른 방법을 찾고 이를 지속화하는 데 있다. 이 두 가지는 매우 중요한 포인트다. 올바른 일의 방법을 알기 위해서는 성공한 사람을 따라 하는 것이 최고의 방법이다. 위인전을 읽거나 성공한 사람들의 책을 읽고 노하우를 터득해야 한다. 책은 길이요 방법이다. 책을 읽지 않고는 성공할 수 없다. 쉽게 성공 노하우를 터득할 수 있기 때문이다.

행동의 지속성을 강화하기 위해서는 자기칭찬, 자기암시, 기도, 꿈의 선언 등이 모두 동원되어야 한다. 조직의 리더는 끊임없이 칭찬과 격려로 강한 동력을 갖도록 해야 한다. 결국은 모든 행동변화를 통한 기적의 창출은 칭찬에 있다. 이의 사례는 무수히 많다. 어머니가 아이를 위인으로 키우려면 절대 긍정과 칭찬·격려로 키워야 한다.

기업의 사장이 최고의 회사로 키우려면 직원들을 칭찬으로 대해야 한다. 행동변화를 촉발시키기 위해선 돈을 들일 필요는 없다. 영화티켓 한 장, 커피 시음권 한 장이면 충분하다. 단 그 자리에서 바로 주는 것이 효과적이다. 이처럼 자기혁명가는 모두에게 즐겁게 일할 수 있도록 환경을 만들어 주어야 한다. 결국 칭찬이 세상을 바꾸는 힘이 된다.

◆ 최고의 업무 성과 올리기

일을 하면 반드시 성과가 나타나야 한다. 투입 대비 산출이 더 높아야 효율적으로 일을 한 것이다. 그래야 개인은 물론 기업과 국가가 더 발전하게 된다. 그렇다면 효율적으로 일을 하려면 어떻게 해야 할까? 가장 중요한 것은 일의 목적을 분명히 하고 이를 전략적으로 추진하여 최고의 성과를 올리는 것이다.

보다 강한 추진력을 갖고 일을 똑 소리 나게 처리하는 방법을 알아본다. 첫째는 일의 목적을 분명히 해야 한다. 많은 사람들의 경우 일의 분명한 목적으로 모르고 진행하는 경우가 많다. 대충 시간을 때우거나 요령을 부려 적당히 일을 하는 것이다. 이렇게 되면 발전이 없다. 먼저 작은 일이든 큰 일이든 목표를 분명히 해야 한다.

둘째는 총체적인 준비를 철저히 해야 한다. 준비가 일의 절반이라 해도 과언이 아니다. 사전에 충분히 준비해 놓는 것이 문제를 예방하고 목표를 달성하는 가장 좋은 방법이다. 또한 일의 계획표를 작성하고 이에 따라 꼼꼼히 추진해 나가야 한다. 책상 위에나 가방 속에는 언제나 유사시에 활용할 수 있는 기본적인 자료들을 빈틈없이 챙겨두어야 한다.

셋째는 전략을 세우고 일의 '우선순위'를 정해야 한다. 전략이란 목표를 가장 효율적으로 성공하는 방법을 말한다. 목표를 달성하기 위해서는 꼭 챙겨야할 것들이 많다. 시간적, 공간적, 환경적 상황에 따른 우선순위를 정하고 역할 분담 등을 통해 체계적으로 추진해야 한다. 특히 시간 일정이 중요하다. 매일, 매달, 매년 달성 목표를 점검, 평가하고 보완해야 한다. 머릿속에 일에 대한 전체적인 구성을 일목요연하게 정리하여 늘 상황파악을 하고 있어야 한다.

넷째는 충분한 정보력으로 문제가 발생하지 않도록 해야 한다. 일이나 사업에서 최대의 실패는 '이익이 없는 것', 즉 손실이 발생하는 것이다. 손실의 발생은 대체로 정보력의 부재에서 온다. 정보는 정부정책의 변경, 국제정치의 변동, 시장의 상황변화, 거래기업의 경영상태 등 모든 것을 망라한다.

이를 효율적으로 대응하기 위해서는 관련 부서를 설치하거나 전담자를 두어 체계적으로 대응해야 한다.

다섯째는 협상력을 강화해야 한다. 모든 일은 절대 혼자 할 수 없다. 상대가 있기 마련이고 그와 조율해야 한다. 이를 위해서는 협상력이 중요하다. 리더십을 키우고 소통능력을 강화해야 한다. 상사나 동료, 거래처 등 일과 관련이 있는 사람과 긴밀한 소통으로 협상력을 유지해야 한다. 최고 좋은 협상은 서로 상생과 공영하는 것이다. 최악의 협상은 나만 이득을 보거나 상대방만 이익을 보는 것이다. 이것은 단절을 의미한다.

◆ 위기관리체계의 상시적 가동

살다보면 개인은 물론 기업이나 국가도 긴급사태 등 위기가 발생한다. 위기가 발생했을 때는 어떻게 해야 하는가? 먼저 신속하고 정확하게 판단을 내리는 일이다. 특히 지도자의 위치에 있는 사람이 먼저 상황을 파악하고 사태를 장악해야 한다. 구성원 개개인을 생각하고 행동을 하면 전체가 공황 상태에 빠져 문제를 더욱 악화시킬 수 있다. 일단 지도자가 방침을 정했다면 구성원들은 냉정하게 역할을 분담하여 각자의 과제를 처리해 나가야 한다.

긴급한 사태의 발생, 위기의 상황은 어떤 경우인가? 여러 가지를 생각해 볼 수 있다. 가령 화재, 조난, 강도, 지진, 교통사고, 습격, 발병, 전쟁, 테러, 재해 등 다양하다. 이 경우에 사고를 당하게 되면 사람에 따라서는 행동불능 사태에 빠지거나 기절하기도 한다. 우왕좌왕하거나 다양한 행동반응이 나타나 사태를 더욱 키우기도 한다. 이를 최대한 빨리 수습하기 위해서는 즉시 '위기대응기구'를 가동시켜야 한다.[3]

긴급사태가 발생하면 우선 위기관리 책임 지도자를 선정해야 한다. 지

---

3) 코우조우 후다츠기, 《업무테크닉》, (서울: 더난출판사, 1997), 56–61쪽 등 참고 및 인용하여 재구성하였다.

도자가 사전에 편성된 경우는 지도자는 전체의 상황을 파악하여 해결전략을 결정해야 한다. 그리고 구성원들 각자에게 역할을 분담하여 누가 무엇을 할 것인지 구체적으로 지시한다. 구성원은 이의를 제기하지 말고 지도자의 지시에 따라야 한다. 지도자는 구체적인 작업을 하지 말고 항시 전체 상황을 살피고 조기에 수습해 나가야 한다.

지도자가 없는 경우는 연장자나 경험자 중에서 임시 지도자로 선택해야 한다. 지도자는 냉정하고 침착하게 판단하고 흥분하지 않도록 해야 한다. 다른 구성원들에게 제멋대로 행동하지 않도록 협력을 요구한다. 그리고 현재의 사태뿐만 아니라 다른 사태를 예상하고 방어적으로 행동해야 한다.

긴급한 사태가 발생했을 때 모두가 침착하고 냉정해야 한다. 구성원들이 침착하게 대응하게 하려면 각자의 역할을 부여하여 구체적인 작업을 하도록 하는 것이 효과적이다. 이를테면 어딘가에 연락을 하게 하든지 비상구를 확인한다든지 하게 하여 안정을 찾게 한다.

또한 긴급사태 때는 민주주의 방식이 효과적이지 못하다. 지도자는 강한 통제력을 갖고 일사불란하게 사태를 수습, 해결해 나가야 한다. 구성원들도 지도자의 지시에 불만이 있다거나 보다 더 좋은 방법이 있다는 생각이 들더라도 이의를 제기하지 말고 따르는 것이 좋다. 그래야만 질서 있게 문제에 대응하여 사태를 조기에 벗어날 수 있다.

가장 좋은 위기대응 해법은 위기대응기구를 구성하여 체계적으로 대응하는 일이다. 위기대응기구가 제대로 작동하기 위해서는 평소에 위기사태 발생을 상정하여 꾸준히 연습, 연습하여 숙련화하는 일이다. 모든 조직은 사전에 위기대응기구를 구성하여 현황 분석→환경의 변화 예측→위기발생 시뮬레이션→위기지수 평가 및 대응전략 수립→실행 및 평가→위기대응기구 수정 보완 등의 순으로 매뉴얼을 만들어 상시적인 가동체계를 구축해야 하다.

여기서 꼭 명심해야 할 것은 긴급사태로 인한 크고 작은 손실의 발생이다. 작은 손실이면 큰 걱정이 되지 않을 것이다. 그러나 막대한 손실이 나타나면 존망까지 고민해야 한다. 이런 최악의 사태를 막고 지속 가능한 미래를 위해서는 반드시 안전장치를 확보해 놓아야 한다. 가령 보험에 가입해 놓거나 예비수단을 여러 개 확보해 놓아야 한다.

◈ 조직내 갈등 조정 및 해소

생활을 하거나 일을 하는 도중에 동료나 다른 부서, 회사, 단체 등과의 피할 수 없는 갈등이나 대립이 발생하기도 한다. 이를 해결하기 위해서는 갈등 조정 및 해소 공식을 알고 있으면 정확하게 대응하여 손실을 최소화할 수 있다. 과연 어떤 방법으로 갈등을 조정하고 해소해야 할까?

갈등이나 대립 등 충돌이 생겼다면 우선 그에 관계되는 사람들의 입장을 살펴보아야 한다. 다음으로는 관계자들의 주장이나 요구사항을 확인하여 어느 부분과 어느 부분이 충돌하고 있는지 찾아낸다. 그리고 충돌의 성질이나 특징을 분석하여 그것이 쌍방의 양보가 없는 근본적인 대립인가, 아니면 전술상 또는 수단상의 대립에 지나지 않는 것인가를 확인한다.

쌍방의 양보가 없어 어느 쪽에도 파고들 여지가 없는 경우는 싸울 수밖에 없다. 싸움을 피할 수 없다는 것을 알았다면 시기를 놓치지 말고 투쟁을 개시하는 것이 현명하다. 그러나 가능하다면 타협점을 찾아야 한다. 싸울 경우와 타협할 경우에 어느 쪽이 손실이 큰가를 검토해서 이익이 나는 쪽을 선택해야 한다.

갈등 조정 및 해소를 위한 매뉴얼을 정리하면 다음과 같다. 즉 제1단계: 정보수집→갈등과 관련이 있는 사람들의 입장을 수집하여 열거한다. 제2

단계: 분석과 파악→관계자 각자의 주장과 요구사항 등을 파악한다. 제3단계: 전략의 수립→갈등의 핵심 원인이 무엇인지 찾아낸다. 제4단계: 전술의 책정→전략적(원칙적) 충돌인가, 전술적(비원칙적) 충돌인가를 확인한다. 제5단계: 실행 및 실천→책정된 전술을 선택하여 실행한다.[4]

이와 같은 갈등관리 매뉴얼을 알고도 충돌이 일어난 후에야 그에 따른 행동을 취한다면 현명한 대응방법이라고 보기 어렵다. 일이 발생하기 이전에 여러 가지 갈등이나 충돌이 발생할 수 있다는 가능성을 상정해서 각각의 경우에 맞게 전략을 수립하여 대응해 나가야 한다.

예를 들어 기업이라면 지진이나 풍수해 등 천재지변을 당했을 경우, 거래처가 도산을 한 경우, 상품에 결함이 생겨서 여론의 지탄을 받는 경우 등을 비롯하여 발생 가능한 모든 경우를 상정해 보고, 이러한 문제가 발생했을 경우 어느 상황에서 어떤 행동을 취할 것인가를 결정해 두어야 한다. 그리고 이 순서를 문서로 작성해 두면 문제가 발생했을 때 금방 찾아보고 이 매뉴얼대로 대응하면 된다. 이것을 위기관리 경영이라고 한다.

낡은 틀을 깨고 새로운 판짜기

◈ 세상을 바꾸는 생각의 틀

세상은 틀, 프레임에 의해 움직인다. 이를 '프레임 법칙(Frame law)'이라고 한다. 프레임 법칙이란 똑같은 상황이라도 어떠한 틀을 가지고 상황을 해석하느냐에 따라 사람들의 행동이 달라진다는 법칙을 말한다. 사람들은 자기가 만든 프레임에 따라 생각하고 보고, 믿는 경향이 있다. 이로 인해 의심과 오해 등이 생겨 인간관계나 일처리를 그르치는 경우가 있다.

---

4) 코우조우 후다츠기, 《업무테크닉》, (서울: 더난출판사, 1997), 56~61쪽 등 참고 및 인용하여 재구성하였다.

프레임은 기본 틀·뼈대라는 뜻이다. 사람이 생각을 하면서 프레임을 사용하는 것은 생각의 효율을 높이기 위해서다. 우리가 어떤 대상 또는 개념을 처음 접했을 때 그것을 인식하는 데 오랜 시간이 걸린다. 그러나 한 번 파악하고 나면 다시 인식하는 데는 더 짧은 시간이 걸린다. 더구나 그 대상 또는 개념을 좋아한다면 더욱 더 빠른 시간에 처리한다.

일단 프레임이 형성되면 쉽게 바뀌지 않는 속성이 있다. 예를 들어 '나이가 많은 사람은 현명하다'는 명제에 대해서 대부분 긍정적으로 인식한다. 이는 지금까지 일반적으로 통용되는 명제였기 때문이다. 하지만 이 명제는 늘 옳은 명제라고 볼 수 없다. 오늘날에는 나이가 많다고 더 많은 것을 안다고 볼 수 없게 되었기 때문이다. 하지만 프레임의 속성으로 위의 명제는 여전히 통용된다.

사회 전반적인 프레임은 대략 한 세대인 30년 안팎의 시간 동안에는 쉽게 바뀌지 않는다. 프레임은 사람의 성장기에 그 사회에 가장 적합한 형태로 형성되는 경향이 강하다. 그렇기 때문에 어떠한 사회적 특성기에 태어났느냐에 따라 그에 적합한 프레임을 갖게 된다. 이렇게 각 세대마다 나타나는 프레임의 차이를 간단하게 '세대 차이'라고 한다.

프레임은 세상을 보는 눈(시각)이 되기도 하고, 사물을 바라보는 관점이 되기도 한다. 이 때문에 어떠한 프레임을 갖고 세상을 바라보느냐 하는 것은 매우 중요하다. 예를 들어 어떤 컵에 물이 절반 들어 있다고 하자. 이때 보는 관점에 따라서 다르게 표현할 수 있을 것이다.

즉 A라는 사람은 "물이 반밖에 안 남았네"라고 하였고, B라는 사람는 "물이 아직도 반이나 남았네" 라고 할 수 이다. 이 경우 B는 A에 비해서 긍정적이고 낙관적인 사람이라고 할 수 있다. 두 사람의 동일한 현상에 대한 상반된 해석은 두 사람의 많은 것을 바꾸어 놓을 수 있다. 이는 두 사람이 갖는 프레임이 다르기 때문이다.

세계적 물리학자 아인슈타인은 '낡은 프레임'을 경계했다. 그는 "과거와 똑같은 행동을 반복하면서 미래에 다른 결과를 얻기를 바라는 행위"를 "미친 짓(Insanity)"이라고 표현했다. 그리고 "미친 짓을 그만두라"고 강하게 말했다. 과거와 똑 같이 행동하면 똑 같은 결과에 이른다. 그러므로 더 나은 새로운 미래를 원한다면 낡은 프레임을 깨야 한다. 프레임 법칙에 대해 몇 가지 구체적 사례를 들어본다.[5]

◈ 공자의 "눈과 귀를 믿지 말라"는 가르침

공자(孔子:B.C. 551년 9월 28일~B.C. 479년 3월 9일)는 세계 4대 성인 중 한 사람이다. 우리는 공자에 대해서 얼마나 잘 알고 있을까? 아마도 좀 안다는 사람은 공자가 고대 중국의 노나라 사람으로 사상가이자 교육자로 유교의 시조가 되었다는 정도일 것이다. 그러나 공자는 태어나서 죽을 때까지 매우 어렵고 불우한 한평생을 보냈다. 공자의 삶을 간략히 살펴본다.

공자의 아버지 공흘(孔紇)은 첫째 부인과의 사이에서 딸만 아홉을 두었고, 둘째 부인과의 사이에는 아들이 하나 있었지만 다리 장애인이었다. 하급 귀족 무사인 공흘은 키가 열척이나 되고 힘이 장사였다. 나이 66세에 건장한 아들을 갖고자 16세의 안징재(顏徵在)와 혼인하기를 청했다. 그러자 공자의 외할아버지 안씨도 그의 늠름한 대장부의 기상이 보기 좋다며 딸에게 결혼하기를 명하여 정식결혼은 하지 않고 '야합(野合)'하여 공자를 낳았다고 한다. 공자는 사실상 '사생아'로 태어난 것이다.

무녀였던 어머니는 공자를 가졌을 때 니구산(尼丘山)에서 백일 동안 기도

---

5) 여기에서 인용되는 사례는 널리 회자되는 것이다. 사람들은 이 프레임 법칙을 매우 강하게 인식하고 있다. 그러나 이 것을 자기발전의 계기로 삼는 데는 소홀하다.

를 드렸다. 공자의 이름이 '구(丘)'이고 자인 중니(仲尼)에 '니'자가 들어간 것은 기도를 드렸던 니구산에서 유래됐다고 한다. 그런데 공자는 3세 때 아버지를 여의었고, 이 때문에 홀어머니 밑에서 어렵게 성장하게 되었다.

공자의 어머니 안씨는 남편을 공자의 할아버지가 살던 곳에서 장사를 지냈고, 계절에 따라 집에서 정성껏 제사를 지냈다. 이것은 공자가 어려서부터 어머니로부터 자연스럽게 인(仁)과 예(禮)를 배우는 계기가 됐다. 공자는 항상 어머니를 관심 있게 지켜보며 제기(祭器)를 늘어놓고 제사 지내는 흉내를 내곤 했다. 공자는 어렸음에도 불구하고 늘 예절을 갖췄다.

공자는 아버지를 닮아 키가 9척6촌이나 되어 사람들이 모두 '키다리(長人)'라고 불렀다. 공자는 19세 때 송나라 출신 여인과 혼인했다. 20세 때부터 계(季)씨 가문 창고지기로 일했고, 가축 사육일도 맡았다. 그렇지만 공자는 생계를 위한 일을 하면서도 '뜻'을 세우고 관제와 예법을 꾸준히 공부하였다. 그 결과 30세가 되면서 '예(禮)의 최고 전문가'로 유명해지기 시작했다.

공자는 35세 때 정치에도 참여하여 노나라에서 내란이 일어나 소공이 제나라로 망명하자 공자도 제나라로 떠났다가 2년 뒤 귀국했다. 48세 때 계손씨의 가신 양호가 정권을 잡자 정치에서 물러나 제자를 가르치기 시작했다. 3년 뒤 양호가 망명하면서 공자는 중도를 다스리는 책임을 맡았고 다시 '사공(司空)'과 '대사구(大司寇)'를 지냈다. 그러나 공자는 계씨를 비롯한 삼환씨 세력을 타도하려다가 실패했다.

공자는 55세 때부터 14년간 인(仁)과 예(禮)에 기초한 정치를 펼치기 위해 제자들과 함께 중국의 여러 나라를 돌아다녔다. 그러나 공자는 다시 '정치적 꿈'을 이루는 데 실패하고 노나라로 돌아왔다. 이 때 공자의 나이 68세였다. 공자는 이후 《춘추(春秋)》 등 유가 경전의 편찬과 제자 양성에 전념했다. 공자는 특히 출신 성분, 사회적 지위를 상관하지 않고 제자들을 받아들였다. 그 결과 3,000여명의 제자들을 길러냈다.

공자는 '가르침에는 차별이 없다' '배우고자 하는 이에게는 누구에게나 배움의 문을 열어주어야 한다'는 생각으로 교육에 힘썼다. 공자의 교육 목표는 군자(君子), 즉 정치를 맡아 다스리는 사람을 육성하는 것이었다. 그러나 공자는 타고난 출신 성분이 아니라 갈고 닦은 능력과 덕성으로 출세할 수 있어야 한다고 생각했다. 여기에서 공자가 당시에 대단한 자기혁명가임을 엿볼 수 있다.

공자는 73세에 세상을 떠났다. 공자가 과연 성공한 사람일까? 공자에 대한 평가는 시대에 따라 약간의 차이는 있었지만 그가 수립한 사상체계와 교육사상 등은 지금까지 엄청난 영향을 발휘했고 또 여전하다. 그는 말년에 자신의 70평생을 단 38자의 문장으로 개괄했다. 이는 세상에서 가장 짧은 자서전 내지 회고록이라고 할 수 있을 것이다.

"나는 15세에 배움에 뜻을 두었고, 30세에 내 뜻을 세웠고, 40세에는 흔들리지 않게 되었고, 50세에는 하늘이 준 사명을 알게 되었다. 60세에는 순종하게 되었고, 70세에 마음 가는대로 따라가도 이치에 어긋나지 않게 되었다." "吾十有五而志于學, 三十而立, 四十而不惑, 五十而知天命, 六十而耳順, 七十而從心所欲不踰矩." 《논어》 '위정(爲政)' 편)[6]

그런데 이런 공자도 한때는 프레임 법칙에서 벗어나지 못했다. 프레임 법칙과 관련된 공자의 일화가 있다. 한번은 공자가 제자들과 함께 진나라로 가던 도중에 양식이 떨어져 일주일 동안 아무 것도 먹지 못한 적이 있었다. 제자인 안회가 가까스로 쌀을 구해와 밥을 지었다.

공자는 밥이 다 되었는지 알아보려고 부엌을 들여다보다가 밥솥의 뚜껑을 열고 밥을 한 움큼 먹고 있는 안회의 모습을 보았다. 공자는 깜짝 놀랐

---

6) 한국인문고전연구소, 《중국인물사전》. https://terms.naver.com

다. 안회는 제자 가운데 도덕수양이 가장 잘 되어 공자가 아끼는 제자였다. 공자는 크게 실망하고 곧 자신의 방으로 돌아왔다.

이윽고 안회가 "스승님! 밥이 다 되었습니다"라고 하자 공자가 말했다.

"안회야! 내가 방금 꿈속에서 선친을 뵈었는데 밥이 되거든 첫술은 먼저 조상에게 제사를 지내라고 하더구나." 밥을 몰래 먹은 안회를 뉘우치게 하려는 의도였다.

그 말을 들은 안회는 곧장 무릎을 꿇고 말했다.

"스승님! 이 밥으로는 제사를 지낼 수는 없습니다. 제가 뚜껑을 연 순간 천장에서 흙덩이가 떨어졌습니다. 스승님께 드리자니 더럽고 버리자니 아까워 제가 그 부분을 먹었습니다."

공자는 안회를 잠시나마 의심한 것이 부끄럽고 후회스러워 다른 제자들에게 이렇게 말했다.

"예전에 나는 나의 눈을 믿었다. 그러나 나의 눈도 완전히 믿을 것이 되지 못하는구나. 그리고 나는 나의 머리도 믿었다. 그러나 나의 머리도 역시 완전히 믿을 것이 되지 못하는구나. 너희는 보고 들은 것이 꼭 진실이 아닐 수도 있음을 명심하거라."

공자는 나아가 잘못된 프레임 법칙에 빠지는 것을 방지하기 위해 4가지 행동을 절대 하지 않았다고 한다. 이를 '자절사(子絶四)'라고 하는 데 무의(毋意), 무필(毋必), 무고(毋固), 무아(毋我) 등이 그것이다. 즉 함부로 억측하지 마라, 반드시 자신만 옳다고 믿지 마라, 끝까지 고집부리지 마라, 자신을 너무 내세우지 마라 등 4가지를 행하지 않았다. 공자는 제자들에게도 오랜 경험과 통찰을 통해 4가지를 '절대하지 말라'고 강조했다.

우리는 많은 경우 독선과 아집, 편견에 사로잡혀 낭패를 보는 경우가 있다. 공자의 가르침처럼 "자기 마음대로 결정하지 않고, 틀림없이 그렇다고 단언하지 않고, 고집하지 않고, 따라서 아집을 부리는 일"에 경계해야 한다. 우리가 귀로 직접 듣거나 눈으로 직접 본 것이라고 해도 사실이 아닐 수 있다. 섣불리 그릇된 프레임으로 자신은 물론 타인에게 상처를 주는 잘못을 저지르는 어리석음을 사전에 방지해야 할 것이다.

◈ 오해와 분쟁을 낳는 '프레임 법칙'

프레임 법칙에 대한 또 하나의 예를 들어본다. 시골버스가 시장통의 정류장에 멈췄다. 철수 아버지, 영희 엄마 등 하나둘 타더니 어느새 만원이 되었다. 차가 출발했다. 한참을 달리던 버스 안에서 갑자기 아기 울음소리가 울려 퍼졌다. 잠시 후 그치겠지 했던 아이의 울음소리는 세 정거장을 지날 때까지도 그칠 기미가 없어 보였다.

승객들은 슬슬 화가 나 더 이상 참지 못했다. 여기저기서 푸념과 불만, 불평을 쏟아내기 시작했다.

"아줌마 애 좀 잘 달래 봐요," "버스 전세 냈나," "이봐요. 아줌마 내려서 택시 타고 가요! 여러 사람 힘들게 하지 말고…" "아~짜증나 정말!"

아기를 업은 아줌마에 대한 원성이 버스 안을 가득 메우고 있었다. 그때 차가 멈추어 섰다. 다들 의아한 표정으로 버스기사만 바라보고 있었다. 버스기사가 일어나 문을 열고 나가서는 무언가를 사들고 다시 버스에 올랐다. 그리고는 성큼성큼 아기 엄마에게로 다가가 긴 막대사탕의 비닐을 벗겨 아기 입에 물려주었다. 아이는 그제야 울음을 그치고 살포시 미소를 지었다.

버스는 다시 출발했다. 버스 안의 승객들은 아이의 환해진 표정을 보고 따라 웃었다. 다음 정거장에서 내려야 하는 아기 엄마가 버스기사에게 다가와 고개를 숙이며 손등에 다른 한 손을 세워보였다. "고맙습니다!"라는 수화로 감사함을 표현한 것이었다. 아기 엄마는 듣지도 말하지도 못하는 '청 각장애인'이었다.

아기 엄마가 내린 뒤 버스기사는 아주머니와 아이가 보이지 않을 때까 지 사랑의 불빛을 멀리 비추어 주고 있었다. 그래도 누구하나 "빨리 갑시 다"라고 말하는 사람은 없었다. 승객들은 모두 잠시 생각에 잠겼다. 자기들 이 너무 이해심과 배려심이 부족했음을 깨달았다.

함께 사는 사회에서 서로 간에 불협화음이 종종 일어나곤 한다. 왜, 그 럴까? 많은 경우는 고정관념, 즉 프레임 법칙에서 나오는 선입견이나 편견 때문이다. 상대방을 배려하지 않고 모든 걸 자기중심적으로만 생각하기 때 문에 갈등과 분쟁이 생기는 것이다. 선입견은 자아의 성찰 없는 자만이나 오 만에서 나온다. 선입견이나 편견은 오해와 분쟁을 낳는 불씨가 된다.

자기혁명에 성공하려면 프레임 법칙에 빠져서는 안 된다. 어떤 고정된 프 레임에 묶여 있지 말고, 사고의 유연성을 가지고 창의적으로 접근하는 것이 문제 해결의 열쇠다. 언어의 유희 같지만 '자살'을 거꾸로 하면 '살자'가 된 다. 우리는 어떤 경우에도 절대 자살하지 말고 살아야 한다. 벽도 넘어뜨리 면 성공으로 가는 '다리'가 된다.

또한, 'Impossible(불가능한)'이라는 단어에 점 하나만 찍으면 'I'm pos- sible(나는 할 수 있다)'이 된다. 이처럼 어떻게 바라보느냐에 따라서 같은 것 이 다르게 보일 수 있다. 소위 역발상이다. 한번 바꿔서 생각해 보면, 절망 적인 것이 희망적인 것으로, 부정적인 것이 긍정적인 것으로 바뀔 수 있다.

프레임 법칙에서 자주 인용되는 탈무드의 사례를 들어본다.[7] 어느 날 한 유대인이 친구와 함께 예배를 드리러 가는 중이었다. 유대인이 친구에게 이렇게 물었다. "자네는 기도 중에 담배를 피워도 된다고 생각하나?" 그러

---

7) 최인철, 《프레임: 나를 바꾸는 심리학의 지혜》, (서울: 21세기북스, 2007) 등 참고.

자 "글쎄 잘 모르겠는데. 랍비께 한 번 여쭤보는 게 어떻겠나?"

유대인은 랍비에게 가서 물었다. "랍비님, 기도 중에 담배를 피워도 되나요?" 랍비는 정색하면서 대답하기를 "자넨 정신이 있나 없나? 기도는 신과 나누는 엄숙한 대화라는 것을 모른단 말인가? 그건 안 되지."

랍비의 답을 들은 유대인의 친구가 말했다. "그건 자네가 질문을 잘못했기 때문이야. 내가 다시 가서 여쭤보겠네."

이번에는 유대인의 친구가 가서 랍비에게 물었다. "랍비님, 담배를 피우는 중에는 기도하면 안 되나요?" 랍비는 얼굴에 온화한 미소를 지으며 이렇게 말했다. "형제여, 기도는 때와 장소가 필요 없다네. 담배를 피우는 중에도 기도는 얼마든지 할 수 있지."

탈무드에 나오는 이 이야기를 가지고 많은 사람들이 프레임 법칙을 말한다. 즉 동일한 현상도 보는 시각이나 표현 방식에 따라 전혀 다르게 해석할 수 있다는 점이다. 세상은 보는 시각이나 관점, 표현 방식에 따라 달리 해석된다. 낙관적이고 긍정적으로 보는 자세가 더 나은 미래를 이끈다. 지금까지의 세상은 더 나은 미래를 제시한 사람에 의해 역사가 전진해 왔다.

영화 〈시스터 액트(Sister Act)〉에 나오는 노래 가운데 '오 해피 데이(Oh! Happy Day)'가 있다. 이 노래의 가사 중 'He taught me how to watch.'라는 구절이 있다. '그는 나에게 보는 법을 가르쳐 줬다'는 뜻이다. 삶의 현실은 변한 것이 하나도 없지만, 그 현실의 문제를 다르게 볼 수 있는 관점을 배웠을 때, 진정한 행복이 찾아왔다는 것이다.

우리의 미래는 '바라보는 법(How to watch)', 즉 관점과 시각에 달려 있다. 어떻게 바라보고 행동하느냐에 따라 모든 것이 달라진다. 프레임 법칙에 빠지지 말고 나만의 독창적인 새로운 프레임을 형성하여 더 나은 미래를 만들어 나가야 한다. 유연하고 지혜롭게 접근하여 문제가 해결의 문이 될 수 있도록 해야 한다.

특히 세상을 바라보는 시각이 낙관적이어야 한다. 비관론자는 모든 기회에서 어려움을 찾아내는 반면 낙관론자는 모든 어려움에서 기회를 찾아낸다. 누가 더 멋진 삶을 살 것인가? 프레임 법칙에서 벗어나야 한다. 창의적이고 낙관적으로 접근해야 새로운 미래가 열린다.

세상은 단면이 아닌 다면으로 구성되어 있다. 그러므로 이를 바라보는 시각과 관점도 다면적, 다층적이어야 한다. 인간과 사회를 바라보는 시각도 다양해야 하며 이를 통해 늘 새로운 통찰과 신선한 영감을 발견해야 한다. 잘못된 프레임과 접근은 착각과 오류, 오만과 편견, 실수와 오해를 낳고 결국 자기파멸을 넘어 인류의 종말까지 가져오게 한다.

보다 겸허하고 열린 마음으로 세상의 모든 것을 이해하고 배려하여 더 나은 미래를 창조하는 지혜가 필요하다. 열린 지혜의 프레임으로 세상을 바꾸는 자기혁명이 요구된다. 자기중심적 편견과 오만에서 벗어나 세상 중심적 사고로 모두가 합력하여 선을 이루어 나가야 할 것이다.

◈ 패러다임 전환으로 새로운 판 만들기

프레임과 비슷한 개념으로 '패러다임(Paradigm)'이 있다. 패러다임은 "어떤 한 시대 사람들의 견해나 사고를 지배하고 있는 이론적 틀이나 개념의 집합체"라고 정의된다. 통상 패러다임은 대규모의 집합적 인식체계를 말하고, 프레임은 소규모의 개별적 인식체계를 말한다. 일반적으로 패러다임은 프레임의 형성에 영향을 주게 된다.

패러다임은 미국의 과학사학자인 토머스 쿤(Thomas Kuhn: 1922년 7월 18일 ~1996년 6월 17일)이 1962년에 펴낸 저서《과학혁명의 구조(The Structure of Scientific Revolution)》에서 처음 제시하여 널리 통용되기 시작한 개념이다.[8]

패러다임은 예시·본보기 등을 뜻하는 그리스어 '파라데이그마(para-deigma)'에서 유래한 것으로 언어학에서 빌려온 용어다. 즉 패러다임은 으뜸꼴·표준꼴을 뜻하는데, 이는 하나의 기본 동사에서 활용(活用)에 따라 파생형이 생기는 것과 마찬가지다. 이런 의미에서 쿤은 "패러다임을 한 시대를 지배하는 과학적 인식·이론·관습·사고·관념·가치관 등이 결합된 총체적인 틀 또는 개념의 집합체"로 정의하였다.

쿤에 따르면 과학사의 특정한 시기에는 언제나 개인이 아니라 전체 과학자 집단에 의해 공식적으로 인정된 '정형화된 기본 틀'이 있는데 이 틀이 패러다임이다. 그러나 이 패러다임은 전혀 새롭게 구성되는 것이 아니라 기존의 자연과학 위에서 혁명적으로 생성되고 쇠퇴하며 다시 새로운 패러다임으로 대체된다고 말한다.

쿤은 새로운 패러다임의 등장 과정을 다음과 같이 설명한다. 즉 하나의 패러다임이 나타나면, 이 패러다임은 과학자들의 연구·탐구 활동에 의해 일정한 성과가 누적되면 새로운 시각에 의해 차츰 부정되고, 새로운 패러다임이 나타나기 시작한다. 그러다 결정적인 '과학혁명'이 일어나면서 한 시대를 지배하던 기존의 패러다임은 완전히 사라지고, 새로운 패러다임이 전면에 떠오르게 된다.

따라서 하나의 패러다임이 영원히 지속될 수는 없다. 패러다임은 항상 신생·발전·쇠퇴·대체되는 과정을 되풀이한다. 이러한 패러다임은 본래 자연과학에서 출발하였으나 자연과학뿐 아니라 각종 학문 분야로 파급되었다. 오늘날에는 거의 모든 사회현상을 정의하는 개념으로까지 확대되어 사용되고 있다. 즉 시대를 지배하는 기본 이론이나 가치로 세상에 큰 영향을 미치고 있다.

---

8) 토머스 S. 쿤, 《과학혁명의 구조》, (서울: 까치, 2002) 등 참조.

예를 들어 천동설(지구중심설)이 진리로 받아들여지던 시기에 다른 모든 천문 현상은 천동설의 테두리에서 설명되었다. 이에 대해 코페르니쿠스(Nikolaus Kopernikus: 1473년 2월 19일~1543년 5월 24일)는 천동설의 오류를 지적하고 지동설(태양중심설)을 주장하여 근대 자연과학의 획기적인 전환, 이른바 '코페르니쿠스의 전환'을 가져왔다. 이로 인해 사람들은 천동설을 '거짓'으로 인식하게 되고 지동설을 '참'으로 여겨 하나의 이론이나 가치체계로 자리 잡았다. 이것이 바로 '패러다임의 전환'이다.

코페르니쿠스가 등장하기 전에는 고대 그리스에서 르네상스에 이르기까지 우주의 성질에 대한 통념이 기본적으로 우주가 지구중심으로 움직이는 천동설이었다. 그러나 코페르니쿠스의 등장으로 암흑기에서 과학혁명으로의 길로 나아갈 수 있는 계기가 되었다. 즉 그는 지구와 태양의 위치를 바꿈으로써 지구가 더 이상 우주의 중심이 아님을 증명해냈다.

이것은 지금까지 누구도 의심하지 않던 진리로 여겨졌던 우주 체계에 정면으로 도전한 것이었다. 그리고 이 도전은 지구가 우주의 중심이고 인간은 그 위에 사는 존엄한 존재며, 달 위의 천상계는 영원한 신의 영역이라고 생각했던 중세의 우주관을 전면 폐기시키는 혁명적 결과를 가져왔다.

당시 코페르니쿠스는 인간중심의 지구중심설에서 객관적인 입장의 태양중심설로의 발상의 대전환을 가져오게 한 것이다. 이러한 코페르니쿠스의 전환은 흔히 대담하고 획기적인 생각을 이르는 말로 쓰이기도 한다. 코페르니쿠스의 이론은 그 만큼 당시 사람들에게 큰 충격을 주었다.

코페르니쿠스는 1510년에 태양 중심의 천문체계의 기본적인 틀을 완성했다. 그리고 그로부터 얼마 지나지 않아 《짧은 해설서(Commentariolus)》라는 제목이 붙은 요약본 형태의 짧은 원고를 작성하여 주변에 배포했다. 그후 코페르니쿠스는 끊임없는 연구를 통해 1543년 《천구의 회전에 관하여(De revolutionibus orbium coelestium)》라는 저서를 세상에 내놓았다.

코페르니쿠스는 이 책에서 "우주와 지구는 모두 둥근 구형이며 천체가 원운동을 하는 것처럼 지구도 원운동을 할 수 있다"고 주장했다. 또한 "행성을 하나하나 따로 생각한 것이 아니라 태양을 중심으로 한 행성체계로 보아 행성간의 관계를 부여함으로써 기존의 우주모델과 큰 차이점이 있다"고 밝혔다.

코페르니쿠스의 책에 대한 즉각적인 반응은 매우 미약했다. 그러나 시간이 흐를수록 널리 퍼져 나갔다. 1616년 로마 가톨릭교회는 이 책을 금서 목록에 추가하기도 했다. 그럼에도 불구하고 후대에 이르러 천문학과 물리학이 발전할 수 있는 토대를 마련해 줌으로써 혁명적 씨앗으로서의 역할을 다했다.

코페르니쿠스의 지동설은 과학혁명을 촉발시켜 2000년간 진리처럼 인식되어 왔던 천동설의 오류를 바로 잡는 계기가 되었다. 쿤은 "코페르니쿠스의 체계는 서양 중세의 우주관, 인간관, 세계관의 뿌리를 뒤흔들기에 충분했다. 이는 인간중심주의 파산의 발단이 되었다"고 평가했다.

물론 코페르니쿠스의 우주체계는 관측 결과 완전히 부합하는 것은 아니었다. 이후 후대의 많은 과학자들 특히 케플러, 갈릴레이, 뉴턴 등에 의해 수정되고 보완되었다. 현대에 이르러 보다 새로운 이론체계로 자리 잡았다. 그러나 우주체계는 광대무변하여 또 다시 새로운 패러다임의 전환을 가져올 수도 있을 것이다.

코페르니쿠스는 비록 성직자로 평생을 살았지만 30년이 넘는 세월 동안 천문학에 모든 열정을 바쳤다. 그 결과 낡은 오류투성이의 우주관을 깨고 지구가 하나의 행성임을 밝힌 위대한 과학자로 평가된다. 코페르니쿠스는 세상을 바꾼 분명한 자기혁명가였다.

자기혁명가는 코페르니쿠스처럼 시대의 가치인 새로운 패러다임을 창출하여 더 나은 세상을 구현하는 것이다. 즉, 기존의 틀을 깨고 새로운 패러다임을 창출하여 혁명적인 변혁을 통해 더 나은 세상이란 새로운 판을 만드는 것이다. 이것은 결국 기존의 낡은 프레임을 극복하고 패러다임을 전환하여 새로운 판을 창출하는 것이다.

미래변화 대비와 미래전략 개발

◈ 편의점 업계의 흥망성쇠

세상은 모두 연결되어 있다. 동과 서, 그리고 남과 북도 연결되어 있다. 과거와 현재, 그리고 미래와도 연결되어 있다. 시공을 초월하여 모든 것이 분리된 것 같지만 하나로 연결되어 있다. 그러므로 한 개인이나 기업, 국가의 현재는 과거를 보면 알 수 있다. 또한 어떠한 목표를 갖고 있고, 어떻게 생각하고 행동하느냐를 보면 그 미래를 예측할 수 있다.

가령 어떤 사람이 '편의점' 사업을 시작한다면 어떻게 해야 이익을 극대화할 수 있을까? 편의점 업계에 얽힌 30년의 흥망성쇠를 살펴보면 우리가 어떤 사업을 하고자 할 때, 언제 시작하고 언제 퇴장해야 하는지를 파악할 수 있을 것이다. 환경변화가 돈을 벌게도 하고 아니면 파산하게 할 수도 있기 때문이다.

대한민국에서 편의점이 생기게 된 직접적인 계기는 야간통행금지 해제였다.[9] 1945년 광복 이후 37년간이나 지속된 야간 통금이 1982년 1월 5일 풀렸다. "심야에도 영업을 하면 돈을 벌 수 있겠구나" 생각하여 재빠르게 몇몇 자생적 편의점들이 문을 열었다. 그러나 아직 동네 구멍가게에 익숙했던

---

9) 김광현, "횡설수설–편의점 30년", 《동아일보》, 2018년 5월 28일.

상점 문화에 제대로 적응하지 못하고 폐업했다.

사람들이 변화된 환경에 적응하기 위해서는 얼마간의 시간이 필요했다. 몇 년의 시행착오 끝에 본격적인 프랜차이즈 형태의 편의점인 '세븐일레븐' 사업이 1988년 한국에 도입되었다. 몇 달간의 준비 기간을 거쳐 올림픽 선수촌점이 이듬해인 1989년 5월 문을 열었다. 철저히 준비하고 홍보한 만큼 대박을 터뜨렸다.

경제성장으로 국민소득이 크게 증가했다. 더구나 야간활동을 하는 사람들이 많아지면서 편의점 매출이 급증했다. 이로 인해 편의점들이 여기저기 잇달아 들어서게 되었다. 전국 편의점 점포수는 2011년에 약 2만개로 집계됐다. 그리고 2018년 3월 기준 4만192개로 조사됐다. 점포수가 7년 만에 무려 2배로 늘었다.

요즘은 어디를 가도 편의점 간판이 안 보이는 곳이 없다. 2017년 기준으로 편의점 총매출은 22조원 가량이다. 유통 업태 가운데 2011년 이후 매출이 매년 두 자릿수 이상 증가한 것은 편의점밖에 없다. 미국·일본 등도 편의점 사업은 국민소득 증가와 비례해 왔다.

대한민국에서 편의점 매출이 급증하고 편의점수도 크게 늘어난 이유가 무엇일까? 그것은 '인간의식'의 변화가 주된 원인이다. 1인가구와 맞벌이가 급증하면서 24시간 영업하는 편의점이 폭발적으로 성장할 수밖에 없었다. 2016년 기준으로 1인 가구가 27.9%, 2인 가구가 26.2%로 1, 2인 가구가 전체의 절반을 넘는다.

큰 시장에 가서 한꺼번에 장을 봐 집에서 밥을 해먹는 가정이 줄었다는 뜻이다. 더구나 편의점은 고객들의 선호도를 겨냥하여 다양한 품목을 개발해 제공했다. 거의 모든 식품과 생필품을 팔았다. 주요 인기 품목은 예나 지금이나 컵라면, 삼각김밥, 소주, 컵밥, 도시락, 생수 등이다. 정신없이 바쁜 현대인 혹은 '나 홀로족'의 씁쓸한 일상을 보여주는 대목이다.

그러나 편의점업계는 최근 중대한 고비를 맞고 있다. 그것은 '최저임금 인상'이라는 정부정책의 변화 때문이다. 최저임금의 급격한 인상으로 편의점 점주들이 수익성 악화로 비명을 지르기 시작했다. 더구나 편의점들이 우후죽순으로 생기면서 거의 포화상태가 되었다. 아르바이트 고용이란 저비용으로 유지했는데 최저임금의 인상으로 직격탄을 맞은 것이다.

편의점 업계는 생태환경의 변화에 적응하기 위해 대대적인 변신을 꾀하고 있다. 기존의 아르바이트를 내보내고 주인 부부가 직접 일하는 곳이 늘고 있다. 시급이 오를 것으로 기대했던 아르바이트생들은 일자리를 잃게 되었고, 주인은 주인대로 밤낮 고생이다. 여기에다 무인결제 점포까지 등장했다. 무인점포는 앞으로 더 늘어날 추세다. 일자리와 서비스의 실종으로 점점 인간이 설자리가 없어지고 있다.

대한민국 편의점 역사 30년은 우리에게 무슨 교훈을 주는가? 핵심적인 교훈은 모든 것이 변한다는 점이다. 즉, 미래를 예측하고 선점하면 부를 축적할 수 있다. 나아가 권력을 키울 수도 있고, 보다 행복한 미래를 만들 수도 있다. 그러나 미래에 대한 정확한 예측과 철저한 대비가 없으면 설자리를 잃게 된다.

그렇다면 앞으로 30년 후에는 어떠한 일이 벌어질까? 상상 이상의 일이 발생할 것이다. 주거와 교통은 물론 거의 모든 생활과 문화가 바뀔 것이다. 편의점 역사 30년보다 앞으로의 30년은 더 빠르게, 더 다양하게, 더 놀랍게 변화할 것이다. 우리의 미래가 어떻게 바뀔지 예측하고 선점하면 원하는 많은 것을 얻게 될 것이다. 따라서 미래성공을 위해서는 관심 분야에 대한 정확한 예측으로 미래전략을 수립하여 선점해야 할 것이다.

◈ 상생과 공유 그리고 협업

미래는 이미 우리곁에 와 있다. 미래사회는 초지능, 초연결, 초융합, 초 가속의 특징을 지니고 있다. 이러한 미래사회에서 더 나은 발전을 하기 위해서는 어떻게 해야 할까? 모두가 다 함께 잘 사는 더 나은 발전을 위해서는 공생, 공유, 공존, 공영 즉 '4공(四共)'을 추구해야 한다. 이중 가장 중요한 것이 '공유'다. 공유는 일을 함께 하는 것이고, 소득도 함께 나누는 것이다. 공유를 위해서는 '협업(協業, collaboration)'을 해야 한다.

미래는 모든 것이 불투명, 불확실, 불안정하다. 이러한 환경을 극복하기 위해서는 열린 마음과 능동적인 자세로 유기적 협업체계를 더욱 강화해야 한다. 미래사회의 창조는 서로 다른 것을 연결하는 능력, 즉 협업능력이다. 신자유주의적 경쟁을 종식하고 신인본주의적 상생을 강화해 나가야 한다.

미래사회가 요구하는 개인 역량은 무엇일까? 가장 중요한 것이 상상력과 창의력이다. 그리고 따뜻한 인간애, 융복합 능력, 협업(협동) 역량, 소통, 유연성, 문제해결력 등이다. 구글에서는 문제해결 능력, 자기역할에 대한 명확한 인식, 리더십, 협업 등을 강조하고 있다. 이중에서도 "다른 사람들과 협업하는 능력"을 매우 중시하고 있다.

협업은 함께 일을 하는 것이다. 두 개 이상의 개체가 서로 다른 강점(장점)을 수평적으로 연결(융복합)하여 새로운 가치나 거대 시너지를 창출하는 것이다. 제4차 산업혁명시대에는 협업하는 개인이나 기업이 성공한다. 협업은 상생과 공영이다. 이러한 협업문화는 기업은 물론 교육, 정치, 문화 등 전방위적으로 확대되고 있다.

협업은 무엇이든지 가능하다. 문구와 패션이 연결될 수도 있다. 대기업과 중소기업, 국내기업과 국외기업, 시중은행과 편의점이 협업할 수도 있다. 상호 장점을 살려 협업을 극대화하여 새로운 시장을 여는 것이다. 협업의 수는 두 개, 또는 그 이상이다. 시너지 효과가 커진다면 얼마든지 확대할 수 있을 것이다.

하늘 아래 전지전능한 존재는 없다. 작고 약한 존재도 독특한 장점이 있다. 모든 생명체(조직)는 협업능력을 가지고 있다. 신인본주의인 따뜻한 인간애와 새로운 과학기술을 바탕으로 모든 생명의 상생, 평화, 공영이 가능한 더 나은 생태계를 함께 만들어 나가야 한다.

◈ 모두가 잘 사는 협업성공의 원칙

인간은 본질적으로 협업을 해야 하는 존재다. 인간은 혼자서는 살아갈 수 없기 때문이다. 산업화시대는 '분업(分業)'이 성공요인이었다. 기계의 부품처럼 각각의 물건을 만들던 시대에는 나누는 것만 잘 하면 되었다. 그러나 지식이 중심이 되는 제4차 산업혁명시대의 창조경제 구조에서는 서로 교감하고 공감, 공유해야만 한다. 나 혼자 모든 것을 할 수 없으니 협업으로 함께 일을 해야 나도 살고 너도 살 수 있다.[10]

협업을 성공시키기 위한 6가지 협업성공원칙이 있다. 첫째는 사업의 목표를 세우고 조직을 구성한다. 사업을 추진하는 사람은 사업의 비전과 목표, 핵심 사업, 추진 전략 등을 설정해야 한다. 그리고 역할분담을 통해 적재적소에 맞는 인재를 찾아야 한다. 한 사람이 모든 것을 다 할 수는 없다. 핵심 리더는 총괄과 방향을 설정하면 된다. 그리고 나머지는 협업자를 찾아 배치하는 것이다.

둘째는 사업에 착수하고 지속적인 평가를 한다. 조직을 구성한 후 사업을 시작했지만 곧 바로 기대한 만큼 성과가 나타나지 않을 수 있다. 이 경우 조직 구성원들이 열린 논의를 통해 사업비전과 목표를 재확인해야 한다. 그

---

10) 임채연, 《콜라플》, (수원: 호이테북스, 2018) 등 참고.

리고 명확히 구성원 각자가 무엇을 해야 하는지를 숙지해야 한다. 구성원 각자가 성과를 내야 사업이 본 궤도에 오르게 된다. 항해 중인 배가 물이 샌다면 방치해서는 안 된다. 정확한 원인을 찾고 방지해야 배가 순항할 수 있다.

셋째는 문제가 생긴 부분을 과감히 개선한다. 협업이 정상화되기까지는 시행착오가 불가피하다. 그러나 지속적으로 시행착오가 나타나면 사업을 계속할 수 없게 된다. 그러므로 현황을 철저히 분석하여 즉각적인 보완책을 강구해야 한다. 여기에서 중요한 것은 정확한 문제 진단이다. 그리고 버릴 것은 과감히 버려야 한다. 문제를 본질적으로 개선하지 않고는 절대 목표한 방향으로 나아갈 수 없다.

넷째는 원칙을 지키며 정도로 나아가야 한다. 조직을 정비하고 재구성하여 준비가 되었다면 이제부터는 사업의 목표달성에 질주해야 한다. 그러나 가장 중요한 것은 사업원칙을 세우고 정도로 나아가는 것이다. 원칙이 무너지면 조직이 흔들리고 사업달성도 어려워진다. 의미 있는 작은 성과들을 만들고 이를 착실히 발전의 동력으로 삼아야 한다.

다섯째는 협업의 시너지 효과를 극대화한다. 사업 초기의 시행착오를 개선하고 사업의 첫 단추를 꿴 후에는 본격적으로 전진해야 한다. 즉 협업의 효과가 나타날 수 있도록 총력을 다해야 한다. 협업에 참여하는 사람이 세 사람이라면 최소한 4, 5인 이상의 산출이 나와야 한다. 협업은 준비된 조직원이 갖춰져야 성공할 수 있다. 서로 신뢰하고 아이디어를 내고 창의적인 접근으로 생산성을 극대화해야 한다.

여섯째는 신규 참여와 사업 확대도 준비한다. 조직이 안정적으로 운영되고 성과가 오르기 시작하면 중간에 그만 두는 사람이 생긴다. 이에 대비하여 적정한 인력충원이 이루어져야 한다. 이를 위해서는 상시적 인력채용 구조를 갖추는 것이 바람직하다. 갑자기 우수한 사람을 구하려면 쉽지 않기 때문이다. 또한 사업이 수익을 내면 더 큰 발전을 위해서 부가적인 사업 확대도 모색해야 한다.

협업은 기본적으로 특기가 있는 사람들의 수평적 결합이다. 서로가 부족한 것을 채워 완전체가 되어 최대의 시너지효과를 내어 목표를 효율적으로 달성하는 것이다. 단순히 몇 사람의 결합은 의미가 없다. 협업은 같은 목표를 갖고, 공감하며 각각의 특기와 재능, 적성을 충분히 발휘할 수 있도록 하는 것이다. 각자의 다른 역할이 있을 뿐 1등과 꼴찌는 없다.

여러 분야에서 협업을 통해 성공을 거둔 대가들이 많다. 미국 프로야구 '오클랜드 애슬레틱스'의 단장으로 재직한 빌리 빈은 협업으로 승리를 일군 대가다. 그는 메이저리그 최하위였던 오클랜드를 다섯 번이나 포스트시즌에 진출시킨 명장이다. 어떻게 그것이 가능했을까?

빌리 빈 단장은 명성과 연봉으로 선수를 선발하던 관행을 과감히 깼다. 그는 오로지 경기 데이터 자료만을 바탕으로 선수들의 재능을 평가하여 적은 비용으로 높은 효과를 거둘 수 있는 선수만을 선발했다. 이런 선수 구성으로 재정이 열악한 구단이었지만 메이저리그 역사상 최초로 20연승이라는 이변이자 대기록을 이루어냈다. 빌리 빈은 철저하게 분석한 경기 데이터를 바탕으로 적재적소에 선수들을 배치해 연승행진을 이어간 것이다.

세계필름업계의 양대 강자가 있었다. 바로 '코닥'과 '후지필름'이었다. 코닥은 디지털카메라를 처음 만들었다. 대단한 일이었다. 그러나 필름 현상만을 고집하고 생태계의 변화의 흐름을 놓쳐 결국 카메라 시장에서 완전히 퇴출되었다. 반면 후지필름은 필름을 고집하지 않고 장점을 살려 주변 산업과의 협업을 통해 화장품, 의료기기, 건강식품 등으로 방향을 전환하여 성공했다. 변화와 혁신, 협업이 승패를 갈랐다.

◈ 인생 동행자 '300인 네트워크' 구축

내가 성공하려면 반드시 나를 응원할 사람들이 있어야 한다. 과연 누가 나를 응원할까? 주변을 둘러보고 냉정히 평가를 내려 보자. 의외로 많은 사람들이 없을 것이다. 300인의 최적화된 인적 네트워크를 구축할 필요가 있다.[11] 이들은 내 인생의 평생 동행자들이다. 진심을 다해 특별한 인간관계를 형성해야 한다.

인적 네트워크의 핵심부에는 당연히 배우자와 가족이 있어야 한다. 가족의 지지와 응원이 없으면 성공하기 힘들다. 더군다나 성공해도 함께 기뻐할 사람이 없다. 누구를 위한 꿈이고 목표인가? 물론 가족의 희생을 전제로 더 큰 일을 할 수도 있을 것이다. 그래도 가족의 동의와 협력이 가장 중요하다.

그리고 학교 동창, 직장 동료, 사회 모임 등에서 나의 꿈과 목표에 도움이 될 만한 사람들을 모아 이들과 함께해야 한다. 한 사람이 성공하기 위해서는 열렬히 응원해 줄 동지들이 꼭 필요하다. 사업을 시작할 때나 애경사 등 삶의 풍요와 행복을 위해서도 함께 가까이서 고락을 같이 할 사람들이 있어야 한다.

이따금 산행을 함께 가든가, 여행을 같이 가면서 인생의 아름다운 동행을 해야 한다. 이들과 사랑하고 봉사하면서 삶의 에너지를 충전하고 더 나은 미래를 함께 만들어 나가야 한다. 내가 힘들 때 응원을 받을 수 있고, 그리고 이들 중 누군가 기쁜 일이 있으면 내 일처럼 신나게 박수를 쳐주어야 한다. 사람은 더불어 살 때 행복한 것이다.

특히 삶의 목표에는 반드시 가난하고 소외된 이웃들을 위한 사랑의 실천을 포함시켜야 한다. 주변에 외로운 독거노인이나 소년가장, 병든 사람들

---

11) 여기서 언급한 300인의 수는 임의적인 것이다. 각자가 필요한 최적화된 수를 정하면 될 것이다.

을 찾아가 위로하고 이들에게 기쁨을 전할 수 있도록 해야 한다. 사회적 약자들을 위한 삶이 최대의 행복으로 여기고 이들을 위해 사랑을 행하면 의외로 놀라운 일이 일어날 수 있다.

세상은 감동으로 움직인다. 이웃을 위한 헌신과 사랑, 봉사는 분명 축복의 통로가 된다. 무슨 일을 하든지 일정 시간을 내어 이들과 함께해야 한다. 그러므로 봉사하는 단체를 만들어 꿈을 공유하고 더 나은 미래를 함께 만들어 나갈 수 있다면 아주 좋은 일일 것이다.

THE GREAT
SELF-REVOLUTION

> 66 제2의 인생이 시작되는 60세 이후에
>
> 새로운 도전으로 성공한 사람들이 수없이 많다.
>
> 삶에서 가장 중요한 것은 나이나 환경이 아니라
>
> 목표를 세우고 실행하는 것이다.
>
> 이것이 성공의 대전제다. 99

PART 5

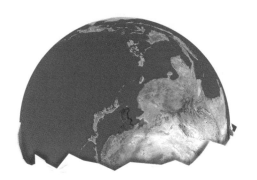

자기혁명의 이후

인생은 즐기고
살만하다!

사람은 반드시 때가 되면 여행을 떠나야 한다.

여행을 통해 삶의 의미와 가치를 재발견해야 한다. 여행이 없는 삶은 참된 행복이 없다. 즐거움이 없는 삶은

감옥, 그 자체다. 인생을 최고로 멋진 여행이 되게 해야 한다.

chapter 1

최고로 멋진
인생 여행을 떠나라

휴식과 치유, 그리고 재발견

"비워야 채워진다. 여행을 떠나라!"

여행(旅行)은 삶의 기쁨이요 활력소다. 여행은 진정한 휴식, 병든 심신의 치유, 새로운 영감을 찾는 과정이다. 그러므로 사람은 반드시 때가 되면 여행을 떠나야 한다. 여행을 통해 삶의 의미와 가치를 재발견해야 한다. 여행이 없는 삶은 참된 행복이 없다. 즐거움이 없는 삶은 감옥, 그 자체다.

여행이란 일반적으로 "일이나 유람을 목적으로 다른 고장이나 다른 나라에 가는 일"을 말한다. 여행은 현재의 자리에서 떠나 비교적 멀리 있는 다른 지역으로 이동하는 것을 말한다. 단순하게 이동하는 것은 여행의 독특한 맛이 없다. 특별한 경험이나 삶의 재창조를 위한 여행이 진정한 것이다.

여행을 할 때 어떤 이동 수단을 선택하느냐도 중요하다. 수단이나 방법이 다르면 전혀 다른 결과를 낳기도 하기 때문이다. 단거리의 경우는 걸어서 가거나 자전거를 타고 갈 수 있다. 중장거리의 경우는 승용차나 기차, 버스, 비행기 등의 수단을 이용해 이동할 수 있다. 그리고 바다나 호수, 강을 지나야 하는 경우에는 배나 보트 등을 이용할 수 있다.

여행의 가장 큰 기쁨은 색다른 경험이다. 여행을 하는 목적은 사람마다 다르다. 어떤 사람은 오락이나 관광일 수 있다. 또한 연구나 정보를 얻기 위해 하는 경우도 있다. 사람을 만나거나 사업차 또는 자원봉사, 어딘가에서 새로운 삶을 위한 이민, 종교적인 이유, 미션 여행 등 아주 다양하다. 그러나 통칭 여행을 간다고 하면 즐거움, 휴가와 휴식, 치유, 재발견과 탐험, 영감과 구도 등이 주목적이다.

그런데 한국인들은 여행이나 휴가를 꺼린다. 이것은 세계적으로 잘 알려진 사실이다. 파이낸셜타임스(FT)는 최근 특집기사로 한국의 휴가문화를 다루기도 했다. 이 신문은 "한국의 연평균 휴가기간은 11일에 불과하고 그나마 대부분 단기로 나눠서 사용한다. 휴가보다는 상여금이나 직장내 '근면하다'는 평판을 더 선호한다"고 지적했다.

한국기업들이 과연 업무의 효율성을 얼마나 낼까? 2018년 7월부터 주 52시간 근무제가 도입되면서 휴가에 대한 인식이 바뀌고 있다. 상당히 고무적인 일이다. 일과 일상의 삶이 균형을 이루어야 한다. 기업들도 직원들이 자유롭게 휴가를 사용하도록 권장하고 있다. 이에 따라 상사들의 눈치를 보지 않고 한번에 2, 3주일씩 집중적으로 사용하는 사람들도 늘고 있다.

휴가와 여행은 왜 필요할까? 시간을 내서 휴식을 취하거나 여행을 갔다오면 사람의 몸과 기능이 재충전된다. 사람은 충분히 재충전하게 되면 삶의 활력이 넘치고 일의 성과가 오르게 된다. 그래서 휴가와 여행은 반드시 필요한 것이다. 인간이 일요일을 만들어 쉴 수 있도록 한 것은 놀라운 '발명'이다.

프랑스어 '바캉스(vacance)'는 휴가를 뜻한다. 이 말은 '텅 비어 있다'라는 라틴어 '바카티오(vacatio)'에서 유래됐다. 휴가와 여행을 통해 모든 것을 텅 비워야 '새로움'으로 가득 채울 수 있다. 개인과 기업, 국가의 미래를 바꿀 만한 새로운 생각도 철저한 비움의 과정을 거쳐야 나올 수 있다. 묵은 고민을 내려놓고 홀가분한 마음으로 여행을 떠나야 더 나은 내일을 창조할 수 있다.

기존의 틀을 깨는 창의적 사고를 위해서도 여행과 휴식은 절대 필요하다. 이 같은 사실은 많은 연구 결과가 증명하고 있다. 일상의 반복적 업무에서 벗어나 모든 것을 멈추고 마음과 머리를 비워야 색다른 관점에서 생각하고 성찰할 여유가 생긴다. 특히 문제에 봉착하여 새로운 해결책을 찾으려면 현재의 자리에서 과감하게 떠나야 한다.

인생은 여행이다. 인생 여행은 어떠해야 할까? 이것은 각자가 고민하고 결정해야 할 것이다. 자기 스스로 멋진 여행 계획을 세우고 당당히 가는 인생이 있는 반면 주변에 휩쓸려 허우적대며 가는 부랑여행도 있다. 인생 여행은 단 한번밖에 주어지지 않는다. 인생을 최고로 멋진 여행이 되게 해야 한다.

희망과 구원의 길

"인류를 구한 것은 여행이었다."

미국의 예방의학자인 조너스 소크(Jonas Edward Salk: 1914년 10월 28일~ 1995년 6월 23일) 박사는 소아마비 백신을 개발하여 전 세계 수많은 아이들을 소아마비의 고통에서 해방시킨 위대한 자기혁명가다. 1952년은 미국 역사상 전염병이 가장 심각하게 발생한 해였다. 그해에 거의 5만8,000건의 소아마비가 보고되었다. 3,145명이 사망하였고, 2만1,269명이 마비되었다.

소아마비 희생자는 대부분 어린이였다. 미국의 도시 지역의 시민들은 매해 여름 이 끔찍한 방문자에 대해 엄청난 공포에 떨어야 했다. 이로 인해 의학자들은 소아마비를 예방하거나 치료하는 방법을 찾기 위해 미칠 지경이었다. 미국 대통령 루즈벨트는 소아마비의 희생자 중 한 사람이었다. 그는 백신을 만들기 위한 기금도 설립했다.

소크 박사는 '소아마비 백신 개발'이라는 절체절명의 문제를 해결하기 위해 수년간 연구실에서 살다시피 했다. 그는 백신개발 연구가 진전이 없자 기분 전환을 위해 이탈리아로 여행을 떠났다. 13세기에 지어진 수도원 성당 안에서 높은 천장을 바라보던 그에게 불현듯 결정적 아이디어가 떠올랐다.

소아마비 백신 개발 아이디어는 연구실이 아닌 성당의 '높은 천장'에서 탄생한 것이다. 소크 박사는 1955년 4월 12일 백신이 성공적임을 공식 발표하였다. 미국은 그를 "기적의 일꾼"이라 칭송했다. 백신 개발로 인해 수많은 제약회사에서 소크 박사에게 특허를 양도하라는 제안을 했다. 그러나 그는 "특허 같은 건 없습니다. 태양에도 특허를 낼 건가요? (There is no patent. Could you patent the Sun?)"라는 유명한 답변을 남겼다.

인간의 여행은 인류의 자기 구원과 새로운 역사의 창조 과정이었다. 인류에 대한 가장 이른 구도자 여행가는 석가모니다. 그는 왕자로서 가족과 집 등 풍요로움을 버리고 인간의 생로병사 비밀을 찾아 떠났다. 많은 것들을 찾아본 후에 석가모니는 사유, 훈련, 명상 등을 할 수 있었다. 석가모니는 여행에서 돌아온 후 보리수나무 밑에 앉아 삶의 목적을 찾았고 평화를 얻게 되었다.

이탈리아 탐험가 콜럼버스(Christopher Columbus: 1451년 8월~1506년 5월 21일)는 1492년에 10주간의 긴 여행을 떠났다. 그는 인도를 찾는 것을 희망했었다. 하지만 그는 대신에 '북아메리카'라고 알려져 있는 미 대륙에 착륙했다. 콜럼버스의 미 대륙 상륙은 기존의 서구중심 사회에 엄청난 변화의 파장을 몰고 왔다. 인간의 사고가 유럽에서 탈피하여 전 지구적으로 확대되는 계기가 되었다.

소크 박사나 석가모니, 콜럼버스처럼 여행을 통해 새로운 만남으로 역사를 바꾸는 결정적 계기를 얻을 수 있다. 그러므로 기존의 낡은 사고방식에서 벗어나 다른 시각으로 세상을 바라보고 더 나은 내일을 꿈꾼다면 낯선 곳에 몸과 마음을 던질 필요가 있다. 여행은 분명 또 다른 나를 만드는 중요한 기회가 된다.

여행은 특히 더 나은 세상을 만드는 희망의 통로가 되기도 한다. 기존에 가졌던 편견과 아집을 깨고 세계를 다른 시각으로 볼 수 있기 때문이다. 여행은 세계를 더욱 가깝게 연결해 주기도 하고, 심지어 살아가는 삶의 목적과 그것을 성취할 수 있는 새로운 길도 찾을 수 있도록 도와준다. 인류의 역사는 바로 더 나은 세계를 향한 여행의 역사인 셈이다.

인생 여행의 아름다운 동행자

◆ 인생 여행과 '인생칠락'

옛 성현들은 인생의 즐거움을 어떻게 생각했을까? 공자는 《논어》에서 군자의 세 가지 즐거움, 즉 군자삼락(君子三樂)으로 배움과 실천, 친구와 만남, 마음의 여유를 들었다. 그러나 공자의 유학을 계승한 맹자는 "부모가 살아계시고, 형제가 무고한 것이 첫 번째 즐거움이요, 하늘을 우러러 보고 사람을 굽어보아도 부끄럽지 않음이 두 번째 즐거움이요, 천하의 영재를 얻어 교육하는 것이 세 번째 즐거움이다"라고 말했다.

두 사람은 모두 군자삼락을 이야기했지만 서로 조금은 달랐다. 즉 공자는 남이 나를 알아주지 않아도 화내지 않는 마음의 여유와 자기 수양에 행복의 방점을 찍었다. 반면 맹자는 가족, 사회, 교육이라는 사람과의 관계 속에서 행복과 삶의 즐거움을 찾았다. 비록 지금은 국가나 사회구조, 생활조건 등이 그때와 크게 다르지만 인생의 본질적인 측면에서 여전히 의미 있는 가르침이다.

조선의 대표적 서예가인 추사 김정희는 인생의 즐거움을 '일독이색삼주 (一讀二色三酒)'라고 표현했다. 일독은 책을 읽고 쓰는 것이요, 이색은 사랑하는 사람과 고락을 나누는 것이요, 삼주는 벗을 청해 술잔을 나누는 것이다. 틈틈이 책을 읽거나 글을 쓰고, 가족과 함께 지내며, 이따금 친구와 함께 술 한 잔 나누는 것이 인생 노후의 즐거움이라는 것이다.

그렇다면 100세 인생시대에 참 된 즐거움을 어디에서 찾아야 할까? 인생 여행의 가장 중요한 동행자로 직업, 자금, 종교, 친구, 취미, 봉사, 건강 등 7가지를 들 수 있다. 이름하여 '인생칠락(人生七樂)'이다. 인생칠락은 즐거운 인생 여행을 위한 7대 동행자다. 인생의 즐거움은 사람마다 다르다. 그러나 인생 행복의 기둥으로 인생칠락을 굳게 세워 놓는다면 '즐거운 인생'을 크게 만끽할 수 있을 것이다.

옛 성현이나 선비들이 생각하는 인생의 즐거움은 지금도 유효하다. 그러나 이러한 행복이나 즐거움을 누리기 위해서는 역시 인생칠락이라는 7대 동행자가 있어야 한다. 인생칠락은 우리가 부모로부터 독립하여 주체적인 자기의 삶을 살 때부터 본격적으로 준비해야 한다. 빠른 준비가 더 큰 행복을 가져다주는 만큼 가능하면 일찍 준비하는 것이 좋다.

인생 여행의 첫 번째 동행자는 직업이다. 직업, 즉 일은 평생 동안 하는 것을 원칙으로 해야 한다. 일을 통해 돈을 벌고 삶의 기본토대를 구축해야 한다. 그러나 일에 매몰되어 노예가 되어서는 안 된다. 일 그 자체가 즐거움이 되도록 해야 한다. 일은 꿈을 성취하고 자아를 실현하는 것이 되어야 한다.

두 번째 동행자는 자금이다. 자금, 즉 돈은 밥이고, 집이고, 옷이다. 생존의 필수조건이다. 사람들은 돈을 벌기 위해 모든 수단을 다 동원한다. 사람을 죽이거나 아니면 자기의 목숨을 내놓기도 한다. 세상이 녹록하지 않지만 그래도 돈은 정의롭게 벌어야 한다. 아무리 생명이 구차하지만 부정하게 돈을 벌어서는 안 된다. 결코 수단이 정의를 이겨서는 안 된다.

세 번째 동행자는 종교다. 종교는 기독교, 불교, 유교 등이 대표적이다. 자기에게 잘 맞는 종교를 선택해야 한다. 세상살이가 결코 쉽지 않다. 그러나 참된 종교생활을 하면 삶의 지혜가 충만해진다. 종교를 통해 따뜻한 위로와 담대한 용기를 얻을 수도 있다. 나아가 영적 생활을 통해 더 높은 세계를 추구하며 진정한 자기구원의 길을 갈 수도 있다.

네 번째 동행자는 친구다. 인생은 더불어 함께 살 때 행복하고 즐겁다. 그러므로 반드시 친한 벗이 있어야 한다. 벗은 배우자와 가족도 될 수 있지만 그보다는 마음이 잘 맞는 사람이 좋다. 나이가 비슷하면 더 좋지만 너무 나이에 연연할 필요는 없다. 중요한 것은 서로 존중하고 배려하며 함께 인생길을 가는 것이다.

다섯 번째 동행자는 취미다. 취미는 다양하다. 운동, 등산, 그림, 서예 등 자기의 특성에 맞는 것으로 최소한 한두 개는 있어야 한다. 적당한 취미는 일과 돈, 건강을 동시에 가져다주기도 한다. 가능하면 나와 이웃 모두에게 도움이 되는 취미를 갖는 것이 좋다. 취미는 마음의 수양이나 장수에 좋다. 그러므로 반드시 취미를 통해 인생의 즐거움을 누려야 할 것이다.

여섯 번째 동행자는 봉사다. 봉사는 사랑의 실천이다. 모두가 다 함께 잘 사는 행복공동체를 만드는 성스런 일이다. 특히 사회적 약자를 위한 봉사와 국가와 인류를 위한 공적 활동은 대단히 중요하다. 봉사는 건강하고 지속 가능한 사회를 만드는 필수 요소다. 조건 없는 헌신적 봉사는 최고의 즐거움을 만드는 샘물이다.

그리고 마지막 동행자는 건강이다. 사실상 어떻게 보면 건강이 가장 중요하다고 할 수 있다. 건강해야 일도 하고 돈을 벌 수 있기 때문이다. 건강을 잃으면 천하를 잃는 것이다. 그렇다면 건강하기 위해서는 어떻게 해야 할까? 일주일에 최소 3일간 30분 이상 땀을 흘릴 정도로 규칙적으로 운동해야 한다. 그리고 술과 담배를 하지 말아야 한다. 늘 소식하고 자극적인 음식을 피해야 한다.

의학의 발달로 최근 100세 이상 인구가 크게 늘고 있다. 2017년 기준 100세 이상 인구는 4,793명으로 나타났다.[1] 몇 년 후에는 1만명을 돌파할 것으로 전망된다. 호모 헌드레드(Homo Hundred: 100세 인간)시대가 본격화된 것이다. 그러나 이들 중 소수만이 100세 인생의 즐거운 장수여행을 누리고 있다.

상당수는 직업과 자금, 종교, 친구, 취미, 봉사, 건강 등 인생칠락의 결핍으로 인생을 즐기지 못하고 있다. 장수가 축복이 아니라 고통인 것이다. 100세 이상 노인 중 40.2%인 1,928명이 죽음을 대기하며 요양원에 있다. 평균 재산이 1,712만원으로 노후가 매우 가난하다. 대다수가 존엄을 지키기 어려운 삶을 살고 있다. 준비하지 않은 미래는 이처럼 재앙이 된다. 장수의 삶이 지속적인 고통이 되는 것이 것이다.

---

1) 《동아일보》, 2018년 10월 10일.

대전에 사는 이상윤 옹은 94세에 취미로 검도를 시작해 공인 2단까지 따며 100세 시대에 건강하게 진입했다. 이처럼 늦은 때는 없다. "내일 지구의 종말이 온다 해도 나는 오늘 한 그루의 사과나무를 심겠다"고 말한 스피노자처럼 죽는 순간까지 꿈을 갖고 일을 해야 행복하다. 살아 있는 한 일, 돈, 종교, 친구, 취미, 봉사, 건강 등 인생칠락과 동행하며 즐거운 인생 여행이 되도록 해야 할 것이다.

◈ 친구와 벗

인생 여행에는 반드시 앞에서 열거한 인생칠락의 동행자가 꼭 필요하다. 이중 아주 특별한 것은 배우자 또는 친구나 벗이다. 인생 여행의 벗을 만드는 것은 그 어느 것보다 중요하다. 재물이나 권력보다 더 소중한 것이 친구와 벗이다. 최근에는 벗을 재테크하는 시대, 즉 '우(友)테크 시대'라는 말이 널리 회자되고 있다.[2]

단명하는 사람과 장수하는 사람의 가장 큰 차이는 무엇일까? 미국인 7,000명을 대상으로 9년간의 추적조사에서 아주 흥미로운 결과가 나왔다. 오랜 조사 끝에 마침내 밝혀낸 장수의 핵심 요인은 놀랍게도 '친구의 수'였다고 한다. 즉 사람의 수명에 가장 결정적 요인으로 작용한 것은 이색적으로 인생의 동행자인 '친구'였다.

일하는 스타일, 사회적 지위, 경제상황, 인간관계 등도 인간의 수명에 영향을 주지만 큰 변수는 되지 못했다. 오히려 친구의 수가 적을수록 쉽게 병에 걸리고, 일찍 죽는 사람들이 많았다. 사람들은 외롭거나 스트레스가 생기면 흡연, 음주 등에 의존하기도 한다. 이러한 것들은 오히려 건강을 악화시킨다. 반대로 인생의 희로애락을 함께 나누는 친구들이 많고 그 친구

---

2) 카페나 블로그 등에서 좋은 글로 널리 공유되고 있어 소개한다.

들과 보내는 시간이 많을수록 스트레스가 줄며, 더 건강한 삶을 유지하였다는 것이다.

그렇다면 '참 좋은 친구'란 어떤 사람인가? △환경이 좋든 나쁘든 늘 함께 있고 싶은 사람이다. △문제가 생겼을 때 상의하고 싶어지는 사람이다. △마음이 아프고 괴로울 때, 의지하고 싶은 사람이다. △슬플 때 기대어서 위로받을 수 있는 어깨를 가진 사람이다. △내가 실수했다 하더라도 조금도 언짢은 표정을 하지 않는 사람이다. △갖고 있는 작은 물건이라도 즐겁게 나누어 쓸 수 있는 사람이다.

이제 인생 100세 시대가 현실이 되어 가고 있다. 장수는 과학과 의술이 가져다 준 선물이지만, 사람에 따라서는 끔찍한 비극이 될 수 있다. 운 좋게 60세에 퇴직한다 해도 40년을 더 살아야 한다. 적당한 경제력과 건강이 받쳐주지 않으면, 그 긴 시간은 삶의 고통이 될 수도 있다.

물론 돈과 건강을 가졌다고 모두가 행복한 것은 아니다. 부와 지위가 정점에 있던 사람들조차 스스로 몰락하는 일을 우리는 종종 보게 된다. 서로 아끼고 사랑하는 인생의 동행자들이 없다면, 누구든 고독한 말년을 보낼 각오를 해야 한다. 그래서 '우테크'가 필수적인 시대다.

사람들은 '재(財)테크'를 위해 많은 시간과 노력, 돈을 투자한다. 재테크에 바쳤던 일부의 열정을 할애해 세상 끝까지 함께 할 인생의 동행자, 친구를 만들어야 한다. 우리는 지금껏 앞만 보고 달려오느라 공부 잘하는 법, 돈 버는 법에는 귀를 쫑긋 세웠지만 '참 좋은 친구'를 사귀는 법은 매우 등한시해 왔다.

'우(友)테크'는 행복한 인생 여행을 위한 동행자를 만드는 기술이다. 즉 행복하게 사는 인생의 필수전략이다. 모든 일의 성공을 위해서는 자기혁명이 절대적이다. 자기혁명을 통해 행복한 우테크를 터득해야 한다. 그렇다면,

무엇을 어떻게 해야 할까? 행복한 인생 여행을 위한 5대 우테크 전략을 소개한다.

첫째는 먼저 연락하고 커피를 사라. 우테크는 재테크처럼 시간과 노력을 들여야 성공할 수 있다. 많은 공을 들이면 그만큼 성공 확률도 높아진다. 우연히 마주친 친구와 막연히 '언제 한번 만나자'는 말로 돌아설 것이 아니라, 그 자리에서 식사 약속을 잡아라. 아니면 그 다음날 전화나 문자로 먼저 연락해야 한다. 이것이 행복의 시작이다.

둘째는 봉사단체를 만들어 '총무' 직책을 맡아라. 행복은 조건 없이 봉사하는 데 있다. 봉사단체를 만들어 봉사를 하면 더 돈독해진다. 특히 총무를 맡아야 한다. 행사를 기획하고 날짜와 시간을 조율하며 회비를 걷는 일은 성가시다. 그러나 귀찮은 일을 묵묵히 해낼 때, 좋은 친구들이 늘어난다.

셋째는 젊은 친구들을 많이 만나라. 젊은 친구들과 함께 영화도 보고 산행도 함께하면 좋다. 자기 나이보다 스무살 이상 어린 사람도 언제나 존댓말로 대하고 혼자서만 말하지 말아야 한다. 가끔은 피자를 쏘며 젊은 세대들을 이해하고 공감해야 더 젊게 살 수 있다.

넷째는 인간적인 매력을 유지하라. 항상 반짝반짝하게 잘 씻고 가능하면 깨끗하고 멋진 옷을 입어라. 동성끼리라도 매력을 느껴야 참 좋은 친구 관계가 유지된다. 후줄근한 모습을 보면 내 인생도 함께 서글퍼진다. 육체적 아름다움만 매력이 아니다. 끊임없이 책도 읽고, 영화도 보고, 새로운 음악도 들어야 매력 있는 대화 상대가 될 수 있다.

다섯째는 '우테크' 1순위 대상은 배우자와 가족, 형제와 친척이다. 가족 간 화목해야 만사형통이다. 가장 많은 시간을 보내는 집안에 원수가 산다면 그것은 가정이 아니라 지옥이다. 특히 배우자를 영원한 삶의 동반자로 만들기 위해 우선 배우자의 건강을 잘 살펴야 한다. 자다가 침대에서 떨어져도 모르면 큰일이다. 공동의 관심사를 갖기 위해 같은 취미를 갖는 것도 중요하다.

모든 인생은 아름답고 행복해야 한다. 그러려면 먼저 상대방을 배려하고 존중해야 한다. 나와 다름과 차이를 인정해야 한다. 자기중심적으로 생각하고 판단하면 갈등이 생긴다. 늘 모든 것을 받아들이는 바다 같은 포용심을 갖고 행복한 삶을 주도해 나가야 한다. 나 자신이 먼저 바뀌어 먼저 좋은 친구가 되어야 한다.

chapter 2

나누고 베풀고 감사하라

진정한 인생 성공의 요건

사람은 누구나 행복을 꿈꾼다. 어떻게 보면 행복한 삶이 인생의 목적이라고 할 수 있다. 그래서 많은 사람들은 행복을 찾기 위해 다양한 일을 한다. 그러나 행복은 쉽게 만날 수 없다. 그렇다면 진정한 행복은 어디에서 찾아야 할까? 바로 베풀고 감사하는 삶이라고 할 수 있다.

진정으로 성공한 사람의 가장 큰 특징은 무엇일까? 그것은 베푸는 것이다. '다른 사람을 먼저 생각하는 사람'은 더 성공할 가능성이 높다. 그리고 더 행복할 가능성이 높다. 베풀 줄 모르고 자기만 아는 사람은 결코 성공할 수 없다. 성공은 주변 사람들의 뜨거운 성원과 지지가 있어야 한다.

미국 와튼스쿨 조직심리학 교수인 애덤 그랜트(Adam M. Grant)는 그의 저서 《기브 앤 테이크(Give and Take)》(2013년)에서 "주는 사람이 성공한다"는 가설을 세우고 수많은 사례를 통해 입증하였다. 그는 '독한 놈이 성공한다'는 비즈니스의 오랜 명제는 틀렸다고 반박한다. 그리고 '양보하고, 배려하고, 베풀고, 희생하고, 조건 없이 주는 사람'이 성공 사다리의 맨 꼭대기에 오른 다는 것을 증명했다.

그랜트 교수의 좌우명은 '남을 돕는 것'이다. 그가 하루 중 가장 많이 하는 말은 "내가 뭐 도와드릴 일이 있을까요?"라고 한다. 그랜트 교수의 생활신조는 '도움이 되는 것(helpfulness)'이다. 그는 자신에게 수상 기회가 오면 항상 다른 사람을 추천하기도 한다. 심지어 생전 보지 못한 사람들에게도 성심껏 도움을 준다.

그랜트 교수에게 '남을 돕는 일'은 시간낭비가 아니다. 오히려 생산성과 창의성 증대를 자극하는 동기부여 요소로 작용했다. 그는 돕는 행위를 통해 젊은 나이임에도 자신의 분야에서 큰 성과를 얻을 수 있었다. 그랜트 교수는 스스로가 남을 진정으로 도움으로써 성공의 정상에 오른 것이다. 그리고 그는 자신처럼 남에게 친절과 도움을 베푼 사람들이 더 성공했다는 수많은 사례를 찾아 입증해냈다.

사람들은 흔히 성공하기 위한 요건으로 타고난 재능, 피나는 노력, 결정적인 운이 따라줘야 한다고 말한다. 보통 이것을 인생 성공의 3대 요건이라고 생각한다. 그러나 진짜 성공은 이들 3대 요건이 아니라 '타인과의 상호작용'이라는 특별한 요건이 있어야 한다. 다시 말하면 성공의 가장 큰 요건은 '남에게 베풀고 감사히 여기는 것'이다. 이것은 기존의 생각을 전면 뒤집는 것이다.

남에게 선을 베풀어 자기의 생명을 구한 사례도 많다. 이탈리아의 녹색 트럭 운전사 루이지는 2018년 8월 14일 최소 39명 사망자와 부상자 15명을 낸 이탈리아 북부 제노바 '모란디 다리 붕괴 사고'에서 극적으로 살아남았다. 이 사고는 고속도로 구간 중 모란디 다리 200m 구간이 무너져 내리며 일어났다. 무너진 다리 밑에 10~20명이 매몰돼 있어 세계적 이목을 집중시켰다.

붕괴사고 현장에서 다리가 끊긴 낭떠러지 끝에서 간신히 멈춰선 루이지의 녹색 트럭이 사진에 잡혀 사람들의 시선을 끌었다. 영국 매체 〈더 선(The Sun)〉은 당시 상황을 현지 언론을 인용해 생사의 갈림길에서 극적으로 살아난 루이지의 사연을 소개했다.[1]

루이지는 "한 승용차가 내 트럭을 앞질러 가는 바람에 충돌을 피하기 위해 양보하고 급하게 브레이크를 밟았다. 그 순간 (나를) 추월한 승용차가 다리 밑으로 떨어졌다"고 언론에 밝혔다. 루이지는 또 "이 사고를 목격하면서 놀라 멈춰 설 수 있었다. 죽음을 눈앞에서 마주한 순간이었다"며 당시의 아찔했던 순간을 털어놨다.

붕괴된 다리 앞에서 멈춰선 녹색트럭. 〈출처: JTBC화면 캡처〉

루이지는 "다리가 무너진 것을 알고는 조금 후진한 뒤 문을 열고 도망쳤다"고 덧붙였다. 루이지는 당시 워낙 다급한 상황이라 트럭의 시동을 켜 놓은 채 대피했다. 만약 루이지가 양보하지 않고 오히려 속도를 더 냈더라면 두 사람의 운명이 바뀌었을 것이다.

더구나 녹색트럭을 뒤따르다 이 상황을 목격한 또 다른 트럭 운전사 아피피 이드리스는 "승용차 추월로 녹색트럭이 속도를 늦추는 바람에 나 역시 사고를 피할 수 있었다"며 "녹색 트럭 운전사(루이지)는 세상에서 가장 운

1) 《조선일보》, 2018년 8월 17일.

이 좋은 사람"이라고 말했다. 루이지가 세상에서 가장 운이 좋은 사람이 아니라 루이지 덕택에 살아난 아피피 이드리스라고 해야 맞을 것이다.

트럭운전사 루이지가 겪었던 것처럼 삶과 죽음은 늘 우리 주변에서 서성거리고 있다. 언제 어느 때 죽음의 사자가 와서 데려갈지 아무도 모른다. 다리 붕괴로 사망한 39명도 바로 조금 전까지는 다리위에서 무슨 일이 일어날지 전혀 모른 채 콧노래를 부르며 운전한 사람도 있었을 것이다.

40대의 한 아버지는 세 식구가 떠난 여행길에서 사고가 나기 몇 시간 전에 단란한 가족사진을 소셜미디어에 올리기도 했다. 고향 페루를 떠나 이탈리아에서 일하던 20대 청년은 여자 친구와 함께 변을 당하기도 했다. 어떤 사람은 차와 함께 다리 밑으로 떨어졌지만 크게 다치지 않은 사람도 있었다.

루이지가 죽음의 문턱에서 살아난 것을 어떻게 해석해야 할까? 일단 표면적인 이유는 양보, 배려의 덕택이라고 해야 할 것이다. 다시 말하면 루이지는 남에게 양보함으로써 이 세상에서 가장 고귀한 자신의 생명을 구한 것이다. 이처럼 양보와 배려는 남을 위한 것이기도 하지만 실제는 자기 자신을 위한 것이다.

우리는 루이지처럼 남에게 배려하여 목숨을 구한 이야기를 많이 알고 있다. 선을 행하는 것은 결국 자기구제다. 서두르면 낭패를 본다. 늘 여유를 갖고 남을 배려하며 선한 삶을 살아야 할 것이다. 이것이 축복의 통로이고 오래 사는 비결일 수 있다. 행복은 멀리 있는 것이 아니다. 나누고 베푸는 작은 배려가 최고의 행복이다.

나눔과 베풂으로 만드는 천국

나누고 베푸는 삶은 왜 중요한가? 나눔과 베풂은 모든 종교가 가장 중요시하는 덕목이다. 사람은 모두가 더불어 함께 잘 살아야 한다. 이것이 천국이나 낙원과 같은 지상의 행복공동체다. 행복공동체가 잘 유지되려면 필수적으로 나눔과 베풂이 있어야 한다. 또한 사람 자신도 나누고 베풀어야 행복해지는 속성이 있다. 그러므로 우리의 모든 활동의 귀결은 나눔과 베풂을 통해 더 행복한 공동체가 되게 하는 데 있어야 한다.

기독교에서는 '나눔'을 강조한다. 나눔은 평화, 평강의 원천이다. 사회적 약자를 배려하고 상생과 공영의 출발이 바로 나눔이다. 사람은 모두가 함께 살아야 더 행복해진다. 이를 위해서는 나눔이 절대적이다. 나눔이 없는 세상은 지옥, 그 자체다. 천국과 같은 삶을 희망한다면 모든 것을 함께 나누어야 한다.

나눔은 행복이다. 그리고 성공의 힘이다. 나눔의 형식은 다양하다. 음식, 옷, 재능, 재물, 시간 등 무엇이든지 이웃과 함께 나누면 서로 행복해진다. 서로가 행복하면 그 사람이 잘 되도록 돕는 것이 인지상정이다. 그러므로 행복하고 성공하려면 반드시 나눔을 실천해야 한다. 그래서 기독교에서는 나눔을 특별히 강조한다.

기업도 사회적 책임을 다하고 지속 가능한 성장을 하려면 '나눔경영'을 해야 한다. 기업은 이익만을 추구하는 영리집단이라는 기존의 이미지에서 탈피해야 한다. 항상 어려운 이웃과 함께하는 기업이라야 생존하게 된다. 소비자와 생산자는 동반자요, 동행자다. 소비 없는 생산은 불가능하다. 기업이 더 나은 미래를 꿈꾼다면 반드시 나눔경영을 실천해야 할 것이다.

불교는 베푸는 종교, 즉 자비의 종교다. 불교에서는 자기와 자기 가족의 행복을 위해서는 베풀어야 한다고 강조한다. 풍족하게 살았음에도 남에게 베풀지 않으면 그 업보는 고스란히 자신에게 돌아온다. 즉, 죽은 후에 지옥에 떨어져 어떤 것도 먹거나 마시지 못하는 '아귀(먹지 못하는 귀신)'가 된다는 것이다.

불교에서 수행자는 철저한 무소유의 정신으로 오직 수행에만 전념한다. 수행자가 세상에 존재한다는 것은 진리가 이 세상에서 생명을 이어가는 것과 같다. 이들이 수행하는 데에 어려움이 없도록 돕는 것은 바로 진리의 생명을 지키는 일이다. 이 때문에 수행자를 돕는 것은 곧 진리를 수호하기 위해 베푸는 것이 된다. 공양물을 바쳐 공덕을 쌓는 것도 같은 이치다.

부처님은 또한 수행자에 대한 베풂(보시)만을 강조하지 않는다. 사람이라면 당연히 남에게 베풀어야 한다고 말한다. 열심히 땀 흘려 일해서 돈을 벌어 스스로는 풍요로운 삶을 영위하고, 동시에 늘 주변에 베풀고 살라고 누누이 강조한다. 불교에서 보시는 행복을 불러오는 주문이다. 반대로 보시하지 않으면 인과응보로 불행을 자초하게 된다.

이웃과 세상을 향해 마음을 다해 나누고 베푸는 삶은 영원한 행복의 길이다. 살아서 행복함은 물론 죽어서도 천국으로 가게 될 것이다. 그러므로 살아 있을 때 탐욕과 인색을 버리고 이웃과 힘을 합쳐 선한 세상을 만들어 나가야 한다. 살아 있는 동안에 자기가 내뱉은 말과 은연중에 버린 말들로 상처를 입은 사람들에게 회개와 참회를 해야 한다. 나눔과 베풂을 통해 천국에 복을 쌓아 진정한 자기구제의 영원한 행복을 누려야 할 것이다.

감사로 여는 축복의 문

감사란 고마움을 나타내는 마음과 인사다. 사람과 사람을 아름답게 연결해 주는 것은 무엇일까? 바로 감사다. 감사하는 마음과 행동이야말로 인간사회를 감동으로 만든다. 사람은 어느 누구도 모든 것을 다 할 수 없다. 그래서 살아가기 위해서는 많은 것들이 필요하다. 자기에게 도움을 주는 모든 것에 감사해야 한다.

우리가 공기가 없으면 살 수 있을까? 아마도 5분을 채 넘기지 못할 것이다. 이렇게 인간은 매우 취약하다. 공기에게 한없는 감사를 해야 할 것이다. 그러나 많은 사람들은 공기의 감사함을 느끼지 못하고 있다. 공기가 오염되거나 숨을 쉴 수 없게 된다면 공기의 감사함을 알게 될 것이다.

비단 공기만 그런 것이 아니다. 물, 밥, 옷 등은 물론 책, 집, 나무 등 모든 것이 감사의 대상이 된다. 그리고 아버지, 어머니, 형제와 자매, 모든 이웃들도 참 감사한 사람들이다. 이 모든 것들 때문에 내가 세상에 존재하고 살아갈 수 있다. 내가 살아가는 동안 필요한 것들을 아낌없이 채워준다. 이어찌 감사하지 않을 수 있을까?

물론 개중에는 나에게 고통과 상처를 주는 것도 있다. 그러나 면밀히 따지면 나의 시련과 역경은 나의 어리석음에서 비롯되는 경우가 많다. 내 자신이 좀 더 현명했더라면 상처를 입지 않았을 것이다. 그리고 그들을 원망하거나 증오하게 되지 않을 것이다. 내가 지혜롭게 대처해야 상처를 입지 않고 이로 인해 타인을 원망하지 않게 된다.

'믿는 도끼에 발등 찍힌다'는 속담이 있다. 한 치의 의심도 없이 믿었던 사람에게 어처구니없이 배신을 당하거나, 아무 염려 없이 꼭 이루어질 거라고 굳게 믿고 있던 일을 그르치게 되었다는 뜻이다. 아무리 잘 알고 믿음이 있더라도 잠깐의 부주의나 실수로 큰 피해를 볼 수 있으니 항상 조심하라는 교훈을 담고 있다.

도끼로 발등을 찍히면 굉장히 아프다. 마찬가지로 믿었던 사람에게 배신을 당한다면 그 충격과 고통은 정말 크다. 이 경우 상대방의 잘못인가, 아니면 나의 잘못인가? 어느 일방만이라고 할 수 없는 경우가 많다. 문제는 내발등이 찍혀 내가 엄청 아프다는 사실이다. 내가 아프지 않고, 상처 받지 않으려면 세심한 주의가 요구된다. 남을 원망해야 나만 손해다.

설령 믿는 도끼에 발등 찍혔다고 해도 값비싼 수업료를 지불했다고 생각하고 교훈으로 삼고 감사히 여겨야 한다. 성경에서는 시련과 고통을 당해도 감사하라고 했다. 어려움을 이겨내면 좋은 일이 생기게 된다는 의미다. 그러므로 오직 감사, 감사하며 사는 것이 축복의 인생이다.

감사는 행복의 문을 여는 열쇠다. 감사할수록 감사할 일이 더 늘어나는 것이 '감사의 법칙'이다. 우리는 행복해서 감사한 마음을 품는 것이 아니라 감사한 마음을 품어야 행복해진다는 사실을 경험해야 한다. 감사는 모든 것을 치유하고 기적을 일으킨다. 그러므로 자나 깨나 어디서나 감사해야 한다.

감사는 확실한 자기구제의 방법이다. 행복하고 싶거나 성공하고 싶으면 먼저 감사의 방법을 찾아야 한다. '감사일기'를 쓰면 엄청난 기적이 일어난다. '감사편지'를 쓰면 모든 일이 술술 풀린다. 감사는 세상과의 화해요, 새로운 출발의 동력이 된다. 감사의 표현은 구체적이고 감각적이어야 한다. 세상을 변화시키려면 감사로 무장하여 전진해야 한다.

chapter 3

또 다른 인생 도전을 시작하라

진정한 인생 승부 '제2의 인생'

제2의 인생이 시작되는 나이 60세가 의미하는 것이 무엇일까? 공자는 '이순(耳順)'이라고 했다. 《논어》'위정편(爲政篇)'에서 공자가 "60세부터 귀에 들리는 모든 소리를 이해한다"고 한 데서 나온 말이다. 이순은 학자에 따라 "말을 들으면 그 미묘한 점까지 모두 알게 된다"거나 "남의 말을 듣기만 하면 곧 그 이치를 깨달아 이해한다" 등 여러 가지로 해석하기도 한다.

어떻든 인생 60세가 되면 귀가 순해져 사사로운 감정에 얽매이지 않고 모든 말을 객관적으로 듣고 이해할 수 있다는 의미다. "어떤 말을 들어도 이해가 되고, 흔들리지 않게 된다"는 것이다. 사실 남의 말을 듣고 이해하고 귀가 순해진다는 것은 세상의 이치를 깨달았다는 뜻이다. 이는 거의 도인의 경지에 이른 것을 말한다.

그러나 우리 평범한 사람들은 60세가 되면 오히려 만감이 교차한다. 실제로 많은 사람들은 '현역'에서 물러나 제2의 인생을 살아야 한다. 어쩌면 진정한 인생의 시작, 새로운 삶의 시작이라고 할 수 있다. 모든 것을 자기 의지대로 할 수 있기 때문이다. 그래서 인생의 성공 여부는 젊은 날의 현역 때가 아니라 은퇴 이후의 새로운 삶이라고 할 수 있다. 진정한 인생의 승부가 60세 이후에 시작되는 것이다.

인생 60세가 되면 사람들은 크게 두 부류의 양상을 나타낸다. 한 부류의 사람들은 귀가 순해지는 대신 노여움이 많아지고, 서운함도 더 많이 느낀다. 그리고 쉬이 삐지고 상처를 잘 받는다. 진정한 어른이 되는 것이 아니라 오히려 철없는 어린애로 돌아가고 있다. 이는 공자가 말한 세상의 이치에 어긋나며 살아가는 것이다.

왜, 그럴까? 그것은 자기의 바뀐 자리를 깨닫지 못하고 고집하고 있기 때문이다. 지혜로운 사람은 환경변화에 잘 적응하고 유연하게 대처한다. 그러나 권위주의적이거나 자기중심적이면 외부와 자주 마찰을 하게 된다. 오히려 마음을 비우고 새로운 목표를 찾아나서는 것이 현명하다.

또 다른 부류의 사람들은 60세 이후 새로운 목표를 세우고 새로운 도전에 나선다. 인생의 진정한 황금기를 만들기 위해 주변을 점검하고, 마음을 다지고 출정을 선언한다. 실제로 나이 60세 이후에 성공한 사람들이 많다. 성공의 조건이 나이가 아니라 목표와 행동이라는 것을 증명해 보이는 것이다.

우리는 죽는 그 순간까지 영원한 현역으로 활동해야 한다. 100세 시대다. "이 나이에 무슨?"이라고 하며 현실에 안주해서는 안 된다. 도전과 열정으로 자기혁명을 통해 위대한 인생을 창조할 필요가 있다. 생을 다하는 그날까지 겸허한 자세로 저 높은 고지를 향하여 촛불을 들고 나아가야 할 것이다.

60세 이후에 꿈을 성취한 사람들

그러면 60세 이후에 새로운 목표와 새로운 도전으로 위대한 삶을 개척한 사람들을 찾아보자. 커넬 샌더스(Colonel Harland Sanders:1890년 9월 9일~1980년 12월 16일)는 66세에 외식전문업체 KFC를 창업하여 세계적 기업으로 키웠다.[1] 그는 "훌륭한 생각, 멋진 아이디어를 가진 사람은 무수히 많다. 그러나 그것을 행동으로 옮기는 사람은 드물다. 나는 남들이 포기할 만한 일에도 결코 포기하지 않았다. 포기하는 대신 무언가 해내려고 애썼다"고 밝혔다.

샌더스는 불우한 어린 시절, 그리고 수많은 실패 등 평생 고난과 역경의 삶을 살았다. 그는 6세 때 아버지가 돌아가셨다. 어머니가 일을 하는 동안 어린 동생들을 돌보며 종종 요리를 했다. 10세 때부터 농장에서 일을 했다. 12세 때 어머니가 재혼하여 혼자 나와 살게 되었다.

샌더스는 어린 시절 보험 판매원, 타이어 영업 사원, 주유소 직원 등 여러 가지 힘든 일을 했다. 22세 때 어렵게 시작한 램프 제조 판매업이 망했다. 이후 힘든 직장생활에도 열심히 저축한 돈과 퇴직금으로 39세에 미국 켄터키 주의 코빈이라는 작은 도시에 조그만 주유소를 차렸다. 그러나 대공황으로 인해 또 다시 전 재산을 날려버렸다.

샌더스는 나눔과 베풂을 토대로 고객 만족 극대화 경영을 하였다. 비록 첫 주유소 사업이 망했지만 주변의 도움으로 40세 때 다시 주유소를 경영하게 되었다. 어느 날 주유소에 들른 한 손님이 "코빈에는 마음에 드는 식당이 하나도 없네!"하고 투덜대는 소리를 들었다. 샌더스는 순간 식당을 차려야겠다는 생각을 했다. 요리는 어릴 때부터 해 와서 나름 자신이 있었다. 그는 자신이 경영하는 주유소 뒤에 있는 작은 창고를 개조해 식당을 개업했다.

1) http://koinespirit.tistory.com/314 (검색일: 2018년 8월 2일)

식당을 개업한 지 2년이 지나자 맛있는 음식점이라는 입소문이 널리 퍼지면서 앉을 자리가 없을 정도로 장사가 잘 되었다. 나중에는 주유소를 없애고 식당을 확장해 본격적으로 요식업에 뛰어들었다. 사업은 날로 번창했다.

그러나 얼마 후 또 위기가 찾아왔다. 그 지역에 고속도로가 생겨나면서 그의 식당이 있던 마을은 고속도로 반대편으로 이주하

KFC 창업자 커넬 샌더스. 〈출처: KFC〉

게 되었고, 샌더스의 식당은 마치 외딴섬처럼 고립되었다. 결국 손을 써 볼 틈도 없이 경매에 넘어갔다. 샌더스는 수중에 돈 한 푼 없는 알거지가 되었고, 당시 정부가 빈민들에게 베풀어 주는 사회 보장 프로그램에 신청을 해서 받은 105달러가 전부였다. 이때 그의 나이 66세이었다.

하는 사업마다 망한 절망감과 충격으로 샌더스는 정신병까지 앓게 되었다. 그리고 사랑하던 아내마저도 그를 떠나 버리게 되었다. 도무지 어떻게 해야 할지 알지 못하고 낙심 속에 괴로워했다. 샌더스는 우연하게 교회가 나가 기도하고 힘과 지혜를 얻었다. 그리고 다시 용기를 내어 새로운 인생에 도전했다.

샌더스는 자신의 특기를 살려 11가지 치킨 양념 비법을 개발했고, 투자자를 찾아 나섰다. 낡은 트럭을 끌고 미국 전역을 돌며 이 양념을 사줄 식당을 찾아 나선 것이다. 무려 3년에 걸쳐 1,008개의 식당에서 거절당했다. 그런데 1,009번째 방문한 식당에서 '예스'라는 대답을 들었다. 그리고 새로운

역사가 시작되었다. 샌더스는 이 식당을 출발점으로 전 세계에 3만개 이상의 매장을 가진 KFC(Kentucky Fried Chicken)가 본격화된 것이다.

샌더스는 그의 나이 66세에 105달러로 새 출발을 하여 세계적 외식전문기업으로 키운 것이다. 그는 3년을 준비하고 1,009번째 방문하여 투자자를 겨우 찾은 끝에 새로운 인생을 시작했다. 그는 "나에게는 맛있는 치킨을 만들 수 있는 기술이 있고, 세상 사람들이 언젠가 이것을 알아줄 것"이라는 꿈을 가졌고, 개척의 삶을 살았다. 자신을 믿고 앞으로 전진하여 마침내 그 뜻을 이루었다.

샌더스는 "성공을 위한 기본 중의 기본은 열심히 일하는 것이다. 어떤 일을 할 땐 자기를 던져야 한다. 내가 쑥스러움, 거절, 때로 당하는 수모를 이겨낼 수 있었던 원동력은 자신감, 절대적인 자신감이었다. 나는 된다, 이건 된다. 나는 내 치킨 맛에 자신이 있었다." 그는 성공 이후 가난하고 불쌍하고 소외된 수많은 사람들을 도왔다. 그리고 90세에 세상을 떠났다.

샌더스 이외에도 제2의 인생이 시작되는 60세 이후에 새로운 도전으로 꿈을 성취한 사람들이 수없이 많다. 맥아더 장군은 61세에 현역으로 복귀했고, 69세에 한국전쟁을 총지휘했다. 만델라는 72세에 석방되어 세계적 지도자가 되었다. 피카소는 75세 이후에 세계 미술계를 제패했다. 괴테는 80세가 넘어 걸작《파우스트》를 썼다. 그리고 미켈란젤로는 80세가 넘어 최고의 작품을 만들었다.

이제 100세 시대다. 나이는 분명 숫자에 불과하다. 2016년 도널드 트럼프는 70세에 공화당 후보로 미국 대통령 선거에 출마하여 69세인 힐러리 클린턴 민주당 후보를 꺾고 대통령에 당선되었다. 2020년 77세가 되는 조 바이든 전 부통령, 79세가 되는 버니 샌더스 상원의원 등이 민주당 후보로 차기 대선 출마를 준비하고 있다. 이렇게 되면 미국 역사상 처음으로 첫 '70

대 대권 대결'이 성사될 가능성이 높다.[2]

삶에서 가장 중요한 것은 나이나 환경이 아니라 목표를 세우고 실행하는 것이다. 이것이 성공의 대전제다. 예일대에서 1953년 법대생을 대상으로 한 프로젝트를 진행하였다. 그것은 학생들에게 자기의 목표를 적게 하는 것이었다. 97%의 학생들은 목표를 적지 않거나 무시했다. 3%의 학생만 목표를 구체적으로 적시했다.

20년 후인 1973년에 그 학생들의 변화상을 추적했다. 그 결과 놀라운 사실을 발견했다. 목표를 구체적으로 쓴 3%의 학생들의 총수입이 나머지 97%의 학생들의 수입의 합보다 더 많았다는 사실이다. 결국 목표를 구체적으로 적고 행동하면 더 크게 성공한다는 법칙을 만들어낸 것이다.

나이가 많다고 스스로를 '감옥'에 넣지 말아야 한다. 도전하고 또 도전하는 것이 인생이다. 장애물은 없다. 오직 하나가 있다면 그것은 마음의 벽뿐이다. 모든 한계를 극복하고 꿈을 이루는 삶, 이것이 위대한 자기혁명가의 길이다. 모든 시련과 역경을 극복해야 아름다운 열매가 열린다는 것을 명심해야 한다.

죽지 않고 영원히 승리하는 삶

사람은 다른 동물과 달리 4개의 보물을 갖고 있다. 그것은 인성, 지성, 창성, 영성이다. 사람마다 정도의 차이는 있지만 이 4개의 보물을 어떻게 개발하고 활용하느냐에 따라 행복과 성공이 좌우된다. 미래는 사람과의 경쟁보다는 초지능 로봇과 경쟁하게 될 것이다. 이에 따라 이들 4개의 보물을 잘 활용해야 할 것이다.

---

2) 《동아일보》, 2018년 9월 5일.

인성은 나를 사랑하고, 남을 이해하며, 함께 사람중심의 더 나은 미래를 만들어가는 태도다. 지성은 자연과 사회의 역사와 현상, 인과 등을 분별하는 기능이다. 창성은 변화와 혁신으로 새로운 것을 만들어 내는 의지다. 영성은 초자연적 깨달음을 통해 인간의 완전한 자유와 해탈의 경지에 도달하는 정신이다.

인간의 원초적 본질은 영성을 통해 참 자유를 얻는 것이다. 성경은 하나님이 생명이요, 진리라고 선언하고 있다. 즉 기독교에서는 하나님을 통해서만 참 자유를 얻을 수 있다. 불교에서는 참된 득도를 통해 해탈의 경지에 이를 수 있다. 공자도 "아침에 도를 깨달으면 저녁에 죽어도 좋다"고 말했다.

인간은 기본적으로 영적 존재다. 동물이나 식물과는 차원이 다르다. 그러나 많은 사람들은 그저 탐욕적, 본능적 삶에 허우적거리다 생을 마감한다. 이러한 삶은 허무하고 또 허무하다. 그저 '먼지' 같은 삶이다. 흔적도 없이 사라지는 그러한 인생이다. 인간이 만물의 영장인 이유는 본능적 삶에서 벗어나 사랑을 통해 더 나은 미래를 창조하는 데 있다.

불교에서는 인간의 윤회설을 이야기하고 있다. 끊임없이 생명의 순환이 이루어진다는 것이다. 선한 삶을 살면 후손들이 복을 받고 내세의 삶도 더 나을 것이라고 말한다. 인과응보다. 성경에서도 '뿌린 대로 거둔다'고 강조하고 있다. 어떻게 보면 종교에서 말하는 행복한 삶, 꿈을 이루는 삶은 뿌린 대로 거두는 삶일 것이다.

즉 행복과 불행, 성공과 좌절, 천국과 지옥 등 모든 것은 자기가 만드는 것이다. 그러므로 행복한 삶, 성공한 인생, 천국의 영생 등은 모두가 자신이 생각과 말로 뿌리고 키우는 것이다. 한 사람의 삶에는 온 우주가 작용한다. 그가 행복과 성공을 꿈꾸면 우주 전체가 그 꿈이 현실이 되도록 움직인다. 누구나 기도와 간구로 구하면 하나님도 응답한다고 약속했다.

사람은 대개 울면서 태어나고, 고통 속에서 죽어간다. 태어나는 것은 어찌할 수 없다. 그러나 죽을 때까지의 모든 시간은 하나님이 나에게 준 보물이다. 모든 사람들에게 하루 24시간, 1년 365일을 공평하게 주었다. 이 소중한 시간들을 어떻게 사용하느냐에 따라 죽음의 빛깔은 달라진다. 큰 꿈을 갖고 위대한 생각과 말로 뿌리고 가꾼다면 반드시 '위대한 인생'이 될 것이다.

특히 삶에서 가장 중요한 것은 자기혁명을 통해 자기의 삶을 완전히 주도하는 것이다. 이 세상의 모든 것들은 나를 위해 존재하는 것이다. 그러므로 자신과 주변과 좋은 관계를 맺고 삶을 주도해 나가야 한다. 참된 자유의 삶이 되기 위해서는 철저히 자기 주도적 삶을 창조해야 한다. 이를 위해서는 인성은 물론 지성과 창성, 그리고 영성을 심화시켜 나가야 한다.

내가 어디에 있든지, 신분이 무엇이든지 간에 늘 당당해야 한다. 어떤 상황에서도 절대 기죽지 말아야 한다. 구차하게 변명하거나 구걸하지 말아야 한다. 늘 자신을 강하고 담대하게 단련시켜야 한다. 쇠는 불이라는 역경에서 담금질 되어야 더욱 단단해 진다. 인간 자신도 역경을 거쳐야 강한 내공을 터득한다. 고난과 고통을 두려워 말아야 한다.

담대하게 도전하라. 두려워말고 앞으로 전진하라. 삶을 주도하라. 모든 시간을 지배하라. 이것이 자신의 삶을 행복하고 성공하게 만드는 비결이다. 그러나 준비하지 않고, 실력을 갖추지 않고, 주변 여건을 만들어 놓지 않고 행하면 필패한다. 부모한 짓이다. 이것은 비극도 아니다. 오히려 아주 추한 삶이다.

삶은 어찌 보면 관계다. 우선 자기와의 관계다. 나를 사랑해야 한다. 강한 자기애를 가져야 한다. 나를 사랑하지는 않고는 그 무엇도 사랑할 수 없다. 이를 위해서는 12개의 내공을 쌓아야 한다. 긍정, 당당, 도전, 리더, 기도, 회개, 혁신, 여유, 인내, 주도, 자존, 책임 등을 하나하나 마스터해야 한다.

둘째는 타인과의 관계다. 나는 홀로 살 수 없다. 작게는 가족, 학교나 직장 동료 등 수많은 관계와 관계 속에서 살아간다. 행복하고 성공하려면 모든 사람들과 좋은 관계를 만들어 나가야 한다. 이를 위해서도 12개의 내공을 쌓아야 한다. 경청, 관용, 배려, 예의, 위로, 유머, 이해, 존중, 칭찬, 협동, 효도, 친절 등의 태도를 견지해야 한다.

셋째는 공존의 관계다. 함께하는 모든 것과 더 나은 미래를 창조해야 한다. 모두가 다 함께 잘 사는 평화공영의 세상을 만들기 위해 모든 것과 함께해야 한다. 이를 위해서도 12개의 내공을 쌓아야 한다. 감사, 공존, 공평, 나눔, 사랑, 생명, 소통, 용서, 자연, 진심, 평화, 화해 등을 추구해야 한다.

우리는 그냥 빈손으로 왔다가 빈손으로 떠나가는 나그네가 아니다. 더구나 '트러블 메이커'가 되어 세상을 혼탁하고 더럽게 해서는 절대 안 된다. 우리가 이 땅에 온 목적은 무엇인가? 우리는 사랑을 실천함으로써 참된 평화세상을 만들기 위해 이 땅에 왔다. 이것은 위대한 자기혁명을 통해 실현해야 할 우리의 숙명이며 미션이다. 죽지 않고 영원히 사는 길이다.

우리는 세상을 바꾸기 위해 대한민국, 여기에 왔다. 세상을 바꾸려면 먼저 자기 자신을 바꿔야 한다. 위대한 자기혁명으로 내공을 극대화시켜 자기 완성을 이루어 내야 한다. 그렇지 않으면 세상에 휩쓸려 간다. 삶을 주도하는 것이 아니라 한평생 노예처럼 비참하게 끌려 다닌다. 돈과 명예, 권력이라는 세속적 허망함을 넘어 영원한 생명을 향해 정진해야 한다. 영원히 승리하는 삶을 살아야 할 것이다.

chapter 4

'위대한 나'를 기록한 책을 남겨라

위인들의 '불멸의 책'

"호랑이는 죽어서 가죽을 남기고 사람은 죽어서 이름을 남긴다"는 말이 있다. 사람은 누구나 죽는다. 사람이 죽으면 몸은 썩어 자연으로 돌아간다. 남는 것이 있다면 그 사람이 살아 있을 때 이루었던 업적과 이름뿐이다. 이름과 업적, 가치와 정신을 남기는 최고의 방법은 좋은 책을 펴내는 일이다. 그러므로 죽지 않고 영원히 살기 위해서는 자기 브랜드의 책을 만들어야 한다.

우리가 잘 알고 있는 역사적 위인들은 모두가 자기 브랜드의 '불멸의 책'을 펴낸 사람들이다. 인류 역사상 최고 브랜드의 책은 무엇일까? 바로《성경(聖經:the Bible)》이다. 예수는 성경으로 세상과 공존하고 있다. 비록 육신은 사라졌지만 성경으로 부활하여 이 세상에서 가장 강력한 영향력을 행사한다. 성경은 "거룩한 하나님의 말씀"으로 살아 역사하는 예수의 실존이다.

성경은 기원전 1,000년경으로부터 기원후 2세기에 이르는 동안에 기록된 구약(39권), 신약(27권) 총 66권의 책들의 묶음이다. 기록한 저자가 모두 30여명이고 그 내용과 형식, 부피도 각각 다르다. 그러나 성경은 "하나님께서 자신과 그 뜻하시는 바를 인류에게 계시해 주신 영감의 기록"이라는 점은 같다(딤후 3:16). 이는 사실상 성경의 실질적인 저자가 하나님(예수)임을 의미한다.

성경은 역대 최고의 베스트 셀러다. 지금까지 60억권 이상이 팔린 것으로 알려져 있다. 지금도 스테디 셀러로 계속 판매되고 있다. 성경은 사람들에게 커다란 위로와 용기, 힘을 준다. "△내게 능력 주시는 자 안에서 내가 모든 것을 할 수 있느니라(빌 4:13). △내가 너희에게 말하노니 무엇이든지 기도하고 구하는 것은 받은 줄로 믿으라. 그리하면 너희에게 그대로 되리라(막 11:24). △항상 기뻐하라. 늘 기도하라. 어떤 처지에서든지 감사하라(데 1:5)."

불교의 교조인 석가모니(釋迦牟尼:본명 고타마 싯다르타)는 탄생과 입멸 연대에 대해서는 이설이 분분하다. 세계불교우의회에서는 'B.C. 624~544년설'을 채택하고 있다. 중인도의 카필라(Kapila)국 아버지 정반왕과 어머니 마야부인 사이의 태자로 태어났다. 어머니 마야부인은 그가 태어난 지 칠일만에 세상과 이별했고, 그 후 이모인 마하파자파티에 의해 양육되었다. 성장하여 이웃 나라의 야쇼다라 공주를 태자비로 삼고 아들 라훌라를 낳았다.

그러나 석가모니는 평범한 왕자로서 일생을 살기보다는 삶의 근본 문제인 생로병사의 고통에서 영원히 벗어나는 길을 찾는 데 더 고민했다. 그러던 그는 29세가 되던 해의 어느 날 마침내 출가를 결행하였다. 출가한 뒤 6년여 동안 여러 스승을 찾아다니며 배우기도 하고 혹독한 고행도 해 보았다. 그러나 깨달음을 얻지 못하자 수행방법을 '중도(中道)'로 바꾸어 부다가야(Buddhagaya)의 보리수 아래에서 조용한 명상에 들었다.

눈을 감고 명상에 잠긴 지 7일 만에 드디어 깨달음을 얻게 된다. 그때 그의 나이는 35세였다. 수행자 고오타마 싯다르타가 마침내 대각을 이루고 '부처'가 된 것이다. 그 후 석가모니 부처는 45년 동안 인도의 각지에서 설법을 하며 불교 교단을 일으켰다. 노쇠해진 석가모니 부처는 80세가 되던 해에 쿠시나가라의 사라쌍수 아래에서 고요히 열반에 드셨다. 마지막 설법에서 부처는 "자신이야말로 등불이며 법이야말로 등불이다"라는 유명한 말을 남겼다.

불교는 신학이라기보다는 인간학에 가깝다. 부처는 "모든 괴로움으로부터 완전하고도 절대적인 해탈을 얻은 사람"이다. 나아가 그는 일체중생을 고통에서 건져 내고자 한량없는 지혜와 무한한 자비심을 나타내 보인 도덕적 완성자가 되었다. 여기서 부처는 '진리를 깨달아 아는 자'의 의미와 '그 진리를 뭇 중생들을 위해 널리 펴신 분'이라는 의미를 갖고 있다. 불교란 바로 그런 석가모니 부처님의 가르침을 믿고 실천하는 사람들의 신앙 양식이다.

석가모니 본인은 책을 쓰지 않고 이야기만 했다. 이 점은 예수나 공자와 비슷하다. 그러나 석자모니의 이야기를 나중에 제자들이 모여서 책으로 펴낸 것이 《불경》이다. 그러므로 석가모니는 불경을 저술했다고 보아도 될 것이다. 불경 중에 유명한 것이 아함경, 금강경, 반야심경, 지장경, 천수경, 법화경, 화엄경 등이 있다. 이들을 모두 모아 만든 것이 대장경이다.

몇 가지 석가모니 부처의 말씀을 들어본다. "△과거가 얼마나 힘들었던 간에 너는 항상 다시 시작할 수 있다. △고통이 너를 붙잡고 있는 것이 아니다. 네가 그 고통을 붙잡고 있는 것이다. △인생의 최고 목표는 다른 사람들을 돕는 것이다. 그런데 만약 네가 다른 사람들을 도울 수 없다면 최소한 해치지는 말라. △임금처럼 말하며 눈처럼 냉정하고 불처럼 뜨거워라."

중국의 고대 사상가로 유교의 시조인 공자는 《논어》란 책을 남겼다. 논어라는 책명은 공자의 말을 모아 간추려서 일정한 순서로 편집한 것이라는 뜻이다. 그러나 누가 지은 것인지는 분명치 않다. 편자에 관해서는 자하(子夏) 등 64제자설(六四弟子說) 등 그 밖에 많은 설이 있으나 확실치 않다. 공자와 그 제자와의 문답을 주로 하고, 공자의 발언과 행적 등이 담겨 있다. 유교의 경전으로 공자의 가르침을 전하는 대표적인 문헌이다.

"△어디를 가든지 마음을 다해 가라. △세 사람이 길을 가면 반드시 나의 스승이 있다. △저 골짜기에 흐르는 물을 보라. 그의 앞에 있는 모든 장애물에 대해서 스스로 굽히고 적응함으로써 줄기차게 흘러 드디어는 바다에 이른다. 적응하는 힘이 자유자재로워야 사람도 그에게 닥친 운명에 굳세어진다. △군자는 행위로써 말하고 소인은 혀로써 말한다." 공자의 금과옥조 같은 가르침이 오늘을 사는 우리들에게도 여전히 강한 울림으로 전해온다.

이밖에 이순신 장군은 《난중일기》, 조선 국난을 극복한 명재상 유성룡은 임진왜란 때의 상황을 기록한 《징비록》을 남겼다. 대한민국 임시정부 주석을 지낸 김구는 《백범일지》를 썼다. 이들 외에도 자기 뜻을 세우고 세상을 바꾼 수많은 자기혁명가들은 책을 펴냈거나 아니면 책의 주인공이 되었다. 따라서 영혼의 울림이 있는 책을 써서 시대를 초월한 세기적 브랜드로 영원히 사는 길을 가야 할 것이다.

책 쓰기의 성스런 과정

책은 일단 한 권을 펴내면 요령이 생긴다. 이로 인해 그 다음부터 책을 펴내는 것이 그리 어렵지 않게 된다. 무엇이든지 첫 도전이 중요하다. 이 세상에는 수많은 책이 있다. 하루에도 수백 권, 수천 권의 책이 쏟아진다. 곧장 쓰레기장으로 가는 것도 있고, 수많은 독자들의 심금을 울리는 것도 있다.

어떤 책을 펴내는 것이 좋을까? 모든 사람들의 꿈은 '불멸의 책'을 펴내는 것이다. 동서고전이 이 부류에 속할 것이다. 시대와 공간을 초월하여 누구에게나 읽힐 수 있는 책을 펴낼 수 있다면 얼마나 좋을까? 이것은 불가능한 일이 아니다. 세계의 명저 중엔 《성경》도 있고 《불경》도 있다. 공자의 언행을 기록한 《대학》도 있다.

명저를 쓰기 위해서는 먼저 다독(多讀), 즉 많은 책을 읽어야 한다. 책을 읽으면 세상의 문제가 보이고, 그 문제를 해결할 수 있는 지혜가 생긴다. 책은 세상의 문제를 해결하는 열쇠다. 책을 통해서 수많은 지혜로운 인물들을 만나고, 그들과 살아 있는 대화를 통해 삶의 방향을 얻게 된다. 지식과 지혜가 축적되어야 비로소 책을 쓸 수 있는 기본을 갖추게 된다.

둘째는 다사(多思), 즉 많은 생각을 해야 한다. 생각은 세상을 만들고, 세상을 바꾸는 근원이다. 생각은 행동을 만들고, 행동은 습관을 만든다. 그리고 습관은 운명을 바꾼다. 그러므로 모든 것을 바꾸려면 먼저 생각을 해야 한다. 보고, 듣고, 맛보고, 느끼고 하는 모든 것은 생각의 소재들이다. 위대한 자기혁명은 위대한 생각에서 출발한다.

셋째는 다작(多作), 즉 많은 글을 써야 한다. 책을 읽고, 많은 생각한 것들을 글로 직접 써보아야 한다. 글의 형식은 시나 소설, 수필 등 문학적 글이 있다. 그리고 시론이나 격문, 논문, 보고서 등 실용적 글이 있다. 좋은 글은 감동을 주고 힘을 준다. 사람을 깨어나게 하고, 행동과 전진을 명하기도 한다. 좋은 글은 세상을 바꾸고, 세상을 만드는 힘을 가지고 있다.

책 쓰기에서 가장 중요한 것은 무엇일까? 주제와 표현 방식이다. 주제는 글에 나타난 중심 생각, 사상이다. 작자가 말하고자 하는 핵심 내용이다. 그것은 평화, 인권, 자유, 평등, 환경, 사랑 등 다양하다. 인간은 위대한 사상과 생각에 목말라 하고 있다. 인간과 생명, 지속 가능한 미래를 위한 생각과 사상의 창조가 중요하다.

표현 방식은 주제를 잘 부각시키기 위한 서술기법이다. 그것이 시나 소설일수도 있고, 아니면 격문이나 논문일 수 있다. 각기 형식이 다르기 때문에 특별한 공부가 필요하다. 시를 쓰려면 시작법을 습득해야 한다. 마찬가지로 소설을 쓰려면 소설작법을 익혀야 한다. 이것은 해당 글을 수없이 접하게 되면 자연스럽게 터득할 수 있다.

그러나 대체로 모든 종류의 글은 서론-본론-결론의 3단계 구성법이나 기-승-전-결의 4단계 구성법을 갖추어야 한다. 소설이나 연극의 대본인 희곡, 영화의 대본인 시나리오는 발단-전개-위기-절정-해소 등 5단계의 구성법을 띠기도 한다. 모두가 다 '중심생각-주제'를 어떻게 하면 감동적으로 잘 전달할 것인가에 초점을 둔 것이다. 독자가 글을 읽었을 때 놀라운 감동을 받고 행동의 변화를 유발시켰다면 글은 일단 성공한 것이다.

여러 글들을 모아 놓은 것이 바로 책이다. 시를 모아 놓은 책이 시집이다. 소설을 모아 놓은 책은 소설책이다. 소설은 길이에 따라 단편소설, 중편소설, 장편소설로 구분하기도 한다. 대개 단편은 몇 편을 모아 한권의 책이 만들어진다. 장편소설은 한 권의 책으로 만들어지거나 아니면 여러 권의 책으로 발행되기도 한다.

따라서 수많은 문장들이 모여서 하나의 글이 되고, 이 글들이 모여 거대한 집합체인 한 권의 책이 된다. 책 쓰기의 출발은 하나의 문장에 있다. 좋은 책은 좋은 문장들이 수없이 생동하는 것이다. 명문이 많아야 좋은 글이 된다. 그러므로 좋은 책을 쓰기 위해서는 명문장가가 되어야 한다.

하나의 문장은 주어와 서술어의 결합으로 구성된다. 그리고 서술어에 따라 중간에 목적어나 보어가 들어가야 한다. 완벽한 주술구조가 갖춘 문장이 기본형이다. 이 기본 문장을 비유와 상징, 은유 등의 수사법을 동원하여 돋보이게 해야 한다. 특히 주옥처럼 뛰어난 표현 기법과 중심생각이 잘 드러나 있는 것이 명문장이다.

문장이 길다고 좋은 것이 아니다. 짧아도 뛰어난 사상과 감동적 표현기법이 내재되어 있으면 시공을 초월하는 명문장이 된다. 《성경》의 수많은 구절들 중에는 명문이 많다. 노예를 해방한 링컨 대통령의 게티즈버그 연설도 명문이다. 명문을 찾아 읽어보며 암송하거나 인용하는 것도 말과 글의 품격을 높이게 한다.

명문을 모아 놓은 책은 명품이 된다. 책을 쓰려면 적어도 명품을 써야 한다. 그래서 다작은 그리 권할 것이 못된다. 영혼을 담은 책 한 권이면 족할 것이다. 아무리 많아도 두 세 권이면 될 것이다. 유명한 사상가나 예술가라고 해도 우리가 기억하는 것은 한두 권밖에 되지 않음을 상기해야 한다.

다작을 해야 하는 직업적 글쓰기는 전혀 별개의 것이다. 다작은 틀에 재료를 넣고 대량생산하는 공장과 같다. 이러한 글쓰기는 전혀 권하고 싶지 않다. 이것은 자기혁명과 무관한 일이다. 위대한 자기혁명을 통해 자기의 꿈을 실현하고 세상을 가슴 뛰게 만들려면 땀과 눈물, 영혼이 담긴 책, 단 한권의 책이면 된다. 이러한 책은 역사와 시대, 그리고 미래가 갈구하고 있을 것이다.

자기 책을 꼭 남겨야 하는 까닭

역사는 기록이다. 개인이나 기업, 국가도 결국은 기록된 역사로 평가를 받는다. 개인의 경우 생전에는 별 각광을 받지 못했지만 사후에 높은 평가를 받아 큰 인물의 반열에 오른 사람들이 많다. 이들은 대부분 기록한 책으로 재평가를 받아 역사적 인물이 된 것이다. 그러므로 반드시 책의 형태로 기록을 남겨야 한다.

사람은 누구나 이 세상에 왔으면 적어도 한 권의 책을 남겨야 한다. 책을 쓰고 남기는 일은 '영원한 삶'을 위한 길이다. 기록은 삶의 흔적이고 살아 있는 역사다. 이 세상에 살면서 겪은 것들을 역사의 한 페이지로 남기는 것은 숭고한 의무다. 이 세상에 왔다가 아무런 흔적이 없다면 그것이야말로 허무, 그 자체가 아닐 수 없다.

호랑이는 죽어서 가죽을 남긴다. 그렇다면 사람은 죽어서 무엇을 남겨야 하는가? 자기의 모든 삶이 다 농축된 한 권의 책을 남겨야 한다. 모든 사람은 다 죽는다. 사람이 죽으면 그의 유품을 유족들이 하나하나 정리한다. 유품들은 대부분 태워 없어진다. 그래도 후손들이 버리지 않을 것이 있다면 삶의 최후 저서가 되지 않을까 한다.

한 사람의 인생은 온 우주다. 그가 사라지는 것은 우주의 일부가 사라지는 것이다. 엄청난 손실이 아닐 수 없다. 한 사람의 죽음과 함께 많은 것이 사라지게 된다. 이것은 인류적 손실이고 우주적 상처가 아닐 수 없다. 그러므로 반드시 한 권 이상의 책을 남겨야 한다. 이것이 별처럼 영원히 사는 길이다.

지금까지는 대체로 영웅이나 위인들만 책을 써 왔다. 이 세상에 태어난 사람들은 모두 영웅들이요, 위인들이다. 그러므로 성공한 사람들만의 전유물이 되어서는 안 된다. 숱한 고난과 질곡의 세월을 이겨온 위대한 삶을 기록해야 한다. 이에 모두가 자기의 살아 있는 위대한 역사서를 남겨야 한다.

자기가 쓰고 남긴 책은 나의 소중한 역사다. 책은 개인의 출생, 성장뿐만 아니라 도전과 좌절 등 인생을 담은 자기고백서가 되어야 한다. 각색하고 미화해서는 안 된다. 왜 성공했고, 무엇 때문에 실패했는지 후대에게 더 나은 삶이 되는 길잡이가 되도록 하는 것이 중요하다.

모든 삶은 가치가 있다. 그 가치를 기록한 책도 분명히 가치가 있어야 할 것이다. 책이 가치를 지니기 위해선 삶 자체가 열정과 도전, 좌절, 그리고 성공 등이 파노라마처럼 장대하게 펼쳐져야 한다. 남과 비슷한 삶은 의미가 없다. 무엇인가 색다른 것이어야 한다.

특히 성공한 인생을 만들기 위해서는 젊어서부터 미리 책 쓰기를 해야 한다. 은퇴하고 젊은 날을 회상하며 쓰는 책도 중요하지만 젊은 시절 청운의 꿈을 담은 책은 더욱 가치가 있다. 성공한 사람들의 특징은 무엇인가? 젊은 시절부터 끊임없이 자신의 꿈과 비전을 재설정하고 보완한다. 그래야만 목표가 명확해지고 계속해서 자신을 채찍질할 수 있기 때문이다. 이를 위한 방법으로 최고의 전략이 책을 쓰는 일이다.

책은 길이고, 희망이다. 책을 쓰는 것은 자기의 꿈을 점검하는 일이다. 자신의 인생을 절대 가볍게 여겨서는 안 된다. 이 세상에 단 하나뿐인 삶이다. 활자로 기록되어 책속에서 다시 부활하여 책과 함께 영생하게 된다. 평범했던 인생에 놀라운 변화가 나타날 수도 있다.

책 쓰기는 누구나 할 수 있는 일이다. 결코 작가나 출세자의 독점물이 아니다. 책을 써서 인생을 바꾼 사람들이 많다. 책을 쓴다는 것은 나를 찾는 여행이다. 책을 쓰면서 자기에게 질문을 던져야 한다. 나는 누구인가? 나의 강점과 약점은 무엇인가? 내가 가장 잘 하는 분야는 무엇인가? 내가 진짜 하고 싶은 일은 무엇인가? 등등 끊임없이 질문하고 답을 하는 과정이 바로 책을 쓰는 일이다.

책을 쓰는 일은 세상의 주인이 되는 것이다. 나 스스로가 모든 것을 지배하고 통제할 수 있다. 인생의 진정한 주인이 되고 싶으면 반드시 책부터 펴내야 한다. 10대도 좋고, 20대도 좋다. 가능하다면 일찍 책을 펴내는 것이 삶을 풍요롭게 한다. 나 자신의 이름을 걸고 책을 쓰는 일은 특별한 경험이다.

책은 머리나 가슴으로 쓰는 것이 아니다. 나의 인생, 나의 꿈을 위해서 펜을 드는 것이다. 그러므로 책을 쓰는 것은 꿈을 찾고, 꿈을 확인하고, 그 꿈을 이루는 길이다. 인생은 하루하루 땀과 열정, 눈물로 채워가는 것이다. 책을 쓰는 일도 마찬가지다. 그냥 글을 쓰는 것이 아니라 나의 모든 것을 쏟아 부어야 한다. 그러므로 책을 쓰는 일은 가장 성스러운 작업이다.

책을 쓰는 목적은 나를 바꾸고, 세상을 바꾸는 일이다. 책이 사람의 운명을 바꾼다. 책이 기업을 살리고, 책이 국가의 흥망성쇠를 좌우한다. 책이 희망이고 미래가 되어야 한다. 이러한 측면에서 책 쓰기는 바로 성스런 자기혁명의 핵심과정이다. 책은 사람을 만들고 사람은 세상을 바꾼다. 좋은 책 한 권은 사람을 바꾸고 세상을 바꾼다. 세상을 움직이는 한 권의 책이 나오길 기대한다.

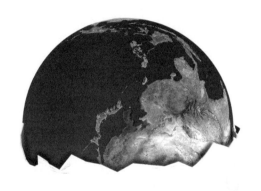

위대한 자기혁명으로
세상을 주도하라!

세상에는 어떠한 죽음도 좋은 죽음은 없다.
따라서 우리의 목표는 좋은 죽음이 아니라, 최후의 순간까지 좋은 삶을 사는 것이다. 이를 위해서는 '위대한
자기혁명'을 통해 치열하게 사는 것이다. 더 나은 세상을 만들기 위한 꿈과 목표를 세우고 매 순간을 뜨겁게
사는 것이 영원히 사는 길이다.

THE GREAT
SELF-REVOLUTION

❝ 위대한 자기혁명은 궁극적으로 사랑의 실천가가 되는 것이다.

사랑은 모든 문제를 해결할 수 있는 가장 위대한 힘을 갖고 있다. ❞

죽은 자들의 살아 있는 사람들에 대한 절규

"어떻게 죽을 것인가?

그리고 어떠한 사람으로 남을 것인가?

무덤 앞 비석에 뭐라 쓰이기 바라는가?"

생명이 있는 모든 것은 다 죽는다. 그 누구도 예외가 없다. 예수도, 석가도, 공자도 다 세상을 떠났다. 소크라테스도, 양귀비도, 문익점도 지구상에 없다. 죽음은 삶의 마침표다. 살아 있는 동안 '어떻게 살 것인가'는 가장 중대한 질문이자 핵심적 과제다.

영화 《트로이》

무수한 죽음들은 살아 있는 우리들에게 "치열하게 살라"고 절규한다. 죽음이 없다면 우리가 지금 여기 이곳에서 뜨겁게 살 이유도 없다. 2004년 개봉된 전쟁영화 〈트로이〉에서 볼프강 페터젠 감독은 주인공 아킬레스의 입을 빌려서 이렇게 말한다.

"아무도 모르는 비밀 하나를 가르쳐줄까? 신은 인간을 질투한다. 인간에게는 죽음이라는 게 있지만 신에겐 없기 때문이다. 인간은 모두 다 죽는다. 우리는 항상 마지막 순간을 살고 있다. 그래서 삶이 아름다운 것이다. 넌 지금 이 순간 가장 아름답다. 지금 이 순간은 다시 돌아오지 않는다."

가장 많은 사람들이 이 대사를 명대사로 선정했다. 그 이유가 뭘까? "인간은 죽음이 있기에 매 순간을 치열하게 살아야 한다"는 명제 때문이다. 늙지도 죽지도 않는 불멸의 신들은 결국 인간을 질투할 수밖에 없다. 그러므로 인간은 신보다 더 아름답다.

인간의 운명은 반드시 누구나 다 죽는다는 것이다. 죽음이 없는 신들의 삶에는 간절한 꿈이나 목표, 처절한 패배와 좌절, 위대한 승리와 성취 같은 것이 개입할 여지가 없다. 그러나 인간은 제한된 시공간에서 매순간 삶의 최후처럼 치열하게 살아가야 한다. 이것이 신이 흉내 낼 수 없는 인간의 아름다운 숙명이다.

이 세상에서의 마지막 축제에 대한 준비

"어떻게 죽을 것인가?"

우리는 이 물음에 대해 진지하게 생각해 보아야 한다. 죽음은 영원한 작별이기 때문이다. 죽은 자는 다시는 돌아오지 못할 길을 떠나게 된다. 많은 사람들은 "어떻게 죽을 것인가"를 깊이 생각해본 적이 없을 것이다.

조선의 실학자인 연암 박지원은 죽음을 축제로 즐겼다. 그가 노환으로 거동을 할 수 없게 되었을 때, 그는 약을 물리치고 술상을 차려 친구들을 불러 모았다. 그리고 친구들이 말하고 웃는 소리를 들으면서 죽음을 맞이했다. 어떻게 보면 생전 장례식을 대한민국 최초로 했는지도 모른다.

그러나 연암처럼 죽음을 맞이하는 것은 아름다운 지상에서의 마지막 축제일 수 있다. 그렇게 하고 싶지만 그렇게 할 수 없는 죽음도 많다. 철학자 니체는 생전에 "친구들이 이야기하는 소리를 들으며 죽음을 맞이하고 싶다"고 말했다. 그러나 그는 정작 정신병원에서 고독하게 세상을 떠났다.

죽음의 길에도 여러 가지가 있다. 우리 모두에게 언젠가 그날이 올 것이다. 한번쯤 이승에서 저승으로 가게 될 날을 미리 생각해 보는 것도 필요하다. 그러면 어떻게 살아야 할지 깊이 고민하게 될 것이다. 우리가 이 세상에 온 것은 아주 특별한 목적이 있다. 그것을 꼭 찾아 완수해야 할 것이다.

세상에는 어떠한 죽음도 좋은 죽음은 없다. 따라서 우리의 목표는 좋은 죽음이 아니라, 최후의 순간까지 좋은 삶을 사는 것이다. 이를 위해서는 '위대한 자기혁명'을 통해 치열하는 사는 것이다. 더 나은 세상을 만들기 위한 꿈과 목표를 세우고 매 순간을 뜨겁게 사는 것이 영원히 사는 길이다.

왜 우리 모두는 자기혁명을 해야 하는가?

우리가 더 나은 세상을 소망한다면 어떻게 해야 할까? 자기혁명을 통해 자신을 재탄생시켜 재무장해야 한다. 우리는 살아 있는 동안 자기혁명을 통해 나태한 자아를 버리고 열정적 자아를 탄생시켜 더 나은 미래를 창조해야 한다. 이것이 살아 있는 사람들의 숭고한 의무다.

가정의 행복을 꿈꾸는가? 기업에서 성공하고 싶은가? 국가를 위대하게 하고 싶은가? 인류의 아름다운 미래를 기대하는가? 이 모든 소망을 이루는 핵심 전략은 자기혁명을 통해 '사랑의 실천'을 행하는 것이다. 물론 헌신적, 일방적, 절대적 사랑은 쉽지 않다. 그렇기 때문에 자기혁명이 필요하다.

자기혁명은 자기 안에 내재되어 있는 탐욕과 이기, 나태, 나약 등을 제거하고 강력한 자아상을 새로 탄생시키는 것이다. 그래서 자기혁명은 결코 쉽지 않은 것이다. 감정과 욕망을 통제하고 능력을 극대화시켜 위대한 자아로 개조, 개혁해야 한다. 위대한 자기혁명은 정의, 용기, 사랑, 능력 등을 갖춘 새로운 자아상을 재정립하는 것이다.

그렇다면 우리는 왜 자기혁명을 해야 하는가? 그것은 전적으로 사랑의 실천을 통해 더 나은 인류의 미래를 창조하기 위함이다. 이것이 위대한 자기혁명의 완성이다. 가족애, 기업애, 국가애, 인류애가 강해야 개인도 행복하고 그가 속한 모든 것이 강건해진다. 우리는 자기혁명을 통해 위대한 생각과 위대한 말로 더 나은 미래를 선포하고 사랑을 실천하여 모두가 더 행복한 미래를 만들어 나가야 한다.

위대한 자기혁명으로 세상을 바꾼 사람들

위대한 자기혁명은 궁극적으로 사랑의 실천가가 되는 것이다. 사랑은 모든 문제를 해결할 수 있는 가장 위대한 힘을 갖고 있다. 자기를 사랑하고, 가족을 사랑하고, 직장을 사랑하고, 국가를 사랑하고, 인류를 사랑하면 가장 영광된 삶의 길이 열린다. 역사상 등장한 위대한 인물들은 모두가 사랑의 실천으로 더 나은 세상을 창조해 왔다.

백성을 헌신적으로 사랑한 세종대왕은 한글창제 등 무수한 업적을 남겼다. 고려말의 학자인 문익점은 추위에 떠는 백성에게 따뜻한 솜옷을 입히고자 목숨을 걸고 목화씨를 원나라에서 반입했다. 세종과 문익점은 모두 백성을 사랑했기 때문에 위대한 업적을 만들 수 있었다.

우리의 성웅 이순신 장군은 어떠한가? 그는 백의종군하면서까지 백성사랑을 온몸으로 실천한 세계적 명장이다. 그가 왜군으로부터 조선을 구할 수 있었던 힘은 오직 백성에 대한 사랑에서 나왔다. 그의 모든 승리는 수군은 물론 백성을 구하기 위한 전략의 결과물이다. 비록 지엄한 왕의 명령이라 해도 조선 백성을 위험에 빠뜨리는 일은 거절했다. 이순신 장군의 모든 것은 오직 국가와 백성을 위한 것이었다.

동물과 식물도 사랑을 받으면 놀라운 변화를 한다. 사랑의 생각, 사랑의 말은 만물을 생동하게 하는 신비의 힘이 있다. 시들어가는 식물에게 매일매일 사랑의 주문을 하고 잘 가꾸면 소생한다. 심지어 물과 돌과 같이 생명체가 아닌 것들도 사랑의 힘을 투사하면 그 입자들이 변화하며 빛을 발한다. 이처럼 우주만물을 창조하고 움직이는 힘은 사랑의 생각과 사랑의 말이다.

가장 가치 있는 삶은 무엇인가? 위대한 자기혁명을 통해 나와 너, 그리고 우리 모두가 다 함께 행복한 삶을 누리게 하는 것이다. 우리 모두를 위한 사랑의 실천이 참된 이기주의다. 나를 살리고 모두를 살리기 때문이다. 우리라는 공동체를 위한 사랑의 실천이 영원한 승리자가 되는 길이다.

우리의 미래는 아무도 알 수 없다. 우리가 꿈꾸는 나라, 우리가 꿈꾸는 삶은 모두가 행복한 평화공영의 공동체를 만드는 것이다. 위대한 자기혁명으로 위대한 생각을 위대한 말로 선포하고 사랑을 실천하면 누구나 위대한 인물이 될 수 있다. 그러므로 끊임없이 자기혁명을 통해 깨어 삶을 완전히 주도해 나가야 할 것이다.

내가 모든 것을 살리기도 죽이기도 할 수 있다!

나는 위대한 자기혁명을 통해 위대한 나를 창조할 수 있다. 내 자신이 스스로 위대한 자기혁명가가 되는 것이다. 자기혁명에 성공한 '위대한 나'를 이길 수 있는 사람은 아무도 없다. 오직 있다면 바로 나 자신뿐이다. 즉 "나를 이길 수 있는 사람은 나 자신뿐이다.”

그러나 명심해야 한다. 승리와 성공에 도취하여 나 자신을 지속적으로 변화와 혁신을 하지 않으면 ‘위대한 나’도 결국은 헌집 무너지듯이 무너지게 된다. 이것은 무엇을 뜻하는가? 내가 지속적으로 나 자신을 대상으로 자기혁명을 하지 않으면 혁명의 또 다른 대상이 된다는 것을 의미한다.

결국 새로운 위대한 자기혁명가가 나타나 과거의 인물인 나를 역사에서 제거하고 새로운 시대를 열어 나가는 것이다. 내가 나를 혁명하지 않으면 나를 파멸하게 한다. 즉 “나를 파멸시킬 사람도 나 자신뿐이다.” 이것이 바로 ‘위대한 자기혁명의 법칙’ 이다. 다시 말하면 “나를 이길 수 있는 사람은 나 자신뿐이다. 그리고 나를 파멸시킬 수 있는 사람도 나 자신뿐이다.” 내가 모든 것을 살리기도 죽이기도 하는 것이다.

하나의 역사적 사례를 살펴본다. 16세기 세계패권국가 스페인은 영국보다 앞서 해가 지지 않는 대제국을 건설했다. 그런데 왜 스페인이 유럽의 변방에 위치한 작은 섬나라 영국에 패하고 몰락했는가? 영국은 어떻게 무적함대를 거느린 스페인을 무너뜨리고 대영제국을 건설할 수 있게 되었는가? 그것은 바로 1558년 1월 영국 여왕이 된 엘리자베스(Elizabeth: 1533년 9월 7일 ~1603년 3월 24일) 1세가 위대한 자기혁명을 통해 ‘잠든 영국’을 깨워 거인으로 만들었기 때문이다.

엘리자베스 여왕은 아버지인 왕 헨리 8세와 두 번째 왕비인 앤 불린 사이에서 태어났다. 앤은 첫 번째 왕비인 캐서린의 시녀였는데, 엘리자베스가 태어난 지 3년 도 채 되지 않은 1536년 5월 19일 참수당했다. 아들을 낳지 못하고 간통을 저질렀다는 죄목으로 남편 헨리 8세가 처형을 지시했다. 엘리자베스는 사생아로 취급 받는 등 어린 시절은 매우 불우했다.

그러나 엘리자베스는 일찍 자기혁명을 통해 큰 꿈을 키웠다. 그녀는 6

세 때부터 군주로서의 자질을 키우기 위해 당대 최고의 학자들로부터 교육을 받았다. 그녀는 스스로도 '그리스, 로마의 내로라하는 학자들을 뛰어넘겠다'는 포부를 가지고 있었다. 그 결과 라틴어, 프랑스어 등 6개 국어를 자유롭게 쓰고 읽고 대화할 수 있게 되었다. 특히 철학과 역사에 관심이 많아서 매일 세 시간씩 역사책을 읽었다.

엘리자베스는 수많은 고난과 역경을 이겨내고 25세에 마침내 영국 여왕에 등극했다. 당시 영국은 종교문제를 비롯하여 경제, 사회문제 등 엄청난 문제로 난관에 봉착해 있었다. 그녀는 화폐개혁 등 대대적인 국가구조 대개조를 단행했다. 그리고 '세계를 지배하기 위해 바다를 장악하겠다'는 야심을 갖고 스페인의 무적함대를 격파하기 위해 전함과 무기를 현대화하는 등 해군력을 대대적으로 증강했다.

그러나 스페인 왕 펠리페 2세는 1백여 년간 누려온 과거의 승리만을 기억하고 상대를 과소평가하였다. 그 결과 영국을 공격하기 위해 네덜란드 칼레 항 앞바다에 정박해 있던 무적함대가 침몰하는 수모를 겪어야 했다. 영국 해군은 1588년 8월 칼레해전에서 스페인 해군을 압도할 수 있는 무기와 전략을 개발하여 전통적 해전에 익숙한 스페인 함대를 격파한 것이다.

영국 엘리자베스 여왕은 스페인을 침몰시키고 해가 지지 않는 나라인 대영제국의 초석을 다졌다. 그녀가 어떻게 위대한 나라, 영국을 건설할 수 있었는가? 그녀는 여왕 즉위식 날 역사적 사명, 시대적 소명, 선지적 천명을 자각하고 이를 굳게 결심하였다. 즉 오른손 넷째 손가락에는 백성들과의 사랑의 결혼을 상징하는 반지를 꼈고, 무게가 3kg이나 되는 무거운 왕관을 머리에 썼다. 이것은 여왕으로서 백성과 나라를 위해 모든 것을 바치겠다는 서약이었다.

엘리자베스 1세 재위 45년간 영국은 극빈국에서 유럽 최강국으로 부상했다. 영국 해군은 스페인의 무적함대를 격파해 경외의 대상이 되었다. 물론 실패와 논란도 있었지만 그녀가 죽은 후 몇몇 사람들은 '다시 그녀와 현실에 함께 있을 수만 있다면 얼마나 좋을까?' 하는 향수에 젖어 흠모하기도 했다. 그녀의 스토리는 수백 년이 흐른 지금도 살아 있는 신화로 회자되고 있다.

엘리자베스 여왕이 죽기 직전의 모습은 어땠을까? 기록에 의하면 엘리자베스는 연명을 위한 치료를 끝내 허락하지 않았다고 한다. 1603년 3월 24일 목요일 새벽 3시. 굵은 빗줄기가 창문을 두드리던 소리를 들으며 여왕은 70세의 생을 마감하고 깨어날 수 없는 깊은 잠에 빠져들었다. 그 모습은 '양과 같이 순하고 다 익은 사과가 나무에서 떨어지듯' 평온했다고 전해진다.

"한 시대를 통치했던 여왕이 평생 처녀로 살다 생을 마감했다는 비석을 세울 수만 있다면 그것으로 만족한다. 그 모든 것들이 오직 한순간만 나의 것이었다."

영국 엘리자베스 여왕의 묘비명이다. 그녀는 하늘이 또 다른 새벽을 준비하고 있는 바로 그 시간, 새로운 위대한 자기혁명가를 기다리며 세상을 떠났다. 이제 우리가 위대한 자기혁명가가 되어 더 나은 세상을 만들어야 할 때다. 모두가 위대한 자기혁명가가 되어 더 아름다운 세상을 함께 창조해 나가길 간구한다.

"너 스스로 일어나 빛을 발하라!"

우리는 신의 존재에 대해 여전히 논쟁적이다. 그러나 분명 '신'이라는 절대정신은 존재하고 있다. 신이 스스로 존재하는 것이든 아니면 인간이 창조한 것이든 분명 절대자로서의 신의 이데아는 존재하고 있다. 그러나 인간에게 있어서 신의 존재의미는 인간의 나약함에 대한 '의지(依支)'가 아니라 인간의 강대함에 대한 '의지(意志)'가 되어야 한다.

과거의 나와 현재의 나의 존재는 나약하고 본능적이고 탐욕적일 수 있다. 그러나 위대한 자기혁명을 통해 형성된 새로운 나의 존재 자체는 신이 인간에게 부여한 절대정신의 한 표현이 되어야 한다. 무조건적으로 신에게 기대려는 나약한 자아를 진정한 자기혁명으로 강대한 자아로 개조해야 한다. 이것이 신이 인간에 부여한 자유의지의 본질이다.

신은 우리 인간에게 "너 스스로 일어나 빛을 발하라"라고 신성을 부여했다. 또한 "너 스스로 이루어내라"고 초인적 능력을 부여했다. 자기혁명을 통한 자유의지를 취득한 사람에게 신은 "너의 모든 순간에, 모든 방식으로 함께한다"는 축복을 주고 있다. 우리 인간 자신들이 나약함이나 탐욕, 또는 교만으로 인간에게 내재된 신성을 모독하고 거부해서는 안 된다.

기도는 인간에게 내재된 초인적 신성, 즉 영적 능력을 불러내는 특별한 초혼의식이다. 그러므로 "두 손을 모아 간절히 기도를 하는 행위는 기복을 위함이 아니라 스스로 세상을 구원하겠다"라는 강력한 다짐이 되어야 한다. '도와 주세요', '이루어 주세요'가 아니라, '반드시 이루어 내겠습니다! 응원해 주세요', '다 이루었습니다. 감사합니다'가 되어야 한다.

위대한 자기혁명! 이것은 인간에게 내재된 신을 불러내는 성스런 초혼의식의 모든 과정이다. 다시 한 번 힘을 내어 삶의 불확실성을 극복하고 강력한 자기혁명을 통해 꿈을 이루어내야 한다. 우리 인간 안에 잠재된 거인을 불러내어 모든 악의 문제들을 해결하고 선한 축복의 삶을 창조해야 할 것이다. 이것이 우리를 이 세상에 내려 보낸 신의 절대적 '의지'임을 깨달아야 할 것이다.

위대한 자기혁명

초판 발행| 2019년 7월 1일

지 은 이| 장영권

펴 낸 이| 이창호
교   정| 양정윤
디 자 인| 이보다나
인 쇄 소| 거호 커뮤니케이션

펴 낸 곳| 도서출판 북그루
등록번호| 제2018-000217
주   소| 서울특별시 마포구 토정로 253 2층(용강동)
도서문의| 02) 353-9156 팩스 02) 353-9157

ISBN 979-11-964494-5-2 (13190)

(CIP제어번호 : 2019021159)
이 도서의 국립중앙도서관 출판예정도서목록(CIP)은 서지정보유통지원시스템 홈페이지(http://seoji. nl.go.kr)와 국가자료공동목록시스템(http://www. nl.go.kr/kolisnet)에서 이용하실 수 있습니다.

이 도서는 한국출판문화산업진흥원 '2019년 우수출판콘텐츠 제작 지원' 사업 선정작입니다.